"文化黑洞"解码：基于平行语料库的中韩成语翻译研究

金菊花 김국화 JIN Juhua

1981年生, 吉林舒兰人, 中央民族大学博士, 现任上海外国语大学语言科学研究院专职研究员, 硕士生导师, 国际韩礼德研究会常务理事, 国家社科基金评审委员和国家语委专家, 中国外文局翻译院多语种翻译人才库专家。主持国家社科基金一般项目和国家社科基金中华学术外译项目、省级项目、国际合作项目多项, 出版专(编) 著《朝鲜后期汉译谚语集〈耳谈续纂〉语言对比研究》等2部, 译著13部, 发表论文30余篇, 获省部级科研一等奖1项。

"文化黑洞"解码 : 基于平行语料库的中韩成语翻译研究

초판 인쇄　　　2025년　6월 13일
초판 발행　　　2025년　6월 20일
글자수　　　　287,054자
지은이　　　　김국화
펴낸이　　　　박찬익
편집　　　　　이기남
책임편집　　　권효진
펴낸곳　　　　㈜**박이정**
주소　　　　　경기도 하남시 조정대로 45 미사센텀비즈 F827호
전화　　　　　031-792-1195
팩스　　　　　02-928-4683
홈페이지　　　www.pijbook.com
이메일　　　　pijbook@naver.com
등록　　　　　2014년 8월 22일 제2020-000029호
ISBN　　　　 979-11-5848-995-3 (93720)
책값　　　　　20,000원

"文化黑洞"解码

基于平行语料库的
中韩成语翻译研究

金菊花 著

博尔精出版社

2024年度"上海外国语大学高峰学科建设项目"的阶段性成果之一。

内容简介

　　《"文化黑洞"解码：基于平行语料库的中韩成语翻译研究》是一部专门探讨跨文化语言转换难题的学术专著。本书聚焦中韩成语这一承载民族文化基因的表达方式，用"文化黑洞"隐喻信息不对称现象，针对因文化差异导致的翻译困境，通过自建中韩双语平行语料库，系统揭示信息不对称成语的翻译规律。

　　全书基于逾百万字的中文语料库和三十七万词的韩语语料库，语料涵盖《高丽亚娜》杂志、新闻报道、励志小说及韩语教材等多种文本类型，创新性地运用语料库语言学手段，对等值对应、近义词不等价、成语与非成语的转换、文化缺失四类信息不对称现象进行了详尽的定量分析与定性研究。本书从语言学、文化学、认知科学等多个维度，深入探讨成语翻译过程中的文化重构机理，并最终构建了一个集语义对等、文化适应、语用等效于一体的多层次翻译模型。

　　本研究出版价值较为显著，主要体现在三大维度。学术创新方面，首次建立中韩成语平行综合语料库，提出"文化黑洞"理论与SCP三维翻译评估模型，突破传统翻译研究的经验范式，推动语言类型学与文化翻译理论的交叉融合，填补中韩实证研究不足。实践应用层面，提出动态翻译策略与智能语义匹配系统，系统解决成语翻译中的文化缺省、语义损耗等核心难题，为机器翻译优化、教材编纂及跨语言服务提供技术标准，显著提升翻译精准度与效率。社会文化层面，深度解析中韩语言文化基因差异，量化呈现历史记忆与认知逻辑的跨文化传递规律，为文明互鉴提供语言学支撑；其构建的翻译补偿机制与资源库建设范式，对非通用语种数字化研究具有示范意义。研究兼具学科交叉性(融合语言学、人工智能与文化学)与时代需求导向(服务"一带一路"语言能力建设和"中国文化走出去"战略)，既推动翻译理论从静态对等到动态适应的范式转型，又为多语种技术标准制定与国际传播效能提升提供方法论参照，具有持久的学术影响力与社会应用价值。

目　次

上篇　研究篇

上篇 研究篇

第1章　成语及其翻译的"文化黑洞"

1.1 成语及其翻译研究

1.1.1 成语及其韩语翻译

成语是各种语言中最具民族特色而又普遍存在的"文化化石"，与谚语、惯用语、歇后语构成汉语的熟语[1]体系。但是韩国语熟语系统无歇后语，这对中韩熟语翻译提出了不少难题。同时，成语作为二语学习和翻译中特殊的攻克对象，用好锦上添花，反则弄巧成拙，大大降低语言效果。特别是成语作为汉语中使用频度较高[2]的语言单位，其韩语对应形式也呈现出多种形式。

张尹炫(2006: 序)在他的研究中指出，分析634条韩中成语后发现，其中298条成语是同形同义，336条成语是异形同义，并做了六大分类。下面简单介绍一下。

一、词义和词形完全相同(即同形同义成语[3])

苦尽甘来(고진감래)、同病相怜(동병상련)、不可思议(불가사의)、雪上加霜(설상가상)、得意洋洋(득의양양)、自高自大(자고자대)

二、词义一致，但词形略有不同(即异形同义成语)

一）字形稍微不一致

多才多艺 — 다재다능(多才多能)　　始终如一 — 시종일관(始终一贯)

二）字序颠倒

堂堂正正 — 정정당당(正正堂堂)　　脍炙人口 — 인구회자(人口脍炙)

三）词长不同

老当益壮 — 노익장(老益壮)　　孟母三迁 — 맹모삼천지교(孟母三迁之教)

四）字形差异明显

不相上下 — 막상막하(莫上莫下)　　对牛弹琴 — 우이독경(牛耳读经)

三、意义相同或相近，可以直接在汉语中使用

承前启后 — 계승발전(继承发展)　　放声大哭 — 대성통곡(大声痛哭)

---

[1] 有人还将汉语格言纳入熟语范畴，对此本文将格言暂不归入熟语中。

[2] 金日(2005:156)指出汉语成语的使用频度达11—13%。

[3] 括号内的内容为非引用内容，是笔者加注的简要概括，下同。

四、古汉语可用，现代汉语另有表达方式

　　闻所未闻 — 금시초문(今时初闻)　　　　　　以身作则 — 솔선수범(率先垂范)

五、词形一致，但词义不同(即同形异义)

　　亡羊补牢 — 망양보뢰(意指"未为晚也"，但韩语中指为时已晚)

　　百尺竿头 — 백척간두(比喻学问、成就等达到了很高程度后继续努力，但因为身处桅杆或杂技长
　　　　　　竿的顶端，在韩语中意指"危险")

六、韩语中独有的成语

　　草草了事 — 대강대강(大纲大纲)　　　　　　苦口婆心 — 신신당부(申申当付)

可见这样的分类和梳理十分有益，但是研究数量有限，并且也只有描述，并未结合相关理论提升到相关理论和方法论的高度，此外也没有涉及非成语对应问题。

语言具有任意性，基于语言结构的差异性，不同语言的熟语均自成体系。较之以往成语的研究局限在静态研究和定量研究不同，流通中的真实成语使用对译资料能够为我们揭示成语翻译策略提供新的思路。成语在语言的传播和达意方面发挥着举足轻重的作用。理解和使用成语的能力根据语境特点和翻译人员的认知水平会表现出不同，这种差异显然与以往成语对译词典4) 提供释义和对应词条不能简单区别开来，因此基于大量语言使用的平行语料库能为成语对应提供更为可靠、全面、详尽的语言资料。

有鉴于此，采用平行语料库的方法，通过建立规范的中韩双语平行语料库，利用权威翻译家的作品作为样本，可以从中抽取成语翻译的知识，形成不对称成语翻译的样板库，从中归纳出常用不对称成语的翻译原则和方法，解决不对称成语的翻译瓶颈。因此这样的研究有望能够突破传统的研究方法，与语料库结合起来，通过语言信息处理结果，使得研究更具真实性、客观性和科学性。

1.1.2 相关研究回顾

中英、中日、中俄成语对比研究起步早，成果不少，但是韩中成语对比研究起步较晚，研究人员和成果相对较少。中韩两国语言文字发展历史悠久，但是受传统语文学的影响，汉语成语多以记录和收集为主，很少开展理论研究。同目前能检索到的两三百篇现代韩语熟语论文相比，中韩成语相关研究论文并不多，且以论文为主，涉及韩中熟语对应或翻译

---

4) 目前已经出版的韩中熟语词典有姜信道的《韩中谚语惯用语词典》(2005)、金京燮的《朝中·中朝俗语对应词典》(2006)，以及张尹炫的《韩中成语词典》(2006)。《韩中谚语惯用语词典》收录韩语熟语的直译内容和汉语熟语对应，《朝中·中朝俗语对应词典》收录汉韩熟语的释义及所对应的熟语，《韩中成语词典》收录634条成语、189条同义惯用语及同义谚语，均有释义和对应熟语、用例。

的论文寥寥无几。对此金菊花(2010)曾对中韩熟语研究做过系统整理和回顾。

成语翻译研究方面，国内外学者对此关注不够，以往的研究大多集中在语言本体研究领域，很少对成语语际转换问题展开定性和定量研究。在语言教学和翻译中遇到成语时，传统的解决方法依赖的是词典和个人的理解，缺乏充分的论据(语言理论)和例证(语言事实)支持，主观片面性性较大，辐射力较弱。在中韩语言翻译方面，国内的研究大多沿袭形态 → 语义→ 语用，以及词 → 词组 → 句子 → 语篇 → 文本框架切入开展相关研究，即很少有学者专门研究成语翻译、成语信息对应的动态过程及对策问题，而基于语料库的信息不对称成语翻译有关的专题研究更是少有。如韩东吾(1994: 129-138)的翻译著作特点是专门介绍了韩汉翻译史，以及东西方翻译活动及其标准，还专门谈到了几种文体的翻译和翻译中译注的作用。此外，他还就成语、谚语的翻译提出个人看法，指出基于两语对比和两语文化特点，翻译时可以采取直译法、意译法、直译意译并用译法、套译法、还原译法等，同时指出不管采取哪种形式，定要做到不失风趣、点名含义、加工浓缩、对仗工整、注意声韵、注意对象等几点要求。李龙海(2009: 128-134)在著作中，专门介绍了汉韩翻译的翻译过程及常用翻译方法，突出语义与翻译两者的关系，并介绍了词汇、词尾、句子翻译。在词汇翻译内容中，他简单介绍了成语、谚语的翻译方法，具体包括直译法、意译法、多译法、套译法、还原译法。柳英绿(2002)的翻译著作最为显著的一个特点是，从句子类型出发，将句子分为时间句、处所句、否定句、比较句、把字句、被动句、谓词性述语句和趋向补语句等开展具体对比分析，还针对韩语的状语和汉语的补语展开说明，但是未对成语翻译等在内的词类翻译进行分析。太平武(1999: 119-136)在其著作中，从词汇、句法和修辞学三个角度出发对汉韩翻译的方法进行了论述。太平武以信息论为切入点，将翻译过程视为两种语言间文字信息和场面信息相互转换的过程并加以说明。在词汇翻译中，他也谈到韩汉成语、谚语的翻译，基于两语成语、谚语的特点，他指出音译、意译、仿译、对非成语形式等常用翻译方法。金日(2005: 157-170)的翻译著作的特点是，将翻译分为口译和机器翻译，文体也分为应用文和文学作品来进行专门介绍。在介绍成语、谚语翻译时，介绍了替换法、仿译、意译等三种方法。此外，胡继琴(1994)也有相关的论述。诚然，在国内，以及韩国，围绕中韩翻译研究，主要涉及结构、文化、语义研究层面，尚未涉及基于大量语言事实的语料库实证研究，可见预期成果能有效推动相关研究。

语料库方面，非英语语种方面，目前检索到的有：曹大峰(2002)的"中日对译语料库应用研究初探"和杨承淑(2002)的"口译教学的数位化与网络化"，但是韩语在这方面的研究成果寥寥无几。目前收集到少数在韩语语料应用研究方面的研究，如张光军(2009)在其主编的《韩国国情语料特点研究(上、下)》中，对韩国政治、外交、法律、经济、科技、社会、军事类语料进行分析，试从语言结构分析各类语料特点。可见，韩汉语料库方面，不仅研究深度有限，而且许多理论问题都有待通过语料库加以深入和细化。对此，曾有研究(胡开宝, 吴勇, 陶庆, 2007: 69)道出类似的问题，指出，"与国外相比，国内基于语料库的译学研究现状不容乐观。首先，在建和已建成的翻译语料库屈指可数，而广泛应用的翻译语料库则更是少得可怜。据不完全统计，我国包括港澳台地区一些高校或科研机构相继建成了不同种类的英汉平行语料库12个，但这些语料库中绝大多数是为机器翻译设计的，能够直接应用于译学研究的只有两、三个"。当然我们也看到，时隔多年后，虽然这一情况已得到改善，但是基于韩汉平行语料库的相关研究仍然滞后。尽管韩国国立国语研究院和高丽大学等权威研究机构和著名高校通过21世纪世宗计划等重大项目和其他研究形式已经完成和正在建设平行语料库平台的搭建工作，但是，未涉及韩中(截至2012年)。

就语际(中韩)成语信息不对称和翻译相关联系有关，文献检索的结果表明：尽管近年来基于语料库的翻译研究日趋发展活跃，但是与韩汉翻译相关的内容，还没有人在这方面开展深入研究，研究方法方面，仍以传统的内省式经验研究为主。因此我们认为，国内的翻译和成语研究以翻译实践、翻译技巧、文化翻译角度开展的研究为主，尽管也有部分基于语料库的韩语二语学习研究，但是尚未开展基于语料库的信息不对称成语翻译研究。本研究将中韩翻译研究和语料库语言学结合起来，这是既往的研究少有涉足的，因此通过语料库研究方法有望实现突破。

基于以上内容，作者首先在前人研究的基础上提出有关成语翻译策略的两个假设：第一，从翻译方向上看，由形式化程度高的语言韩国语翻译为形式化低的语言汉语，语际显化突出，会出现不对称成语翻译问题。第二，从文体类型上看，由形式化程度高的语言韩国语翻译为形式化低的语言汉语，在非政论性文体中，成语会普遍使用。

不对称成语是普遍存在的语言现象，与不同语言的文化和语境有关，因此本课题的研究具有普遍意义。本课题将研究目标指向成语转换难问题，并结合信息处理技术，对文本进行定性和定量分析，拟在描写分析基础之上得出具体翻译策略，其基于原创性的研究结果将惠及外语教学、韩汉翻译研究、机器翻译和语言信息处理，因此研究具有重大的理论意义和应用前景。

1.2 信息不对称成语与"文化黑洞"

1.2.1 信息不对称成语的界定

本研究指的信息不对称主要指翻译中成语不对应，以及成语对应为其他熟语(非成语形式)的现象。这一点在前言也已经提及，具体表现为中韩"同义异形"的成语，也可以构成非成语形式对应成语的情况，因此这些均可以视为翻译"信息不对称"现象。

韩国历史上曾经长期使用汉字，汉字词至今仍占韩语词汇的60%以上，其中包括汉字成语。但是，韩国语中仍然存在大量自造的汉字成语和固有的成语，因此，中韩成语的翻译也存在信息不对称的困扰。

中韩"信息不对称"成语包括"同义异形"的成语，例如："纲举目张(그물이 삼천코라도 벼리가 으뜸)"、一石二鸟(꿩 먹고 알 먹고) 、"城门失火(고래싸움에 새우등 터진다)"、"无风不起浪(아니 땐 굴뚝에 연기 날까)"、"鼠目寸光(한치를 못본다)"、"悲痛欲绝 (피 눈물이 나다)"、"重蹈覆辙 (전철을 밟다)"。此外，"信息不对称"熟语也可以对非熟语形式，例如，汉语成语"引人注目"对应为韩国语的"주목(瞩目)"、"돋보이다(突出)"、"관심 끌다(受到关注)"、"흥미롭다(有意思)"等。可见，中韩成语的翻译也存在信息不对称的困扰。

不对称成语的翻译，以往多依赖查找单词和对应词典的方法。但是考虑到词典收录的成语，一是收录词条有限，远远不能满足语言使用需求；二是词典往往只收录释义和例句、或对应形式；三是翻译或表达形式不统一，无统一规范，因此词典往往无法给出精确恰当的翻译。实践表明，很多熟语内容不能按字面意思理解，如"骨肉之亲"和"忧心如焚"意指"父母、兄弟、子女之间相亲相爱的关系"、"心里愁得象火烧一样，形容非常忧虑焦急"，显然不能直接与韩国语的"피를 나누다"、"피를 말리다"建立对应关系，而"狗拿耗子 (남의 잔치에 감 놓아라 배 놓아라 한다)"等这类熟语除语义对等外，还涉及褒贬等感情色彩，根据词典给出的解释翻译后语义可能会缩小和扩大，因此也很难建立包括熟语感情色彩在内的语义、语用对等关系。

1.2.2 翻译中的"文化黑洞"

"文化黑洞"5)这个术语并不是一个标准的翻译学术语，但它可以被用来形象地描述

---

5) 关于"文化黑洞"这个概念，虽然没有直接找到特定的学者将其作为翻译理论术语提出，但与之相关的概念"文化空缺"或"空缺现象"在翻译研究领域中确实有学者进行过探讨。美国语言学家霍凯特(Hockett)在20世纪50年代首次提出了"偶然的缺口"(random holes in patterns)这一概念，这被认为是"文化空缺"概念的最早形式。他在比较两种语言的语法模式时注意到了这种现象(杨卿，刘雄友，2007: 20; 孙亚平、徐红，2022:

翻译过程中遇到的一种现象。"黑洞"是天文学术语，指存在于宇宙空间中的一种致密天体，因本身不发光，无法直接观测，但可以借由间接方式得知其存在与质量，并且观测到它对其他事物的影响。在本研究中，它用来比喻翻译时某些源语言中的文化元素、双关语、习语、典故、特定背景知识等在目标语言中找不到直接对应物，导致信息丢失或难以传达的现象，即表现为翻译中的成语"信息不对称"现象。由于不同民族文化背景之间的"信息不对称"，使得不同语言之间成语的翻译成为一大瓶颈，因此可以作为本研究的逻辑起点。以下是对"文化黑洞"的几点理解：

1）信息丢失：就像物质被黑洞吸入后无法逃脱一样，源语言中的文化信息在翻译过程中可能会"消失"，无法在目标语言中找到等效的表达。

2）难以跨越的障碍：文化黑洞代表了翻译中的一个难题，即如何将源语言中的文化内涵准确地传递给目标语言的读者，这是一个巨大的挑战。

3）需要创造性的解决方案：面对文化黑洞，翻译者可能需要采取多种策略，如加注解、使用近义词、进行文化适应等，以尽量减少信息的丢失。

4）文化差异的体现：文化黑洞的存在强调了不同文化之间的差异，这些差异不仅仅是语言层面的，还包括更深层次的历史、社会、宗教和价值观等方面的差异。

5）读者经验的考量：翻译者必须考虑到目标语言的读者可能没有源语言文化背景知识，因此需要找到合适的方法来弥补这一差距。

例如，当把中文成语"画蛇添足"翻译成韩语时，如果直接翻译可能会失去原成语的文化内涵和形象性，这就形成了一个"文化黑洞"。翻译者可能需要解释这个成语的含义，或者找到一个韩语中具有相似寓意的习语来替代。

总之，"文化黑洞"是一个形象的说法，用来描述翻译中由于文化差异造成的难以解决的问题，它要求翻译者具备高度的文化敏感性和创造力。

46）。

此外，前苏联翻译理论家巴尔胡达罗夫在比较不同语言词汇时使用了"无等值词汇"的术语。而80年代末，俄国学者索罗金等人在论述话语及其民族文化特点时提出了"vacancy"（空缺）理论（（杨卿，刘雄友，2007：20）。这些理论都涉及到源语言和目标语言之间存在的文化差异，以及这些差异在翻译过程中造成的难题。虽然"文化黑洞"这个术语可能不是某个特定学者的直接贡献，但它与上述学者的理论有共通之处，即都关注了翻译过程中文化元素的缺失或难以转换的问题。

因此，虽然"文化黑洞"这个术语可能没有一个明确的"发明者"，但它作为描述翻译中文化差异问题的概念，与上述学者的理论有着密切的联系。

1.3 中韩成语翻译多维透视

1.3.1 对比语言学理论

　　传统语言学认为熟语属于词汇学范畴，目前也有部分学者提出它应自成体系，即归属"语汇学"的观点[6]。成语是语言中普遍存在的"模块化结构"，凝聚了民族文化的智慧。因具有言简意赅的语用功能而成为语汇系统中独具特色的成员；因具有突出的民族性而成为包括语言类型学、文化语言学、社会语言学、认知心理语言学、以及民俗学、人类学、文化学等诸多领域关注和重点研究，同时也是语言信息处理工程中，进行文本自动识别、分类等研究的"标志性"成分。

　　中韩两国熟语史历史悠久。在先秦文献中，已经出现了汉语熟语有关的"谚"和"语"，韩国的《三国史记》、《三国遗事》、《高丽史》等早期历史文献中，也收录了熟语。在古代，受传统语文学的影响，中文熟语以记录和收集为主，很少开展理论研究，直至上个世纪20年代，熟语才作为语言研究对象来研究。韩语熟语研究也始于现代，1962年李基文在《俗谈词典[7]》序言，对谚语熟语的性质及发展进行了历史性总结。尽管之前也有一些研究提及熟语，但却没有进行过系统研究，更找不到熟语本体研究。其中，韩语成语研究集中在辞典编纂和语义、语用研究，这与两国历史文化和学术研究的传统有关。

　　汉语成语研究方面，国内部分相关书籍已经做了一些综述，较为全面的有符淮青的《汉语词汇学史》(1996)和周荐的《汉语词汇研究史纲》(1995)，以及周荐和杨世铁合著的《汉语词汇研究百年史》(2006)。此外，还有一些学者也对此进行过综述。王勤(2006)在《汉语熟语论》，将汉语熟语研究分为萌芽、发展、兴盛、繁荣四个时期。温端政(2005: 41-48)在《汉语语汇学》，也对古代和20世纪以来的语汇(温氏用"语汇"代替"熟语")研究进行回顾，武占坤(2007: 43)在《汉语熟语通论》一书，单独设一章内容，即第三章"汉语熟语研究历史掠影篇"，将我国的熟语研究史分为五个时期。总之，汉语熟语研究的传统研究包括以下几大类：对熟语性质和范围的研究，对熟语形成和源流的研究，对熟语语义和结构的研究，对熟语运用的研究和对熟语人文性的研究等[8]。

　　本研究基于平行语料库开展成语翻译策略研究，虽然基于语料库提取成语研究对象，但是对其进行描写和分析，不能脱离汉韩成语的研究史，应该承前启下和深入研究，同时应定位在它是汉韩两种不同语言中都存在的语言单位这样一前提下对其进行描写和分

---

6) 相关问题可参见金菊花(2010: 5-8)的韩汉熟语研究成果回顾。

7) 俗谈为韩国语读音，翻译过来即是谚语。

8) 金菊花(2010)对2010年5月以前对中韩熟语对比的研究进行过详细的阐述和评价，可参见其博士论文。

析，这样一来对比语言学能为本研究提供有效的研究方法。

韩中熟语对应	韩中熟语不对应
成语	**成语**
부귀재천/富贵在天	십시일반(十匙一飯)/众志成城
와신상담/卧薪尝胆	독불장군(不军)/不到黄河不死心
사면초가/四面楚歌	신토불이(身土不二)/身土不二
사방팔방(四方八方)/四面八方	**谚语**
谚语	고양이 우산 쓴 격(猫撑伞)/不搭调难看
말 타고 꽃 구경/走马观花	**难看**
소귀에 경 읽기/对牛弹琴	소 잃고 외양간 고친다(丢了牛之后修牛舍)/为时不晚
惯用语	**惯用语**
골치가 아프다/头痛	배가 아프다(肚子疼)/眼红
찬물을 끼얹다/泼冷水	바가지 쓰다(戴瓢)/被骗

通过上图不难发现，理论上，韩中成语对应包括一对一对应，部分对应(如"四方八方")，完全不对应(如"身土不二")等多种类型。而这种对应关系首先可以通过"同形同素"、"同形异素"、"异形同素"、"异形异素"形态来区别，后三个类别可以用"同义异形"来区别，但其中，最棘手的是"同形异素"和"异形异素"，这些均是构成成语"空缺"的原因。除了这些语言结构差异之外，还有非语言因素导致的非对应现象。如"소 잃고 외양간 고친다(丢了牛之后修牛舍，表示无济于事)"，稍有不慎很容易对应为中文的"亡羊补牢"，这一成语在中文里表示"为时不晚"，"牛"和"羊"虽只有一字之差，但韩中两语语义正好相反，若不用人文环境和是否为游牧民族等文化语言学理论恐怕很难对以"羊"代替"牛"进行解释，这是由于引进这一成语时语义已发生变异，归为历史原因，属于成语的历史性范畴。基于这些理据性，可见即便是几乎同形同素的谚语语义也有可能语义相差较大，因此需要提炼和重点研究，而这种语言差异恰恰是对比语言学所强调的内容。再如：

1) 인류가 당면한 상황이 21세기에는 **우울하게 반복되지 않도록** 하기 위해서는 인간과 자연에 대한 성찰이 필요하다.

译文：21世纪摆在人类面前的是，要对人与自然进行反省，以避免**重蹈覆辙**。

语料库中汉语成语"重蹈覆辙"对应为韩国语词组。对其进行分析我们需要基于词汇、语义及语用等方面展开分析，也可以从文化、心理、民族等角度具体分析。可见对比语言学可为研究语言间的异同和翻译提供可靠的手段。

1.3.2 平行语料库理论

应用语言学家Susan回答语料库究竟使应用语言学发生了什么样的变化问题， 提出四点: 1) 语料库使许多过去不可能进行的语言调查变得可能了; 2) 语料库改变了我们观察语言的方式; 3) 语料库使我们的生活变得更加简单; 4) 语料库也促使我们的生活变得更加复杂[9]。

第一代现代计算机语料库的创建始于20世纪50年代末、60年代初, 以 LOB(1961) 和 BROWN(1961) 两个语料库的建立为标志, 迄今已有40余年历史。其中双语对应语料库的对象语言上, 一开始侧重于英语, 如 English-Norwegian Paralel Corpus(ENPC) 便是最早一代的对应语料库, 目前已见和在建的对应语料库所设语种已有20种之多。

双语对应语料库是A种语言文本和其在B种语言翻译译文的集成(王克非. 2007:18)[10]。有关平行语料库在翻译对等词的研究方面, Schmied(1998: 255-256)对英语和德语这两个语种有密切关系的翻译对等词感兴趣, 他在语料库里重点研究英语中的with 与德语中mit的翻译问题。……为此, 他得出结论: 像平行语料库这样的双语词汇资源能克服普通单/双语词典有局限性的缺陷[11]。

显然, 平行语料库与翻译的结合能够为翻译和语言对比提供新的数据和研究方法。

原灵杰(2010: 31) 对 1999年 1月至 2009年 12月国内基于语料库的翻译研究文章数量和类型进行过统计, 具体如下。

表1. 1999年1月至2009年12月 国内基于语料库的翻译研究文章数量

	1999	2000	2001	2002	2003	2004	2005	2006	2007	2008	2009
篇数	1	1	1	3	1	8	5	6	15	4	4
比例	2%	2%	2%	6.1%	2%	16.3%	102%	12.2%	30.6%	8.2%	82%

表2. 1999年1月至2009年12月 国内基于语料库的翻译研究文章类型

类别	语料库翻译介绍与评介	翻译语料库建设	翻译语言特征	翻译教学	译者风格
数量	21	10	10	6	2
比例	42.9%	20.4%	20.4%	12.2%	4.1%

---

9) Susan Hunston著, 冯志伟 导读, 2006: 30

10) John Sinclair(1996)认为, 平行语料库是一组文本, 每种文本除其自身外还有一种或一种以上的译语文本, 最简单的平行语料库涉及两种语言文本———原文和译文。

11) 转引自陈伟, 2009: 138

此外，张律，胡东平(2010: 96) 将1999 至2010 上半年10 余年间以语料库翻译作为研究对象，研究样本来源于收录在国内16 种语言类、外语类核心期刊中的基于语料库的翻译研究论文，经统计共有66篇相关论文。

基于语料库的翻译研究已经取得了显著的研究成果，这种方法具有明显的优势：它使翻译研究从最初小规模的、人工的，并且局限于个别文本类型的研究变成了大规模的、系统的、可以比较的和目标明确的研究；更重要的是，它把零星的、缺乏说服力的研究变成了能够解释趋势与例外的连贯而丰富的研究。毫无疑问，这些研究成果将在很大程度上推进对翻译本质的认识[12]。

外语教学与研究出版社近期推出的应用语言学核心话题系列丛书中就列有语料库语言学，包括《语料库与话语研究》(许家金, 2019)、《语料库与学术英语研究》(姜峰, 2019)、《语料库与双语对比研究》(秦洪武、孔蕾, 2019)，以及翻译学核心话题系列丛书语料库翻译研究，即《语料库翻译学理论研究》(黄立波, 2021)、《双语语料库的研制与应用》(秦洪武, 2021)、《基于语料库的文学翻译研究》(胡开宝、李翼, 2021)、《语料库文体统计学方法与应用》(胡显耀, 2021)、《基于语料库的翻译和语言接触研究》(庞双子, 2022)，全国高等学校外语教师丛书科研方法系列《语料库应用教程》(梁茂成、李文中、许家金, 2010)等。

总体而言，基于语料库的译学研究主要表现出以下趋势：1) 译学研究语料库的创建及其意义研究；2) 语料库与翻译语言特征研究；3) 语料库与译者风格研究；4) 语料库与翻译教学研究。

同时我们也看到，目前基于语料库的语言研究已经成为一种趋势。语料库能为外语翻译学习提供足够的语言内容和环境平台，基于平行语料库的翻译研究能使翻译理论更具科学性和可证性。 语料库语言学为揭示语言现象背后的各类语言本质问题提供了重要手段，语料库对促进译者培养良好语言意识具有重要作用。基于语料库的翻译文本分析特点有：简略化和明朗化，保守化和平整化，因此语料库与翻译理论结合具有很大优势。

1.3.3 翻译理论

翻译学的发展经历了从静态语言类型论的翻译研究到动态的功能主义交际翻译理论的转换过程，在这过程中人们愈发意识到语外因素，如民族、历史、政治、社会等因素已成为翻译研究不容忽视的因素。成语因其"模块化"特点，加之其画龙点睛、惟妙惟肖的语用效果，广泛受到语言学者的关注。一直以来中韩翻译研究主要集中在传统研究上，因此本

---

12) 韩凌, 任培红, 2010: 68

课题试图通过语料库语言学、翻译学研究方法，同时结合定量和定性分析，将目标指向中韩信息不对称成语转换的问题。

成语翻译研究方面，不同于以往的"内省"式研究，若通过源自真实、大量的语料库语言学来加以丰富，毋庸置疑更能提高研究的可信度、辐射能力和通用范围。由于翻译词、句都需要"文化过滤"，加上翻译本身的内在特点及翻译涉及的语种类型学特点，成语语言单位难以建立对应关系，翻译难免会采取"归化"手段，对此本文通过建立语料库和标注工作，将翻译质量较高、被人们普遍接受的中文对译资料作为研究的重要依据，这一研究方法在国内外韩中对比研究中属独创，对成语语用及翻译等相关研究具有重大的理论意义和应用价值。

显然，这样的翻译研究以客观翔实的语言事实为依据，能够防止之前的"一家之言"和"口评无据"，以及语言研究脱离语言使用在内的问题发生。因此，在语言对比和翻译研究中，扩大语料库语言学的研究方法，将惠及语言研究和语言教学，并有望被广泛采用，同时这也是跨学科发展的重要内容之一。在理论层面上，这种研究具有合理性、科学性和辐射性。

1.4 研究设计

本研究研究对象为信息不对称中韩成语的梳理，提炼成语对应为其他熟语(非成语形式)并进行归类，在此基础上进行归因分析，并形成具体资料汇编。

本研究采用平行语料库的方法，抽样建立规范的中韩双语平行语料库，以权威翻译家的作品为样本，对成语等进行人工标注，形成信息不对称成语翻译的样板库，从中挖掘信息不对称成语的翻译原则和方法，探讨解决信息不对称成语翻译的具体对策。为确保语料的代表性、权威性、口语性，中韩平行语料库由口语性较强的非政论文语料构成，主要包括《高丽亚娜》杂志、新闻报道、励志小说、韩语教材[13]等四大类。其中中文语料105.3万字，韩语语料379,550词。全部加工标注成平行附码语料库，在此基础上，区分双语对应、不对称、半对称等不同类型进行定量定性分析，重点探讨解决信息不对称成语翻译的可行性策略。

本研究包括平行语料库的建立、成语翻译实证研究、成语翻译策略透视等几个内容。

---

13) 考虑到中韩两语的语言特点，语料规模分别用字和词来统计。统计结果显示，语料的大小分别为中文语料105.3万字，韩语语料379,550词；高丽亚娜中文语料约89万，韩文有318,762词(1,614,665字)；新闻报道和小说、教材合在一起，中文约16.3万字，韩文60,787词。这一语料库定位为动态语料库，还会陆续补充进来。

先是对中译文进行分词、特别标注成语等，分别建立"中韩等值对应成语"、"中韩近义不对等成语"、"中韩成语对非成语"、"中韩一方缺位成语位"等4个子库，分析总结不对称成语的翻译原则和语义理据。

为研究包括成语对应及"空缺"现象在内的中韩不对称成语问题，本课题内容设计如下。

建立几百万的韩中平行数据库(中韩各语言至少百万字词)。

考虑到成语的口语性特点，选择具有代表性的非政论文语料。

基于语料库标注，确定成语内容。

根据标注的成语，建立权威对译样本库。

成语语料确定后，对语料进行分类统计(定量研究)。

基于成语定量数据，对信息不对称成语的翻译原则和对策进行分析提炼。

本研究的创新点包括三个方面：首先基于平行语料库的优点，实现研究方法的创新；其次，提出"文化黑洞"和不对称成语的概念，对语言类型学、翻译学等具有理论创新意义；最后抽样建立中韩平行语料库，语料选取具有规范型、普及型、口语化的特点。

第2章　信息不对称成语翻译定量研究

2.1 信息不对称成语的分类统计

本平行语料库中汉语成语共出现成语2490次，成语共1111条。

〈表1〉成语1111条

挨家挨户	不辞劳苦	不远千里	出人意外	大兴土木	翻云覆雨
安家立业	不辞辛苦	不约而同	出神入化	大言不惭	繁荣昌盛
安然无恙	不动声色	不在话下	出言不逊	大有作为	反反复复
安营扎寨	不顾一切	不择手段	楚汉相争	大珠小珠	反其道而
安于现状	不合时宜	不折不扣	川流不息	落玉盘	行之
按部就班	不计其数	不知不觉	传为佳话	担惊受怕	泛滥成灾
拔地而起	不假思索	不知去向	传宗接代	胆战心惊	方兴未艾
白发苍苍	不解之缘	不知所措	垂头丧气	当务之急	放荡不羁
百花齐放	不胫而走	不知所终	垂涎欲滴	当之无愧	放任自流
百看不厌	不拘小节	不足为奇	春风满面	蹈常袭故	非此即彼
百依百顺	不拘一格	才华横溢	春寒料峭	道貌岸然	废寝忘食
败走麦城	不堪回首	参差不齐	春暖花开	得天独厚	沸沸扬扬
斑驳陆离	不堪设想	残缺不全	春意盎然	得心应手	费尽心机
半途而废	不可多得	惨不忍睹	绰绰有余	得意洋洋	分门别类
半信半疑	不可救药	惨绝人寰	此起彼伏	德高望重	分庭抗礼
包罗万象	不可开交	惨无人道	此时此刻	灯红酒绿	纷至沓来
饱经风霜	不可磨灭	层出不穷	从容不迫	雕虫小技	奋不顾身
卑躬屈膝	不可逆转	潺潺流水	从天而降	掉以轻心	奋起直追
悲痛欲绝	不可思议	长生不老	从头到尾	喋喋不休	忿忿不平
背道而驰	不可同日	长途跋涉	从头至尾	东山再起	愤愤不平
背井离乡	而语	超凡脱俗	聪明伶俐	斗志昂扬	丰富多彩
比比皆是	不可限量	朝不保夕	粗茶淡饭	独步天下	丰功伟绩
比肩而立	不伦不类	朝气蓬勃	粗制滥造	独立自主	丰衣足食
必不可缺	不能自拔	朝思暮想	催人泪下	独树一帜	风餐露宿
毕恭毕敬	不偏不倚	朝夕相处	错落有致	独一无二	风调雨顺
闭关锁国	不期而遇	彻头彻尾	错综复杂	堆积如山	风风雨雨

Chinese idiom glossary (6 columns):

闭月羞花	不屈不挠	尘埃落定	大慈大悲	对症下药	风光旖旎
变化多端	不胜枚举	沉默寡言	大打出手	顿开茅塞	风景如画
变化莫测	不同凡响	陈词滥调	大刀阔斧	顿足捶胸	风靡一时
变化无常	不同寻常	陈规陋习	大恩大德	多愁善感	风平浪静
变幻莫测	不相上下	称心如意	大发雷霆	多多益善	风水宝地
遍体鳞伤	不屑一顾	成千上万	大喊大叫	鹅毛大雪	风土人情
表里如一	不言而喻	嗤之以鼻	大好河山	婀娜多姿	风行一时
别具一格	不言自明	痴人说梦	大街小巷	而立之年	风雨交加
别开生面	不厌其烦	崇山峻岭	大惊小怪	耳目一新	风雨同舟
别有风味	不一而足	踌躇不前	大起大落	耳濡目染	风云变幻
彬彬有礼	不遗余力	踌躇满志	大器晚成	耳熟能详	风云人物
病入膏肓	不以为然	出口成章	大煞风景	发扬光大	风韵犹存
波澜壮阔	不义之财	出类拔萃	大手大脚	翻来覆去	峰回路转
博学多才	不亦乐乎	出人头地	大同小异	翻山越岭	凤毛麟角
博学多闻	不由自主	出人意料	大相径庭	翻天覆地	敷衍了事
扶摇直上	故弄玄虚	灰心丧气	桀骜不驯	举世瞩目	了如指掌
拂袖而去	顾名思义	挥金如土	截然不同	举足轻重	淋漓尽致
浮想联翩	刮目相看	挥洒自如	竭尽全力	聚集一堂	鳞次栉比
付之东流	关门大吉	回味无穷	竭尽全力	聚精会神	灵丹妙药
付之一炬	冠冕堂皇	回心转意	借酒浇愁	卷土重来	灵机一动
付诸东流	光彩夺目	悔过自新	今非昔比	绝无仅有	令人神往
妇孺皆知	光芒四射	讳莫如深	斤斤计较	侃侃而谈	令人作呕
赴汤蹈火	光宗耀祖	绘声绘色	金口玉言	慷慨解囊	另当别论
富丽堂皇	归根结底	浑然一体	金石为开	可望而不可及	另眼相看
改朝换代	国泰民安	魂不守舍	金银财宝		流芳百世
改过自新	过犹不及	豁达大度	津津乐道	可想而知	流水不腐
改名换姓	海枯石烂	豁然开朗	津津有味	刻不容缓	流言蜚语
改邪归正	海市蜃楼	活灵活现	筋疲力尽	铿锵有力	柳暗花明
干脆利落	骇人听闻	火上浇油	锦上添花	空前绝后	炉火纯青
肝肠寸断	酣畅淋漓	火烧眉毛	锦绣河山	空中楼阁	碌碌无为
感情用事	含辛茹苦	积少成多	尽如人意	口若悬河	屡见不鲜
感同身受	寒意料峭	极乐世界	尽收眼底	扣人心弦	略知一二
刚柔相济	汗流浃背	疾恶如仇	尽心尽力	苦尽甘来	论功行赏
刚正不阿	好事多磨	记忆犹新	近在咫尺	苦思冥想	络绎不绝

高风亮节	浩然之气	家家户户	泾渭分明	快马加鞭	落落大方
高高在上	浩如烟海	家喻户晓	经久不衰	脍炙人口	麻木不仁
高楼大厦	皓月当空	家喻户晓	惊弓之鸟	岿然不动	马不停蹄
高谈阔论	合而为一	戛然而止	惊涛骇浪	来龙去脉	满城风雨
告老还乡	何去何从	价廉物美	惊天动地	来之不易	满目疮痍
格物致知	和蔼可亲	价值连城	惊心动魄	烂醉如泥	满腔热忱
各持己见	和睦相处	驾轻就熟	晶莹剔透	狼狈不堪	满载而归
根深蒂固	荷枪实弹	坚持不懈	兢兢业业	狼吞虎咽	慢条斯理
更上一层楼	赫赫有名	坚定不移	精彩纷呈	琅琅上口	漫无边际
更胜一筹	横征暴敛	坚忍不拔	精彩绝伦	牢不可破	毛骨悚然
耿耿于怀	轰动一时	坚韧不拔	精雕细刻	老死不相往来	茅塞顿开
公诸于众	鸿篇巨制	坚信不疑	精雕细琢	乐此不疲	眉开眼笑
功成名就	后起之秀	艰苦奋斗	精明能干	离乡背井	每况愈下
功夫不负有心人	厚颜无耻	艰苦卓绝	精疲力竭	理所当然	美不胜收
供不应求	胡思乱想	匠心独运	精疲力尽	理直气壮	门当户对
躬行实践	胡思乱想	交口称赞	精益求精	历历在目	门庭若市
孤军奋战	虎视眈眈	交头接耳	井然有序	立足之地	闷闷不乐
孤立无援	花天酒地	交相辉映	迥然不同	立足之地	梦寐以求
古色古香	花团锦簇	娇生惯养	九霄云外	励精图治	面目全非
古往今来	哗众取宠	绞尽脑汁	久别重逢	恋恋不舍	面如土色
古稀之年	欢聚一堂	教子有方	久而久之	两全其美	妙不可言
固步自封	焕然一新	皆大欢喜	居功自傲	两手空空	名不副实
固执己见	惶恐不安	接二连三	鞠躬尽瘁	量体裁衣	名不虚传
名列前茅	恍然大悟	接踵而至	局促不安	寥寥无几	名符其实
名目繁多	恍然大悟	孑然一身	举世闻名	矢志不移	名副其实
名闻遐迩	迫在眉睫	情有可原	若隐若现	始料不及	所剩无几
名扬四海	破釜沉舟	晴天霹雳	弱肉强食	始料未及	所作所为
明目张胆	破口大骂	屈指可数	三番五次	始终不渝	索然无味
明争暗斗	破天荒	趋炎附势	三纲五常	始终如一	太平盛世
冥思苦想	铺天盖地	趋之若鹜	三思而后行	事半功倍	泰然处之
模棱两可	朴实无华	取而代之	丧权辱国	事必躬亲	泰然自若
莫名其妙	其乐融融	全军覆没	丧心病狂	事业有成	贪官污吏
	其乐无穷	全力以赴	色彩斑斓	势不两立	昙花一现
	奇形怪状	全神贯注			谈天说地

莫逆之交	旗开得胜	全心全意	杀气腾腾	势在必行	忐忑不安
漠不关心	杞人忧天	惹是生非	杀一儆百	视而不见	坦诚相待
墨守成规	起死回生	热气腾腾	煞费苦心	拭目以待	叹为观止
默默无闻	恰到好处	人才济济	山清水秀	适可而止	堂堂正正
目不暇接	恰如其分	人迹罕至	山穷水尽	手不释卷	滔滔不绝
目不转睛	千变万化	人杰地灵	山珍海味	手忙脚乱	滔滔不绝
目瞪口呆	千差万别	人满为患	赏心悦目	手无寸铁	提心吊胆
目中无人	千疮百孔	人人皆知	上梁不正	手舞足蹈	醍醐灌顶
男女老少	千家万户	人山人海	下梁歪	首当其冲	天崩地裂
难能可贵	千里之行	人生在世	上行下效	首屈一指	天翻地覆
难以为继	始于足下	人之常情	少不更事	寿终正寝	天方夜谭
难以言表	千篇一律	忍俊不禁	少言寡语	受宠若惊	天高地厚
难以置信	千山万水	忍气吞声	舍身取义	熟视无睹	天寒地冻
你中有我	千丝万缕	忍辱负重	身临其境	束手无策	天伦之乐
逆来顺受	千辛万苦	忍无可忍	身体力行	束之高阁	天马行空
逆来顺受	牵肠挂肚	任重而道	身无分文	数不胜数	天衣无缝
念念有词	谦虚谨慎	远	深不可测	数一数二	天灾人祸
鸟语花香	前车之鉴	日复一日	深思熟虑	水落石出	天真烂漫
弄巧成拙	前思后想	日日夜夜	深信不疑	水深火热	天真无邪
怒不可遏	前所未有	日新月异	神出鬼没	水性杨花	甜言蜜语
怒目圆睁	前无古人	融会贯通	神来之笔	顺理成章	挑拨离间
怒气冲天	前因后果	如痴如醉	神清气爽	顺流而下	停滞不前
呕心沥血	欠债还钱	如出一辙	生离死别	瞬息万变	挺身而出
排忧解难	强身健体	如法炮制	生生不息	司空见惯	挺身而出
判若两人	翘首以待	如虎添翼	声名鹊起	死里逃生	通宵达旦
庞然大物	窃窃私语	如火如荼	声势浩大	四分五裂	同甘共苦
蓬头垢面	锲而不舍	如获至宝	盛极一时	四通八达	同归于尽
披星戴月	亲密无间	如饥似渴	诗情画意	肃然起敬	同流合污
翩翩起舞	沁人心脾	如日中天	十全十美	素不相识	同心同德
漂洋过海	轻而易举	如释重负	石破天惊	素昧平生	同心协力
瓢泼大雨	轻重缓急	如鱼得水	时过境迁	酸甜苦辣	痛快淋漓
平安无事	倾盆大雨	如愿以偿	时隐时现	随波逐流	偷工减料
平易近人	清一色	入乡随俗	明目张胆	随机应变	头破血流
迫不得已	情不自禁	软弱无力	食不果腹	随心所欲	投机取巧

迫不及待	情投意合	若无其事	史无前例	所见所闻	突飞猛进
突如其来	无穷无尽	逍遥自在	栩栩如生	一览无余	异想天开
突如其来	无人问津	无可挑剔	轩然大波	一落千丈	意气风发
图文并茂	无声无息	小巧玲珑	悬崖峭壁	一脉相承	意味深长
徒劳无功	无时无刻	小心翼翼	雪上加霜	一模一样	意想不到
徒劳无益	无私奉献	谢天谢地	循规蹈矩	一目了然	毅然决然
土生土长	无所不能	心安理得	训练有素	一年一度	因地制宜
推陈出新	无所顾忌	心不在焉	压卷之作	一拍即合	因人而异
拖泥带水	无所适从	心潮澎湃	鸦雀无声	一气呵成	音容笑貌
脱口而出	无所畏惧	心驰神往	烟消云散	一窍不通	引人入胜
脱颖而出	无微不至	心烦意乱	严阵以待	一窍不通	引人瞩目
唾手可得	无懈可击	心甘情愿	言传身教	一如既往	引人注目
完好无损	无以复加	心灰意冷	言而有信	一扫而光	隐姓埋名
完美无缺	无影无踪	心旷神怡	言过其实	一事无成	应接不暇
万般无奈	无忧无虑	心力交瘁	言外之意	一手包办	应有尽有
万事如意	无与伦比	心灵手巧	奄奄一息	一丝不苟	应运而生
万寿无疆	五彩缤纷	心领神会	眼高手低	一丝不挂	迎刃而解
亡羊补牢	五花八门	心满意足	眼花缭乱	一塌糊涂	永无止境
忘乎所以	五体投地	心满意足	扬眉吐气	一网打尽	勇往直前
忘乎所以	五颜六色	心神不定	羊肠小道	一往情深	忧心忡忡
望尘莫及	息息相关	心术不正	养精蓄锐	一望无际	悠然自得
望而生畏	熙熙攘攘	心想事成	腰缠万贯	一无所知	犹豫不决
微不足道	习以为常	欣喜若狂	摇身一变	一席之地	油然而生
微乎其微	席地而坐	新陈代谢	遥相呼应	一泻千里	游刃有余
为国捐躯	洗耳恭听	新陈代谢	耀武扬威	一言为定	游手好闲
为期不远	洗耳恭听	信誓旦旦	野心勃勃	一以贯之	有板有眼
为所欲为	喜出望外	兴高采烈	夜以继日	一意孤行	有朝一日
唯我独尊	喜怒哀乐	兴高彩烈	一败涂地	一应俱全	有声有色
惟妙惟肖	喜怒无常	兴致勃勃	一本正经	一针一线	有识之士
萎靡不振	喜笑颜开	星罗棋布	一臂之力	一知半解	有始有终
闻名遐尔	喜新厌旧	星星点点	一波三折	衣不蔽体	有意无意
闻所未闻	先入为主	行色匆匆	一成不变	衣锦还乡	有勇无谋
问心无愧	先下手为	行尸走肉	一蹴而就	衣食住行	愚昧无知
我行我素	强	行云流水	一点一滴	依然如故	与日俱增

无边无际	鲜为人知	形形色色	一动不动	依山傍水	与众不同
无动于衷	闲情逸致	形影不离	一帆风顺	依依不舍	与众不同
无独有偶	显而易见	雄心勃勃	一飞冲天	以诚相待	语无伦次
无济于事	显山露水	雄心壮志	一分为二	以礼相待	郁郁葱葱
无家可归	相得益彰	修身齐家	一干二净	以貌取人	欲罢不能
无坚不摧	相辅相成	治国平天	一技之长	以身作则	原封不动
无拘无束	相去甚远	下	一举两得	义不容辞	原原本本
无可厚非	相提并论	袖手旁观	一举一动	义无反顾	原汁原味
无可奈何	相映成辉	虚怀若谷	一决雌雄	议论纷纷	源源不断
无可挽回	相映成趣	虚无缥缈	一来二去	亦步亦趋	源远流长
无名小卒	想方设法	虚无飘渺	一览无遗	异口同声	远见卓识
远近闻名	战战兢兢	只身一人	众人拾柴	孜孜不倦	自然而然
约定俗成	掌上明珠	只字不提	火焰高	子虚乌有	自始至终
月下老人	招兵买马	纸上谈兵	众说纷纭	字里行间	自私自利
跃然纸上	招财进宝	指日可待	众所周知	自暴自弃	自我陶醉
云消雾散	照本宣科	指手划脚	众望所归	自成一家	自相残杀
运用自如	针砭时弊	指手画脚	重蹈覆辙	自吹自擂	自言自语
杂乱无章	针锋相对	志同道合	重任在肩	自得其乐	自以为是
载歌载舞	真心诚意	质量上乘	周而复始	自高自大	自由自在
再接再厉	振奋人心	秩序井然	专心致志	自告奋勇	纵横驰骋
在所不辞	镇定自若	掷地有声	转祸为福	自给自足	走马观花
赞不绝口	震撼人心	智勇双全	追悔莫及	自顾不暇	走投无路
曾几何时	争分夺秒	置之不理	惴惴不安	自愧不如	足不出户
沾沾自喜	争先恐后	中流砥柱	卓尔不群	自命不凡	罪该万死
斩钉截铁	支离破碎	众口一词	卓有成效	自欺欺人	
崭露头角	执迷不悟	众擎易举	捉襟见肘	自然而然	

  这些成语均在汉语译文中出现，但是对照原文不难发现，以上成语翻译根据其对应关系，可以分为中韩等值对应成语、中韩近义不对等成语、中韩成语对非成语、中韩一方缺位成语等四类。下面就这一千多条成语的翻译对应关系做一个简单的分类。

2.1.1 中韩等值对应成语

即译文中的成语在原文中也是成语，对应关系成立，这一类成语共有73条[14]，详见如下。

〈表2〉中韩等值对应成语 73条

삼라만상	包罗万象	논공행상	论功行赏	형형색색	五颜六色
파란만장	波澜壮阔	문전성시	门庭若市	희로애락	喜怒哀乐
박학다식	博学多闻	명실공히	名副其实	유유자적	逍遥自在
불가사의	不可思议	명실상부	名副其实	우왕좌왕	心神不定
불로장생	长生不老	묵수주의	墨守成规	신진대사	新陈代谢
유일무이	朝不保夕	남녀노소	男女老少	형형색색	形形色色
오매불망	朝思暮想	천변만화	千变万化	형영상수	形影不离
구태의연	蹈常袭故	천편일률	千篇一律	수신제가	修身齐家
의기양양	得意洋洋	천신만고	千辛万苦	치국평천하	治国平天下
유일무이	独一无二	인산인해	人满为患	일파만파	轩然大波
다다무병	多多益善	절치부심	忍辱负重	우여곡절	一波三折
격물치지	格物致知	삼강오륜	三纲五常	일거수일투족	一举一动
고색창연	古色古香	심사숙고	深思熟虑	일맥상통	一脉相承
팔목상대	刮目相看	전후후무	史无前例	일목요연	一目了然
휘황찬란	光芒四射	사방팔방	四通八达	금의환향	衣锦还乡
국태민안	国泰民安	생면부지	素昧平生	솔선수범	以身作则
호연지기	浩然之气	태평성세	太平盛世	파란만장	意气风发
청풍명월	皓月当空	탐관오리	贪官污吏	의미심장	意味深长
호시탐탐	虎视眈眈	천재지변	天崩地裂	전화위복	转祸为福
금과옥조	金口玉言	천재지변	天灾人祸	자급자족	自给自足
금은보화	金银财宝	천진난만	天真烂漫	종횡무진	纵横驰骋
조국강산	锦绣河山	침체일로	停滞不前	능수능란	驾轻就熟
전무후무	空前绝后	만사형통	万事如意	무사태평	国泰民安
요지부동	岿然不动	만수무강	万寿无疆		
유언비어	流言蜚语	오체투지	五体投地		

---

14) 具体语用例子详见下篇，其他三类下同。

2.1.2 中韩近义不对等成语

中韩近义不对等成语指译文中的成语在原文中对应为其他熟语形式，如谚语、惯用语等，此类谚语出现220条，具体如下。

<表3> 中韩近义不对等成语220条

한국어	中文	한국어	中文
두 손 두 발 다 들다	五体投地	눈과 귀를 즐겁게 하는	赏心悦目
말들이 끊이지 않다.	议论纷纷		引人注目
발길이 끊이지 않다	络绎不绝		引人瞩目
발등에 불(이) 떨어지다	火烧眉毛		引人注目
빼다 박다	如出一辙	눈길을 끌다	引人注目
생명을 걸다	在所不辞		引人注目
생명을 돌아보지 않다	奋不顾身		引人瞩目
소름이 끼치다	前所未有		引人注目
소문이 자자하다	声名鹊起	눈앞에 생생하다	历历在目
	满城风雨		历历在目
손색이 없다	当之无愧	눈에 넣어도 아프지 않다	掌上明珠
어깨너머 공부하다	耳濡目染	눈에 들어오다	尽收眼底
(사람) 일 년 내내 끊이지 않는다	络绎不绝		引人注目
오랜 세월 비바람 맞다	风风雨雨		引人注目
줄을 잇다	络绎不绝		引人注目
크게 되다	自命不凡	눈에 띄다	引人注目
한 번에 날아가 버리다	一扫而光		引人注目
한눈에 들어오다	尽收眼底		引人注目
가슴 졸이다	胆战心惊	맥을 따라하다	赏心悦目
가슴을 두 방망이질 치게 만들다	醍醐灌顶	맥을 이은 것인데	一脉相承
가슴이 뛰다	毛骨悚然	머리를 세우다	翘首以待
	心潮澎湃	머리를 조아리다(몸에 배다)	卑躬屈膝
가슴이 설레다	心驰神往	머리부터 꼬리까지	从头到尾
	扣人心弦		从头到尾
	心潮澎湃	명을 다하다	寿终正寝
가슴을 치다	顿足捶胸	몇 손가락 안에 들다	屈指可数
가슴이 뜨겁다	心潮澎湃	모래 위의 탑	空中楼阁
눈 여겨 보다	另眼相看	모습을 감추다	隐姓埋名

모습을 드러내다.	栩栩如生
모퉁이를 돌 때마다 새로운 풍광이 나타나다	柳暗花明
모퉁이를 돌 때마다 새로운 풍광이 나타나다	山穷水尽
몸으로 가르쳐주다	言传身教
문중을 빛내다	光宗耀祖
물 만난 고기	如鱼得水
물거품으로 돌아가다	付之东流
신이 나다	欣喜若狂
	兴高采烈
심혈을 기울이다	呕心沥血
	呕心沥血
쌍벽을 이루다	遥相呼应
잘 어울리다	如鱼得水
대를 잇다	传宗接代
앞이 캄캄하다	不知所措
애를 태우다	好事多磨
어깨가 가볍다	如释重负
	如释重负
어깨가 처지다	垂头丧气
	垂头丧气
어깨너머로 배우다	耳濡目染
어깨를 같이하다	不相上下
어깨를 나란히 하다	比肩而立
	相提并论
잘났다	自以为是
	自以为是
정신이 나가다	丧心病狂
정신이 없다	忘乎所以
종적을 감추다	无影无踪
주름 잡다	风行一时
주머니도 두둑하다	腰缠万贯
주목 받다	引人注目

주목되다	引人注目
주목받다.	引人注目
주목을 끌다	引人注目
	引人注目
주목을 받다	引人注目
가슴이 벅차 오르다	心潮澎湃
가슴이 쿵쾅거리다	心潮澎湃
가장 관심을 끌다	家喻户晓
가장 손에 꼽다	首屈一指
잘 살아나다	活灵活现
간을 녹이다	魂不守舍
감각이 무디다	麻木不仁
감동을 도려내다	震撼人心
손길을 묻히다	墨守成规
겉핥기	走马观花
(업)계가 소용돌이에 휩싸이다	轩然大波
고생 끝에 낙이 온다	苦尽甘来
고인 물은 썩는다	流水不腐
곤두박질치다	每况愈下
골머리를 썩이다	冥思苦想
괜히 폼잡다	侃侃而谈
귀에 익숙하다	耳熟能详
눈에 보이다	视而不见
눈이 높다	眼高手低
눈을 즐겁게 하다	赏心悦目
늦깎이	大器晚成
돈을 흥청망청 쓰다	挥金如土
돌발 변수가 발생하다	峰回路转
동에 번쩍 서에 번쩍	神出鬼没
두 마리 토끼를 잡다	一举两得
두각을 나타내다	崭露头角
	崭露头角
	脱颖而出
두각을 보이다	崭露头角

이름에 걸맞다	名副其实
마음을 간수하다	问心无愧
마음을 적시다	沁人心脾
마음에 들다	心满意足
마음에 있는 이야기를 나누다 보면	坦诚相待
마음에 후회가 밀려왔습니다	追悔莫及
밑거름 삼다	得天独厚
바람(을) 잡다	异想天开
바람(이) 들다	胡思乱想
발 디딜 틈이 없다	人山人海
발길이 끊이지 않다.	络绎不绝
발등에 불이 떨어지다	火烧眉毛
백지장도 맞들면 낫다	众擎易举
	众人拾柴火焰高
별을 보며 출근해서 별을 보며 퇴근하다	披星戴月
보기 좋다	难能可贵
보는 눈이 달라지다	刮目相看
분위기를 살리다	淋漓尽致
불 난 집에 부채질한다	火上浇油
생명을 걸다	在所不辞
생명을 아끼지 않다	奋不顾身
	鞠躬尽瘁
생사를 가르다	起死回生
몸을 던지다	舍身取义
설 자리가 없다	立足之地
설 자리를 잃다	立足之地
어깨를 들썩이다	手舞足蹈
어깨를 펴다	手舞足蹈
어깨에 힘(을) 주다	得意洋洋
자리를 잡다	席地而坐
얼굴에도 봄이 온 것 같다	春风满面
엉망이 되다	一塌糊涂

자리를 내주다	取而代之
파란을 일으키다.	轩然大波
오금이 저리다	战战兢兢
산전 수전 다 겪다	饱经风霜
왕조가 바뀌다	改朝换代
윗물이 맑아야 아랫물이 맑다	上梁不正下梁歪
사람들의 혼을 빼앗다	叹为观止
이름에 오르내리다	津津乐道
빛을 더하다	发扬光大
골머리를 앓다	冥思苦想
일가를 이루다	自成一家
입에 침이 마르다	赞不绝口
입에서 튀어나오다	脱口而出
주목을 하다	引人瞩目
죽기 살기로 하다	破釜沉舟
지성이면 감천이라	金石为开
진가를 발휘하다.	声名鹊起
진을 치다	安营扎寨
청운의 꿈	踌躇满志
침이 마르게 칭찬하세요	赞不绝口
칭찬을 아끼다	赞不绝口
	赞不绝口
코가 삐뚤어지다	烂醉如泥
코앞에 닥치다	迫在眉睫
	迫在眉睫
	出人头地
	大有作为
	大有作为
맛을 내다	淋漓尽致
명성이 자자하다	赫赫有名
(실패하고나서) 삶에 빠지다	灰心丧气
가슴에 남다	记忆犹新

입문하다.	不解之缘	빠지다	身临其境
금이야 옥이야	呕心沥血	큰 몫을 하다	慷慨解囊
꿰뚫다	融会贯通	잘나가다	事业有成
기지개 켜다	扬眉吐气	소 잃고 외양간 고치다	亡羊补牢
길이 보이다	豁然开朗	소름이 돋다.	毛骨悚然
꿩 먹고 알 먹는다	一举两得	속이 뚫다.	洗耳恭听
잘나다(사람)	唯我独尊	손길이 미치지 못하다	人迹罕至
일삼다	作恶多端	손꼽았다	赞不绝口
인생이 망가지다	耿耿于怀	손꼽히는	首屈一指
내 코가 석자	自顾不暇		屈指可数
	自顾不暇	손색없는	名副其实
너 죽고 나 죽자	同归于尽	손을 보다	显而易见
귀에 들어오다	一意孤行	손이 크다	大手大脚
마음에 흐르다	同心协力		大手大脚
마음에서 일어나다	随心所欲		大手大脚
마음으로 대하다	以诚相待		大手大脚
마음이 높다	眼高手低		大手大脚
마음을 꺾다	无可奈何	빠져들다	津津乐道
마음을 놓다	掉以轻心	신경(을) 쓰다	津津有味
마음을 쏟다	尽心尽力		煞费苦心
마음을 돌이키다	回心转意	입으로만 말하다	冠冕堂皇
마음을 조급하게 하다	心烦意乱	입을 모으다	异口同声
마음이 젖다	不能自拔	잘나다	自以为是
마음이 끌리다	令人神往		自以为是
	油然而生		自以为是
마음이 불안하다	忐忑不安		自欺欺人
마음이 올라오다	油然而生		自以为是
마음이 일어나다	油然而生		自欺欺人
마음이 통하다	志同道合		唯我独尊
	其乐融融		与众不同
말수가 적다.	沉默寡言		自以为是
말이 안 되다	子虚乌有	자기가 제일 크다	自高自大
말이 없다	沉默寡言	크게 되다(사람)	自命不凡
	少言寡语	뜻을 굽히다	矢志不移

맥을 같이한다	一脉相承	가슴에 들어오다	一览无余
	鞠躬尽瘁	큰일 나다	不堪设想
	全力以赴	틈 나다	争分夺秒
	全力以赴	티끌 모아 태산	积少成多
	竭尽全力	하늘만큼 땅만큼	海枯石烂
	竭尽全力	한눈에 들어오다	尽收眼底
최선을 다하다	竭尽全力	한눈에 보다	尽收眼底
	全力以赴	한눈에 굽어보다.	尽收眼底
	竭尽全力	한눈에 들어오다	尽收眼底
	竭尽全力	한눈에 보다	一览无余
	大有作为		尽收眼底
	大有作为	한순간에 무너지다	一落千丈
큰 일이다	惊天动地	발 벗고 나서다	全力以赴
큰소리를 치다	忍气吞声	호흡이 맞아떨어지다	情投意合

2.1.3 中韩成语对非成语

通过分类，我们发现此类占有最大比重，出现2030次，占所有成语使用的75%。这从另外一个侧面也表明我们研究不对应成语翻译策略所具有的普遍性。 从语言类型学的角度而言，汉语属于孤立语，形态变化相对缺乏，而韩国语是黏着语，形态丰富，通过词尾和助词形态进行内部变化。用词方面，汉语词汇中双音节词普遍，使得语言表达作用更加准确丰富。成语因准确有效转达语义，押韵并富有生动性，被人们广泛接受。韩国语成语和韩民族使用汉字的历史息息相关，除从中国引进的成语外，也不乏自造的成语，更值得注意的是成语使用不像汉语那么频繁。可见翻译中，特别是韩中翻译中，非成语韩语形式经常翻译为汉语成语，这种对应关系无不与语境内容、译者风格、语言因素等相联系。经观察发现，我们发现韩语中的词汇、词组、句子也对应为汉语的成语，可以说具体语境和译者对成语的认知差异是成语翻译差异产生的直接原因，下面通过几个例子来看一下其具体形式。

(1) 对应为词汇
　① 감격하다 – **受宠若惊**
　그렇다고 지금의 환대에 감격하는 것도 아니다.
　而对于现在的厚爱也没有**受宠若惊**。

② 고스란히 – 完好无损

고려청자는 선적(船積)했던 당시 모습을 고스란히 간직한 채 매장돼 있었다.

船上裝载的高丽青瓷器埋在海底，仍**完好无损**地保持着原貌。

③ 궁금하다 – 拭目以待

그가 자기 자신마저 넘어선 그 이후가 궁금하다.

他超越自我之后的景象又将如何呢？令人**拭目以待**。

(2) 对应为词组

① 끊임없이 움직이다 – 瞬息万变

넓게 펼쳐진 수평선과 끊임없이 움직이는 바다는 기운을 북돋아준다.

无限延伸的地平线和**瞬息万变**的海面总能让人倍感精神。

② 너끈히 소화할 수 있다 – 游刃有余

"허정무 감독에 따르면, 박지성은 투지와 노력도 미더웠지만, 무엇보다 천부적인 공간 파악 능력을 갖고 있어 공격형 미드필드의 어느 곳이라도 너끈히 소화할 수 있는 선수였다고 한다."

许丁茂教练说，朴智星的斗志和竞争力是毋庸置疑的，而他与生俱来的穿透力使他在攻击型中场的任何位置上都能**游刃有余**。

③ 다양한 색과 맛을 지니다 – 别有风味

파산적은 주요 재료인 파와 소고기에 다른 재료를 추가하여 다양한 색과 맛을 지닌 산적으로 다시 태어나기도 한다.

牛肉葱烤串的主要材料是葱和牛肉，在此基础上再加入其他材料，又增添了一种色彩多样、**别有风味**的烤串。

(3) 对应为句子

① 냉소하기 때문이다 – 嗤之以鼻

정말 나쁜 놈들은 욕하지 않고 냉소하기 때문이다.

因为真正的坏蛋不值得一骂，只须**嗤之以鼻**。

② 고립된 상태로 지냅니다 – 一意孤行

'나는 똑똑해.나는 잘났어.' 하는 사람은 다른 사람과 이야기를 해도 '네가 뭘 안다고?' 하고 마음을 닫기 때문에 고립된 상태로 지냅니다.

自以为"我聪明，我了不起"的人即使和他人交流，也会想："你懂什么？"。因为太过于相信自己，所以紧闭心扉，**一意孤行**，自我封闭起来。

2.1.4 中韩一方缺位成语

即韩国语原文没有汉语译文中成语所对应的内容，此类成语共59条。

〈表4〉中韩一方缺位成语 59条

表里如一	成千上万	感情用事	面如土色	素不相识	一应俱全
不辞劳苦	踌躇满志	高楼大厦	难能可贵	图文并茂	依然如故
不堪回首	春意盎然	含辛茹苦	庞然大物	万般无奈	义不容辞
不同凡响	此起彼伏	赫赫有名	翩翩起舞	无声无息	因地制宜
不义之财	大起大落	尽心尽力	恰到好处	五彩缤纷	引人入胜
不由自主	得心应手	刻不容缓	轻重缓急	五花八门	引人注目
不远千里	德高望重	来之不易	取而代之	相映成趣	悠然自得
不知不觉	翻天覆地	老死不相	人才济济	想方设法	有朝一日
不知所措	丰富多彩	往来	赏心悦目	兴致勃勃	众口一词
彻头彻尾	风靡一时	淋漓尽致	上行下效	言外之意	自得其乐

此类缺位成语翻译基本上源于翻译显化。在翻译中使用隐义显化的方法极为常见，也符合了翻译家所称的"翻译即译意"的论断。汪立荣(2006: 208)指出了意义有隐显之分，翻译中进行必要的隐义显译合乎认知思维规律，能恰当激活目标语读者的认知框架，使其产生与源语读者对应的认知效果。

翻译中的显化处理表现在"某些内容在原作中没有、而在译作中却表述了出来，而且还应该包括原作暗含(implicit)而译作明示(explicit)，以及某些信息在译作中通过聚焦、强调、选择不同词汇等方式而得到突出等情况。"(贺显斌, 2003: 64)[15]显化处理的内容包括：语篇连贯和衔接、语义范畴的转化、文化意义的传达、语境信息的显现以及文化意象的转化等。以上59条成语根据其缺位类型可以分为以下几大类，下面通过具体例子分析说明。

(一) 语境信息的显现

(1) 表里如一

속이 더 아름다운 옻칠

손대현, 追求**表里如**一的漆艺匠人

原文中的"속"对应于汉语的"里(与表相对应)"，通过否定漆艺的外在美突出和强调漆艺匠人，而译文汉语通过成语对这种暗含关系予以明示，可以说两语的聚焦焦点不同。

---

15) 转引自王卫强, 从文学翻译看显化处理的种类, 疯狂英语(教师版), 2008年第二期 p.142

（2）不辞劳苦

깊은 산을 찾아 치성을 드렸다면 그만큼 아프거나 한이 맺히거나 삶이 불안했다는 소리이다.

人们**不辞劳苦**，登峰祈愿，可见其苦痛之深、生活之艰险。

译文中的成语"不辞辛苦"是原文中"치성을 드리다(祈愿)"的补充，因为文中提到这样的祈愿充满了痛苦和艰辛。柯飞(2005: 306-307)也指出，有的译文在意思上充分显化，对于原文隐含的或在其文化上不言自明的内容，通过译者加词、变通、阐释等方法在译文中显化出来形成一种阐译，比原文更清晰、易懂。

而事实上，成语为这种显化提供了有效手段16)。

（3）不堪回首

특히 과거에 대한 기억이 고통스러운 것이기에 잃는 것이 나쁘지 않다고 여겨 왔다.

人们甚至认为过去是一段**不堪回首**的痛苦回忆，因此失去这段记忆未尝不是一件好事。

译文中的成语"不堪回首"是原文中"기억이 고통스럽다(痛苦记忆)"的补充，通过补充词语与后面的内容前呼后应。

（4）不同凡响

① 머리맡에 몇 개월이고 몇 년이고 두고는 어떤 작품을 만들지 궁리한다.

他把玉石放在枕头边几个月、几年，苦苦思索如何创作一件**不同凡响**的作品。

② 한국에서 태어난 그는 미국으로 가서 영어를 배워 영어로 직접 소설을 썼다.

他出生在韩国，远赴美国学习英语并用英语进行小说创作着实**不同凡响**。

由于韩汉两语的表达差异，根据需要语篇衔接应作适当的调整，必要时要增词或减词(如连接词)以适应语篇架构的需要。通过对原文"어떤"、"소설"使指代更加具体，从而减少了读者的认知障碍，使其在语篇的认知处理上获得了显性化的关联，理解起来更加省力，也避免了歧义的产生。

无对应成语中，此类占有最大比重，具体例子详见第八章的前40条。

（二）语篇连贯和衔接
（1）不知所措

어리둥절한 행인들과 긴급 사태(?)에 놀란 경비원들.

面对这突如其来的场面，行人目瞪口呆，到场的**警察**也**不知所措**。

韩语通过命名文形式17)突出了**警察**对发生突发事件的反应，即省略了谓语，但是译文

---

16) 转引自王卫强，从文学翻译看显化处理的种类，疯狂英语(教师版)，2008年第二期p.142
17) 太平武(1999: 253)解释命名文称，命名文是确认事物、现象、状态等存在于现实的一种句子形式，是朝鲜语

补充了这一谓语，用成语简明扼要地予以概括。

(2) 得心应手

제 몸에는 좋은 도자기를 만들어온 조선 도공의 유전자가 들어있습니다. 조선 백자 의 당당함에서 받은 영감이 그것을 되새김질하게 해줍니다.

我的身体中有朝鲜陶艺工匠的遗传基因，这使我对制作陶瓷精品**得心应手**。我从朝鲜白瓷的高雅中获得灵感，再把它展现出来。

译文多出"这使我对制作陶瓷精品得心应手"的内容，对前后两个句子进行连接，以突出语篇连贯和衔接。

(3) 感情用事

네가 전쟁터에서는 그런 감정을 가질 수 있지만 현실에 부딪히면 다를 거야. 나중엔 집으로 돌려보내는 게 좋겠구나.

战场上，你们互相支持、彼此鼓励，这种感情我可以理解，但现实往往不是这样的。你最好不要**感情用事**! 我想，到时候你还是让他回去为好。

译文中多出"你最好不要感情用事!"，以突出语篇连贯和内容衔接。

(4) 取而代之

① 그러나 초와 성냥이 필요 없는 현대에는 생활에 필요한 세제, 화장지 등을 선물하고 있다.

如今这些蜡烛和火柴都用不上了，**取而代之**会送些洗涤用品及卫生纸等生活用品。

② 이러한 영향은 한국에도 고스란히 이어졌고, 이에 따라 도도하게 흐르던 변화의 강물은 급박하게 말라가기 시작했다. 그러면서 '신(新)'이라는 접두어를 달고 어지러운 변화가 휘황하게 불어 닥쳤다.

这些事件也径直影响到韩国，滔滔涌动的变化浪涛嘎然而止，**取而代之**的是所谓"新"字当头的令人目眩的变革。

③ 더욱이 조선시대에 와서는 전형적인 모습의 정병은 찾아볼 수 없게 되고 수병(水瓶)과 정병이 혼합된 새로운 모습의 병이 만들어지거나 긴 주구와 손잡이가 달린 주전자 형태의 병이 제작되었다.

进入朝鲜王朝时期以后，具有典型的净瓶外形特点的器具已经难觅其踪，**取而代之**的是一种综合了水瓶和净瓶特征的新型器皿以及带长流和把手的水壶状器皿。

(韩国语)独有的句子类型，汉语没有与之相对应的概念；其句法特点是采取体词的零格形式，通常由包括多重定语在内的多个定语组成。

以上三个内容均表示由新事物、新现象取代之前的旧事物、旧现象，韩语均用谓词定语"필요 없는"和"새로운"、谓词谓语"불어 닥쳤다"表示。对此，译文融会贯通，通过"取而代之"连贯前后句子，对新的事物和现象进行针对性的描写，避免平铺直叙。

（三）文化意象的转化

（1）春意盎然

그는 "그 꽃 향기를 맡으며 집으로 돌아오는 길 내내 내 마음은 봄이었다.

她说，"走在回家的路上，闻着那花香，我的心中**春意盎然**。

原文和译文都用"春"，心中的"春"天在中韩两语中都表示希望、温暖等，文化意象对应，因此直接建立了对应关系。

（2）面如土色

"엄마, 저예요." "존이에요." 부인이 깜짝 놀랐습니다.

"妈妈，是我，约翰！"妇人**面如土色**。

译文中增加了"面如土色"，形容惊恐之极、脸色呈灰白色，对原文中的"非常震惊"表现的细腻，通过"土（色）"赋予文化意义。

（3）五彩缤纷

여름에는 벚나무들이 펼치는 푸른 잎들을, 가을에는 낙엽을, 겨울에는 수도승 같은 나목(裸木)들을 만날 수 있을 테니.

夏天的叶子郁郁葱葱，秋天的落叶**五彩缤纷**，冬天的树干则如伫立的僧人。

与夏天的深绿、冬天的萧条不同，译文通过描写色泽"五彩缤纷"的落叶，形成强烈反差，以此来植根译语汉语，通过修辞和转化文化意象，使得惟妙惟肖。

（4）相映成趣

연록색 나뭇잎과 붉고 흰 꽃들이 흐드러지는 봄에서 시작하여 녹음이 짙은 여름, 단풍이 울긋불긋 물드는 가을, 그리고 앙상한 나뭇가지들이 서로 몸을 부비는 겨울마저도 여기에서는 모두 아름답다.

无论是嫩绿的树叶和红白相间的花朵**相映成趣**的春天，绿茵苍翠欲滴的夏天，红叶斑驳陆离的秋天，还是光秃秃的树枝交错纵横的冬天，山上的景色总是十分优美。

在描写春天时，韩语分别对树和花进行描写，汉语将两者结合起来，通过整体描写和富有文化特点的叙述方式构成一幅生动画面。

2.2 信息不对称成语的句法分析

在这一小节，我们对上述三大类四个分类进行句法分析，主要包括汉语成语及其对应形式的结构、语义分析。

2.2.1 结构分析

2.1.1.1 中韩等值对应成语结构分析

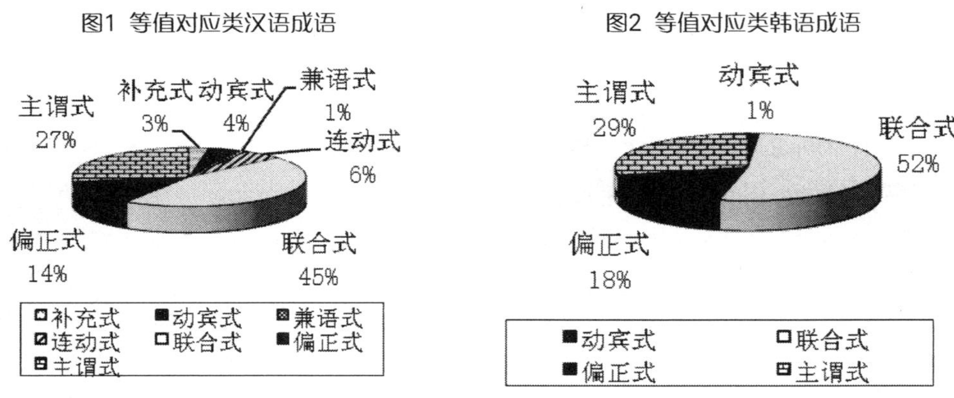

通过以上73条等值对应类成语的结构分析，我们发现中韩等值对应成语中，联合式和主谓式、偏正式占有较大比重，均排名前三，同时韩语成语没有补充式、兼语式、连动式。可见，在对应类韩汉成语中，汉语成语比韩语成语结构丰富。

2.1.1.2 近义不对等类中韩成语结构分析

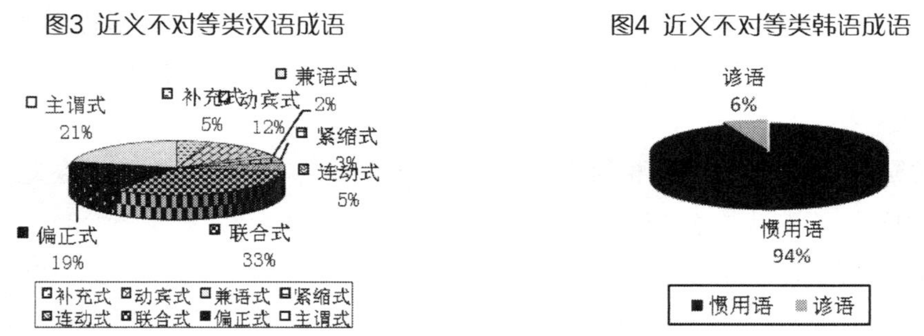

如图3所示，近义不对等中韩成语结构较为丰富，涉及联合式、主谓式、偏正式、动宾

式、连动式、补充式、紧缩式、兼语式等, 其中联合式、主谓式、偏正式仍排名前三。此外,
由于这一类是近义不对等即汉语成语对应其他韩语成语,　　因此其具体对应情况如图4所
示, 汉语成语基本上对应为惯用语、其次是谚语, 且这一比例相差较大。

图5 近义不对等类汉语成语分类

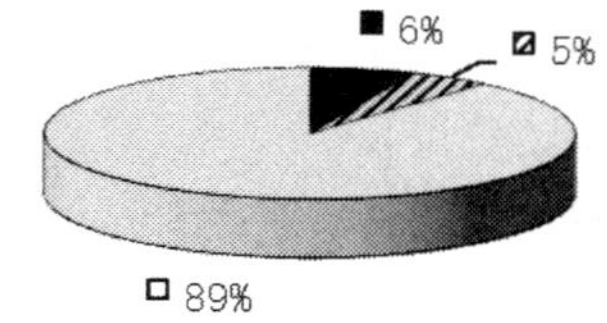

　　此外, 图5考察了汉语成语对应其他韩语成语的具体对应情况, 其成语类型具体包括
惯用语和谚语, 而这种对应形式可分为同一韩语成语译为多种汉语成语、同一韩语成语译
为韩语成语(语料中反复出现)、同一韩语成语译为汉语成语(仅出现一次)等三大类, 其中同一韩
语成语译为韩语成语(语料中反复出现)在一定程度上表明其使用频度。下面对同一韩语成语
译为汉语成语(多次出现)和同一韩语成语译为多种汉语成语进行了统计, 在220条成语中分
别占11条和14条, 详见如下。

〈表5〉同一韩语成语译为汉语成语(多次出现) 11条

발길이 끊이지 않다	络绎不绝	손이 크다	大手大脚
	络绎不绝		大手大脚
눈앞에 생생하다	历历在目		大手大脚
	历历在目		大手大脚
눈에 띄다	引人注目		大手大脚
	引人注目	심혈을 기울이다	呕心沥血
	引人注目		呕心沥血
	引人注目	어깨가 가볍다	如释重负
	引人注目		如释重负
	引人注目	어깨가 처지다	垂头丧气
돌발 변수가 발생하다	峰回路转		如释重负

잘났다	自以为是
	如释重负
주목을 끌다	引人注目
	引人注目

칭찬을 아끼다	赞不绝口
	赞不绝口

<表6> 同一韩语成语译为多种汉语成语14条

소문이 자자하다	声名鹊起
	满城风雨
가슴이 뛰다	毛骨悚然
	心潮澎湃
가슴이 설레다	心驰神往
	扣人心弦
	心潮澎湃
눈길을 끌다	引人注目
	引人注目
	引人注目
	引人注目
	引人注目
	引人注目
	引人瞩目
눈에 들어오다	尽收眼底
	引人注目
두각을 나타내다	崭露头角
	崭露头角
	脱颖而出
백지장도 맞들면 낫다	众擎易举
	众人拾柴火焰高
손꼽히다	首屈一指
	屈指可数
신경(을) 쓰다	津津有味
	煞费苦心
신이 나다	欣喜若狂
	兴高采烈

잘나다	自以为是
	自以为是
	自以为是
	自欺欺人
	自以为是
	自欺欺人
	唯我独尊
	与众不同
	自以为是
최선을 다하다	鞠躬尽瘁
	全力以赴
	全力以赴
	竭尽全力
	竭尽全力
	竭尽全力
	全力以赴
	竭尽全力
	竭尽全力
코앞에 닥치다	迫在眉睫
	迫在眉睫
	出人头地
	大有作为
	大有作为
	大有作为
	大有作为
한눈에 보다	一览无余
	尽收眼底

　　对上述一对多和反复出现的韩语成语对应汉语成语的语内、语外原因，以及其翻译策略提示，将在后两章做重点讨论，包括对同一韩语译为多种汉语成语等翻译现象的集中研究。

2.1.1.3　中韩成语对非成语类结构分析

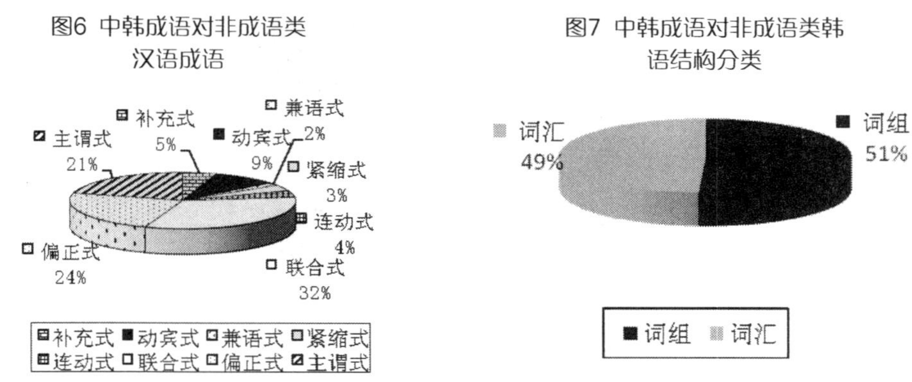

　　中韩成语对非成语类汉语成语结构最为丰富，除常见的联合式、主谓式、偏正式、动宾式、补充式等外，还有兼语式、紧缩式、连动式。汉语成语对应为非韩语成语的形式具体包括词汇和词组，且其比例相当。

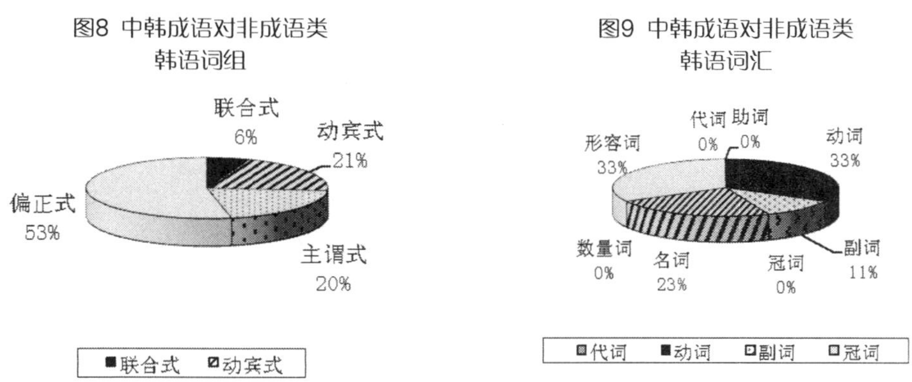

　　图8和图9分别对韩语词组和词汇做了二次分类，经统计发现在图7比例相当的韩语词组和词汇其构成比较单一，即韩语词组分为偏正式、动宾式、主谓式、并列式，而词汇分为名词、代词、数词、动词、形容词、助词、副词、冠词等，韩国语的九大词性基本出现，只是叹词没有出现。

2.1.1.4　中韩一方缺位类成语结构分析

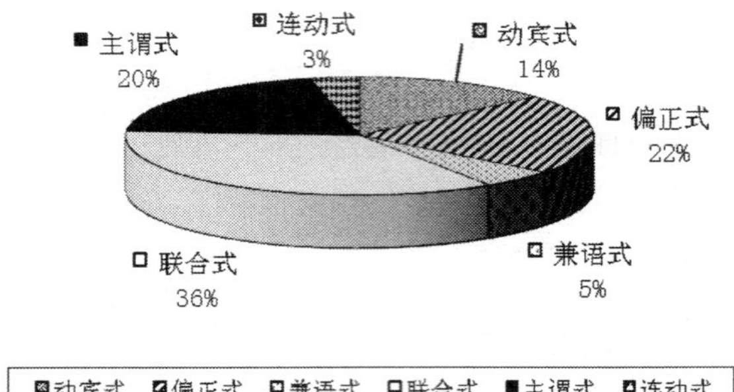

图10 中韩一方缺位类汉语成语

　　这一类汉语成语中，联合式、偏正式、主谓式仍占有重要比重，动宾式也较多，占12%，同时没有出现补充式、紧缩式结构的成语。

2.2.2 语义分析

2.2.2.1 等值对应类中韩成语语义分析

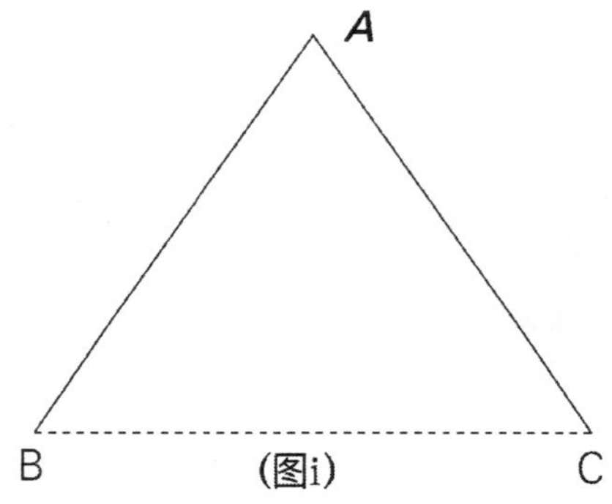

　　上图是语义三角。即A 代表思想或所指内容或概念(thought or reference)，B 代表语言符号(symbol or form)，C 代表所指物(referent orthing)。ABC 之间的关系可从三个方面来理解：1) AB反映意义与形式的关系，A 是个抽象的东西，要通过B 才能表达，B 是A 的载义实体，A 与B 是直接相联系的；2) AC 是意义与事物的关系，A 在C 基础上概括形成，是客观事物在头脑中的概括反映，A 与C 也是直接联系的；3) B 与C 之间没有直接的、必然的联系，两者之间带有任意性。由此可见，语言形式是通过意义才能与客观外界的所指对象发生联系，而语义表示的是语言表意符号和客观外界的所指对象间的关系。

就这种意义而言，各民族语言可能用不同A描述同一B、C。语义分析有多种分类标准和分类，如贾玉新(1997, 234-235)在《跨文化交际学》中从语义入手，将词汇意义划分为"指示意义"与"文化意义"或"联想意义，英国著名语言学家利奇Leech(1981) 在《语义学》为突出交际功能何重视整体交际效果，主张把词义的研究置于整个社会背景中，并将词义分为概念意义、内涵意义、文体意义、搭配意义、主位意义等七大类。本文在分析成语语义时不遵循以上分类标准，而是选择了非指称、文化语义等标准，因此选择了具有可比性的情感意义即词汇的褒贬属于词汇的情感色彩意义，并在句法语义学范围内考察。

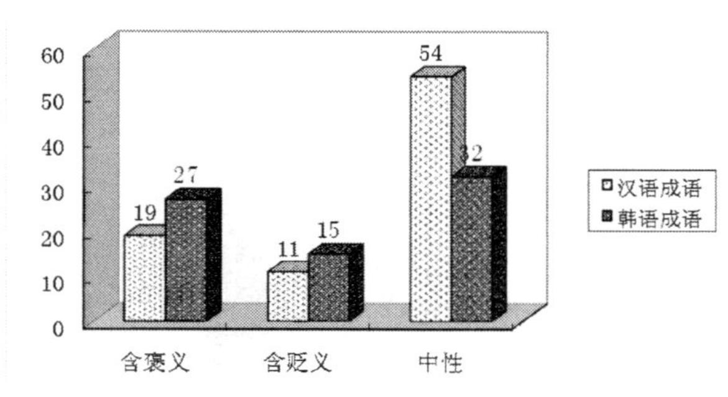

图11 等值对应类中韩成语

通过图11，我们发现，韩语的褒贬[18]语义成语都超过汉语成语。可见，在翻译中部分韩语成语译成汉语成语之后，原褒贬感情色彩变成中性，其比例占这类成语的20%[19]。

2.2.2.2　近义不对等类中韩成语语义分析

通过分析图12，我们发现这类成语翻译在翻译过程中，情感色彩的转换并非像第一类那样呈单向性，而表现为双向性。即表褒义、中性感情色彩的汉语成语多出其对应的韩语成语，　这表明部分韩语成语翻译后其感情色彩进一步得到明确，　其具体数据相差褒义类7%，中性3%，贬义类10%[20]。其中，贬义感情色彩类韩语成语多出汉语成语。

---

18) 图中，"含褒义"和"含贬义"均表示列入统计中的成语或熟语、以及词、词组可以表示褒义、贬义，即情感色彩的分析没有局限在语料库，而是基于句法意义进行了分析，即考虑到其可能会出现的语用情况，下同。
19) 语料库中，汉语成语对应其他韩语熟语类韩语熟语中，中性44%，贬义20%，褒义36%，但是翻译后，中性汉语成语占64%，褒义23%，贬义13%。
20) 语料库中，汉语成语对应其他韩语熟语类韩语熟语中，中性48%，贬义24%，褒义28%，但是翻译后，中性汉语成语占51%，褒义35%，贬义14%。

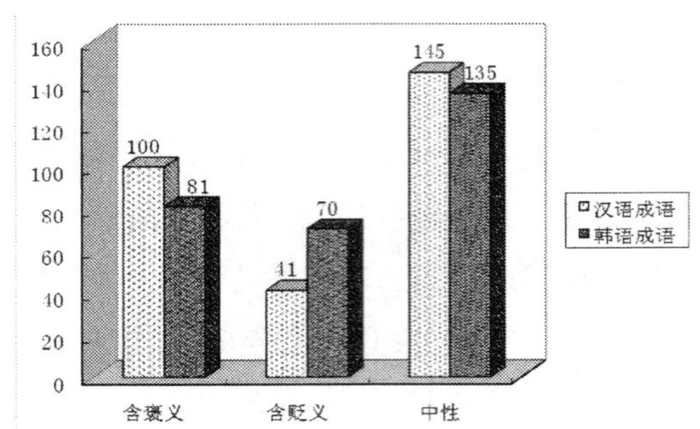

图12　近义不对等类中韩成语

2.2.2.3　中韩成语对非成语类语义分析

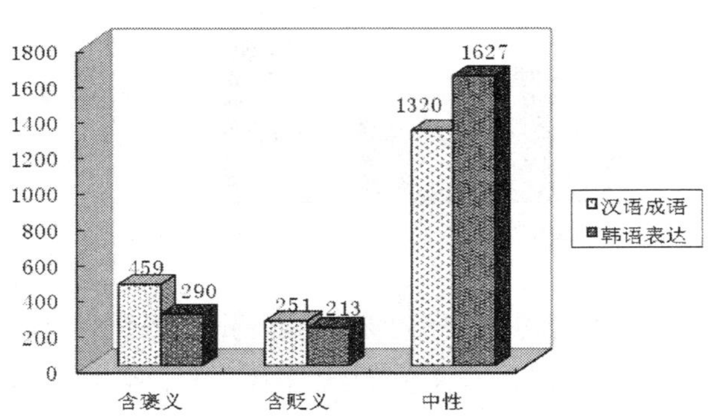

图13　中韩成语对非成语类语义分类

　　上图图13的感情色彩分布情况与图11正好相反，汉语的褒贬语义成语都超过汉语成语。可见，在翻译中部分中性韩语词、词组译成汉语成语后，译为带有褒贬感情色彩的汉语成语，其比例占这类成语的11%[21]。

2.2.2.4　中韩一方缺位类成语语义分析

　　如图14表示，有部分汉语成语作为翻译中的增加手段，原文无其对应形式。此类汉语成语表中性感情色彩的最多，占68%，其次是褒义类和贬义类，分别为26%和6%。

　　通过分析上述四类成语对应形式的情感色彩转换，不难发现，中性语义类是平行语料库中出现最多的语义类，同时翻译后表现为单向对应或双向渗透等不同转换形式。

---

21) 语料库中，中韩近义不对等成语即汉语成语对应非韩语熟语类韩语词、词组中，中性占76%，贬义10%，褒义14%，但是翻译后，中性汉语成语占65%，褒义23%，贬义12%。

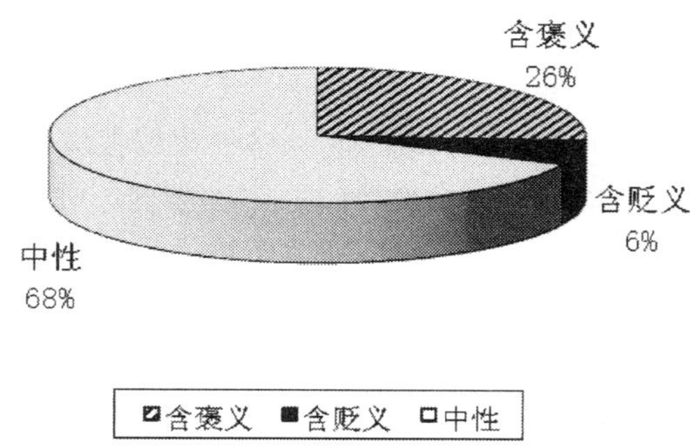

图14 中韩一方缺位类成语语义分类

2.3 信息不对称成语翻译的策略类型

　　以上我们从结构和情感色彩语义等句法层面切入，对语料库中汉语成语译文所对应的韩文表述做了分析描写。通过分析，我们发现，结构方面、联合式、主谓式、偏正式为最普遍的结构形式，情感色彩方面，以中性成语的单向或双向转换为其主要特点。

　　事实上，信息不对称成语在语料库中，因为基本上配备有具体语境和语篇特点，所以有别于单纯信息不对称成语的对应问题和翻译。以上讨论给我们的一个提示是，信息不对称成语翻译就句法而言，除以上讨论的结构、情感色彩、增译外，还会出现词性转换、语义的扩大与缩小、修辞特点等。可见，在这些语言因素的"综合作用"下，成语的对应和翻译并非简单意义上的"文字游戏"。通过动态观察信息不对称成语的翻译及对应，我们注意到，这些翻译译文的背后即建立对应时，译者可能会根据翻译标准采取不同的翻译策略，换言之部分手段可以归结为相应转换策略。

　　就这样的翻译策略而言，可以说语义对应是最为基本的满足条件。此外，成语在结构方面根据不同语言的句法特点会采取不同形式。 正如这一章分析中信息不对称成语共分为四大类，其内部结构并没有完全对应、情感语义转换较为明显那样，句法对应并非信息不对称成语翻译的充分必要条件。因此，我们需要通过语言内外部，综合考虑和对待信息不对称成语的翻译问题， 这也是在解决信息不对称成语翻译的策略类型之前需要明确的认识问题。

　　语料库中信息不对称成语的翻译类型可以分为以下几大类。

　　（一）韩语词或词组[22]译为汉语成语，即中韩成语对非成语占全部调查对象的82%。

---

22) 如图5所示，其比例为49: 51。

（二）韩语成语形式译为汉语成语，即中韩等值对应成语所占比例为12%。

（三）韩语成语形式译为汉语成语，即中韩近义不对等成语所占比例为4%。

（四）译文中的汉语成语为翻译显化，即中韩一方缺位成语所占比例为2%。

同时感情色彩根据具体语境和特殊需求，或中性化或加以褒贬处理。但是作为翻译策略，我们主张后三类可称得上是具体策略手段，而第一类其实是所谓的最为基本的"语义对应"。

小结

综上，我们主要对语料库中的1111条成语(出现2490次)进行归类和句法分析。以上成语具体分"中韩等值对应成语"、"中韩近义不对等成语"、"中韩成语对非成语"、"中韩一方缺位成语"等4大类；结构方面，汉语成语及其对应形式偏正式、动宾式、主谓式、并列式最为常见，其中韩语对应形式词汇分为名词、代词、数词、动词、形容词、助词、副词、冠词等，韩国语的九大词性基本出现，只是没有出现叹词；语义方面，通过上述四类成语对应形式的情感色彩转换情况，我们发现，中性语义类是平行语料库中出现最多的语义类，同时翻译后表现为单向对应或双向渗透等不同转换形式；语料库中信息不对称成语的翻译类型包括中韩成语对非成语等四类、中韩等值对应成语、中韩近义不对等成语、中韩一方缺位成语等，其中后三大类可以称得上是"真正意义"上的翻译策略，而第一类其实是所谓最为基本的"语义对应"。

第3章　信息不对称成语翻译定性研究

　　这一章我们主要讨论信息不对称成语的语内、语外因素, 以考察这些因素可能给翻译带来的影响。语言事实表明, 信息不对称成语受语言、文化、认知等不同方面的影响, 这一章开展其相关讨论, 以期对信息不对称成语的翻译提供论据支持。

3.1　信息不对称成语的语言学归因

　　成语作为特殊语言单位, 需要将其置于语言学体系中并对它进行分析和观察。

　　正如第二章分析所指出的那样,　语料库中大部分的汉语成语及其韩语对应形式并非成语, 其中不乏一一对应的成语。归其原因, 其实不难理解。

　　首先, 韩汉两语归属不同语系, 两者均自成体系, 因此韩汉熟语既有共性, 又有差异。汉语的熟语系统包括成语、谚语、惯用语、歇后语23), 而韩国语熟语系统只有成语、谚语、惯用语。此外, 由于两语分属阿尔泰语系24)和汉藏语系, 这类语系特点从本质上决定两语的遣词组句形式和能力, 因此成语构成方式也各具特色。研究表明, 具体而言汉语成语以主谓式、偏正式、联合式为主, 此外也有动宾式、兼语式、补充式、连动式、紧缩式等结构, 而韩语成语则以联合式、主谓式、偏正式、动宾式等为主, 较之汉语缺少连动式、兼语式、补充式、紧缩式等结构, 可以说归其原因, 这是由语言特点决定的, 从某种意义而言, 语言类属特点决定成语结构组成能力和多样性。与此同时, 这也能解释两千多条韩语非成语形式译为汉语成语的类型学特点。王勤(2004: 195-199)指出, 汉语成语在外在形态上是四言(即四个音节)构成的, 成语之所以以四言定位是有原因的, 即体现了汉语历史传统遣字用词的特点, 同时四言作为词汇材料的外在形态具有特殊的优越性。这种优越性是指结构匀称、稳定、节奏感强, 以及结构灵活多变, 含信息量大。四言可容纳汉语语法结构的多种格式, 包括主谓关系、主谓宾关系、并列关系、定中关系、状中关系、连谓关系、兼语关系等。可见, 正因为汉语成语结构形式丰富, 构词能力强, 所以为汉语成语的多样性奠定了重要基础。

　　其次, 韩语熟语特别是韩语成语, 虽然有一部分源于汉语成语, 但是其语义在漫长的历史发展中整体或部分发生变异, 不可简单对应。例如, "亡羊补牢"就是其中一例, 汉语意指"未为晚也", 但韩语中却指"为时已晚", 对同一成语韩汉两语语义解释是如此不同。再

---

23) 有人还将汉语格言纳入熟语体系, 对此本文暂不将格言归入熟语体系。
24) 韩语和日语归属阿尔泰语系并非定论, 学界仍有争议, 本文遵循的是学术界的基本观点。

如汉语的"落花流水"原来是形容残败的暮春景色，后常用来比喻被打得大败，以及残乱而零落的样子，但在韩语中除保留原来的释义内容外，还表示男女间的思念之情和舞蹈动作名等，可见即便字形相同、同源的成语，但是也不能简单对应。因此信息不对称成语除结构外，还要考虑语义的转移、扩大、缩小，以及褒贬等色彩意义。通过分析语料库中的汉语成语及其对应形式情感色彩，我们发现在语义对应时，褒贬或中性等情感色彩并没有一一对应，这包括两方面的原因。一是受到对方语言结构语义的限制，二是在翻译过程中，由于不同译者有不同的翻译风格，以及翻译手段导致情感色彩或具体化或模糊化，其中第一种情况属于语言归因，而第二种情况则属于翻译问题。

最后，汉语成语在韩语中无对应形式，即语言空缺往往是基于修辞目的产生的。正如语料库中缺位的59条成语翻译所提示的那样，语际翻译中的显化属于翻译中的增加手段。由于韩汉语言表达习惯的差异，韩汉转换中必然存在显化和隐化处理，而且隐显互现、相互补充和调节。由于韩语强调"形连"而汉语多用"意连"，从形式上看，韩译汉多做隐化处理，而汉译韩则使用显化处理。汉语译者如果由于受原文影响而产生机械性翻译(亦称"仿译")，会使译文词汇数扩增，形式上连贯手法过于明显，不太符合汉语连接的隐性表达习惯。

以认知为理据的显性处理对于适应读者的认知体验和审美感受，形成等效翻译具有重要作用。因此有研究指出，与非文学文本不同，文学文本不仅是传递文化信息，而且是通过文字的独特组织与安排和意象的创造以及语境的设定，给读者提供必要的美感空间和审美情境，为读者提供独特的审美体验(王卫强，2008:142)。

3.2 信息不对称成语的文化归因

首先，成语的文化特点体现在语言素材方面。

王勤(2006; 18~49)在《汉语熟语论》中指出，汉语熟语的属性包括六个方面的内容，即构成的定型性、意义的融合性、功能的整体性、语用的现成性、风格的民族性、品种的多样性。其中在谈到成语的定型性的时候，就指出素材凝定是成语的典型特点之一。

同时他还指出，其中汉语熟语的文化底蕴又与物质文化和精神文化发生紧密联系，这里的物质文化包括饮食文化、服饰文化、居住文化、旅行文化，精神文化则包括政法文化、信仰文化、军事文化、体育文化、婚姻文化、丧葬文化、生育文化、时俗文化、茶文化、酒文化、演艺文化、禁忌文化(王勤，2006; 133~193)[25]。

---

25) 这些例子有"吃多伤脾"、"衣锦还乡"、"居安思危"、"一帆风顺"、"严惩不贷"、"半路出家"、"一败涂地"、"遥遥

虽然不是成语，但是金菊花(2011: 69)在分析韩语熟语中的另一成员谚语时，曾指出，韩谚的丰富语义特点源于它的取材特点。通过统计分析，我们发现韩谚可以分为家畜禽兽类、社会家族关系(简称为社会关系)和人们日常生活中常见的事物(简称为事物)和事理的判断(判断)等几种关系。

可见，不同民族在构成熟语时，所使用的素材有所倾向，且具有民族特色。此外，汉语的素材还伴有意向在里面，因此具有比拟、夸张、比喻等修饰特点。

其次，汉语成语的典故性，即不少成语往往源于典籍或历史故事。

众所周知，构成成语的构成成分(即素材)在成语中已固定下来，不能随便改动。因为四言成语大都是来源于古代文献，通常源于寓言故事、神话传说、历史事实、历代诗文中的语句、以及口语，而且成语语体风格至今仍保留着原书面语的庄重、典雅、文绉绉的风貌，构成凝定。成语的形成经历概括、摘取原文、压缩、增加、改换、以及加减或减改、合并等过程，这表明成语中包括语音、语义、语法上的特点之外，还有超现代汉语的成分。有的没有什么规律可言，就是古语成分的遗留，只能一个个具体地掌握，不能靠理据、公式等去类推。可见，这种典故性特点传到韩国的时候，其来源注明和成语释义的解释力度都有所减弱，即便有，也不像中国强调释义和出处并举的形式，再则韩国读者在没有整体文化背景的情况下，只看出处说明理解程度有限。

最后，成语的文化特点还体现在语义的情感色彩上。

列宁说，"常常有这样的成语，他能以出人意料的恰当，表达出相当复杂现象的本质"。鲁迅先生也说："成语和死古典不同，多是现世相的神髓，随手拈掇，自然使文字分外精神"。两位大师对成语语用功能的论断，就表明我们对成语的学习，是词汇学习中的"重中之重"。在语言词汇的百花园中，他是开不败的花朵(武占坤, 2007: 124-125)。正如上面所指出的那样，成语能够表达"复杂现象"和"神髓"、"精神"等，说明不同于一般词汇，信息量也很大，同时表现在色彩意义上。一个词汇是否褒贬，不同民族语言的解释可能会不同，这源于不同民族的民族心理和民族文化。

3.3 信息不对称成语的翻译学归因

如果说，人类创造的语言是汪洋大海，那么，俗语就是那大海中翻腾的浪花；如果说，人类创造的语言是肥沃的土地，那么，俗语就是那土地上珍贵的奇葩；如果说，人类创造的

领先"、"作嫁衣裳"、"扫墓望丧"等。

语言是广阔的天空，那么，俗语就是那天空中闪烁的星星。语言早已成为人类最重要的信息载体，早已成为人类须臾不可离的交际工具[26]。如今，为了更准确地传递信息和更好地使用语言这一工具，有必要展开翻译策略研究，为规范和用好成语下功夫。

首先，成语翻译与译者的文化修养相关。

正如上面所指出的那样，成语一般源于典籍和寓言神话等，因此需要全面掌握，包括它的来源、语用、结构、色彩意义等。这样的成语学习没有捷径，且需要和近义关系的成语之间进行辨析，理清关系，没有长时间的积累和文化修养，不可能运用自如。因此从一定程度上，成语的使用为提高译文的质量增添不少色彩，且言简意赅、且重要点、阴阳顿挫，富有形象性。

其次，成语翻译与译者风格相关。

王家义(2009: 118)在"《我的童年》两英文风格的语料库考察"一文通过自建小型语料库，利用语料库常用检索软件WordSmith和词频统计软件Word Frequency Text Profiler来考察《我的童年》两英译文的风格特征。结果表明《我的童年》两英译文风格在用词变化和句子的复杂程度上存在显著差异，在用词难度和最常用词的使用上有很大的相似性。

可见译者对原文的理解，除基本语义外，还需整体把握，同时对语言的洞察力和遣字用词和遣词造句能力，以及逻辑思维能力的把握，是否善用成语，都构成译者的风格。韩汉翻译中，特别是韩译汉翻译中，根据具体语境能否恰到好处地用成语提炼语义，还要看读者的语言功底和传统文化功底，以及逻辑思维能力。这就需要译者有全面成语知识存储，和结合语篇特点恰到好处地提取和运用成语使用的能力。

最后，成语翻译与文本特点相关。

在韩汉翻译中，根据口语和书面语形式，以及文体风格，使用成语是否恰当，这些还要看文本特点。可见，文本特点从客观上决定成语的出现，而译者和译者风格是成语使用的主观因素，因此如文学作品和富有典雅特点的文章从语言风格特点上就为成语的使用提供了可能，而富有口语特点的影视作品等则为俗成语和非成语形式的成语出现提供了文本基础。

3.4 信息不对称成语的认知归因

首先，成语的认知特点体现在遣词组句上。

四言在韩语遣字用词、表情达意中占有重要地位与汉民族长期形成的爱匀称、整齐，喜成双成对的思维方式、心理素质有密切关系(王勤, 2006: 199)。这就提示从事翻译的翻译工

---

26) 温朔彬，"试论俗语中的相似与规范"，载于《俗语研究与探索》，上海辞书出版社，2005, p.164

作人员，有必要在韩中翻译和中韩翻译时采取不同策略，不能局限于简单进行文字对应的"文字游戏"层面。即除了语言因素外，可以说再现和体现超语言形式是决定翻译质量高低的一个重要因素。

汉语发展到今天，汉语双音节的使用和善用有其历史发展和心理基础。因此汉语构成对仗和平仄，以求结构稳定和阴阳顿挫(语音美)，可以说是重要的汉语句型特点。

其次，成语的认知特点表现为对翻译策略的不同认识。

汉语熟语中，一般认为汉语成语占多数，且大部分是雅成语。这些雅成语因其典故和信息量大而能够整体提升语言的表达力，因此汉语善用四字格的成语。但是韩语因具备汉字词和固有词两大体系，所以一定程度上成语的出现也和译者对语言的理解和偏好有关。韩语中既可以用词组或词汇表达的内容也可以使用成语，两者不像汉语那样效果相差悬殊。

最后，成语的认知特点还体现在语言思维上。

金菊花(2011:190)基于韩汉谚的对比指出，韩民族的具象思维和汉民族的抽象思维在谚语中有不同程度的反映，这种形象性思维往往表现为韩谚发散特点和结构细腻性的单一网络结构、以及主体的直接介入，借代更多参与到语义建构中等，而具象性思维则通过集中思维和客体介入的双畴网络结构，语域式话题及对称焦点的广泛运用突出汉谚的以上特点，正如隐喻的参与所提示的那样，汉谚的创造性思维要高出韩谚，这都源于抽象性思维，这种思辨性通过语序固定句式、常用关联词等手段，并非通过语言明示的逻辑进行推理，这种隐蔽性更多需要"悟"，这也是抽象思维和具象思维的区别之一。

同样，在抽象思维和具象思维影响下，正如汉谚和韩谚善用双畴网络结构和和单一网络那样，汉语成语和韩语成语在四言成语的善用方面也表现出差异。基于语言类型学特点，汉语句子长度和结构都受到不同程度的影响，从而使信息量大结构凝练的成语在汉语大受欢迎和备受青睐，提高了其使用频度，而韩语在这方面却表现出，基于丰富形态特点，相对可以自由地扩展句子，因此对成语使用表现出相对"自由"，依赖程度不大，这继而形成和发展了人们理解和使用语言的感知和认知特点。

小结

在这一章，我们主要就前一章基于平行语料库的信息不对称成语定量研究所反映出来的有关语言现象，从语言学、文化、翻译学、认知等几个方面进行了多维分析，试着提供多种分析角度和理据。可见，成语翻译需要译者实践语义、文化、文本、语用等值的多层要求，达到认知和翻译技能的多重成效。

第4章　信息不对称成语翻译研究

4.1　基于语言学的成语翻译分析

上述定量分析提示我们，成语翻译具有多种形式，具体有中韩等值对应成语、中韩近义不对等成语、中韩成语对非成语、中韩一方缺位成语等四大类，这为信息不对称成语翻译提供了一种思路。可见，韩汉成语即成立一对一对应关系，也可以对应为其他熟语形式。

通过分析上述成语对应形式的多类表现形式，我们认为，作为成语翻译策略，我们可以优先考虑中韩等值对应成语、其次是中韩近义不对等成语，再则是中韩成语对非成语。此外，中韩一方缺位成语表现为翻译空缺或增译为汉语成语，可以起到修辞作用，结合具体语境可以进行选择，也可以用文字将其表达出来，即做"隐化"和"显化"处理。翻译过程中，在建立对应关系时，还要考虑感情色彩、语义的扩大和缩小、以及转义等因素，这在脱离语境的情况下也能做出判断，但是因为语境可以进行语义的补充说明，所以我们还是建议结合具体语言使用来判断使用成语是否合理。

再则翻译过程中，需要建立语篇意识。语言意义并非由单个字词简单叠加决定，而是由整个语境和语篇的交际功能所实现；因此，翻译的对象不仅仅是一个个孤立的字词，而是处于具体的情景语境和文化语境之中的整个语篇。因此成语翻译，应该具备语篇意识并根据交际原则进行具体动态翻译。

4.2　基于翻译学的成语翻译分析

翻译作为一项复杂的多层面的再现原语信息的文化活动，客观上要求一个多层面的评判标准。　同时各民族语言间的差异和不对等又决定了译文不可能达到翻译标准各个层面的要求。从这个意义上说，翻译是遗憾的艺术，不论译者有多么高明，对双语的理解有多么的到位，他的译作总会有这样或那样的遗憾，或是原作的语义不能充分表达，或是文化和风格不能完全再现。因此，论到等值翻译，我们一定要认识到它的多层面性、相对性和动态特征。在它的多个层面中，语义对等是头等重要的，是译者首先要追求的，没有意义的等值，原语和译语之间的交际就会出现偏误，甚至会适得其反。其次是文化和文体等值，因为翻译作为一个文化活动，　担负着促进语际间不同文化相互交流的重担和丰富译语语言文化的任务(张宝钧, 2003:104)。

　　翻译学认为，根据语言的任意性和语义对等原则，成语特别是成语翻译为成语、非成语形式(含译语的其他熟语形式、 空缺等)是很正常的翻译现象。但是为了开展等效翻译和能更好地传达信息，我们有必要对其多种选择进行孰先孰后、孰优孰劣的探讨。

　　从语言功能和交际的角度看待翻译，既要重视逐字逐句的意义对等，更要关注在具体语境下语言的灵活表达，关注译文在目的语语境的接收情况。以此实现多个层面的翻译等值，其中包括语义等值；用译语准确再现原语的思想内容；文化等值：准确传达原语中的文化因素；文本等值；传递原文的艺术、审美及作者的风格和个性(张宝钧, 2003:35)；以及语用等值：传递原文特殊的语用要求和特质27)。

　　可见成语翻译应结合语言对应形式和语义、语境等进行"显化"和"隐化"处理，做到"变通"，这种"变通"应凌驾在语言对应之上，以适应目的语的语言使用和认知规律特点，提高翻译的可接受性。

4.3 基于文化的成语翻译分析

　　"语言非浸透于文化语境中无法生存，文化非以自然语言为核心亦无法生存。(巴斯内特, 2004: 22)28) 语言是文化的载体，不同的文化意象往往承载着"相对固定的文化含义，有的还带有丰富的意义，深远的联想，人们只要一提到他们，彼此间立刻心领神会，很容易达到思想沟通。(谢天振, 1999: 184) 成语翻译从本质上其实是语言转换和文化重构的过程，使得让目的语读者在超文本的再生中获得强烈的审配判断和审美愉悦，再现异质文化。因此译者需要适应成语这种特殊的文化载体，将其中承载的丰富的文化内涵在目的语文化中传递，再现其中具有鲜明民族性和大众普适性的内化内涵。

　　文化是呈多样性的,不同民族的语言承载的是不同的民族知识、经验、信仰、价值、态度、等级、宗教以及时空观念。因此，对翻译等值的认识不能停留在一个层面上，因为翻译本身作为一种文化活动就是多层面的。由于文化差异，译者在成语翻译时遇到文化障碍和文化冲突的情况不可避免，这时就需要灵活的翻译策略，采取适当的文化补偿、文化移植或文化协调。正如第八章无对应的成语60条(三)文化意象的转化类中例(1)"春意盎然"和(4)"面色如土"29)中的"春"、"土"所表现的那样，翻译时并没有生搬硬套，而是对文化意象

---

27) 转引自吴赟"多维立体化的翻译教学研究——以美国电影为语境"，《外语电化教学》2011年第01期, P.40
28) 同上
29) 其具体用例如下：
　　(1) 春意盎然
　　　　그는 "그 꽃 향기를 맡으며 집으로 돌아오는 길 내내 내 마음은 봄이었다.

进行解析和重建，采取了文化移植和文化再生，顺应和弥补了文化鸿沟，因此我们有必要培养对异质文化的敏感性。因此在翻译中进行文化过滤，解析和选用具有意象性的文化词汇，选用目的语的文化素材。

金菊花(2011: 348-349)在"从《耳谈续纂》韩汉谚翻译反观谚语翻译策略"一文中指出，韩汉谚语可以一一对应，此外韩国语谚语对应为汉语成语，韩国语谚语对应为汉语谚语、韩国语谚语与汉语谚语的一对多或多对一关系、韩国语谚语通过汉语语篇表达。同时指出，不难发现，以上是基于语义对等原则提出的几种翻译处理，表现为一对多和多对一谚语对应关系，其中同一谚语的不同变异形式(例如"过河拆桥"的翻译)可归为意译，是一种文化对应……(中略)。对那些能够进行等价转换的内容，我们认为通过语料库建立能更好地辨别谚语语义、语用差异。此外，对那些无法进行等价对应的谚语，即在译入语中不能对应为谚语、成语、惯用语、歇后语等的谚语，则需要采取意译法，包括创造性改写、直译加补充、直译加注释、代替法等翻译策略。

在上述翻译三步骤基础之上，笔译还可以加一条文化对等翻译方法，采取《耳谈续纂》中的韩谚汉译形式，即尊重原语认知特点保留原语谚语的素材或置换素材和喻体，尽可能满足谚语的结构特点，最大限度保留原语风格，谚语结构和语义协调需建立在译入语民族思维框架上。同时根据需要，用括号形式加以注释，此翻译方法的选择，与口译翻译方法的第二条翻译原则地位平行，在文学作品和电影剧本等题材中比较占有优势。但是上述笔译过程四步骤并非一成不变，新闻标题广告语中出现的谚语翻译，根据其简洁特点，可以灵活处理，对上述四个翻译步骤进行优先处理和取舍，寻求一种平衡。图示这一翻译过程，具体如下：

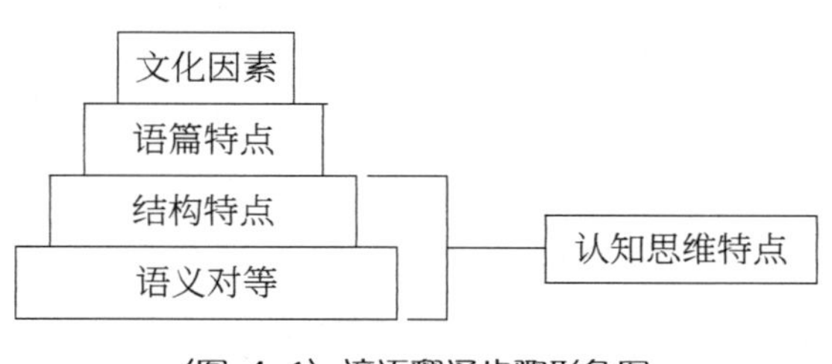

〈图 4-1〉谚语翻译步骤形象图

她说，"走在回家的路上，闻着那花香，我的心中春意盎然。
原文和译文都用"春"，心中的"春"天在汉韩两语中都表示希望、温暖等，文化意象对应，因此直接建立了对应关系。
(2) 面如土色 "엄마, 저예요. 존이에요." 부인이 깜짝 놀랐습니다.
"妈妈，是我，约翰！"妇人面如土色。
译文中增加了"面如土色"，形容惊恐之极、脸色呈灰白色，对原文中的"非常震惊"表现的细腻，通过"土(色)"赋予文化意义。

　　我们若将上图与人们每天需要摄入的营养宝塔图做个比较，就不难发现谚语翻译其实涉及很多因素。但是除语义对等外，其他因素并非是必要成分，因此人们最终"享受"的可能是两块、三块、多块大小不等的"蛋糕"。

　　事实上，谚语翻译超出了语言文字翻译的界限。因为谚语是一种隐喻，不同民族构成隐喻的方式有所不同。可以说，谚语是人类智慧在不同文化上的体现，通过推理和认知反映对世界的感悟和理解，在表达和解释时具有共性。正因为谚语翻译具有这种共同认知基础，所以构成翻译的基础和前提，另一方面差异性需要我们用不同翻译策略灵活处理，例如直译法，创造性改写、直译加补充、直译加注释、代替法等，这些具体翻译方法可以灵活掌控。

　　基于以上讨论，我们认为，成语翻译也可遵循上述谚语翻译步骤，在此基础上，四言结构特点和同源同文特点也应考虑进来，这将成为解决成语翻译的一个有效手段。

4.4　基于语料库的成语翻译分析

　　王克非等人在"双语对应语料库翻译教学平台的应用初探"一文，通过语料呈现实验探讨双语对应语料库翻译教学平台的应用效果。实验显示，学生在观察语料后能够归纳和总结出有意义的翻译技巧，并能据此评估或反思自己的翻译行为。实验表明，在翻译课堂教学中使用语料资源有助于自主学习和发现式翻译教学环境的创建，也有助于学习者形成稳定的翻译技巧。同时指出，学习者的观察结果可能是局部或者经验式的概括，但这一观察结果可以通过新的证据来检验、修改和丰富。从外语学习和翻译技巧觉识上看，学习者大量观察双语对应语料后可能对搭配、语义偏向和语义韵等现象更加敏感；翻译技巧和策略可以通过学生之间和师生之间的互动性讨论逐步形成，这有助于学生形成稳定、持久和灵活的翻译策略。传统上，教师在翻译教学过程中起主导作用，面对教材中数量有限且少有例外的零散范例，学生往往会盲目接受教师所陈述的规定性很强的翻译技巧，而翻译质量评估则完全依赖教师的直觉判断。这些都无助于培养学生灵活运用翻译技巧的能力。使用语料库可以弥补这一方面的不足，它允许学生(根据教师的建议)自主且有针对性地选择语料并藉之做出概括或解释，充分发挥其自主捕捉翻译技巧和自主构建翻译策略的能力。从这个意义上说，对应语料库的应用有助于提升翻译教学的效果。

　　李德超翻译意大利巴里大学Sara Laviosa著的"基于语料库的翻译教学跨文化理论框架"一文中引用了Kramsch(2006, 2009) 提出的外语教育中的"象征能力"(symbolic competence）以及由Tymoczko(2007) 提出的"整体文化翻译"(holistic cultural translation) 概念。

　　显然语料库为建立与运用语篇意识，顺应和弥合文化鸿沟，尊重和再现文体风格，体察和复制语用特质方面提供了直观、丰富、多样的资料。基于语料库的翻译研究开辟了翻译研究的新方法，使语料库语言学与翻译研究有效地结合在了一起，同时也为译者培训提供了更加真实有效的语料，这有助于译者在实践活动中游刃有余地，较为准确地从事翻译实践，提高翻译产品的质量。

　　总之，除基于语言学和文化等的成语转换和基于翻译学的技巧等经验外，通过搭建语料库和软硬件设施观察平行语料库中一词多译的成语翻译，能为译者语言意识的培养提供有效平台。

小结

　　翻译中的简略化和明朗化、保守化和平整化要求译者具备良好的双语语言知识外，还要掌握相关技巧。我们强调，通过基于语言学的成语分析，我们可以建立中韩成语的四种对应形式和语篇意识，在此基础之上进行翻译等值思考，这就需要从语义等值、文化等值、文本等值、语用等值、多个层面的翻译等值予以综合考察，进行孰先孰后、孰优孰劣的相关思考，继而做"显化"和"隐化"处理。同时我们发现，成语由于信息和民族文化凝练，因此有必要对异质文化作出敏感反应，开展语言转换和文化重构。即顺应和弥补文化鸿沟，进行文化补偿、文化移植或文化协调、过滤文化，解析和选用具有意象性的文化词汇，选用目的语的文化素材。同时结合平行语料库中的翻译表现进行观察和延伸思考，以自主构建翻译策略。

第5章　研究结果与讨论

5.1 研究结果

本研究所指的熟语限定在成语，并提出了"信息不对称"成语的概念，即具指中韩"同义异形"的成语，也可以是非成语形式对应成语的情况等。本文自建中韩平行语料库，并从语料库中提取2490次1111条汉语成语进行标注，作为研究对象。本文将成语的方向选定为，基于语料库中出现的汉语成语，考察汉语成语的韩国语表述。

通过对上述成语的分析，我们发现，其中对应类73条，汉语成语对应为其他韩语成语220条，无对应形式59条，其余则对应为词或词组。可见这种分析，为语言学习和翻译实践提供了详尽的资料，并提供了外语学习和翻译教学的新思路。本研究的创新点包括三个方面：1)基于平行语料库的优点，实现研究方法的创新；2) 提出不对称成语概念，对语言类型学、翻译学等具有理论创新意义；3) 抽样建立中韩平行语料库，材料选择具有规范型、普及型、口语化的特点。

研究方法方面，不同于以往平面式成语研究，本文采取了对比语言学、平行语料库、翻译理论等研究方法进行多维研究。

通过句法分析我们发现，结构方面，汉语成语及其对应形式偏正式、动宾式、主谓式、并列式较为常见，其中韩语对应形式词汇分为名词、代词、数词、动词、形容词、助词、副词、冠词等，韩国语的九大词性基本上出现，只是没有出现叹词；语义方面，通过上述四类成语对应形式的情感色彩转换情况，我们发现，中性语义类是平行语料库中出现最多的语义类，同时翻译后表现为单向对应或双向渗透等不同转换形式；语料库中信息不对称成语的翻译类型包括中韩成语对非成语、中韩等值对应成语、中韩近义不对等成语、中韩一方缺位成语等四类，其中后三大类可以称得上是"真正意义"上的翻译策略，第一类是所谓的最为基本的"语义对应"。

接着本文从语言学、文化、翻译学、认知等几个方面进行了多维分析，试着提供多种分析角度和理据。可见，成语翻译需要译者实践语义、文化、文本、语用等值的多层要求，达到认知和翻译技能的多重成效。

基于以上讨论，我们强调，通过基于语言学的成语分析，我们可以建立中韩成语的四种对应形式和语篇意识，在此基础之上进行翻译等值考虑，这就需要从语义等值、文化等值、文本等值、语用等值、多个层面的翻译等值予以综合考察，进行孰先孰后、孰优孰劣的相关思考, 继而做"显化"和"隐化"处理。同时我们发现, 成语由于信息和民族文化凝练, 因此有必要对异质文化敏感反应, 开展语言转换和文化重构。即顺应和弥补文化鸿沟, 进行文化补偿、文化移植或文化协调、过滤文化, 解析和选用具有意象性的文化词汇, 选用目的语的文化素材。同时结合平行语料库中的翻译表现进行观察和延伸思考, 以自主构建翻译策略。

5.2 结果讨论

本文提出"文化黑洞"和"信息不对称"成语的概念, 并基于平行语料库开展相关研究源于语言事实。事实表明, 韩中翻译或外语教学中成语的使用和学习均是一个难点, 有待突破。

首先, 对待同一语言现象, 如果说以往研究没有实现大的突破的话, 这就要求我们应该开拓思路和采取新的研究方法, 因此基于平行语料库的翻译研究能够弥补汉韩翻译以内省式经验研究为主的传统模式的不足, 有助于打破"一家"之言, 有利于规范和建立翻译策略。

平行语料库提示我们, 从外语学习和翻译技巧觉识上看, 学习者大量观察双语对应语料后可能对搭配、语义偏向和语义韵等语言现象更加敏感; 翻译技巧和策略可以通过学生之间和师生之间的互动性讨论逐步形成, 这有助于学生形成稳定、持久和灵活的翻译策略。使用语料库可以弥补传统翻译教学的不足, 它允许学生(根据教师的建议)自主且有针对性地选择语料并及时做出概括或解释, 充分发挥其自主捕捉翻译技巧和自主构建翻译策略的能力。从这个意义上说, 对应语料库的应用有助于提升翻译教学的效果。

其次, 成语特别是成语翻译, 由于凝练异质文化和信息量大, 因此翻译时除注意语言转换和语篇特点外, 还要做到语义、文化、文本、语用等值的多层要求, 因此需要开展文化移植和重构, 为此可以优先考虑选用具有意象性的文化词汇, 或选用目的语文化素材的策略。

在语义等效基础之上, 由于语言中一词多译现象较为普遍, 因此在孰先孰后、孰优孰劣的问题上, 我们主张, 从底层做起, 即确保语义对等为前提, 再考虑是否为成语形式, 以及语篇特点, 文化意象等问题, 成语翻译尽可能地凝练和凝缩多层因素。

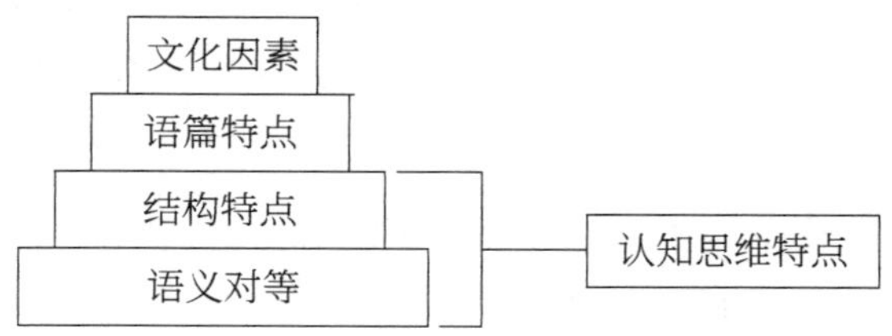

　　上图灵感源于人们每天需要摄入的营养宝塔，经观察我们不难发现除语义对等之外，其他因素并非是必要成分，但是根据译者的文化修养和文字功底，可能给人们展现的是单一或凝练多层信息的"综合产品"，因此人们最终"享受"的可能是两块、三块、多块大小不等的"蛋糕"，越是材料"丰富"的"蛋糕"就越能给人们带来美妙感受。

　　有鉴于此，应该说本研究呈现三大显著特征：1) 方法论层面，突破传统翻译研究的经验主义路径，通过构建自建中韩平行语料库，整合文化符号标注体系与"智能"算法，实现成语翻译的微观语言特征分析与宏观文化传播机制的双向互证。2) 理论建构层面，创新性地提出"文化黑洞"模型和SCP(语义-文化-语用) 三维翻译评估模型，揭示跨文化翻译中的信息耗散现象，系统阐释语言类型差异对翻译策略的深层制约，填补文化翻译理论的解释不足。3) 实践应用层面，开发动态翻译策略模型与文化适应度分级体系，建立面向机器翻译的成语语义映射机制，有效解决典籍翻译中的文化缺省与语义偏差问题，显著提升跨语言交际的精准度。

　　研究深度整合语言学、文化学与人工智能技术，通过历时与共时维度的对比分析，揭示韩汉语义网络的结构性差异，提出基于认知突显的翻译优化路径。成果不仅推动中韩翻译理论从静态对等到动态适应的范式转型，更为多语种语言服务的标准化建设提供方法论支撑，凸显学术创新与社会效用的有机统一。

5.3 未来展望

　　综上，本研究在学术水平与应用价值上均展现出一定突破。

　　在学术层面，首先，研究有效补充了中韩成语对比与翻译领域的研究不足。相较于传统研究多聚焦于英汉、日汉等语种，该成果于2012年首次系统构建百万级中韩平行语料库(中文105万字/韩语37万词)，覆盖新闻、文学、教材等多模态文本，其数据规模与多样性达国际前沿标准。其次，理论建构上突破性地提出"文化黑洞"隐喻模型与"信息不对称成语"概念，创建基于语义对等度、文化适应性、语用等效性的三维翻译模型，从认知维度阐释跨文化翻译中的信息耗散规律。最后，方法论上开创"大数据＋文化阐释"跨学科范式，通过量化分析揭示历史典故类成语翻译损耗，实现定性研究与定量分析的有机融合，其四维分析框架与三角验证法显著提升结论信效度。

　　在应用价值维度，本研究有效破解中韩翻译实践中的核心痛点。其一，针对传统词典法存在的词条有限、语义偏差、规范缺失等问题，提出基于语料库的动态翻译策略，建立包含文化专有项深度标注的成语知识库。其二，成果可直接服务于外语教学体系重构，为机器翻译引擎提供关键参数集，其开发的成语语义映射矩阵可应用于教材编纂。其三，通过揭示韩汉语义网络拓扑差异，为语言类型学研究提供全新观测维度，具有跨学科辐射价值。

本研究标志着中韩对比语言学从经验描述向实证研究的范式转型，对"一带一路"语言服务能力建设具有重要实践意义。

本研究的设计，从一开始就旨在面向读者提供成语翻译的丰富资料和具体策略，但是在结束相关研究时发现，这两大目标只能说基本完成，尚不尽如人意。本课题为成语翻译特别是汉韩成语翻译提供了直观丰富的资料，但是只提供了具体翻译策略思路，未能技巧背后的译者动机、意识形态等问题。因此相关研究有望后期进行深入研究，并提升到规律高度。

此外，本研究自建的语料库有待继续扩充，建立动态语料库，以扩大和丰富内容，为语言教学和翻译教学研究搭建平台，为培养学生和译者在"浩瀚无际的语料海洋"中提取信息的能力和敏锐的语言意识，以及翻译技能感知能力，使语言学习和翻译活动充满自主性和活力。

作为博士后阶段的主要研究成果，本研究选取了成语，加上之前的博士学位论文和后续发表在期刊上的论文，可以说本人一直从事汉韩熟语的研究工作，研究内容涉及谚语、成语，以及历时和共时研究，有必要继续对惯用语、歇后语等其他熟语形式开展后续相关的研究。

下篇 数据篇

第6章　中韩等值对应成语

NO	韩语成语	汉语成语	韩语句子	汉语句子
1	삼라만상	包罗万象	방위뿐만 아니라 삼라만상 우주의 이치를 밝혀주는 우리네 전통 나침반, 윤도(輪圖)를 만들며 외길인생을 걸어온 윤도장 김종대(중요무형문화재 제110호) 선생이다.	罗盘是我们的传统指南针, 它不仅为我们指示方位, 更指明了包罗万象的宇宙原理。罗盘制作匠人金钟台先生(第一一0号重要无形文化遗产传人)一生从事罗盘制作。
			삼라만상(森羅萬象) 우주를 거시적으로 바라보면 자신은 그저 신의 창조물을 모방하는 것에 지나지 않을 뿐이라 믿기 때문이다.	因为他坚信, 放眼包罗万象的宇宙, 自己只是在模仿神的创造而已。
2	파란만장	波澜壮阔	곧 파란만장한 한국근대사를 궁궐건축을 통해 되짚었다고 할 수 있다.	可以说该书通过宫殿建筑的变迁史回顾了波澜壮阔的韩国近代史。
3	박학다식	博学多闻	자기가 박학다식한 것을 과시하려고 사공에게 먼저 말을 걸었습니다.	为了显耀自己博学多闻, 他对船夫说:
4	불가사의	不可思议	그러나 이창호라는 불가사의 한 소년 고수의 출현으로 이런 기존의 통념이 깨져나갔다.	但是, 李昌镐这样一位不可思议的少年高手的出现, 打破了以往既有的观念。
5	불로장생	长生不老	불로장생약을 구하라는 진시 황의 명을 받고 방사 서복(徐福)이 신선이 사는 삼신산의 하나인 영주산(한라산)에 왔다는 이야기이다.	内容是秦始皇命令方士徐福(也名徐市)寻找长生不老药, 徐福来到了有神仙居住的三神山之一汉拿山。
6	유일무이	朝不保夕	다만 1960년대로부터 연극계에 새로운 바람을 불어넣은 대학극 출신들이 중심이 된 동인극회들이 있어 그나마 거의 유일무이하다시피 한 이 극장을 통해 한국연극이 명맥을 유지한 것은 참으로 역설적이다.	60年代起, 以大学戏剧参与者为中心组成的"同人剧会"为话剧界带来了一缕新鲜的风。特别值得一提的是, 他们一直坚持通过这个几近朝不保夕的剧场延续着韩国话剧的命脉。
7	오매불망	朝思暮想	생명의 시간은 얼마 남지 않았는데, 오매불망하던 핏줄을 만나볼 날은 아득하기만 하다.	生命的时间已所剩无几, 而与朝思暮想的骨肉相见的日子却依然渺茫,
8	구태의연	蹈常袭故	그러나 자신이 소유한 모든 것을 구태의연한 것으로 치부하는 그녀는, 한때는 영재인 줄 알았지만 지금은 무기력한 실업자 대열에 합류	然而, 她把自己拥有的所有东西看成是蹈常袭故的, 过去自以为是英才, 如今却是一个垂头丧气的失业者, 是一个在韩国社会到处可以遇

NO	韩语成语	汉语成语	韩语句子	汉语句子
			한, 강남 여자 이전에 한국 사회 어디서나 흔히 만날 수 있는 평범한 여성이다.	到的普通女人。
9	의기양양	得意洋洋	리비아 시위 사태 이후 수도 트리폴리에서 처음으로 열린 대규모 시위가 초강경 진압 앞에 무력화되자 카다피 원수는 이날 저녁 녹색광장에 의기양양한 표정으로 등장, 지지자들에게 시위대에 대한 보복공격을 촉구했다.	利比亚示威游行事态发生以后，首都的黎波里首先开展的大规模示威在超强硬的镇压面前变得无力之时，国家元首卡扎菲于当日傍晚在绿色广场以得意洋洋的表情露面，向支持者们敦促对示威队伍的报复攻击。
10	유일무이	独一无二	30여 년 전 칠피 공예의 매력에 빠져 운명처럼 칠피 공예를 업으로 삼기 시작한 박성규 명장은 현재 한국 내에서 유일무이한 칠피 공예가라고 할 수 있다.	三十多年前，他被漆皮工艺的魅力所吸引，宿命般地开始将漆皮工艺当做自己的事业。如今，他堪称韩国独一无二的漆皮工艺家。
11	다다무병	多多益善	예로부터 흙은 다다무병(多多無病)이라 해서 다양하게 섞어 써야 질이 좋다고 했어요.	自古便有制作瓮器使用泥土的种类'多多益善'的说法，意思是说在制作瓮器的时候应该混合使用多种泥土，这样做出来的瓮器质量才好。
12	격물치지	格物致知	침전에서 성의정심을 한다면, 격물치지를 해야 하는 장소가 바로 편전인 사정전이었다.	如果说在寝殿要"诚意正心"，那么要"格物致知"的地方就应该是偏殿思政殿。
			'격물치지'는 사물에 대하여 끊임없이 생각하고 공부하여 앎에 이르는 것을 이른다.	"格物致知"意为不断对事物进行思考、学习以达到知晓。
			군주가 격물치지를 하는 방법이 바로 경연이고, 그 경연의 장소가 편전인 사정전이었던 것이다.	君主"格物致知"的方法就是与大臣一起研读诗书，谈经论道，而这样的场所就是偏殿思政殿。
			강녕전에서 성의정심을, 사정전에서 격물치지를 한다면 임금이 수신을 하게 될 것이다.	如果说国王在康宁殿"诚意正心"，在思政殿"格物致知"，那么他就做到了"修身"。
			흔히 많이 이야기하는 '수신제가치국평천하(修身齊家治國平天下)'라는 말 앞에 붙은 4가지 조목이 바로 '격물치지格物致知'와 '성의정심誠意正心'이다.	我们经常说的"修身齐家治国平天下"前面还有四条目，即"格物致知"和"诚意正心"。

NO	韩语成语	汉语成语	韩语句子	汉语句子
13	고색창연	古色古香	오늘날의 종가는 아주 먼 윗대 할아버지들이 터잡은 곳에서 400년 500년 동안 집성촌(集成村)을 이루며 고색창연(古色蒼然)한 한옥에서 전통 생활을 실천하고 있는 현장이다.	在今天的宗家，我们可以看到人们仍在古色古香的韩屋里过着传统的生活。
14	괄목상대	刮目相看	1년에 불과한 짧은 시간에 그의 기력에는 괄목상대(刮目相對)할만한 발전이 있었습니다.	在不到一年的时间里，他的棋力令人刮目相看。
15	휘황찬란	光芒四射	비단천의 짙은 바탕색에도 불구하고 정교한 화법으로 그려진, 휘황찬란한 옷과 장식에 싸여진 대중적 보살의 숭고한 이미지를 감지할 수 있다.	尽管作品是在底色很深的丝帛上完成，但画法精妙，所描绘的菩萨穿戴着光芒四射的法衣及饰品，其形象让人感觉非常庄严神圣。
16	국태민안	国泰民安	1층 탑신에는 이 탑을 세우는 목적을 "원나라 황실과 고려 왕실의 안녕을 기원하고 바람과 비가 순조롭고 국태민안과 불법(佛法)이 날로 널리 퍼져 나아가 모든 중생들이 깨달음을 이루기 바란다"는 내용이다.	在塔一层的塔身上记载着建造该塔的目的，大意是：祈愿元朝皇室和高丽王室安宁，希望风调雨顺，国泰民安，佛法日益广布，所有众生醒悟。
17	호연지기	浩然之气	다만, 가끔 공부의 열기가 뜨거워 식힐 필요를 느낄 때 그는 좋아하는 시와 글을 천천히 읊조리거나 붓을 들어 산수화를 그리며 호흡을 고르고 호연지기를 불러일으킨다.	只是学习热情过于高涨，感觉有降温必要的时候，他会放下工作，转而吟诵一下平素喜爱的诗文，或者挥毫画幅山水，借此调息养性，激发浩然之气。
18	청풍명월	皓月当空	청풍명월이 아름다울 때는 친구들과 한 잔 술을 마시며 한담을 나누기도 한다.	在皓月当空、清风拂面的夜晚，他还会和几个朋友把盏闲谈。
19	호시탐탐	虎视眈眈	호시탐탐 선배에게 가랑이짓을 한 나.	我虎视眈眈地勾引着学长；
20	금과옥조	金口玉言	'드러나지 않는 속'에 대한 완벽함을 주문하는 스승의 뜻을 제자는 금과옥조로 여겼다.	对于师傅"要注意看不到的里面"的教诲，作为弟子的他将此奉为金口玉言。
21	금은보화	金银财宝	어린 시절에 읽은 동화 속에서는 방망이를 두들겨 금은보화를 쏟아내던 도깨비가 나온다.	在幼年读过的童话中，曾有敲打着木棒敲出金银财宝的土人魔。
22	조국강산	锦绣河山	이제 오래지 않아 저들의 유해는	也许，他们的遗骸终将难以见到

NO	韩语成语	汉语成语	韩语句子	汉语句子
			끝내 햇빛을 보지 못한 채 썩어서 흙이 되고 거름이 되어 조국강산을 수놓을 아름다운 꽃들을 피워날지 모를 일이다.	天日, 渐渐腐蚀, 化为泥土, 成为肥料, 在祖国的锦绣河山上开出美丽的花朵。
23	전무후무	空前绝后	비록 전체 규모가 3,000명 선으로 축소되기는 했지만, 완성될 경우 전무후무한 문학적 도전과 성취의 증거로 남을 것이 틀림없다.	《万人谱》系列计划于2009年全部出版完毕, 共三十卷。尽管内容由万人故事缩减为三千人上下, 但《万人谱》全部出版后, 仍然会作为空前绝后的文学挑战和功绩的证据而名垂史册。
			전주의 저명한 향토사학자고 조병희(趙炳喜) 선생은 그에게 두 번 글을 주었는데 전무후무한 일이었고 아끼던 작품을 그에게 유품으로 남겼다.	全州的著名乡土史学家赵炳喜先生曾两次为他题字, 堪称空前绝后。赵先生去世后, 这两件珍贵的作品已成遗物。
			이창호는 15세 때인 1990년, 41연승을 거둔다." 그에게 '지지 않는 소년'이란 별명이 붙게 되었다. 역시 전무후무의 기록이다.	1990年李昌镐十五岁时, 连胜四十一局不败, 赢得了"无敌少年"的美誉。这也是空前绝后的记录。
24	요지부동	岿然不动	모든 것이 절충과 유희의 포스트모던 속에서 녹아나는 것 같아도, 돌이켜 보면 삶의 근원적인 차원은 요지부동이라는 뜻이 아닌가.	是不是即使所有东西都在这个充满妥协和游戏的后现代主义中堕落, 回过头来, 生命的根源仍然岿然不动;
25	유언비어	流言蜚语	이러한 의문 때문인지 민간 사회에는 주산이 백악이 아니다, 경복궁 터가 불길하기 때문에 이러한 전쟁이 일어났다는 등의 풍수적 유언비어와 설화가 광범위하게 퍼졌다.	由于这种疑问, 在民间开始广泛流传有关风水的流言蜚语和各种传说, 大抵都是说什么白岳不是主山, 由于景福宫的地基不祥, 才会发生这场战争。
26	논공행상	论功行赏	새 왕은 국장이 끝나면 왕의 장례에 수고했던 관료들에게 논공행상을 하게 된다.	国葬结束后, 新国王要对在已故国王的葬礼中付出辛劳的官员论功行赏。
27	문전성시	门庭若市	전주 각지에 흩어져 있는 유명한 식당들은 몇 대에 걸쳐 개발해 온 특색 있는 음식으로 항상 문전성시를 이룬다.	散布在全州各地的餐饮名店凭借这些历经几代人之手开发出来的特色美食, 几乎总是门庭若市。
28	명실공히	名副其实	영화관이 아니라, 명실공히 연극전용극장이다.	它不是电影院, 而是名副其实的戏剧专用剧场。

NO	韩语成语	汉语成语	韩语句子	汉语句子
			불교를 지배의 이념으로 표방하면서 가장 늦게 고대 국가의 체제를 갖춘 신라는 문무왕(文武王 r. 661-681) 16년(676)에 자신들과 연합했던 당나라 군사(唐軍) 까지 몰아내면서 명실공히 삼국(고구려, 백제, 신라) 통일을 이루었다.	新罗(公元前57-公元935)作为三国(高句丽、百济和新罗)中最后一个建成古代国家体制的国家，以佛教为其主导意识形态。文武王(661-681)十六年(676)，新罗赶走了曾与自己联合的唐朝军队，名副其实地实现了三国的统一。
			광우병 내성 소와 장기이식용 돼지도 복제해낸 바 있는 황 교수는 이제 명실공히 세계적 복제 전문가로 자리매김했다.	黄教授曾成功培育出对疯牛病有免疫力的克隆牛和用于人体器官移植的克隆猪。如今，他已成为名副其实的世界级克隆专家。
29	명실상부	名副其实	우리나라 학술정보자원의 '클린 포털'로서 저작권이 해결된 모든 자원을 이용자가 온라인상에서 자유롭게 활용할 수 있게 해주는 명실상부한 디지털 도서관인 것이다.	这里是名副其实的数字图书馆和韩国学术资源的"清洁门户"，"只要是解决了著作权问题的资源，读者都可以自由地在线使用。
			이제 뮤지컬은 명실상부한 산업이다.	现在音乐剧是名副其实的产业。
			명실상부한 월드 스타로 발돋움할 보증수표를 갖게 된 셈이다.	相当于得到了名副其实的成为国际明星的保票。
30	묵수주의	墨守成规	암암리는 중국의 공맹 정신과 주자학에 근거한 자연관과 묵수주의를 여과 없이 받아들여 한국의 산수화에 접목했기 때문입니다."	原因在于，对于中国基于孔孟之道和朱子哲学的自然观及墨守成规，韩国不加过滤，全盘吸收，并将其运用于山水画技法。
31	남녀노소	男女老少	윷놀이란 오랜 옛날부터 전해져 오는 한국의 고유한 민속놀이로 좁은 장소에서도 남녀노소 할 것 없이 누구나 즐길 수 있는 놀이다.	尤茨游戏作为传统的韩国民俗游戏，流传已久，这一游戏即便在不宽敞的地方也可以进行，而且男女老少皆可参与进来。
			남녀노소 사이에서 애창되는 아리랑은 한국의 고유한 장단으로 이루어져 있으며, 한국인의 정서에도 가장 잘 맞다.	《阿里郎》男女老少都喜欢歌唱，它采用了韩国传统节拍，也非常适合表达韩国人的民族情绪。
			중국 대도시에서는 남녀노소 할 것 없이 모두 초조하고 불안한 심리상태를 갖고 있다 보니 행복감을 느낄 수 없는 것이다.	从中国大都市男女老少都怀着焦虑和不安的心态来看是不可能感受到幸福的。
			특히 전기 꽃장식, 작은 팡파르가	剧中璀璨的电灯花饰和欢快的背

NO	韩语成语	汉语成语	韩语句子	汉语句子
			시적인 서커스 분위기를 살려주어 남녀노소가 하나가 되어 즐길 수 있었다.	景音乐更是营造出了马戏团般的氛围，令现场不论男女老少全部融入其中，
			군왕도 허고, 서민도 허고, 양반도 허고, 하인도 허고, 가난한 사람, 부자, 남녀노소 질겨했다 이거여.	无论国王还是平民，当官的还是老百姓，穷人还是富人，男女老少全都喜欢，
			'승냥이(Goyote)'라 불리는 김연아의 팬 층은 남녀노소 가릴 것 없이 넓다.	金妍儿的粉丝团被称为"土狼"，成员年龄跨度很大，不分男女老少。
			남녀노소 모두가 함께 대화하는 통로를 제공해준다.	同时为男女老少提供了对话的途径。
			직장인 밴드들의 공연무대에서는 남녀노소 구분 없이, 가족 단위 관객까지 모두 함께 어우러져 흥겹게 연주를 즐기는 것이 특징이다.	上班族乐队演出的最大特色，就是无论男女老少，所有在场的观众都能和乐队融为一体，享受现场演奏的乐趣。
			한편, 주행사장의 한쪽에서는 남녀노소 사람들이 바삐 움직이며 한복을 입고 줄을 서고 있는데 그 모습이 마치 행렬을 기다리는 것 같다.	在主会场的另一侧，一些男女老少们忙个不停。他们身着韩服，排成几队，看样子似乎正在等待巡游表演
			한국인들은 남녀노소 가리지 않고 노래방에서 춤추고 노래하는 걸 즐긴다.	在韩国不论男女老少，所有人都喜欢去卡拉OK享受唱歌的乐趣，可以说演唱会现场就相当于一个巨型练歌房。
			또한, 사용된 재료가 다양하여 영양소를 골고루 섭취할 수 있으므로 남녀노소 누구나가 좋아하는 건강 음식이다.	而且炒米糕用料丰富，可以均衡摄入多种营养成分，是男女老少都喜爱的健康食品。
32	천변만화	千变万化	앞서간 모든 이들과 우리 자신을 위한 진혼무인 이 춤은 즉흥성을 가장 많이 살려내면서 때와 곳에 따라 천변만화하는 진정한 자아의 존재를 그대로 느끼게 해주기 때문이다.	因为作为一种镇魂舞，解煞舞针对的不单单是先赴黄泉的一部分灵魂，而是包括我们这些未亡人在内的所有灵魂。这种舞即兴成分很大，因时间和场所的不同而千变万化，能使人真正感觉到自我的存在。
33	천편일률	千篇一律	그런 천편일률적인 도심 가운데 색다른 공간이 있다.	在这样的千篇一律的城市中心，有一处与众不同的空间。

NO	韩语成语	汉语成语	韩语句子	汉语句子
34	천신만고	千辛万苦	주로 가난한 아프리카나 동남아 국가 출신 근로자들로, 천신만고 끝에 국경은 넘었지만 고국으로 돌아갈 길이 막막합니다.	被困利比亚的外国劳动者主要来自非洲和东南亚，他们虽然历经千辛万苦越过国境线，但回到祖国的路依然非常渺茫。
35	인산인해	人满为患	이렇듯 휴가철이면 너나없이 물을 찾으니 해수욕장과 계곡은 인산인해를 이루기 일쑤다.	每到假期，人们争先恐后到有水的地方，海水浴场和溪谷自然是人满为患了。
			그러나 첫 방송이 나가자마자 이산가족들의 문의전화가 쇄도했고 방송국을 찾아오는 이산가족들이 인산인해를 이뤘다.	原本这只是一个播放一次的特别节目，然而，该节目一经播出，韩国的离散家属们纷纷打来咨询电话，找到广播电视台的离散家属甚至可以用人山人海来形容。
			영화제 때면 시내에 있는 '영화의 거리'는 영화를 사랑하는 젊은이들로 인산인해를 이룬다.	电影节期间市内的"电影街"总会人山人海，挤满热爱电影的年轻人。
36	절치부심	忍辱负重	페넌트 레이스에서 3위에 머물렀던 팀이 절치부심(切齒腐心), 우승했으니 부산은 그야말로 뒤집혔다.	当时球队在常规赛中排名仅列第三，忍辱负重后一举夺冠，让釜山上下为之沸腾。
37	삼강오륜	三纲五常	의는 인륜(人倫)이고 인륜은 삼강오륜(三綱五倫)이다.	义指伦理，即三纲五常。
38	심사숙고	深思熟虑	우리가 우리 멋대로 살면 결국 고통과 후회만 남기 때문에 미리 심사숙고해야 하고, 욕구를 자제하는 힘을 길러야 합니다.	为所欲为只能留下痛苦和遗憾，因此我们需要深思熟虑，培养节制欲望的能力。
			굵이 휜 정도와 굵기에 따라 지금 베는 게 원하는 용도에 얼마나 적합한지, 아니면 나중에 대들보 등 다른 용도에 쓰도록 아껴둬야 할지 등을 심사숙고해야 합니다.	要根据树干的弯曲度、粗细度深思熟虑，想好是现在伐了用于目前所需用途合适，还是等以后用作大梁等其他用途。
39	전후후무	史无前例	전후후무한 숫자의 나열 '8·8·8·8·5·7·7'은 이어진다.	留下了"8、8、8、8、5、7、7"这样史无前例的排名记录。
40	사방팔방	四通八达	가정, 동네, 직장, 학교 어디에서든 몸으로 함께 있는 사람들과 깊은 소통을 하기 어려운 사회, 생활의 유동성(mobility)이 급증하는 상황에서 모바일 미디어는 공간의 제약을	家庭、社区、职场、学校，无论身在何处，人们身处一地却难以进行深入的沟通。在生活流动性急速增加的情况下，移动媒体四通八达，超越了空间的制约，豁然开

NO	韩语成语	汉语成语	韩语句子	汉语句子
			넘어 타인과 연락하는 회로를 사방 팔방으로 활짝 열어주었다.	通了与他人联络的渠道。
41	생면부지	素昧平生	전쟁 과정에서 많은 한국인이 피난과 군 복무 등으로 처음으로 지역 공동체를 벗어나게 되었고 전국에서 몰려온 생면부지의 사람들과 생존을 위한 투쟁을 벌이게 되었다.	战争期间，很多韩国人或者因为逃难或者因为参军而第一次冲破家乡这一地区共同体，和来自全国各地素昧平生的人一起为生存而奋斗。
42	태평성세	太平盛世	그 날개는 또한 작은 꼬리 날개를 감싸 안고 있는 모습을 하고 있는데 두 날개 사이의 작은 꼬리 날개는 국민, 즉 봉황이라는 태평성세를 상징하는 새가 대한민국 국민을 포근하게 품고 있는 모습을 구현한 것이다.	这种造型体现出象征太平盛世的凤凰鸟温暖地拥抱着韩国国民的形象。
			"손잡이는 인문(印文)의 가로, 세로 규격과 똑같이 높이 99mm입니다." 태평성세를 뜻하는 길조 봉황이 구름 위에 내려앉는 순간을 표현했죠.	"印钮的造型是一只象征太平盛世的吉祥鸟凤凰，它的高与印章的长宽规格一致，均为九十九毫米。
43	탐관오리	贪官污吏	그리고 또한 이웃 지역에 비해서 특히 탐관오리의 횡포가 컸다.	贪官污吏的剥削也异常严酷。
			이 때문에 집을 나와 의적으로 활동하며 탐관오리에게서 재산을 빼앗아 가난한 이들에게 나누어준다.	"后来他愤而离家，成为义贼，专门打劫贪官污吏，把他们的不义之财分发给穷人，
44	천재지변	天崩地裂	어느 날 한순간에 이곳에 천재지변이 일어났다.	忽然有一天，该地区发生了天崩地裂的巨变。
45	천재지변	天灾人祸	술을 좋아하는 건달 김탁보와 그의 두 번째 아내 역말댁은 도덕적 붕괴와 삶의 어려움, 그리고 천재지변을 굳게 견디고 살아남은 사람들이다.	嗜酒如命的金浊甫和他的第二个老婆驿马婆是属于那种长期忍受道德崩溃、生活艰辛以及天灾人祸而生存下来的人。
46	천진난만	天真烂漫	그러나 최영림의 여성들은 무나카타의 신성(神性)보다는 천진난만함과 순수함이 더 강하다.	与之相比，崔荣林的女性形象则更为天真烂漫，朴素纯真。
47	침체일로	停滞不前	〈워낭소리〉의 흥행은, 또 2000년대 초 '한국영화 르네상스' 이후 국	《牛铃声》的成功是在2000年初韩国电影复兴后，国内电影产业陷

NO	韩语成语	汉语成语	韩语句子	汉语句子
			내 영화 산업의 '거품'이 빠지며 침체일로를 걷고 있는 가운데 나온 것이라, 더욱 주목 받고 있다.	入泡Ä, 出现停滞不前的背景下取得的, 因而更加引人注目。
48	만사형통	万事如意	세배를 받는 어른들은 "복 많이 받아라", "만사형통 해라"와 같은 덕담을 해주고 아이들에게 세뱃돈을 건네고 세찬을 대접한다.	接受岁拜的长辈则要说些诸如"新年快乐"、"万事如意"之类祝福的话语, 给孩子们压岁钱, 并且招待晚辈吃"岁餐"。
49	만수무강	万寿无疆	대비의 만수무강과 왕실의 번창을 기원하는 뜻이 담겨 있다.	这种设计意在祈愿大妃的万寿无疆和王室的繁荣。
50	오체투지	五体投地	이마와 두 팔꿈치와 두 무릎 을 바닥에 대고 온몸을 기울여 하는 큰 절이 오체투지 이다.	所谓五体投地, 就是全身伏地, 将前额、两肘和两膝同时着地的行礼方法。
			법당에 이르기 전에 안내자한테서 예배에 대한 설명을 들으며 두 손을 가슴 앞에 모아 합장(合掌)하여 반배(半拜)하는 법과 오체투지(五體投地)하는 법을 배워둔 터였다.	进入法堂之前, 我们已经听了导游讲解礼佛的规则, 学习合掌、半拜和五体投地的要领。
51	형형색색	五颜六色	4개의 붉은 기둥과 형형색색의 지붕으로 이뤄진 폭 17m, 높이 11m의 패루 상단에는 '중화가(中華街)'라고 적혀 있다.	牌楼由四根红柱、五颜六色的楼顶构成, 长十七米, 高十一米, 牌楼匾额上写有"中国城"三个字。
52	희로애락	喜怒哀乐	온갖 세상사와 인간 군상들이, 풍경과 희로애락이 쉴 틈 없이 그의 소설의 시선을 통과해 새롭게 되살아났으니, 그렇게 내내 그는 소설의 눈만으로 세상을 보아 왔고 또 세상이 온통 그에겐 소설만의 육체였던 것이다.	世间的各种现象和人物群像、风景和喜怒哀乐, 不断地透过他的视线重获生命。如此这般, 他始终以小说的目光注视着世界, 同时, 这个世界对他来说就是小说本身。
			온갖 세상사와 인간 군상들이, 풍경과 희로애락이 쉴 틈 없이 그의 소설의 시선을 통과해 새롭게 되살아났으니, 그렇게 내내 그는 소설의 눈만으로 세상을 보아 왔고 또 세상이 온통 그에겐 소설만의 육체였던 것이다.	世间的各种现象和人物群像、风景和喜怒哀乐, 不断地透过他的视线重获生命。如此这般, 他始终以小说的目光注视着世界, 同时, 这个世界对他来说就是小说本身。
53	유유자적	逍遥自在	김지성은 자연을 좋아하여 노장자의 유유자적함을 사모하였다.	金志成热爱自然, 向往老庄的逍遥自在,

NO	韩语成语	汉语成语	韩语句子	汉语句子
54	우왕좌왕	心神不定	깊은 웅덩이나 깊은 물에 빠지면 허우적거릴 수밖에 없는 것처럼 어디든지 빠지면 사고가 흐트러지고 우왕좌왕거릴 수 밖에 없습니다.	会像陷入深水坑里那样惊慌失措，一旦人沉迷于什么事情，就会打乱正常思维方式并心神不定。
55	신진대사	新陈代谢	부종은 지방이 늘어나는 비만과는 다르지만 살이 쪄 보이기도 하고 건강상 좋지 못하므로 평소 몸이 잘 붓는 편이라면 다이어트를 한답시고 물을 많이 마시기보다는 음수량을 조절하고 짠 음식은 삼가며, 스트레칭이나 운동을 통해 신진대사를 활발히 하는 것이 좋다.	浮肿虽然跟肥胖不一样但会使人显得很胖，对健康也不好，如果平时身体浮肿又想减肥的话，就不要喝太多水了，少喝点水少吃咸的东西，通过运动来促进新陈代谢会起到更好的效果。
			인삼에 들어 있는 30여 종의 사포닌 성분은 신진대사를 촉진하고 영양흡수와 소화 기능을 높여 원기를 돋운다.	人参含有三十余种皂苷，能够促进新陈代谢，促进营养的吸收，提高消化能力，因此有助于元气的恢复。
56	형형색색	形形色色	형형색색의 인공 미끼를 그린 '플래스틱 피쉬'에는 자연을 모방한 짝퉁이 진짜 자연을 잡는데 쓰이는 현실에 대한 날선 비유를 담았다.	作品《塑料鱼》呈现了形形色色的人工诱饵，对现实中利用自然的仿制品去捕捉自然的现象进行了辛辣的讽喻。
			해마루촌의 집들은 특색 있게 형형색색 이국적으로 꾸며져 있긴 하지만, 늪에서 날개짓을 하는 물새들, 벼를 베기 위해 한적한 마을 길을 오가는 주민들, 깔끔하게 정리된 길이나 목조 건물로 지어 올린 마을회관에서 영락없이 평범하고 고요한 시골 마을 풍경이 읽힌다.	这里的建筑虽然形形色色，但装点得很是精巧别致，湿地上空振翅高飞的鸟雀、来往于乡间小路上的收割水稻的村民、打扫得干干净净的街道、木结构的村民会馆……完全是一幅平凡和宁静的乡村生活景象。
57	형영상수	形影不离	그 중에서 진경시의 대성자인 이병연과 진경산수화의 대성 자인 정선은 정녕 형영상수(形影相隨: 형상과 그림자처럼 서로 따름)하던 쌍벽으로 몸만 둘이지 마음은 하나인 그런 사이였다.	其中，真景诗大家李秉渊和真景山水画大师郑善互相引为知己，关系极为亲密，几乎形影不离。
58	수신제가 치국평 천하	修身齐家 治国平 天下	흔히 많이 이야기하는 '수신제가치국평천하(修身齊家治國平天下)'라는 말 앞에 붙은 4가지 조목이 바로 '격물치지(格物致知)'와 '성의정심(誠意正心)'이다.	我们经常说的"修身齐家治国平天下"前面还有四条目，即"格物致知"和"诚意正心"。

NO	韩语成语	汉语成语	韩语句子	汉语句子
59	일파만파	轩然大波	1978년 농악의 네 개의 타악기를 무대 음악으로 만든 사물놀이의 등장만큼 일파만파의 충격을 제공한 것은 없다.	1978年, 四物游艺将农乐的四种打击乐器改变为舞台音乐, 这不能不是一次巨大的冲击, 在当时引起了轩然大波。
60	우여곡절	一波三折	하지만 관객들이 모두 나가려던 시점에 우여곡절 끝에 굿을 시작해 작두를 타는 절정까지 무대가 이어지자 이방인들은 숨을 죽이고 김금화의 굿판에 몰입했고 뒤풀이 자리에서는 격정적으로 어울리며 대동의 감동을 연출하게 된다.	然而, 正在观众都要离开的时候, 经过一波三折的巫祭开始了, 当这些外国人看到金锦花走在铡刀刃上的高潮部分, 全场观众都屏声息气, 完全沉浸在金锦花的巫祭中。在余兴部分, 观众们充满激情地配合着, 金锦花导演了一场大同的感动。
61	일거수일투족	一举一动	옷을 입는 모양새나 행동하는 일거수일투족이 제가 생전에 보지도 듣지도 못한 것이었습니다.	他的着装和行为、一举一动, 都令我惊奇。
62	일맥상통	一脉相承	무늬벽돌에 펼쳐진 여러 가지 무늬 구성은 부여 능산리 절터의 공방터에서 발견된 백제금동대향로의 문양구성과 일맥상통하고 있는 점도 매우 주목된다.	值得一提的是, 花纹砖中展现的多种图案的构成与扶余陵山里庙址中发现的百济金铜大香炉的花纹构成一脉相承。
63	일목요연	一目了然	말하자면, 화자는 우리가 상식적으로 일목요연하며 논리적이라고 생각하는 악기 분류라는 것이 실은 자의적이며 임의적인 것임을 역설하고 있는 것이다.	也就是说, 话者对我们按常理认为一目了然, 合乎逻辑的对乐器的分类法提出异议, 说它实际上是非常武断和随意的。
			이번 전시는 그의 작품 자체를 일목요연하게 감상할 수 있는 절호의 기회였을 뿐 아니라, 자료조사를 토대로 한 평전이 실린 전시 도록은 앞으로 권진규 연구자들에게 귀중한 자료가 될 것이다.	这次展览可以使人一目了然地欣赏权镇圭的作品, 而且其所附的关于权镇圭研究的论文目录, 将成为研究权镇圭的学者们重要的资料。
			서울의 역사와 지리와 인문을 모으고 서울의 도시 원리를 일목요연하게 하는 논리를 정립해야 한다.	同时汇集首尔的历史、地理和人文, 建立一个使首尔的城市原理一目了然的逻辑体系。
64	금의환향	衣锦还乡	14년 만의 금의환향이었다.	可以说, 十四年之后, 他衣锦还乡了。
65	솔선수범	以身作则	앞으로 제가 귀사에 입사하게 된다면 매사에 솔선수범하며 미래에 도전하는 전문적인 인력이 되겠습니다.	如果我能成为贵公司的职员, 今后我定会以身作则认真对待各种事情, 做一个挑战未来具有专业

NO	韩语成语	汉语成语	韩语句子	汉语句子
				精神的人。
66	파란만장	意气风发	〈황토빛 이야기〉의 연재를 끝내고 기생들의 파란만장한 삶을 다룬 〈기생 이야기〉의 연재를 의욕적으로 시작했다.	《黄土色故事》的连载结束后，金童话又意气风发地投入到连载漫画《艺妓故事》的创作之中，着手描绘艺妓们迭宕起伏的生活。
67	의미심장	意味深长	그녀는 고독은 태도가 아닌 생의 현실이라는 것을 드러내면서 매우 의미심장한 청춘의 존재미학을 구축한다.	她认为孤独不是态度，而是一种生活的现实，并通过这一过程构筑起意味深长的青春存在美学。
68	전화위복	转祸为福	한국인들은 위기를 기회로 만들 수 있다는 뜻의 사자성어 '전화위복'을 믿는다.	韩国人相信'转祸为福'的四字成语，意思是把危机转变为机遇。
69	자급자족	自给自足	나이지리아는 매년 100만 톤의 옥수수를 수입했는데 이 때문에 자급자족이 이뤄졌다.	"原来每年进口一百万吨玉米的尼日利亚因为他的研究成果实现了自给自足，
70	종횡무진	纵横驰骋	방망이를 두들기는 도깨비처럼 종횡무진 전세계 사람들의 눈과 귀를 즐겁게 하는 대한민국타악의 일인자 김덕수.	金德洙是韩国打击乐的头号人物，他像敲打着木棒的土人魔一样纵横驰骋，令全世界的人赏心悦目。
71	능수능란	驾轻就熟	과연 이문구는 지방 토속어를 능수능란하게 구사해 작품 속에서 한국어 특유의 가락과 맛을 살리는데 성공한 독특한 문체의 작가로 알려져 있다.	李文求对于方言土语的运用可谓驾轻就熟，在作品里将韩国语言特有的节奏和品味表现得活灵活现，形成了独特的文体风格。
72	흥미진진	津津有味	그 후로 젊은 대학생들을 만날 때마다 마음의 세계에 대해 이야기하면 그들이 매우 흥미진진하게 들었습니다.	此后，当我遇到年轻的大学生时，会给他们讲解心灵世界，他们都听得津津有味。
73	무사태평	国泰民安	지금은 빌딩 숲이지만 잠시 조선시대로 돌아가서 백성들의 무사태평을 기원하며 풍경을 바라봤을 임금님의 마음을 헤아려 보세요."	虽然现在外面高楼林立，当时可不是这幅情景。国王一边登楼远望民间街市，一边祈求国泰民安。请大家想像一下当时国王的心境吧。

第7章 中韩近义不对等成语

No	韩语惯用语	汉语成语	韩语句子	汉语句子
1	두 손 두 발 다 들다	五体投地	정말이지 이 대목에선 두 손 두 발 다 들 수밖에 없다.	此时我简直不能不对他佩服得五体投地。
2	말들이 끊이지 않다	议论纷纷	만봉 스님은 느닷없이 찾아 온 노랑 머리, 파란 눈의 사내를 제자로 받아 주었다. 그러나 만봉 스님 문하의 여러 제자들 사이에서는 말들이 끊이지 않았다.	万奉大师同意收这个金发碧眼的年轻人为徒, 然而大师门下的几名弟子却是议论纷纷
3	발길이 끊이지 않다	络绎不绝	이곳은 성지 순례를 다니는 신자들과 관광객들의 발길이 끊이지 않는다.	到这里朝拜的天主教徒和游客总是络绎不绝。
		络绎不绝	그래서 관광객들의 발길이 끊이질 않는다.	游人络绎不绝。
4	발등에 불(이) 떨어지다	火烧眉毛	예) 내일이 시험인데 이제서야 발등에 불(이) 떨어진 것처럼 열심히 하면 뭐 해요.	例) 明天就考试了, 现在才火烧眉毛般地学能行吗?
5	빼다 박다	如出一辙	할아버지를 빼다 박은 늙은 소는 최후의 순간까지 일하다 세상을 등진다.	老牛的命运与爷爷如出一辙, 生命的最后一刻还在干活。
6	생명을 걸다	在所不辞	"대감마님! 저 같은 놈이 뭘 할 수 있겠습니까만 부탁을 내리시면 제 생명을 걸고라도 하겠습니다."	"大人! 您言重了。像我这等人还能为您做什么？若有能效劳之处, 您尽管吩咐, 小的赴汤蹈火也在所不辞!"
7	생명을 돌아보지 않다	奋不顾身	아니, 그게 무슨 소리요? 생명을 돌아보지 않고 나라를 건진 그대를 죽이다니, 그 무슨 당치 않은 소리요? 내 그대에게 마땅히 상을 내리리라!"	"此话怎讲？我岂能杀一个奋不顾身、拯救国家的有功之臣？这是什么道理？我要大大犒赏你!"
8	소름이 끼치다	前所未有	"이매방 선생님이 승무를 추시는데, 소름이 쫙 끼쳤어요."	"看着李梅芳先生在台上跳舞, 我受到了一种前所未有的冲击。"
9	소문이 자자하다	声名鹊起	김종대 선생의 백부 고 김정의 선생은 빼어난 품질의 윤	金钟台先生的伯父金正义先生手艺精湛, 制作的罗盘

No	韩语惯用语	汉语成语	韩语句子	汉语句子
			도를 만든다고 소문이 자자해, 평안도함경도에 이르기까지 팔도에서 사람들이 찾아와서 사랑방에 진을 치고 윤도를 사갔다고 한다.	因质量上乘而声名鹊起。人们纷纷从全国各地前来登门求购他制作的罗盘，有的甚至从遥远的平安道、咸镜道等地赶来，等着购买罗盘的人们甚至在他家里安营扎寨。
		满城风雨	얼마 후, 부자가 다시 평양에 돌아왔더니 그 기생이 다른 남자와 지내고 있다는 소문이 자자했습니다.	不久，财主回来了。一到平壤，他就听到那个妓女水性杨花勾搭上了别的男人，已经弄得满城风雨。
10	손색이 없다	当之无愧	세계적인 문인들이 한 자리에 모였으니 문학올림픽이라고 불러도 손색이 없는 행사였다.	世界文学英才齐聚一堂，即使称作文学界的奥林匹克也当之无愧。
11	어깨너머 공부하다	耳濡目染	우연히 구경 간 공방에서 본 옻칠작품에 푹 빠져 틈만 나면 심부름을 하면서 어깨 너머 공부를 시작했다.	一次偶然的机会，他看到了工房里的漆艺作品，并被深深地吸引。一有空他就来这里打杂，耳濡目染偷学漆艺。
12	(사람) 일 년 내내 끊이지 않다	络绎不绝	여름에 해수욕을 즐기는 사람들은 물론이고, 계절을 막론하고 시원하게 탁 트인 바다 풍경을 보며 정서적인 여유를 찾으려는 여행객이 일 년 내내 끊이지 않는다.	对海水浴爱好者、对喜欢在开阔的海景中寻找心灵的平静的游客来说，这里是一种绝好的选择。而事实上，三陟一年四季游人也总是络绎不绝。
13	오랜 세월 비바람 맞다	风风雨雨	특히 석탑들과 석등은 야외에서 오랜 세월 비바람 맞으며 지내온 돌들만이 지닐 수 있는 묵직한 아름다움을 간직하고 있다.	过多年风风雨雨的洗礼，石塔和石灯都带有一种特殊的美感，流露出历史的厚重。
14	줄을 잇다	络绎不绝	자식을 얻고자 하는 사람들이 이 바위에 기도를 올리면 옥동자를 얻는다는 이야기 덕분에 사람들이 찾아 들고, 이제는 유명한 관광지가 돼 국내외 여행객들이 줄을 잇고 있으니 '좋은 일'은 지금도 현재 진행형이다.	人们因为听说在"弥勒石"面前许愿会如愿得子，纷纷慕名前来。如今，这里已经成了游览胜地，国内外游客络绎不绝，"好事"还在进行中。
15	크게 되다	自命不凡	그래도 자기가 크게 될 사람	但因为他自命不凡，认为是

No	韩语惯用语	汉语成语	韩语句子	汉语句子
			이라고 믿으니까 별 볼일 없는 일은 하기 싫었습니다.	一个会大有作为的人，所以不甘平凡，一般的工作都不放在眼里。
16	한 번에 날아가 버리다	一扫而光	이때 불쾌한 생각과 느낌 모두 한 번에 날아가 버린다.	所有的不痛快都会在瞬间一扫而光。
17	한눈에 들어오다	尽收眼底	정상에 서면 석양 풍경이 특히 아름다운 서해가 한눈에 들어온다.	站在山顶，夕阳里的风景和美丽的西海尽收眼底。
18	가슴 졸이다	胆战心惊	존은 하나뿐인 외아들로, 한국전쟁에 참전해 있었습니다. 이 전쟁에서 많은 미군들이 죽어 가고 있다는 소식에 가슴 졸이며 있었는데 갑자기 아들에게 전화가 온 것입니다.	她的独生子约翰参加了这场战争。她每天都能听到很多美军战死疆场的消息，一直过着胆战心惊的日子。正是这个时候儿子打来的电话。
19	가슴을 두 방망이질 치게 만들다	醍醐灌顶	철학자 안병욱 선생은 〈지상에서 가장 아름다운 것〉이란 책에서 ‘인생이란 창조적 자기표현이다’라고 말씀하셨는데 그것이 내 가슴을 두 방망이질 치게 만들었지요.	哲学家安秉煜先生的《世上最美丽的》写道，“人生是自我创造和表现”。这句话如醍醐灌顶。
20	가슴이 뛰다	毛骨悚然	이따금 멀리서 총성이 들려와 가슴을 뛰게 했다.	不时从远处传来枪声，令人毛骨悚然。
		心潮澎湃	지난해 8월 해병대 복무를 마치고 전역한 가수 이정(30, 해병대 1080기)도 지난 1월 한 언론과의 인터뷰에서 “해병대 훈련의 백미인 ‘천자봉’ 행군을 마치고 해병대의 상징인 빨간 명찰을 달 때 가슴이 뛰었다”고 말했다.	2010年8月结束海军陆战队服役退伍的歌手李正(三十岁，海军陆战队第1080期)在今年1月接受一家媒体的采访时曾经说道：“海军陆战队训练的最后一关‘天子峰行军’结束后，戴上象征海军陆战队红色名签的那一刹那令人心潮澎湃。
21	가슴이 설레다	心驰神往	평지에서 빠져나와 산기슭을 타고 구불구불 숲속으로 들어가는 하얀 길들은 언제나 보는 이의 가슴을 설레게 만든다.	山间小路顺着山势蜿蜒而上，划出一道道通往丛林深处的白色曲线，远远望去总是令人心驰神往。
		扣人心弦	중국이 낳은 거장 장이머우	来自中国的艺术巨匠张艺

No	韩语惯用语	汉语成语	韩语句子	汉语句子
			감독이 중국국립중앙발레단 (The National Ballet Company of China)을 앞세운 총170명의 대규모 공연단을 이끌고 한국 에 와서 제목만 들어도 가슴이 설레는 작품 〈홍등〉을 무대에 올렸다.	谋导演带领着中国中央芭蕾舞团一百七十人的大型演出组来到韩国，将《大红灯笼高高挂》这部扣人心弦的经典作品搬上了舞台，
		心潮澎湃	해인사 보존국장 성안스님도 "그 스님을 생각하면 가슴이 설렌다."고 했다.	海印寺保存局长性安法师说："每当想起守其大师都会心潮澎湃。"
22	가슴을 치다	顿足捶胸	네가 진정 가슴을 치고 울어 본 적이 있느냐.	你真正顿足捶胸地哭过吗？
23	가슴이 뜨겁다	心潮澎湃	공부를 할수록 자신이 하는 일이 아름다운 전통을 지키는 값진 일이라는 깨달음을 얻었고 가슴이 뜨거웠다고 한다.	他说自己在学习过程中，越发领悟到自己所做的是守护美好传统的宝贵事业，感到心潮澎湃。
24	가슴이 벅차 오르다	心潮澎湃	금덩이로 할 수 있는 일들은 상상만 해도 가슴이 벅차 올랐습니다.	一想到有了这块金子能做很多事，她心潮澎湃.
25	가슴이 쿵쾅거리다	心潮澎湃	게다가 석가모니의 가르침을 한데 모은 불교 경전 총서이자 세상에 존재하는 모든 불교지식의 총람이라는 대장경의 1천 년 전 인출본이라는 점을 떠올리는 순간 주체할 수 없는 감격 때문에 가슴이 쿵쾅거렸다.	大藏经是记载释迦牟尼教海的佛教典籍，汇集了世上所有佛教知识。一想到它是在千年前刻印的，就抑制不住心潮澎湃。
26	가장 관심을 끌다	家喻户晓	올해 내한한 외국의 무용 단체들 중 가장 많은 관심을 끌었던 독일 슈투트가르트 발레단의 주역 무용수 강수진은 한국뿐 아니라 세계 무대에서도 그 이름이 잘 알려져 있다.	今年来韩公演的国外舞蹈团中最引人注目的要数德国斯图加特芭蕾舞团。该舞蹈团首席芭蕾舞演员姜秀珍不但在韩国家喻户晓，而且蜚声世界舞坛。
27	가장 손에 꼽다	首屈一指	동강의 절경은 정선에서도 가장 먼저 손에 꼽는 제1경에 속한다.	东江绝景是旌善首屈一指的景观。

No	韩语惯用语	汉语成语	韩语句子	汉语句子
28	잘 살아나다	活灵活现	돌부처의 표정이 가장 잘 살아나는 햇빛의 양과 각도를 기다렸다.	等待着阳光的充足与角度，直到它们能够活灵活现地勾勒出石佛像的表情。
29	간을 녹이다	魂不守舍	기생은 남자의 간을 어떻게 녹이는지 알아야 기생아닙니까? 둘째 아들이 처음에 잠깐 놀다가 사업을 시작하려고 했는데, 이젠 거기에서 스스로 빠져나올 수 없었습니다.	不懂得让男人魂不守舍的还能称其为妓女吗？刚开始，二儿子只想暂时玩乐而已，再着手个人事业，但是事已至此，他已经无法自拔。
30	감각이 무디다	麻木不仁	사람들이 몸에 이상이 생기면 이렇게 고치려고 애를 쓰는데, 마음이 병든 것에 대해서는 감각이 무딥니다.	对于心灵的疾病，却很麻木不仁。
31	감동을 도려내다	震撼人心	특이한 흑인들의 노래, 진짜 감동을 칼로 도려내는 것 같은 그런 노래였습니다.	黑人的歌曲旋律很特别，特别震撼人心。
32	손길을 묻히다	墨守成规	가끔 기성품의 형태를 빌려오기도 하지만, 거기에 손길을 묻혀서 희귀한 예술품을 만드는 것엔 관심이 없습니다.	偶而也会借用现成品的形态，但无意墨守成规，仅仅制成稀贵的艺术品.
33	겉핥기	走马观花	'도시를 산책하는 가장 아름다운 방법'이라는 부제에는, 관광 명소 위주의 겉핥기만으로는 느낄 수 없는 숨은 아름다움을 찾아 지구 구석구석의 골목을 누벼온 저자의 취향이 드러나 있다.	该书的副标题是"在城市中散步的最美方法"，这也正表现出作者为寻找隐藏的美丽穿行于地球各处街巷的趣向，而这些隐藏的美丽是无法通过对旅游名胜走马观花式的观赏感受到的。
34	(업)계가 소용돌이에 휩싸이다	轩然大波	이미 세계정점에 올라있는 기사의 휴직 선언에 한국 바둑계가 소용돌이에 휩싸인 것은 당연했다.	已经登临世界冠军至尊宝座的棋手宣布休职，自然在韩国围棋界引起轩然大波。
35	고생 끝에 낙이 온다	苦尽甘来	고생 끝에 낙이 온다: 어려운 일을 겪은 뒤에는 반드시 좋은 일이 생긴다.	苦尽甘来: 经历磨难之后定会有好事发生。
36	고인 물은 썩는다	流水不腐	한국 속담에 '고인 물은 썩는다'는 말이 있다.	韩国有一句俗语，叫做"流水不腐"。
37	곤두박질치다	每况愈下	가정형편이 곤두박질치면서	由于家境每况愈下，我开始

No	韩语惯用语	汉语成语	韩语句子	汉语句子
			술집에서 아르바이트를 하며 나쁜 길로 들어섰다.	在酒吧里打工，也逐渐走上了歪路。
38	골머리를 썩이다	冥思苦想	텔레비전을 보면서 이해하려고 골머리를 앓는 사람은 없습니다.	没有人会在看电视的时候冥思苦想。
39	괜히 폼잡다	侃侃而谈	산에 대해 아무 것도 모르는 사람들 앞에서 괜히 폼잡고, 또 엉뚱한 식으로 자신의 탐험을 꾸미게 되지 않을까 하는 염려도 생기고, 적잖은 대가가 주어지는 강연에 재미를 들이다 보면 편안한 생활에 안주하지 않을까 하는 두려움 때문이다.	因为他担心在对山一无所知的人面前对登山侃侃而谈有种故意显耀自己之嫌。还有他担心如果对付出不少代价的演讲产生了兴趣就会安于舒适的生活。
40	귀에 익숙하다	耳熟能详	우리의 귀에 익숙한 솔베이지의 노래(Solveig´s Lied)가 들려올 때는 눈을 지그시 감으며 그녀의 목소리에 끝없는 감상에 젖어든다.	听到《索尔维格之歌》那耳熟能详的旋律，现场所有人都轻轻闭上了眼睛，沉浸于歌声带来的无尽感怀。
41	맛을 내다	淋漓尽致	한 덩어리인 듯 솟구친 백색 화강암 바위들의 견고한 그 석질은 이런 묵색 쇄찰법(刷擦法 붓을 뉘어 쓸어 내리는 기법. 주로 벼랑 바위의 매끄러운 표면이나 수직 단면들의 표현에 사용한다.)으로 쓸어내야만 그 맛을 낼 수 있다는 것을 정선은 이곳에 살면서 무수하게 시도해 본 사생과 실험에서 터득해 내고 있었던 것이다.	仁王山白色花岗岩质地坚硬，抱成一团，耸入云端，只有采用斧劈皴法(主要用来表现崖面岩石的光滑面或垂直截面)才能将其表现得淋漓尽致。郑善在仁王山下久居，这是他经过不断实践掌握的技巧。
42	명성이 자자하다	赫赫有名	상품화되어 유명해진 경주의 경주 법주도 12대 만석꾼 집의 제사에 올렸던 제주로서 그 명성이 자자하던 술이다.	已经商品化的庆州名酒庆州法酒，原先是十二代富豪家族赫赫有名的祭酒。
43	(실패하고나서) 삶에 빠지다	灰心丧气	그렇게 몇 번 실패하고 나면 아예 그 삶에 빠져서 사는 사람이 되고 맙니다.	几次失败后会灰心丧气，从而无法自拔。
44	가슴에 남다	记忆犹新	나 밖에 모르던 내게 나눔의	通过这件事，平日自以为是

No	韩语惯用语	汉语成语	韩语句子	汉语句子
			기쁨을 알려주었던 그 추억은 늘 내 가슴에 남아있다.	的我懂得了分享的快乐。这一记忆至今仍然记忆犹新。
45	빠지다	身临其境	김홍도는 모르는 사이에 독자로 하여금 그림 속에 빠져들며, 함께 공감하도록 면밀하게 구도를 잡은 것이다.	金弘道的画构图细密, 让鉴赏者不知不觉间身临其境, 产生共鸣。
46	금이야 옥이야	呕心沥血	강효가 음악감독을 맡아 금이야 옥이야 키워온 세종솔로이스츠는 2005년 창립 10주년을 맞이했다. 2005년 5월부터는 뉴욕에서 상설 클래식 음악회도 열고 있다. "매주 목요일, 뉴욕 타임워너 빌딩 3층 '삼성 익스피리언스' 전시관으로 가면 세종솔로이스츠의 공연을 무료로 감상할 수 있다."	世宗独奏家合奏团是由姜孝亲任音乐总监并呕心沥血、一手扶植的乐团。2005年, 为庆祝建团十周年, 从5月起每到周四, 在纽约时代华纳中心大厦三层"三星体验"展室里, 都能免费欣赏到世宗独奏家合奏团的演出。
47	꿰뚫다	融会贯通	밀랍 만들기, 조각과 전각, 내화력과 결속력이 강한 오합토(五合土: 전국 명당에서 채취한 다섯 가지 흙) 밀랍제작, 손잡이 조각 및 글자체 전각, 거푸집 제작, 다섯 가지 금속으로 만든 모합금(母合金), 대왕가마의 신비한 구조, 구성성분이 다른 손잡이와 인문의 금(金) 접합과 같은 모든 과정에 숨겨진 비밀스런 기술을 꿰뚫고 있어야만 비로서 온전한 옥새전각장이 되는 것이다.	要成为一名完美的国玺制作工匠, 必须将制作国玺的各种秘密技术融会贯通, 如蜡模制作、雕刻和篆刻、使用强耐火和高粘合度高的五合土(从全国各风水宝地采掘的五种泥土)制作铸模、印钮雕刻及印文篆刻、用五种金属制作的母合金、官窑的神奇结构、构成成份迥异的印钮和黄金印文间的焊接, 等等。
48	기지개 켜다	扬眉吐气	'천국의 눈물'로 기지개 켜는 한국 창작 뮤지컬	《天国的眼泪》让韩国原创音乐剧扬眉吐气
49	길이 보이다	豁然开朗	학교에서 배운 시간은 짧지만 글을 가까이 하셨던 아버님의 영향인지 책을 보면 답답하던 세상사도 길이 보이지요.	在学校学习的时间虽短, 但可能是受有学识的父亲的影响, 我只要一看书, 世上的烦心事就豁然开朗了。
50	꿩 먹고 알 먹는다	一举两得	꿩 먹고 알 먹는다: 한 가지 일을 하여 두 가지 이익을 보게 되다.	一举两得: 做一件事, 得到了两个好处。

No	韩语惯用语	汉语成语	韩语句子	汉语句子
51	잘나다(사람)	唯我独尊	어떤 사람은 드러내놓고 자기가 남보다 월등하다고 떠들고, 어떤 사람은 드러내지 않고 속으로만 '나는 잘났어. 똑똑해. 뭐든 잘해.'하며 삽니다.	有些人明目张胆地夸耀自己比别人优越，而又有些人自以为是、唯我独尊、目中无人。
52	일삼다	作恶多端	나쁜 짓을 일삼고 다니던 건달은 정승이 부르자 '죽었다!' 싶어 벌벌 떨면서 왔습니다.	作恶多端的地痞接到丞相传唤后，心想："这下，我死定了"。
53	인생이 망가지다	耿耿于怀	지난 날 나는 아버지를 탓하며 아버지 때문에 내 인생이 망가졌다고 생각했다.	以前我一直以为是爸爸毁了我的人生，所以对他耿耿于怀。
54	내 코가 석자	自顾不暇	예) 내 코가 석자라서 불우한 이웃을 돕지 못해요.	例)我都自顾不暇了，无心帮助身边需要帮助的人了。
		自顾不暇	6. 내 코가 석자: 내 상황이 어려워서 다른 사람을 도울 형편이 못 되다	6. 自顾不暇: 自己的处境很糟糕没有能力帮助别人
55	너 죽고 나 죽자	同归于尽	'이왕 이렇게 된 것, 너 죽고 나 죽자.'하면서.	他更加疯狂了，心里嘀咕："反正已经到了这个地步，干脆同归于尽!"
56	귀에 들어오다	一意孤行	사람들이 살면서 내가 옳은 사람이 되고, 내가 착한 사람이 되고, 내가 잘난 사람이 되고, 내가 똑똑한 사람이 되면 누구의 이야기도 귀에 들어오지 않습니다.	若人总是自以为是、道貌岸然、唯我独尊、一意孤行，那么对于这样的人.
57	눈 여겨 보다	另眼相看	제자들의 작품에 칭찬은커녕 추상같은 호령으로 혹평해서 오금이 저리게 했던 김재환 장인은 막내제자 김영희를 눈 여겨보기 시작했고 어느 날부터인가 끊임없이 숙제를 냈다고 한다.	金在焕对其弟子要求极严，很少表扬弟子的作品，经常严如秋霜，弟子们也总是战战兢兢。有一天，金在焕对其关门弟子另眼相看，加大了他的作业量。
58	눈과 귀를 즐겁게 하다	赏心悦目	방망이를 두들기는 도깨비 처럼 종횡무진 전세계 사람들의 눈과 귀를 즐겁게 하는 대한민국타악의 일인자 김덕수.	金德洙是韩国打击乐的头号人物，他像敲打着木棒的土人魔一样纵横驰骋，令全世界的人赏心悦目。

No	韩语惯用语	汉语成语	韩语句子	汉语句子
59	눈길을 끌다	引人注目	스타들의 자원봉사로는 가수 이현우 씨가 중심이 되어 여러 가수가 함께 결성한 '태안 프로젝트그룹'과 가수 김장훈 씨의 '태안 살리기 프로젝트'가 눈길을 끈다.	在明星的志愿活动当中，最为引人注目的是以歌手李贤宇为中心、众多歌手共同结成的"泰安项目组"，以及歌手金长勋的"拯救泰安项目"。
		引人注目	상리면(上里面) 무이산(武夷山)의 문수암(文殊菴) 또한 계승사 못지않게 가파른 산비탈에 자리 잡은 절로서 험난한 지형을 잘 살려 지은 전각들이 눈길을 끈다.	上里面武夷山的文殊庵也和桂承寺一样建在陡峭的山坡上，寺内建筑与险峻的地形相映成趣，十分引人注目。
		引人注目	그런가 하면 차곡차곡 쌓여있는 많은 책들이 눈길을 끈다.	但书籍却放得很整齐，引人注目。
		引人注目	특히 일본 도쿄국립박물관 소장 〈아미타성중내영도〉는 고려시대 그려진 〈아미타 내영도〉 형식과 다른 모습으로 표현되어 눈길을 끈다.	日本东京国立博物馆收藏的《阿弥陀圣众来迎图》与高丽王朝时代绘制的《阿弥陀来迎图》风格不同，尤为引人注目。
		引人注目	이 가운데 시장이 많다는 게 눈길을 끈다.	其中包括许多市场，十分引人注目。
		引人注目	사정전의 처마 위에 뭔가가 눈길을 끌어 자세히 보니 일렬로 늘어서 있는 작은 조각상들이다.	思政殿屋檐上有些东西引人注目，仔细一看是一排小的塑像。
		引人瞩目	합작 혹은 합동 공연에는 멕시코 세르반티노 국제예술 제(Festival International Cervantino), 일본 댄스 셀렉션, 그리고 싱가포르일본 타이완한국홍콩팀이 참가한 '리틀 아시아 댄스 익스체 인지 네트워크' 등이 눈길을 끌었다.	说到2005年的合作或联合演出，墨西哥塞万提诺国际艺术节、日本舞蹈汇演，以及由新加坡、日本、中国台湾、中国香港等团体参加的"小型亚洲舞蹈交流网络"等颇为引人瞩目。
60	눈앞에 생생하다	历历在目	도서관에서 공부했던 일, 다이어트를 하기 위해 운동장에서 열심히 줄넘기를 했던 일, 외국어대학 앞에 있는 작은 숲에서 한국어 책을 읽던 일……모든 추억들이 아직도 눈앞에 생생합니다.	包括在图书馆上自习、在操场跳绳减肥、在外院前面的小树林晨读韩语……所有这些回忆还都历历在目。

No	韩语惯用语	汉语成语	韩语句子	汉语句子
		历历在目	초등학교 3학년 10살 때 일이면 지금부터 거의 60년 전인데, 아직도 그 광경이 눈앞에 생생합니다.	那时我10岁, 足足过了近60个春秋, 那情景仍历历在目。
61	눈에 넣어도 아프지 않다	掌上明珠	다른 사람 앞에서 내 딸은 눈에 넣어도 아프지 않을 만큼 사랑스럽다고 입에 침이 마를 정도로 칭찬을 하시지만 저희들 앞에서는 항상 무뚝뚝 하셨습니다.	在别人面前, 经常夸自家女儿我有多么可爱, 是他的掌上明珠, 但是在我们面前却总是沉默寡言。
62	눈에 들어오다	尽收眼底	동양최대 규모를 자랑하는 이곳의 '통일 전망대'에 오르면 한눈에 들어오는 목장 전경은 물론, 강릉 경포대와 주문진, 소금강 계곡과 동해 바다를 조망할 수도 있다.	登上展望台, 不仅整个牧场尽收眼底, 还可以远眺东海。
		引人注目	그중 눈에 들어오는 것은 '전통썰매'로 대략 100년이 넘은 것이라고 한다.	其中最引人注目的是一种传统雪橇, 据说有超过一百年的历史。
63	눈에 띄다	引人注目	눈에 뛰기 쉬운 탈춤의 역동성만 강조해도 한국 전통이나 멋이라고 우길 수 있었을 것이다.	假面舞因其跃动性而引人注目。单凭这一特性, 也可以说假面代表韩国的传统和情感。
		引人注目	왕릉의 석물 중에서 가장 인상적이고 또 눈에 띄게 큰 것은 능침 공간의 앞쪽에 양쪽으로 늘어선 각기 한 쌍의 문석인(文石人)과 무석인(武石人)이며 그 뒤에 혹은 옆쪽에 대기하고 서 있는 두 쌍의 말이다.	王陵石像生中最引人注目和让人印象深刻的是立于陵寝前方两侧的各一对文武石人, 其后侧方或前侧方还站有两对随时待命的马。
		引人注目	눈에 띄는 또 다른 작품은 백남준의 비디오 콜라쥬 "글로벌 그루브 Global Groove"로 루드비히 박물관에서 빌려온 작품이다.	科隆展上另一件引人注目的作品是白南准的视频拼贴享受 "全球化", 这件作品是从路德维格博物馆借来的。
		引人注目	헤이리에서 가장 눈에 띄는 것은 건물이다.	黑里村最引人注目的就是地面建筑.

No	韩语惯用语	汉语成语	韩语句子	汉语句子
		引人注目	이색 장소에서 열린 기획전들도 눈에 띄었다.	策划展的展厅都非常特别，引人注目。
		引人注目	짙은 숲을 배경으로 한 하얀 마당에는 성근 대숲과 살갗이 매끈한 배롱나무, 넓은 토란잎들이 눈에 띄었다.	灰白色的场院背后是幽深的树林，院里长着一片稀疏的竹林，笔挺的紫薇和宽大的芋头叶格外引人注目。
		引人注目	국보급 판본은 대방광 불화엄경(大方廣佛華嚴經) 권2(국보 266호), 아비달마식신족론(阿毗達磨識身足論) 권12(국보 267호), 아비담비바사론(阿毗曇毗婆沙論) 권11 (국보 268호), 불설최상근본대락금강불공삼매대교왕경(佛說最上根本大樂金剛不空三昧大敎王經) 권6 (국보 269호)이 눈에 띈다.	最引人注目的有《大方广佛华严经》卷二(国宝二六六号)、《阿毗达摩识身足论》卷十二(国宝二六七号)、《阿毗昙毗婆沙论》卷十一(国宝二六八号)、《佛说最上根本大乐金刚不空三昧大教王经》卷六(国宝二六九号)。
64	눈에 보이다	视而不见	남들의 눈엔 보이지 않던 귀한 돌배나무가 왼쪽 눈만 성한 그의 눈엔 보배처럼 보였던 것이다.	别人曾经视而不见的山梨木在他仅左眼健全的眼睛里却被视为宝贝。
65	눈이 높다	眼高手低	눈은 높은데 주머니 사정이 따라주지 않으니 말입니다.	这是眼高手低的问题。
66	눈을 즐겁게 하다	赏心悦目	눈을 즐겁게 하는 조랭이떡국	赏心悦目的茧状年糕汤
67	늦깎이	大器晚成	1970년 불혹의 나이(40세)로 늦깎이 등단을 한 그는 40년간 끊임없이 치유와 위로의 글쓰기를 계속해 왔다.	1970年，年届不惑的朴婉绪大器晚成，初登文坛，四十年来一直坚持创作疗伤文学。
68	돈을 흥청망청 쓰다	挥金如土	옛날에는 돈을 흥청망청 썼는데, 이제는 먹을 게 없어서 버리는 채소를 시장에서 가져다 먹고, 아이들 학용품 하나도 사주지 못하고….	以前挥金如土，如今却难维生计，甚至到市场里捡菜叶吃，没钱给孩子买学习用品等。
69	돌발 변수가 발생하다	峰回路转	문화재청은 운문댐 용역 결과만 나오면 2011년 하반기부터 댐의 수위를 낮추고 수문 설치 공사에 들어갈 계획을 세웠다.해발 52m 수준으	文物局提出计划，云门水库调水计划确定后，就可以从2011年下半年开始修建水闸工程，以降低水库的水位。如果能够把水库的水位降

No	韩语惯用语	汉语成语	韩语句子	汉语句子
			로 댐의 수위를 낮추면 암각화가 물에 잠기는 기간을 연중 55일로 줄일 수 있고 여기에 수문을 설치하면 암각화가 물에 잠기는 날은 연중 하루 이틀에 불과하다. 경제성에 우선하는 가치그런데 2011년 7월 돌발 변수가 발생했다.	低到海拔五十二米, 就能使岩画浸泡在水中的时间缩短到每年五十五天。再修建水闸的话, 岩画每年浸泡在水中的时间不过一两天。文化遗产保护应先于经济价值的考量。然而到了2011年7月, 却又峰回路转。
70	동에 번쩍 서에 번쩍	神出鬼没	그가 동에 번쩍 서에 번쩍, 동서양을 누비면서 장구를 치면 신명 소리가 나오고, 뜨거운 갈채가 쏟아진다.	他神出鬼没, 来往于东西方, 一敲打长鼓便会引发高潮, 赢得热烈的喝彩。
71	두 마리 토끼를 잡다	一举两得	그러니 대신들도 풍수에 대해 남다르게 열심히 공부해 자신의 입신양명과 후손 발복, 두 마리 토끼를 함께 잡았다.	因此, 大臣们也都特别认真地学习风水, 他们希望能够一举两得, 一方面使自己立身扬名, 一方面为子孙纳福。
72	두각을 나타내다	崭露头角	레벤트리트 콩쿠르, 나옴 버그 콩쿠르에 차례로 입상하며 두각을 나타낸 그는 1969년 부조니 콩쿠르에서 우승했다.	接着, 他相继在利文特里特比赛和瑙姆堡比赛上崭露头角, 并于1969年在布索尼比赛中获大奖。
		崭露头角	올해는 다른 스포츠에서도 한국이 세계에서 두각을 나타낸 해이다.	2010年也是韩国在其他体育比赛中崭露头角的一年。
		脱颖而出	그러나 프로에 입단했다고 해서 쟁쟁한 선배들과 경쟁해서 단박에 두각을 나타낼 수는 없는 일.	但是, 即使入段后成为职业棋手, 也要与前辈高手竞争, 在短时间内难以脱颖而出。
73	두각을 보이다	崭露头角	최근 다양한 분야에서 여성의 진출이 급증하면서 전세계적으로 여성의 리더십이 두각을 보이고 있다.	最近, 随着进入到社会各个领域的女性人数增多, 女领导人开始在世界舞台崭露头角。
74	이름에 걸맞다	名副其实	2002년에는 동굴의 도시라는 이름에 걸맞게 삼척세계동굴엑스포가 열리기도 했다.	2002年这里还召开了三陟世界洞窟博览会, 是一座名副其实的洞窟之城。
75	마음을 간수하다	问心无愧	'재물은 타 털어버려 빈손이	"千金散去, 两手空空, 又有

No	韩语惯用语	汉语成语	韩语句子	汉语句子
			되어도 마음 하나만 잘 간수 하면 되지.'하고 되뇌며, 브 라이언 베리는 오늘도 쭈그 리고 앉아 붓을 잡고 극락으 로의 여행을 떠난다.	何妨？我只求问心无愧。反 复吟诵着这几句话，今天的 布赖恩巴里依旧蹲坐在地 上，手握画笔，继续着他通 向极乐世界的旅程。"
76	마음을 적시다	沁人心脾	봄이면 진달래 만발해 온 산 이 붉어지고, 여름이면 계곡 의 폭포와 맑은 물이 마음까 지 서늘하게 적신다.	春天，金达莱染红山野；夏 天，山间的瀑布和溪流沁人 心脾；
77	마음에 들다	心满意足	나는 사진기가 내게 가져온 이런 변화가 마음에 들었다.	我对照相机给我带来的这 种变化感到心满意足。
78	마음에 있는 이야기를 나누다 보면	坦诚相待	이렇게 두 사람이 마음에 있 는 이야기를 나누다 보면 남 편이 아내의 마음을 다 알게 되고, 아내는 남편 마음을 알 게 됩니다.	只有两个人坦诚相待时，彼 此才能了解对方。
79	마음에 후회가 밀려왔습니다	追悔莫及	'저 달은 우리 아버지가 계신 집도 비추겠지? 아버지는 평 안하실까? 형님은 잘 있을 까?' 이제야 둘째 아들 마음 에 후회가 밀려왔습니다.	"这月亮也会照到我父亲的 家吧？父亲是否安康？哥哥 过得还好吧?" 二儿子这才 追悔莫及。
80	마음에 흐르다	同心协力	그런 상태에 있는 자녀라도 아버지의 진실한 마음과 사 랑을 알면 아버지의 마음이 그 마음에 흐르기 시작하고, 그렇게 되면 마음의 변화는 쉽게 이뤄집니다.	因此在这种状态下，如果子 女明白父母的爱、父母的 心，就会同心协力，轻松地 改变自己。
81	마음에서 일어나다	随心所欲	그들은 마음에서 일어나는 생각에, 자기가 하고 싶은 일 에 그대로 끌려갔습니다.	他们更多时候都是随心所 欲，任凭自己的情绪左右。
82	마음으로 대하다	以诚相待	따라서 사람을 대할 때 표면 적으로, 사무적으로, 형식적 으로 대하지 말고 온 마음으 로 대해야 합니다.	因此与人相处，不应该以貌 取人、敷衍了事、过于形式 化，应该以诚相待。
83	마음이 높다	眼高手低	마음은 높고 형편은 바닥이 고 배는 고프고….	眼高手低，却身处底层，饥 肠辘辘……，
84	마음을 꺾다	无可奈何	꼭 초단을 따고 싶고, 여기서	我儿子很想拿到一段黑带

No	韩语惯用语	汉语成语	韩语句子	汉语句子
			그만두는 게 억울하지만 어떻게 합니까? 아들은 마음을 꺾고 태권도를 그만두었습니다.	证书，不想这样半途而废。尽管他觉得很委屈，但也无可奈何，只好克制自己，最终放弃。
85	마음을 놓다	掉以轻心	그러나 한 필의 모시천이 완성되기까지 내내 마음을 놓을 수 없다고 한다.	不过，她又强调，在一匹夏布彻底完成之前，时时刻刻不敢掉以轻心。
86	마음을 쏟다	尽心尽力	예, 마음을 다 쏟아서 사장님께 폐가 안 되도록 일하고 사장님을 보필하겠습니다.	谢谢。我定尽心尽力，好好辅佐您。
87	마음을 돌이키다	回心转意	제가 나무랐더니, 한참 제 이야기를 듣고는 마음을 돌이켰습니다.	我责备了她。她听了我的话后回心转意了。
88	마음을 조급하게 하다	心烦意乱	마음을 조급하게 하는 교통체증, 내 발을 밟고도 모른 척 지나가는 무심한 사람, 겁이 날 정도로 빠르게 변하는 서울의 모든 것.	令人心烦意乱的交通堵塞，踩到别人的脚却浑然不知的麻木之人，以骇人的速度变化着的首尔的一切……
89	마음이 젖다	不能自拔	이미 마음이 거기에 젖어 그것을 좋아하기 때문입니다.	因为内心正沉迷其中，不能自拔。
90	마음이 끌리다	令人神往	'땅끝'이라는 그 드라마틱한 위상에 마음이 끌리기 때문인 것 같다.	也许是因为"地末"这个戏剧性的概念令人神往。
		油然而生	돛이 흔들흔들하고 갑판 위에 있는 사람들은 조그맣게 보이자, 갑자기 두려운 마음이 들었습니다.	桅杆摇摇晃晃，甲板上的人像蚂蚁似的，畏惧之心油然而生。
91	마음이 불안하다	忐忑不安	내 마음이 불안하고 두렵고 초조할 때 그 마음을 나눌 사람이 있으면 어려움을 이길 힘이 됩니다.	当你忐忑不安、心存焦虑时，若有人与你交心，就能获得战胜困难的力量。
92	마음이 올라오다	油然而生	자기도 안하려고 해도 안되는데, 아버지가 자꾸 야단치면 짜증이 나고 반발하는 마음이 올라옵니다.	自己也不愿意，但克制不住，父母却又总是责骂，于是厌恶和逆反心理油然而生。
93	마음이 일어나다	油然而生	2. 머리가 수그러지다: 존경	2. 低下了头: 敬意油然而生。

No	韩语惯用语	汉语成语	韩语句子	汉语句子
			하는 마음이 일어나다	
94	마음이 통하다	志同道合	마음이 통하며 학문의 즐거움을 함께 나누는 친구가 있는 곳이라면 앞을 가로 막고 있는 산과 강도 장애가 되지 않을 터이다.	只要志同道合，纵然千山万水也不会成为障碍。
		其乐融融	의사, 교수, 작가, 도자기 장인 등 서로 다른 일을 하는 친구들은 모두 마음이 통한다.	他的朋友来自各行各业，医生、教授、作家、陶工艺人等等，大家心有灵犀，其乐融融。
95	말수가 적다.	沉默寡言	그러나 지난해에 비해 그렇단 얘기일 뿐, 여전히 말수가 적다.	然而，这只是与上一年相比而言，他依然沉默寡言。
96	말이 안 되다	子虚乌有	이게 결국 동물의 뼈하고 사람의 뼈를 절충시켜서, '사실은 말이 안 되지만 말이 되는 것처럼 보이는 가상의 결과물'을 만드는 거니까요.	最后在动物骨骼和人的骨骼之间进行了折衷，因为是在制作一种"实际上子虚乌有、看起来却栩栩如生的虚拟的东西"。
97	말이 없다	沉默寡言	선생님은 말이 없고 좀 괴팍한 분이셨어요.	金先生沉默寡言，性格有点怪僻。
		少言寡语	성시연(1976~)은 다소곳 하고 말이 없는, 누구보다도 여성적인 성격의 소유자다.	成妍(1976~) 平素温婉柔顺，少言寡语，具有极为典型的女性特点。
98	맥을 같이한다	一脉相承	오늘날 한국무용 또는 한국 창작무용이라는 유형의 무용들은 직접·간접으로 그녀의 작업과 맥을 같이한다고 볼 수도 있다.	现在的韩国舞蹈以及创作舞蹈等其实与她的舞蹈是一脉相承的。
99	맥을 따라하다	赏心悦目	만약 제가 그 서체 수업을 듣지 않았다면 매킨토시의 복수 서체 기능이나 자동 자간 맞춤 기능은 없었을 것이고 맥을 따라한 윈도우도 그런 기능이 없었을 것이고, 결국 개인용 컴퓨터에는 이런 기능이 탑재될 수 없었을 겁니다.	如果我当时没有退学，就不会有机会去参加这个我感兴趣的美术字课程，Mac也就不会有这么多丰富的字体，以及赏心悦目的字体间距。现在个人电脑就不会有现在这些美妙的字型了。
100	맥을 잇다	一脉相承	바우하우스의 미니멀리즘 전통의 맥을 이은 것인데 형식	与包豪斯的极简主义的传统一脉相承，其基本理念是

No	韩语惯用语	汉语成语	韩语句子	汉语句子
			은 기능을 좇아간다는 생각에 기초한 것이죠.	形式要服从于功能。
101	머리를 세우다	翘首以待	말들은 주인의 차 소리를 듣고 알아보며 머리를 세우고 기다린다.	马儿听到主人汽车的声音,便知道有吃的东西来了,个个翘首以待。
102	머리를 조아리다 (몸에 배다)	卑躬屈膝	「공항에서 만난 사람」에서 '쌍놈의 베치'라는 국적 불명의 욕을 입에 달고 사는 무대소 아줌마는 이처럼 미군 앞에서 머리를 조아리는 굴종의 습관이 몸에 밴 사람들 사이에서 터무니없이 당당한 전사의 모습으로 등장한다.	在《机场遇见的人》里,"无大小"口里脏话不断,其骂人的话"婊子养的杂种"也不知是哪国的脏话,而她却在对美军卑躬屈膝的人们面前堂堂正正,犹如战士一般。
103	머리부터 꼬리까지	从头到尾	머리부터 꼬리까지 생김새가 반듯하고 비늘이 뚜렷하니 생선 중 가장 잘 생겼다고 하며 특별한 때에 토막 내지 않고 생긴 모양 그대로 살려 요리한다.	鲷鱼从头到尾都很漂亮,鱼鳞色彩鲜明,被誉为最美的鱼。在特殊的日子里,人们做鲷鱼菜肴是整尾,而不是切段烹制,或清蒸或烤制。
		从头到尾	머리부터 꼬리까지 생김새가 반듯하고 비늘이 뚜렷하니 생선 중 가장 잘 생겼다고 하며 특별한 때에 토막 내지 않고 생긴 모양 그대로 살려 요리한다.	鲷鱼从头到尾都很漂亮,鱼鳞色彩鲜明,被誉为最美的鱼。在特殊的日子里,人们做鲷鱼菜肴是整尾,而不是切段烹制,或清蒸或烤制。
104	명을 다하다	寿终正寝	그러나 이 건물은 1976년에 대한투자금융, 대한투자신탁에 매각되어 사무실로 용도가 변경되면서 극장으로서는 명을 다하였다.	1976年,大韩投资金融、大韩投资信托购入该建筑,将其改作办公室。从此,这一剧场寿终正寝。
105	몇 손가락 안에 들다	屈指可数	어느 날부터 사람들은 그를 몇 손가락 안에 드는 해외 홍보 전문가, 불교 전문 번역가, 문화인으로 부르기 시작했다.	不知不觉之间,人们已开始将他称为屈指可数的海外宣传专家、佛教专业翻译家和文化人士。
106	모래 위의 탑	空中楼阁	그렇게 공을 들여도 기와를 잘 잇지 않으면 모래 위의 탑이 되고 마는 것이다.	使用这么好的材料建筑的房屋,如果屋顶瓦铺不好也终将成为空中楼阁,不会长久。

No	韩语惯用语	汉语成语	韩语句子	汉语句子
107	모습을 감추다	隐姓埋名	한국인의 일생과 함께하던 소반이 세월이 흘러가면서 모습을 감추고 있다.	曾经和韩国人日常生活息息相关的小饭桌，随着岁月的流逝，如今正在隐姓埋名。
108	모습을 드러내다	栩栩如生	마치 나만의 비밀이던 아씨들이 모습을 드러낸 것만 같았다.	将只属于我的沉睡多年的"白衣少女"形象展现得栩栩如生。
109	모퉁이를 돌 때마다 새로운 풍광이 나타나다	柳暗花明	모퉁이를 돌 때마다 새로운 풍광이 나타나고 모험심을 자극하는 도전들이 구석구석 숨어 있다.	更有许多地方给人"山穷水尽疑无路，柳暗花明又一村"的惊奇，处处隐藏着刺激人们冒险心理的挑战。
110	모퉁이를 돌 때마다 새로운 풍광이 나타나다	山穷水尽	모퉁이를 돌 때마다 새로운 풍광이 나타나고 모험심을 자극하는 도전들이 구석구석 숨어 있다.	更有许多地方给人"山穷水尽疑无路，柳暗花明又一村"的惊奇，处处隐藏着刺激人们冒险心理的挑战。
111	몸으로 가르쳐주다	言传身教	그렇게 몸으로 가르쳐주는 조리장은 일부러 권위를 내세우지 않아도 존경받아요.	如此言传身教，不需要刻意树立权威，也会受到尊敬。
112	문중을 빛내다	光宗耀祖	"재능 있는 아들의 출생을 기다렸고, 문중에서도 재능 있는 아이를 찾아 문중을 빛낼 국가 인재로 키우려 노력했다."	"期待宗家生出有才能的儿子。族人还会寻找有才能的孩子，努力把他培养成能够光宗耀祖的国家人才。"
113	물 만난 고기	如鱼得水	세계 1등 中企군단의 대만 차이완(China+Taiwan) 시대 '물 만난 고기'	世界一等中企集团的中国台湾时代"如鱼得水"
114	물거품으로 돌아가다	付之东流	제 아무리 솜씨 좋은 번와공이라 하더라도 좋은 목수를 만나려는 노력을 기울이지 않고 또 그와 호흡을 맞추지 못한다면 모든 일이 물거품으로 돌아갈 수 있다는 사실은 겸손을 깨우치게 했다.	无论手艺多么好的铺瓦匠，如果他没有在寻找好木匠上下功夫或者与木匠配合不好，那么，铺瓦匠的所有努力都将付之东流，这个事实让他明白了做人要谦虚的道理。
115	밑거름 삼다	得天独厚	이런 자연자원을 밑거름 삼아 해마루촌은 관광 마을, 농촌 체험 마을로 변신을 시도하고 있다.	在得天独厚的自然资源基础上，阳坡村正积极向生态旅游地、农村生活体验基地发展。
116	바람(을) 잡다	异想天开	4. 바람(을) 잡다: 마음이 들떠 돌아다니거나 허황된 짓	4. 异想天开: 没稳住心情乱串或想些离谱的事情

No	韩语惯用语	汉语成语	韩语句子	汉语句子
			을 꾀하다	
			예) 진수 엄마가 같이 커피숍을 하자고 자꾸 바람을 잡아요.	例) 真秀妈妈真是异想天开, 总鼓吹(煽动)我一起开个咖啡馆。
117	바람(이) 들다	胡思乱想	2. 바람(이) 들다: 허황된 생각을 하다	2. 胡思乱想: 瞎想
			예) 태호가 바람이 들었나 봐요. 내일부터 다른 사업을 하겠다고 해요.	例)泰浩好像胡思乱想了, 说从明天起要改行做别的
118	발 디딜 틈이 없다	人山人海	한라산을 오르려는 등산객들로 매일 제주도시 전체는 발 디딜 틈이 없습니다.	由于到汉拿山登山的登山爱好者很多, 济州岛每天都可谓是人山人海。
119	발길이 끊이지 않다	络绎不绝	이곳은 성지 순례를 다니는 신자들과 관광객들의 발길이 끊이지 않는다.	到这里朝拜的天主教徒和游客总是络绎不绝。
120	발등에 불이 떨어지다	火烧眉毛	4. 발등에 불이 떨어지다: 일이 급하게 닥치다	火烧眉毛: 形容事情紧急。
121	백지장도 맞들면 낫다	众擎易举	한국 속담에도 백지장도 맞들 면 낫다고 했던가? 그녀의 도움으로 우물물 기르기는 즐거운 놀이가 되었다.	韩国有句谚语: 众擎易举。在她的帮助下, 打水这件事变得非常有趣。
		众人拾柴火焰高	6. 백지장도 맞들면 낫다: 쉬운 일이라도 협력하면 훨씬 쉽다.	众人拾柴火焰高: 再轻而易举的事情相互协助会变得更加容易。
122	별을 보며 출근해서 별을 보며 퇴근하다	披星戴月	그는 미국에서 일할 때 매일 별을 보며 출근해서 별을 보며 퇴근했다고 한다.	他在美国每天上下班都披星戴月。
123	보기 좋다	难能可贵	그런 모습이 보기에 참 좋습니다.	这些都难能可贵。
124	보는 눈이 달라지다	刮目相看	아버지가 아들의 제안에 감격해하면서 그 후로 아들 보는 눈이 달라지셨습니다.	听了儿子的建议后, 父亲非常激动, 此后, 对儿子也刮目相看。
125	분위기를 살리다	淋漓尽致	유명한 바이올린 연주자였던 마리 홀에게 곡을 헌정함으	并把这首音乐献给了著名的小提琴演奏家玛丽霍尔

No	韩语惯用语	汉语成语	韩语句子	汉语句子
			로써 피아노와 바이올린의 연주로 시의 분위기를 정확하게 살렸다.	(1884~1956)。通过钢琴和小提琴的演奏，原诗的意境表现得淋漓尽致。
126	불 난 집에 부채질한다	火上浇油	불 난 집에 부채질한다: 남의 불행을 돕기는커녕 더 잘못 되게 한다.	火上浇油: 不但没能帮助别人，反而使事态更加恶化。
127	생명을 걸다	在所不辞	"대감마님! 저 같은 놈이 뭘 할 수 있겠습니까만 부탁을 내리시면 제 생명을 걸고라도 하겠습니다."	"大人! 您言重了。像我这等人还能为您做什么? 若有能效劳之处，您尽管吩咐，小的赴汤蹈火也在所不辞!"
128	생명을 아끼지 않다	奋不顾身	중국 초나라 장왕(莊王)이 전쟁을 끝내고 나라가 평화로워지자, 생명을 아끼지 않고 고생한 장수들의 노고를 치하하기 위해 큰 연회를 베풀었습니다.	春秋战国时期，楚国平定叛乱后，在王宫后院，楚庄王点灯设宴犒劳奋不顾身鞠躬尽瘁的群臣。
		鞠躬尽瘁	중국 초나라 장왕(莊王)이 전쟁을 끝내고 나라가 평화로워지자, 생명을 아끼지 않고 고생한 장수들의 노고를 치하하기 위해 큰 연회를 베풀었습니다.	春秋战国时期，楚国平定叛乱后，在王宫后院，楚庄王点灯设宴犒劳奋不顾身鞠躬尽瘁的群臣。
129	생사를 가르다	起死回生	식민지 지배의 뼈아픈 경험을 통해 교육의 중요성을 실감하고 있던 한국인들에게 전쟁은 근대적 교육이 그야말로 생사를 가르는 기회의 차이를 의미한다는 것을 느끼게 해주었다.	经历过残酷的殖民统治之后，韩国人深刻体会到了教育的重要性。战争让韩国人领悟到惟有现代化教育才意味着起死回生的机会。
130	몸을 던지다	舍身取义	그들은 또 생산을 위해 몸을 던지고 자주적이고 독립적으로 거침없이 자신의 삶을 개척해 나간다.	有的为了生产活动舍身取义，还有的独立自主地开拓自己的人生。
131	설 자리가 없다	立足之地	그런데 우리의 주거문화가 단독주택에서 아파트로 바뀌면서 천연 재료만으로 만든 화각이 설 자리도 점점 없어진다고 한다.	然而，随着韩国的住宅文化从单独住宅向公寓楼转变，完全采用天然材料制作的牛角画也渐渐变得没有立足之地。

No	韩语惯用语	汉语成语	韩语句子	汉语句子
132	설자리를 잃다	立足之地	그러나 화학염료가 외부로부터 도입되면서 생산성의 향상에 초점을 맞춰 육성 시킴에 따라 과거 염료의 무독성과 색상의 화려함을 자랑했던 천연염색은 설자리를 잃고 표류하게 되었다.	但是，随着盲目引进的化学染料在我们生活中落脚，以无毒和华丽色彩而自豪的天然染色逐渐失去了立足之地，受到冷落。
133	큰 몫을 하다	慷慨解囊	삼성전자와 문화재청, 학술진흥재단 등이 각 프로젝트마다 지원을 맡았는데, 종림 스님과 그의 일을 좋아하는 주변사람들의 성금도 큰 몫을 했다.	三星电子公司、文物局、学术振兴财团等单位也分别对各个研究项目提供了资助。宗林法师和他周围热衷于这项事业的人也纷纷慷慨解囊，提供了大量资助。
134	잘나가다	事业有成	세상에서 잘나가는, 유능하고 똑똑한 사람들과 만나 대화를 해보면 누구도 따라갈 수 없는 전문지식이 풍부한데도 마음의 세계에 대해서는 전혀 모르는 분들이 많고 마음을 연다는 걸 이해조차 못하는 분들도 있습니다.	通过与事业有成、能力非凡或聪颖过人的人进行交流，我们会发现很多人虽然很专业，出类拔萃，但他们对心灵世界却一无所知，更不知道开放心灵。
135	소 잃고 외양간 고치다	亡羊补牢	소 잃고 외양간 고친다: 일이 잘못된 후에 후회해도 아무 소용이 없다.	亡羊补牢：做错事情后，后悔也来不及。(注：在韩国语"亡羊补牢"寓意事情发生之后无法弥补，但是在汉语，这一成语表示"未为晚也(为时不晚)"。
136	소름이 돋다	毛骨悚然	너무 귀여운데 살짝 소름도 돋는다.	特别可爱，可也有点令人毛骨悚然。
137	속이 떫다	洗耳恭听	훌륭한 박사님 이야기니 듣기는 하지만 속이 많이 떫었습니다.	因为对方是有名的博士，船夫也只能洗耳恭听不吭声。
138	손길이 미치지 못하다	人迹罕至	이처럼 현재까지도 사람의 손길이 미치지 못한 지역이 많아 파괴되지 않은 자연 환경이 청송군의 으뜸으로 꼽힌다.	这里有很多地方人迹罕至，所以内院村的自然环境在青松郡也首屈一指。
139	손꼽았다	赞不绝口	이를 본 오끼나와의 사신(使臣)이 돌기둥에 새긴 용이 연못에 비치는 광경을 당시 서	当时来自冲绳的使臣看到石柱上雕刻的龙倒映在池中的景象赞不绝口，称之为

No	韩语惯用语	汉语成语	韩语句子	汉语句子
			울의 3가지 장관(壯觀) 중의 하나로 손꼽았다고 한다.	当时首尔三大"壮观"之一。
140	손꼽히다	首屈一指	그 해 발표된 한국 여성 재즈 보컬리스트 앨범에서도 손꼽히는 작품이 되었다.	在当年推出的韩国女性爵士乐专辑中，这一张大碟算得上首屈一指。
		屈指可数	한국 문학의 영문 번역자가 손에 꼽을 만큼 적은 현실에서 케빈 오록 교수의 작업은 연륜에서 다른 번역자 들보다 앞서 있으며, 특히 저자의 감성과 언어의 함축성에 대한 완벽한 이해가 전제되는 시 번역 분야에 있어서는 영국 런던의 '시회(Poetry Society)'로부터 최우수 번역작품상을 받을 만큼 인정을 받았다.	韩国文学的英文翻译家至今仍屈指可数，而凯文奥罗克教授不但起步早于其他同行，更是在诗歌翻译这个必须充分领会作者情感和语言艺术的领域当中，获得了英国伦敦诗歌协会的最佳翻译作品奖等殊荣。
141	손색없다	名副其实	이로써 서울도 시드니의 오페라 하우스나 빌바오의 구겐하임 미술관과 견주어 손색없는 도시의 명물을 갖게 된다.	这一地标性建筑将使首尔成为名副其实的世界设计之都。首尔也将拥有与悉尼歌剧院、毕尔巴鄂古根海姆博物馆相媲美的城市著名建筑。
142	손을 보다	显而易见	미국 시카고 트리뷴의 필립 허시(Philip Hersh) 기자는 "김연아는 너무 훌륭해 이미 완벽한 것에 쓸데없이 손을 볼 정도다.	美国《芝加哥先驱报》记者菲利普赫什肯定了她的实力："金妍儿太出色了，显而易见，她已经达到了完美。
143	손이 크다	大手大脚	손이 커서 음식을 많이 해요	因为大手大脚，所以做了很多吃的
		大手大脚	태호: 민희 씨도 음식할 때 손이 커요?	泰浩：敏熙你做吃的，也这么大手大脚吗？
		大手大脚	전 손이 크지 않아요.	我可没那么大手大脚，
		大手大脚	▷ 손이 크다: 무언가를 아끼지 않고 넉넉하게 쓰다	▷ 大手大脚: 不爱惜某个东西，用得很阔绰。
		大手大脚	민희: 저희 어머니께서는 손이 크셔서 음식을 항상 많이	敏熙：我妈妈大手大脚的，经常做很多吃的。

No	韩语惯用语	汉语成语	韩语句子	汉语句子
			하세요.	
144	빠져들다	津津乐道	이 과정에서 역사관에 혼동을 준다는 논란도 있었으나, 시청자들은 극의 재미에 쉽게 빠져들었다.	尽管有争论认为这会造成历史真实性的扭曲, 观众却为该剧的趣味性而津津乐道。
145	신경(을) 쓰다	津津有味	식사 시간은 조용했고, 이것은 TV를 보거나 신문을 읽거나 다른 곳에 정신을 빼앗겨서 그냥 우적우적 먹는 것 대신에, 진정으로 내가 무엇을 먹고 있는지 신경쓰게 해 주었다.	用斋的时候很静, 这比看着电视或者读着报心思用在别处, 嘴里只是一个劲儿地吞咽食物好, 你会吃得津津有味。
146	신이 나다	煞费苦心	제작뿐만 아니라 관리까지 세심하게 신경을 쓰는 이재만 씨이니 옻나무를 직접 키워 옻칠을 만든다는 은이 별반 특이할 일도 아니리라.	李在万先生从牛角画的制作到保管可谓无微不至、煞费苦心。
		欣喜若狂	세 분이 자장면을 먹고 신이 나자 "목사님, 우리는 대중목욕탕에 한 번도 가보지 못했는데, 목욕탕은 어떻게 생겼습니까?"하고 이것저것 물었습니다.	三个人吃完炸酱面后, 欣喜若狂地问我: "朴老师, 我们都没去过公共澡堂, 澡堂里面是什么样子?", 随后他们开始问东问西.
		兴高采烈	그 뒤로는 어린 아이들이 따르는데 모두들 등에 목판을 지고 가는 것에 신이 났다.	再后面跟着一群年幼的孩子, 身背经版, 兴高采烈地一路前行.
147	심혈을 기울이다	呕心沥血	백제 제30대 왕인 무왕(武王 재위 600-641)대에 세워진 미륵사는 무왕이 심혈을 기울여 창건한 국가적인 사찰이다.	弥勒寺建于百济第三代王武王(600-641年在位)时代, 是武王呕心沥血创建的一座国家级寺院。
148	쌍벽을 이루다	遥相呼应	이 계곡과 쌍벽을 이루는 계곡이 백운동 계곡이다.	与此遥相呼应的还有白云洞溪谷, 它因拥有一百平方米"苦前石"而著名。
149	잘 어울리다	如鱼得水	그동안의 한국 여행을 통해 다양한 정보를 갖고 있는데다 아프리카 여행 등을 통해 다양한 삶의 서랍을 간직하고 있는 그에게 잡지 일은 썩 잘 어울린다.	通过在韩国旅游获知的丰富信息加上非洲留学期间了解到的多种生活见闻使他做这项工作如鱼得水。

No	韩语惯用语	汉语成语	韩语句子	汉语句子
150	대를 잇다	传宗接代	종손의 임무는 선조들의 위패를 받들어 제례를 받들고 아들을 낳아 대를 잇는 일이다.	宗孙的任务是供奉祖先牌位、主持祭礼，还有传宗接代。
151	앞이 캄캄하다	不知所措	그들과 달리 아무런 지식도, 준비도 없는 자신을 생각하니 앞이 캄캄했다.	而她自己却毫无这方面的任何知识，更没有充分的准备，她有些不知所措。
152	애를 태우다	好事多磨	특히 많은 고려불화가 일본에 소장되어 있어, 한국에 빌려주면 다시 돌려받을 수 없을지도 모른다고 걱정하는 소장자들을 찾아가 끈질기게 설득하고 신뢰를 얻는 것이 가장 어려운 과정이었고 심지어 작품 운송을 코앞에 둔 시점까지 주저하거나 출품의사를 철회해 버리는 소장 기관도 있어 애를 태웠다.	尤其是很多高丽佛画均被日本收藏，日本收藏者担心借给韩国后无法收回，因此主办方登门拜访收藏者，耐心地说服对方，最终获得了信任，这一过程最为艰难。有的收藏机构甚至在即将运送参展作品之际又突然变卦或是收回参展决定，真可谓好事多磨。
153	어깨가 가볍다	如释重负	예) 그 일을 해결하고 나니 어깨가 가벼워졌어요.	例) 那件事解决了之后，真是如释重负。
		如释重负	2. 어깨가 가볍다: 책임에서 벗어나 마음이 가벼워지다	2. 如释重负: 摆脱责任，心情轻松
154	어깨가 처지다	垂头丧气	3. 어깨가 처지다: 실망하여 기가 꺾이다	3. 垂头丧气: 因为失望，所以失落
		垂头丧气	예) 동생이 시험에 떨어져서 어깨가 축 처졌어요.	例) 弟弟考试落榜了，所以垂头丧气。
155	어깨너머로 배우다	耳濡目染	백부님 어깨너머로 배우다가 1962년부터 본격적으로 시작했고 여적까정 윤도를 맹글고 있지만 이 안에 담긴 참말로 깊디깊은 우주와 세상의 이치는 놀랍제.	最初我是在伯父的耳濡目染下学习罗盘制作，1962年我开始自己制作罗盘并直至今日。至今我仍然为罗盘中蕴藏的那些宇宙和世间深奥的道理而感到惊讶。
156	어깨를 같이하다	不相上下	4. 어깨를 같이하다(나란히 하다): 같은 실력이다	4. 不相上下: 实力均等
157	어깨를 나란히 하다	比肩而立	프랑코 제피렐리가 연출하고 브루노 바르톨레티가 지휘한 이 앨범에서 테너 마르셀로 알바레스 바리톤 로베르토	在这场由佛朗哥泽菲雷利导演，布鲁诺巴托雷蒂指挥的演出中，洪惠卿饰演的穆塞塔与男高音马塞洛阿尔

No	韩语惯用语	汉语成语	韩语句子	汉语句子
			세르빌레 등과 때론 각축하고 화합하면서 화려한 성격을 지닌 무제타 역을 열연하고 있는 홍혜경의 모습을 보고 있노라면, 새삼 세계 최고의 가수들과 어깨를 나란히 하며 열연하고 있는 그녀가 무척 자랑스럽게 느껴진다.	瓦雷斯、男中音罗伯托塞维尔时而交锋, 时而融和, 呈现出华丽饱满的性格。当你看到她与世界顶级歌手比肩而立, 热情表演时, 会感到无比地自豪。
		相提并论	예) 이젠 우리 국가대표팀의 축구 실력도 강대국과 어깨를 나란히 할 수 있게 되었어요.	例) 如今我们国家队的足球实力可以跟强国相提并论了。
158	어깨를 들썩이다	手舞足蹈	그 어떤 악기보다 단순한 네 가지 악기들이 휘몰아치는 사물놀이 장단 앞에서는 누구든 어깨를 들썩인다.	在用这四种再简单不过的乐器敲打出的四物游艺节拍面前, 每个人都会情不自禁地手舞足蹈,
159	어깨를 펴다	手舞足蹈	그 어떤 악기보다 단순한 네 가지 악기들이 휘몰아치는 사물놀이 장단 앞에서는 누구든 어깨를 들썩인다.	在用这四种再简单不过的乐器敲打出的四物游艺节拍面前, 每个人都会情不自禁地手舞足蹈,
160	어깨에 힘(을) 주다	得意洋洋	▷ 어깨에 힘(을) 주다: 자랑스럽게 생각하고 거만한 태도를 취하다	▷ 得意洋洋: 以为很神气, 采取傲慢的态度。
161	자리를 잡다	席地而坐	어디든 자리를 잡고 앉아 그냥 음악에 귀 기울이면 된다.	随心所欲, 席地而坐, 就可欣赏音乐。
162	얼굴에도 봄이 온 것 같다	春风满面	그 꽃을 받으신 엄마의 얼굴에도 "봄이 온 것 같다"고 말했다.	妈妈收到花之后, 也是春风满面。
163	엉망이 되다	一塌糊涂	당연히 성적은 엉망이 되었다.	成绩当然也变得一塌糊涂了。
164	입문하다	不解之缘	열아홉 살에 이매방의 승무를 관람한 것이 계기가 되어 전통 춤에 입문하였다.	十九岁那年, 林洱调偶然观看了李梅芳先生的僧舞表演, 从此便与传统舞蹈结下了不解之缘。
165	자리를 내주다	取而代之	산 쪽으로 4~5킬로미터 더 들어가면 아열대 식물들은 우거진 삼림지대와 넓게 펼쳐진, 말과 소가 풀을 뜯는 고원 목초지에 자리를 내준다.	再向山区靠近四五公里, 亚热带植物便会从视野中消失, 取而代之的是茂密的山林地带和牛马成群的高原草场。

No	韩语惯用语	汉语成语	韩语句子	汉语句子
166	파란을 일으키다	轩然大波	방송 독립 PD출신 이충렬 (Chung-ryoul Lee) 감독의 첫 극장영화 〈워낭소리〉가 역대 독립영화 최고 흥행기록을 세우며 극장가에 파란을 일으켰다.	导演李忠烈以前是电视剧导演兼制片人,《牛铃声》是他的第一部电影, 结果创造了小制作电影有史以来的最高票房记录, 在电影界引起轩然大波。
167	오금이 저리다	战战兢兢	제자들의 작품에 칭찬은커녕 추상같은 호령으로 혹평해서 오금이 저리게 했던 김재환 장인은 막내제자 김영희를 눈 여겨보기 시작했고 어느 날부터인가 끊임없이 숙제를 냈다고 한다.	金在焕对其弟子要求极严, 很少表扬弟子的作品, 经常严如秋霜, 弟子们也总是战战兢兢。有一天, 金在焕对其关门弟子另眼相看, 加大了他的作业量。
168	산전 수전 다 겪다	饱经风霜	온갖 산전수전 다 겪어 휘어질 대로 휘어졌으나 기품 있는 오래된 팽나무처럼 풍성해진 그 여자들이 이제 할머니가 되었다.	尽管饱经风霜与压迫, 济州岛的妇女们却像年久的朴树一般, 更具气韵与风度。
169	왕조가 바뀌다	改朝换代	왕조가 바뀌는 일도 없이 그 긴 세월 동안 하나의 통일 국가를 다스려 왔던 원동력 에는 임금과 백성 사이에 맺어진 믿음의 관계가 있었던 거예요.	五百年来, 朝鲜王朝没有改朝换代, 始终保持统一, 国王和百姓间的互相信任使之成为可能。
170	윗물이 맑아야 아랫물이 맑다	上梁不正下梁歪	윗물이 맑아야 아랫물이 맑다: 윗사람이 잘해야 아랫 사람도 잘한다.	上梁不正下梁歪: 长辈做得好, 晚辈也才会学好。
171	사람들의 혼을 빼앗다	叹为观止	백양사의 가을 단풍은 사람들의 혼을 빼앗기에 충분한데, 쌍계루야말로 그것을 제대로 즐기기에 제격이다.	白羊寺的金秋红叶让人叹为观止, 而双溪楼则是观其美景的最佳位置。
172	이름에 오르내리다	津津乐道	한국에서 그녀의 다큐멘터리가 방영됐을 때 공개된 문드러진 발가락 사진은, 성공한 예술가의 상징으로 지금도 많은 사람들의 이름에 오르내리고 있다.	韩国国内放映的有关她艺术生涯的专题片中有她的双脚照片, 照片上那双伤痕累累的脚从此成为成功艺术家的象征, 直到现在都为很多人津津乐道。
173	빛을 더하다	发扬光大	민종태 선생의 나전칠기 솜씨는 그대로 제자에게 이어져 빛을 더했다.	闵钟泰先生的螺钿漆器制作技艺被弟子继承并发扬光大。

No	韩语惯用语	汉语成语	韩语句子	汉语句子
174	골머리를 앓다	冥思苦想	텔레비전을 보면서 이해하려고 골머리를 앓는 사람은 없습니다.	没有人会在看电视的时候冥思苦想。
175	일가를 이루다	自成一家	그렇게 오옥진은 일가를 이루었고, 그의 작품들은 이 땅의 곳곳에 자리를 잡아갔다.	就这样, 吴玉镇自成一家, 他的作品遍及了这片土地的每个角落。
176	입에 침이 마르다	赞不绝口	6. 입에 침이 마르다: 같은 말을 여러 번 반복하다(칭찬의 긍정적인 의미)	6. 赞不绝口: 反复重复同样的话(赞扬的肯定意义)
177	입에서 튀어나오다	脱口而出	급할 때 그의 입에서 튀어나온 말이 한국어라는 점과 옛 왕비의 침소를 대하는 극진한 마음가짐이 놀라웠다.	但此刻她脱口而出的竟然是韩国语而不是日语!还有她对王后寝宫的极端尊重与敬仰也令人惊叹。
178	입으로만 말하다	冠冕堂皇	우리가 사람의 맛을 제대로 느끼려면 입으로만 말하지 말고 먼저 마음에 있는 이야기를 해야 합니다.	人若要了解对方, 不能只说冠冕堂皇的话, 应表达真心.
179	입을 모으다	异口同声	4. 입을 모으다: 사람들의 같은 의견을 모으다	4. 异口同声(统一口径): 统一人们的意见
180	잘나다	自以为是	그렇지 않은 사람은 자기가 잘난 맛에 남의 말을 듣지 않고 자기주장만 내세우기 바쁩니다.	但没有经历这些的人, 他们仍会自以为是、 固执己见、固步自封。
		自以为是	이처럼 좁은 세계 속에서 살면서 자기가 잘난 줄 알고 자기 생각이 옳은 줄로 아는 사람은 결국 인생에서 어려운 문제를 만났을 때 좌절할 수밖에 없습니다.	同样, 生活在狭碍世界里却自以为是的人, 当人生大起大落时只能遭遇挫折。
		自以为是	치밀하게 사고하지 않고 살면 자기가 잘난 줄 알고 자기를 믿고 삽니다.	若不经思考就会容易自以为是、自欺欺人。
		自欺欺人	치밀하게 사고하지 않고 살면 자기가 잘난 줄 알고 자기를 믿고 삽니다.	若不经思考就会容易自以为是、自欺欺人。
		自以为是	자기가 잘났다고 남을 무시	若人自以为是、 高傲自满,

No	韩语惯用语	汉语成语	韩语句子	汉语句子
			하는 사람은 자기보다 잘난 사람을 아직 만나 보지 못했기 때문입니다.	那是因为他还没有遇到更为出色的对手。
		自欺欺人	자기가 잘났다고 생각하는 사람은 늘 거만하게 행동해서 주변 사람들의 이맛살을 찌푸리게 만드는데, 마음의 세계를 모르니까 자기 잘난 맛에 삽니다.	自以为是的人因为清高还会惹来周围人的厌恶。由于他们不了解心灵世界，还总会自欺欺人。
		唯我独尊	사람들이 살면서 내가 옳은 사람이 되고, 내가 착한 사람이 되고, 내가 잘난 사람이 되고, 내가 똑똑한 사람이 되면 누구의 이야기도 귀에 들어오지 않습니다.	若人总是自以为是、道貌岸然、唯我独尊、一意孤行，那么对于这样的人，
		与众不同	대부분 '내가 잘났다, 똑똑하다, 정직하다'고 생각하며 살아갑니다.	大部分人都以为与众不同、聪慧过人、为人正直。
		自以为是	내가 잘났다는 1차적인 생각만 하지 말고, 내가 얼마나 부족한 사람인지를 알아서 겸손한 사람으로 바뀌면 삶이 훨씬 보람됩니다.	请不要只停留在自以为是的简单想法中，而要认识到自己的不足之处，做一个谦逊的人，人生就会变得更有意义。
181	자기가 제일 크다	自高自大	우물 안 개구리는 우물 안에서 보는 세계가 전부인 줄 알고, 자기가 제일 큰 줄로 압니다.	井底之蛙以为，自己在井底看到的世界就是全部世界，于是自高自大。
182	크게 되다(사람)	自命不凡	그래도 자기가 크게 될 사람이라고 믿으니까 별 볼일 없는 일은 하기 싫었습니다.	但因为他自命不凡，认为是一个会大有作为的人，所以不甘平凡，一般的工作都不放在眼里。
183	뜻을 굽히다	矢志不移	부드러운 외모와 함께 첫사랑을 위해선 자신의 뜻을 굽히지 않는 드라마속 캐릭터에 시청자들이 자신을 투영시키는 것 같다"고 말했다.	"她扮演的外貌温柔的剧中人物，为初恋矢志不移，观众将自己投射其中，从而获得心理上的满足。
184	최선을 다하다	鞠躬尽瘁	그는 뇌물을 받지 않고 백성의 고통을 덜어주기 위해 자	他从不收受贿赂，为减少百姓疾苦鞠躬尽瘁，是韩国历

No	韩语惯用语	汉语成语	韩语句子	汉语句子
			신의 최선을 다한 청백리로 잘 알려져 있다.	史上一位著名的清官。
		全力以赴	이미 당신은 최선을 다하고 있고 지금 그대로 멋지기 때문입니다.	那是因为现在的你已经在全力以赴, 足够有魅力。
		全力以赴	'최선을 다하는 인생이 후회 없는 삶이다'라는 것이 저의 생활신조입니다.	"全力以赴过无悔人生"是我的人生座右铭。
		竭尽全力	그러기 위해서 가장 좋은 방법은 미국 사회에서 자랑스런 한국인으로 살기 위해 매 순간 최선을 다하는 부모의 모습을 보여주는 것이라고 믿었다.	他们相信, 要做到这一点, 最好的方法就是让他们看到父母在每一个瞬间都竭尽全力, 以成为美国社会里自豪的韩国人。
		竭尽全力	고난을 이기는 비결은 '진심'으로 최선을 다하는 겁니다.	战胜苦难的秘诀就在于用"真心"去竭尽全力。
		竭尽全力	극복을 하고 최선을 다하리라 결심했는데, 결국 문제가 생겼어요.	虽然我下定决心要竭尽全力, 战胜悲痛, 最后还是发生了问题。
		全力以赴	당신은 지금까지 그랬던 것처럼 최선을 다하면 됩니다.	你需要做的只是一如既往地坚持自己并全力以赴。
		竭尽全力	어떻게든 이걸 보존해 가는데 최선을 다할랍니다.	我们会竭尽全力将这一文化遗产继承下去。
		竭尽全力	이: 작가야 최선을 다해서 작업을 만들고 전시를 할 뿐이죠.	李：艺术家只是竭尽全力进行创作并展示作品而已,
185	잘났다	自以为是	앞서 예로 든 둘째 아들은 자신이 잘나고 똑똑하다고 생각해 먼 나라에 가서 많은 재산을 모두 탕진했습니다.	前面提到的二儿子, 他自以为是、高傲自满。但是去了远方后挥霍了家产。
		自以为是	자신이 잘났다고 믿는 것도 문제지만, 그러다가 다른 사람을 무시해서 대화가 차단되면 고립된다는 사실을 기억해야 합니다.	人不能太自以为是。需要铭记的是, 因高傲自大藐视他人的人阻断与人的交流后就会自闭。
186	정신이 나가다	丧心病狂	잠시 정신이 나간 사이에 그	但一切都是他瞬间丧心病

| --- | --- | --- | --- | --- |
			렇게 된 것입니다.	狂失去理智造成的后果。
187	정신이 없다	忘乎所以	'하여튼 젊은 애들은 친구들과 놀다 보면 정신이 없다 니까.' 정오가 지나고 오후 한 시가 다 되었을 때 "따르릉 따르릉"하고 전화벨이 울렸습니다.	"看看，年轻人一玩起来就忘乎所以了。中午时间也过了。快到下午一点的时候，电话"嘀铃铃，嘀铃铃"地响了起来。
188	종적을 감추다	无影无踪	그렇다면 아버지를 바라 보는 김애란의 시선은 어떠한 것일까? 소설집《달려라, 아비》에 실린 작품인 〈사랑의 인사〉는 어렸을 때 공원에 자신을 버리고 종적을 감춘 아버지를 십여 년이 지난 후 수족관의 유리벽을 사이에 두고 만나게 된다는 이야기이다.	那么，金爱烂是怎么看待父亲的呢？小说集《跑吧，爸爸》中的作品"爱的寒暄"，讲的是小时候父亲把自己扔到公园后消失得无影无踪，过了十多年后，在一个水族馆里，隔着玻璃墙与父亲相遇的故事。
189	주름 잡다	风行一时	1960년대와 1970년대 구로사와 아키라와 미조구지 겐지의 일본 영화가 세계를 주름잡을 때도, 1980년대 허우 샤오시엔과 에드워드 양의 대만 영화가 세상의 존경을 받을 때도, 한국 영화는 변방에 머물러 있었다.	上世纪60年代至70年代，黑泽明和沟口分健二导演的日本电影曾在全球风行一时，80年代侯孝贤和杨德昌执导的台湾电影获得了世界性的广泛尊敬，而此时的韩国电影仍处于边缘化状态。
190	주머니도 두둑하다	腰缠万贯	주머니도 두둑하겠다, 첫날은 실컷 즐기고 다음날부터 열심히 사업을 하려고 했습니다.	初访此地，在他眼里一切都是那么新鲜。他腰缠万贯，心想第一天尽情享受再闯天下不迟。
191	주목 받다	引人注目	〈워낭소리〉의 흥행은, 또 2000년대 초 '한국영화 르네상스' 이후 국내 영화산업의 '거품'이 빠지며 침체일로를 걷고 있는 가운데 나온 것이라, 더욱 주목받고 있다.	《牛铃声》的成功是在2000年初韩国电影复兴后，国内电影产业陷入泡Ä，出现停滞不前的背景下取得的，因而更加引人注目。
192	주목되다	引人注目	뿐만 아니라 그녀의 소설은 이러한 삶과 존재에 대한 인식을 섬세한 언어와 감각 적인 이미지로 묘사해내고 있다는 점에서도 주목된다.	她通过细腻的语言和感性的影像表现她的这种认识，这一点也引人注目。

No	韩语惯用语	汉语成语	韩语句子	汉语句子
193	주목받다	引人注目	1980년대 초반, 그는 여성 독자들의 마음을 사로잡은 애절한 로맨스로 주목받았다.	上世纪80年代初, 他以创作令女性读者怦然心动的凄婉爱情故事而引人注目。
194	주목을 끌다	引人注目	그러나 실상 우리의 주목을 끄는 것은 이러한 일상의 이면에 자리한 알 수 없는 어둠, 아버지와 딸 사이의 어긋나는 말, 뒷면만 보아도 무슨 패인지 훤히 알 수 있으면서도 계속되는 화투 놀이, 그 사이에 끊임없이 위층에서 들려오는 아이 칭얼대는 소리와 그것을 달래는 여자의 자장가 소리, 부엌창 밖으로 보이는 소년원생들의 모습, 영아원의 화재 등 이야기 뒤편에 자리한 풍경들이다.	但是, 实际上更引人注目的是隐藏在这些日常生活深处的场景: 莫名其妙的黑暗、父女之间对话的错位、只要看背面就知道对方的牌却玩个不停的花斗牌、从楼上不间断传来的小孩的哭闹声和女人哄孩子的摇篮曲、从厨房窗外看到的少年感化院的少年以及婴儿院的火灾等。
		引人注目	〈아기반달곰 우라의 모험〉이란 제목의 이 동화책은 영어와 한국어로 동시에 출간되었고 무엇보다 특별한 이력 의 저자가 주목을 끌었다.	该书同时用英语和韩语出版, 作者约翰沃克的特殊拉历尤其引人注目。
195	주목을 받다	引人注目	천운영(Cheon Woon Young 千雲寧)[b.1971]은 2000년 대 들어 한국 문단의 주목을 받은 대표적 신예의 한 사람이다.	千云宁(1971年生)是进入21世纪以来韩国文坛最引人注目的新锐作家之一.
196	주목을 하다	引人瞩目	이종상은 1938년 충청남도 예산에서 태어나 서울대학교 미술대학 회화과에서 동양화를 전공하고 대한민국미술전람회 최연소 추천 작가로 화단의 주목을 한 몸에 받으며 화려하게 등단했다.	1938年, 李钟祥出生于忠清南道礼山。1960年, 他在首尔大学美术学院绘画系学习东方画。在大韩民国美术展览(这是由韩国美术协会为选拔画坛新人所主办的美术展览)上, 以最年轻画家的身份入围而引人瞩目, 由此闪亮登场于韩国画坛。
197	죽기 살기로 하다	破釜沉舟	지는 건 참지 못했고 뭘 하든 죽기 살기로 했다.	她无法忍受失败, 做任何事都抱着破釜沉舟的决心。
198	지성이면 감천이다	金石为开	지성이면 감천이라는 말처럼 혈육의 정과 애틋한 그리움이 사무치면 기적 같은 일도	俗话说:"精诚所至, 金石为开", 也许骨肉之情和对亲人深深的思念感动了上天,

No	韩语惯用语	汉语成语	韩语句子	汉语句子
			일어나는 게 사실이구나 싶을 만큼, 6.25전쟁과 얽힌 감동적인 이야기들은 끝이 없으며, 6.25전쟁이 남긴 한국인의 마음의 상처는 필설 로 형용하기 어렵다.	就会发生奇迹般的事情。战争留在韩国人心里的创伤无法用语言来形容。
199	진가를 발휘하다	声名鹊起	한국의 전통을 대표하는 누비는 국제 무대에서도 진가를 발휘하기도 했다.	作为韩国传统文化的代表，纴缝在国际舞台上也声名鹊起。
200	진을 치다	安营扎寨	김종대 선생의 백부 고 김정의 선생은 빼어난 품질의 윤도를 만든다고 소문이 자자해, 평안도함경도에 이르기까지 팔도에서 사람들이 찾아와서 사랑방에 진을 치고 윤도를 사갔다고 한다.	金钟台先生的伯父金正义先生手艺精湛，制作的罗盘因质量上乘而声名鹊起。人们纷纷从全国各地前来登门求购他制作的罗盘，有的甚至从遥远的平安道、咸镜道等地赶来，等着购买罗盘的人们甚至在他家里安营扎寨。
201	청운의 꿈	踌躇满志	첫 장에서 언급한 부자 아버지와 아들 이야기에서, 청운의 꿈을 안고 떠난 둘째 아들은 결국 거지가 되어 집으로 돌아옵니다. 그때 대문 밖에 서 있던 아버지가 보니까 멀리서 한 거지가 걸어오고 있는데, 걸음걸이가 아들인 겁니다.	在书的第一章，我们讲述了财主和二儿子的故事。二儿子踌躇满志地离开父亲，去了远方，结果却变成一个乞丐回到了家。那时，坐在门口的父亲远远地看见有个乞丐向他走来。
202	침이 마르게 칭찬하다	赞不绝口	예) 아버지는 제가 효녀라고 입에 침이 마르게 칭찬하세요.	例)爸爸一直夸我是个孝女，对我赞不绝口。
203	칭찬을 아끼다	赞不绝口	친구들이 동생을 볼 때마다 칭찬을 아끼지 않습니다.	朋友们每次见到我的妹妹，都会赞不绝口。
			전라북도 전주시의 한옥마을에 아이들과 함께 방문한 부부는 "사실 이곳에서는 참 할 것이 많습니다." "조금의 비용만 들이면 온 가족이 비빔밥이나 쑥떡 만들기 체험을 할 수 있고, 또 사전에 신청을 하면 전통예절이나 공예 등도 배울 수 있습니다." "교	有一对夫妇曾领着孩子专门找到全罗北道全州市的传统住宅村，他们对传统住宅村举办的各种培训活动和体验活动赞不绝口：" 在这里能做很多事。只要花一点钱，就能全家人一起参加做拌饭和捣艾草米糕活动。还有，只要提前申请，就能

No	韩语惯用语	汉语成语	韩语句子	汉语句子
			과서의 그림으로만 보던 옛것들, 전통의 아름다움과 소중함을 아이들에게 느끼게 해줄 수 있었던 값진 경험이었습니다."라고 하면서 교육 체험프로그램에 대해 칭찬을 아끼지 않았다.	学习传统礼节或者传统工艺。对孩子们来说，这是一次宝贵的经验，他们借此亲身感受到以前只在课本插图上见到过的一些东西，感受到传统的美和珍贵。
204	코가 삐뚤어지다	烂醉如泥	1. 코가 삐뚤어지다: 술에 몹시 취하다	1. 烂醉如泥: 喝得很醉
205	코앞에 닥치다	迫在眉睫	예) 시험이 코앞에 닥쳤는데 아직 준비를 못했어요.	例) 明天考试迫在眉睫，但还没准备呢。
			4. 코앞에 닥치다: 시간이 별로 없는 와중에 일이 생기다	4. 迫在眉睫: 本来就没有时间，正好又发生别的事情
		出人头地	서울에서 살아 보니까 크게 되기는커녕 밥 먹고 살기도 어려웠습니다.	到了首尔，别说大有作为出人头地，连维持生计都很困难。
		大有作为	서울에서 살아 보니까 크게 되기는커녕 밥 먹고 살기도 어려웠습니다.	到了首尔，别说大有作为出人头地，连维持生计都很困难。
			"나는 앞으로 크게 될 놈이여!" 그 자만이 불러 일으킨 고통의 세월	"我以后定会大有作为!" 这一傲慢带来的痛苦岁月
			"나는 앞으로 크게 될 놈이여!"	"我以后定会大有作为!"
			그래도 자기가 크게 될 사람이라고 믿으니까 별 볼일 없는 일은 하기 싫었습니다.	但因为他自命不凡，认为是一个会大有作为的人，所以不甘平凡，一般的工作都不放在眼里。
206	큰 일이다	惊天动地	우리의 인생이 바뀌는 데 반드시 큰 일이 생겨야 하는 것은 아닙니다.	改变人生，并不需要经历惊天动地的事情才能完成。
207	큰소리를 치다	忍气吞声	몇 년 전 시골에서 우리 부모님이 올라오셨을 때, 당신이 그 앞에서 나에게 얼마나 면박을 주었는지 알아? 내가 부모님 앞에서 차마 큰소리를 치지 못하고 그냥 있는데,	前几年，我父母从乡下来家里，那时你总是说我。你知道在他们面前，我有多没面子吗? 我当着父母的面，也不好跟你吵架，只好忍气吞声，对我来说那简直就是地

No	韩语惯用语	汉语成语	韩语句子	汉语句子
			지옥 같았다.	狱般的生活。
208	큰일 나다	不堪设想	앞으로 큰일 날 일입니다.	想想将来后果不堪设想。
209	가슴에 들어오다	一览无余	여수 앞바다 넓은 세상이 통째로 가슴에 들어오는데 특히 장엄한 일출이 일품이다.	在这里观日出可以将丽水海域一览无余，堪称绝景。
210	틈 나다	争分夺秒	틈만 나면 숨어 있는 아름다운 한국의 산을 찾아 등산을 하고 전통의 향기가 어린 건축물을 찾아 여행을 떠나는 사람, 인터넷을 통해 세계인을 만나고 그들에게 한국을 알리는 사람, 로버트 콜러 씨에게 삶은 아름다운 여행일 터이다.	对争分夺秒走遍韩国青山和传统气息浓厚的亭台楼阁，并通过网络向全球宣传韩国的罗伯特凯勒来说，生活一定是一次次无比美好的旅行。
211	티끌 모아 태산	积少成多	티끌 모아 태산이라며 돈을 아껴야 한다는 것이다.	教育我说，积少成多，钱要省着用。
212	하늘만큼 땅만큼	海枯石烂	그러면 나는 하늘만큼 땅만큼 사랑한다고 말해준다.	这时我会告诉她我爱她直到海枯石烂。
213	한 눈에 들어오다	尽收眼底	이곳에선 한옥마을이 한 눈에 들어온다.	在这里，整个韩屋村都能尽收眼底。
214	한 눈에 보다	尽收眼底	무상사(無上寺)는 논과 농장을 한 눈에 볼 수 있는 계룡산 한 쪽에 자리잡고 있는 조용하고 청명한 사찰이었다.	无上寺是一座清静的寺庙，坐落在鸡龙山一侧，鸡龙山的农田和农场尽收眼底。
215	한눈에 굽어보다	尽收眼底	부처를 잠깐 만나고 뒤돌아보면 멀리 다도해(多島海)가 한눈에 굽어보인다.	拜谒过菩萨转身回望，远处多岛海海景尽收眼底。
216	한눈에 들어오다	尽收眼底	동양최대 규모를 자랑하는 이곳의 '통일 전망대'에 오르면 한눈에 들어오는 목장 전경은 물론, 강릉 경포대와 주문진, 소금강 계곡과 동해바다를 조망할 수도 있다.	登上展望台，不仅整个牧场尽收眼底，还可以远眺东海。
217	한눈에 보다	一览无余	20여 기의 크고 작은 고분들이 모여있는 대릉원은 신라의 왕릉을 한눈에 볼 수 있는	大陵园里集聚了二十余座或大或小的古墓，在这里新罗王陵一览无余。

No	韩语惯用语	汉语成语	韩语句子	汉语句子
			곳이다.	
		尽收眼底	금산의 온갖 기이한 암석과 푸른 남해 바다를 한눈에 볼 수 있는 아름다운 절이다.	站在风景醉人的菩提庵，锦山怪石和南海碧波尽收眼底，这里还是观日出的绝佳场所。
218	한순간에 무너지다	一落千丈	우리는 욕구를 절제하지 못해 높은 지위에 있다가 한순간에 형편 없이 무너지는 사람을 신문에서 자주 봅니다.	报纸也经常报道拥有高贵身份的人因不能节制欲望而瞬间崩溃一落千丈的事例。
219	발 벗고 나서다	全力以赴	예) 우리 함께 발 벗고 나서서 불쌍한 할머니를 도와 드리는 것이 어때요?	例) 我们全力以赴帮助一下那位可怜的老奶奶，怎么样？
220	호흡이 맞아떨어지다	情投意合	그 틈을 피해가며 절묘한 작품을 만들어낼 땐, 옥과 나의 호흡이 착착 맞아떨어지는 게 느껴져요.	避开裂缝，创作出绝妙的作品时，就会有种玉石和我情投意合的快感。

第8章　中韩一方缺位成语

(一) 语境信息的显现

无对应成语	韩语句子	中文句子
1　表里如一	속이 더 아름다운 옻칠	孙大铉，追求**表里如一**的漆艺匠人
2　不辞劳苦	깊은 산을 찾아 치성을 드렸다면 그만큼 아프거나 한이 맺히거나 삶이 불안했다는 소리이다.	人们**不辞劳苦**，登峰祈愿，可见其苦痛之深、生活之艰险。
3　不堪回首	특히 과거에 대한 기억이 고통스러운 것이기에 잃는 것이 나쁘지 않다고 여겨 왔다.	人们甚至认为过去是一段**不堪回首**的痛苦回忆，因此失去这段记忆未尝不是一件好事。
4　不同凡响	머리맡에 몇 개월이고 몇 년이고 두고는 어떤 작품을 만들지 궁리한다.	他把玉石放在枕头边几个月、几年，苦苦思索如何创作一件**不同凡响**的作品。
	한국에서 태어난 그는 미국으로 가서 영어를 배워 영어로 직접 소설을 썼다.	他出生在韩国，远赴美国学习英语并用英语进行小说创作着实**不同凡响**。
5　不义之财	이 때문에 집을 나와 의적으로 활동하며 탐관오리에게서 재산을 빼앗아 가난한 이들에게 나누어준다.	后来他愤而离家，成为义贼，专门打劫贪官污吏，把他们的**不义之财**分发给穷人。
6　不远千里	특히 소반을 구입하기 위해 비행기를 타고 서울 상계동 언덕배기에 있는 공방까지 찾아왔던 일본인들에게 감동을 받았다.	尤其是那些为求得小饭桌，**不远千里**乘坐飞机来到位于首尔上溪洞坡顶工房的日本人，让他十分感动。
7　彻头彻尾	남북장성급군사회담(북남장령급회담)의 북측 단장이 27일 남측에 "심리전 행위가 계속된다면 임진각 臨津閣을 비롯한 반공화국 심리모략행위의 발원지에 대한 우리 군대의 직접조준 격파사격이 자위권 수호의 원칙에서 단행될 것"이라는 내용의 통지문을 보냈다고 조선중앙통신이 밝혔다.	中央通讯报道认为：近期，南韩傀儡政府在前线地带实行的一系列心理战的行为，对于希望通过全面的对话协商实现和平统一、民族繁荣新局面的同胞来说，是**彻头彻尾**的背叛行为。
8　成千上万	파리는 물론, 리옹에도 '무용의 집'이라 불리는 춤 전용 극장이 자리하고 있을 뿐 아니라, 세계적인 권위의 '몽펠리에 댄스 페스티벌(Montpellier Dance Festival)'은 매년 여름 전 세계 무용 관객들을 불러 모은다.	巴黎自不必说，里昂更有享有"舞蹈之家"美誉的舞蹈专用剧场，全球最具权威的"蒙彼利埃舞蹈节"每年夏季都会吸引**成千上万**来自世界各地的舞蹈爱好者。

无对应成语	韩语句子	中文句子
9 蹉跎满志	그러나 제자가 되겠다고 찾아간 진은숙의 음악을 듣고 20세기의 가장 위대한 고전음악 작곡가로 알려진 죄르지 리게티는 이렇게 말했다. "너의 언어로 말해야지, 남의 언어로 말하면 안 돼."	蹉跎满志的她准备师从20世纪最伟大的作曲家捷尔吉利盖蒂。当利盖蒂听了陈银淑的作品之后, 说道:"要用你自已的语言, 不要用别人的语言说话!"
10 此起彼伏	초단(初段)이 9단을 이기는 격변하는 시대 흐름을 인정하자는 그의 주장에 당시에는 '건방지다'는 반발이 많았지만 결과적으로 그의 의지는 승단 규정을 바꾸어 놓았다.	但在当时, 反对声此起彼伏, 认为他"太放肆无礼"。然而从结果上看, 在他的影响下, 升段赛终于被颠覆。
11 德高望重	그 병원의 의사는 똑똑하고 수준이 높은, 지역 사회의 유지였고, 그에 비하면 우리 아버지는 공부를 많이 하지 못한, 평범한 농부였습니다.	医院的大夫是当地难得的知识分子, 学识渊博, 又德高望重。相比而言, 我的父亲却是一个十分平凡的农民, 也没上过几年学。
12 翻天覆地	전후 60년 한국의 성장사를 경제, 사회, 문화, 인구, 생활의 변화를 다양한 통계 자료를 중심으로 알아본다.	战后六十年, 韩国在经济、社会、文化、人口和生活等各个方面发生了翻天覆地的变化, 我们不妨从各种统计资料来了解一下战后韩国的发展史。
13 丰富多彩	노인을 위한 평생교육	丰富多彩的老年教育
14 风靡一时	아울러 점점 늘어가고 있는 스노우보드 이용객들을 위한 하이파이브, 테이블 탑, 라운드 쿼터, 레일 등이 설치된 스누우보드 파크가 마련되어 있다.	同时, 公园内还有滑雪板区域, 是专为日益增多的滑雪板爱好者设立的, 近年来滑雪板运动在韩国风靡一时。
15 高楼大厦	파괴되었던 도시가 재건되고 고도 경제 성장으로 가난에서 벗어났어도 장기간 지속된 위기와 끔찍한 전쟁으로 한국인들이 입은 마음의 상처는 치유에 오랜 시간이 필요했다.	停战后, 尽管遭到严重破坏的城市迅速建起一座座高楼大厦, 高速经济增长使韩国脱贫致富, 压在心头多年的危机感和残酷的战争给韩国人的心灵造成的创伤却需要太长的时间才能慢慢愈合。
16 含辛茹苦	제가 여덟 살 때 어머니가 세상을 떠나셔서 아버지가 오남매를 키우셨습니다.	父亲一个人含辛茹苦把我们五个兄妹抚养长大。
17 赫赫有名	지난 12년간 상하이국제 아트페스티벌의 메인 공연에 초대 받았던 단체로는 러시아의 키로프 발레단, 영국의 로열발레단, 대만의 클라우드 게이트무용단, 프랑스 국립교향악단, 주빈메타와 이스라엘 필하모닉 오케스트라 등이 있다.	在过去的十二年中, 应邀在上海国际艺术节上担此重任的都是国际上赫赫有名的艺术团体, 例如俄罗斯的基洛夫芭蕾舞团、英国的皇家芭蕾舞团、中国台湾的云门舞集、法国国立交响乐团以及祖宾·梅塔和以色列爱乐乐团等。
18 尽心尽力	그렇게 하면, 아버지의 마음을 아는 아들	一旦儿子明白我的心意, 他做事就会尽

无对应成语	韩语句子	中文句子
	은 마치 제가 하는 것처럼 일을 합니다.	心尽力，效果跟我亲自做一样。
19　刻不容缓	보존 상황	保护刻不容缓
20　淋漓尽致	그의 소설의 중요한 특징 중 하나는, 널리 알려진 대표작 「생의 이면」(1992) 에서 보이듯, 이러한 형이상학적 탐구가 소설 쓰기의 문제와 밀접한 관련을 맺고 있다는 점이다.	他的小说重要特点之一就是将这种形而上学探索与小说创作紧密地联系在一起，这一点在他的代表作之一《人生的背面》(1992) 表现得**淋漓尽致**。
	세 개의 산봉우리가 모여 있는 삼산(三山)은 흙산[土山]으로 도식화되어있지만 매우 발달된 형태로 표현되고 있다. 산수의 모습은 좌우대칭의 구성을 이루며, 바위와 함께 고원법(高遠法)을 따르고 있다.	这在当时是较为先进的表现方式。山水的形态左右对称，加以岩石点缀，是依据远视法(如同从山底仰望山顶，把远近和自然的雄伟表现得**淋漓尽致**)构图而成的。
21　难能可贵	물론 주말에도 등산을 다니지만 주중에는 인파도 훨씬 적고 업무로 부터 반가운 휴식을 즐길 수 있어서 주중에 하는 등산이 더 좋다고 한다.	虽然周末也会去登山，但他更喜欢周中登山的感觉，因为这时游人会少很多，繁忙工作中的休息则显得更加**难能可贵**。
	이 행사에서도 그와 같은 문제의식이 읽혀지는바, 그 점에서도 이 행사의 의의는 충분히 인정받을 만하다고 평가받을 수 있으리라 본다.	**难能可贵**的是在本次活动中我们能感觉到韩国舞蹈界的这种问题意识。仅凭这一点，本次现代舞蹈节也应该得到肯定。
22　庞然大物	우리는 열심히 일해서, 차고에서 2명으로 시작한 애플은 10년 후에 4000명의 종업원을 거느린 2백억달러짜리 기업이 되었습니다.	我们非常勤奋地工作。只用了10年时间，由两个穷光蛋组成的公司就扩展成拥有4000名员工的"**庞然大物**"，价值也达到20亿美金。
23　翩翩起舞	그녀의 저력은 어디에서 온 것일까? 그녀는 어릴 적부터 예술에 대한 이해가 높은 부모님의 영향으로 집에서 전통 춤이나 북을 익혔고, 3살 때 처음으로 무대에 서 보았다고 이야기한다.	初三时，她有机会看到美国现代舞蹈家何塞利蒙的舞蹈表演，看着利蒙随着巴赫的《前奏曲》**翩翩起舞**，辛仙姬第一次领悟到舞台空间就是宇宙的缩影。
24　恰到好处	그래서 그 결과는 마치 면밀하게 구도를 잡고 계산하여 인물을 배치한 듯하다.	整个构图似乎经过精密计算，人物位置**恰到好处**。
25　轻重缓急	그동안 수많은 등록 근대산업 유산들이 보존 위주 정책으로 인해 효과적인 문화자원으로 활용되지 못한 것이 사실이다. 문화부는 지자체와 협력하여 이들을 적극적으로 예술창작공간이나 시민문화 공간 및 관광자원으로 활용하여 낙후된 도	过去，韩国对很多登记在册的近代工业遗产实施保护政策，未能将其作为文化资源加以有效利用。因此文化部与地方自治团体携手合作，按照**轻重缓急**，引导地方积极将这些遗产改造为艺术创意空间、市民文化空间、观光资源，从而

无对应成语	韩语句子	中文句子
	심 및 농촌지역의 지역 경제를 활성화하고 살기 좋은 문화공동체를 만들겠다는 정책 목표를 세웠다.	搞活城市和农村落后的地方经济，促进文化发展。
26 人才济济	현대무용단으로도 진출해	现代舞蹈团同样人才济济
27 上行下效	"청렴은 목민관의 본무(本務)요, 모든 선(善)의 근원이요, 덕(德)의 바탕이니 청렴하지 않고서는 능히 목민관이 될 수 없다." "부를 탐하는 수장은 그 아랫사람들까지 물들여 하나같이 축재만을 일삼게 되며, 이는 곧 국민의 피를 빨아먹는 도적떼와 같은 존재다."	"清廉是牧民官(地方官)应尽的本分，是所有善之根源，德之根本，不清廉的人不能成为牧民官。上行下效，贪图财富的首领也会影响到下面的人，如果官员都一心只想着敛财，这与榨取人民血汗的强盗没什么两样"。
28 素不相识	전세계적인 유행이 이제 서울의 한복판에서 흥미로운 유희로 펼쳐지고 있는 것이다.	快闪党，这一流行于全球的现象，是指素不相识，他们通过网络和电子邮件事先约定好时间和地点，完成约定好的行动后迅速消失。
29 图文并茂	그뿐만 아니라 백두대간의 역사 적, 문화적, 생태학적 중요성을 소개하는 한편, 종주 코스 곳곳에 산재해 있는 흥미로운 종교적 유물 및 절경을 자랑하는 명소 사진 200여장도 담았다.	不但如此，这本书还对白头山脉在历史、文化、生态上的重要性进行了说明，同时收录了二百多张照片，图文并茂地介绍了分布在各段线路上的宗教遗址和美景。
30 万般无奈	아버지가 돌아가신 후 가정 형편이 어려워지자 그녀의 어머니는 식구들을 이끌고 서울에 올라왔다.	父亲去世后，家境每况愈下，母亲万般无奈，带领儿女辗转来到首尔。
31 五花八门	서양에서는 건열 조리법이 발달한 데 비하여 한국에서는 습열 조리법이 다양하게 발달하였고, 그중 대표적인 음식이 바로 국이다.	西方的烹饪干热法发达，而韩国则温热法发达，且丰富多样，其中代表性的饮食就是五花八门的汤。
32 想方设法	다른 곳으로 향하는 사람들의 발걸음을 되돌려야 하기 때문이다.	它们想方设法要把转到别的地方的游客重新拉回来。
33 兴致勃勃	한 동호회 회원들은 안동의 군자(君子)마을에서 고택에 숙박하는 동안 한국 전통 음악과 무용 공연을 예약하여 관람하기도 했다.	有一次，某同好会会员在安东君子村古宅住宿，他们预约了韩国传统音乐和舞蹈表演并兴致勃勃地观看了演出。
34 言外之意	이 말이 생략하고 있는 것은 '소설가 딸의 엄마이며 눈도 멀쩡한 나는 정작 제 딸의 글을 읽을 수 없었는데' 정도일 것이다.	言外之意大概就是，作为小说家的妈妈眼睛还好使，却读不了女儿的文章。

	无对应成语	韩语句子	中文句子
35	一应俱全	아트샵과 수유실, 어린이 놀이방, 미술전문 자료실이 있고 카페테리아가 있어 누구나 편하게 와서 쉴 수 있게 꾸며졌다.	美术商店、哺乳间、儿童游乐房、美术专业资料室等辅助设施**一应俱全**，还设有咖啡厅供参观者休息。
36	依然如故	사법시험 전문학원이 몰려 있는 신림동은 동네 전체가 사법시험 수험생을 위주로 돌아가는 반면, 노량진은 학원부터 서점, 고시원 등 주변 상권이 모두 공무원 시험을 준비하는 수험생들의 사이클에 맞춰진다.	虽然最近新林洞考试村正在尝试扩大其领域，将公务员考试及其他考试也吸纳进来，但两处考试村各自的特色**依然如故**。
37	义不容辞	게다가 이제 그러한 노년의 삶이 예외적인 개인적 삶이 아니라 우리 시대의 보편적인 삶의 위상을 확보하게 되었다는 현실까지를 감안하면 노년에 대한 탐구, 그 중에서도 인간학을 지향하는 문학적 탐구의 의미는 더욱 각별하다고 하지 않을 수 없다.	而如今，这种老年人的生活已不再是和我们无关的个别现象，而是我们这个时代普遍的生活景象，因此对老年生活的探索和研究，特别是被称为人学的文学对这一现象加以关注更是**义不容辞**的责任。
38	因地制宜	화강암은 경도가 강하고 입자가 굵어 섬세한 조각품을 만들기 어려워 조각가들이 기피하는 재료였다.하지만 한국인은 이에 도전하여 석불을 만들어냈다.	花岗岩硬度高，质地粗，在其表面难以雕刻出细腻的作品，是雕刻匠们回避的材料。但是，韩国人**因地制宜**，因材施艺，雕刻出了石佛。
39	悠然自得	소년이 "누렁아 왜 숨니"하면서 달려 나가고 멋진 여성이 커다란 개를 끌고 산책시킨다.	一个少年一边喊着"小黄狗，干吗藏起来啊"一边从巷子里跑出来，一位漂亮的女士牵着一条大狗**悠然自得**地散着步。
40	众口一词	총회 참가자들은 자원봉사자들의 친절과 열정에 감동했다며 총회 기간 동안의 자원봉사자들의 노력과 수고에 감사를 전했다.	与会代表们**众口一词**地说，他们被志愿者的亲切和热情所感动，并转达了他们对志愿者的谢意。

无对应成语		原文	译文
1	不由自主	성민 씨, 그 동안 잘 지내셨어요? 함박눈이 기다려지는 겨울이 되었네요.	成民先生，最近过得好吗？现在已是冬天，都**不由自主**地期盼鹅毛大雪降临啊！
2	不知不觉	우포늪은 우포, 목포, 사지포, 쪽지벌 등 4개의 늪으로 이루어져 있다.이들 형제 늪이 모여 우포늪이라는 큰 울타리를 만들고 있다.이 큰 울타리 속에서 1억 4천만 년 장구한 세월을 생태계의 수레바퀴는 녹슬지 않고 굴러왔고, 또 굴러간다. 미생물과 수생식물, 논우렁, 물고기, 그리고 새⋯, 350여 종에 달하는 이들의 먹이사슬 관계가 건강하게 이어지고 있다. 이러한 까닭에 우포늪을 '살아 있는 자연사 박물관', '원시 자연의 보고'라 부른다.이 녹음의 여름이 한껏 치달았다 한 풀 꺾일 때쯤이면 온몸에 가시를 매단 가시연꽃이 피고, 물옥잠 역시 뒤질세라 쭉쭉 꽃대를 올려 해맑은 보라색 웃음과 향기를 늪 구석구석에 퍼트려 놓을 것이다. 우포늪에서는 사람도 때 묻지 않은 순수한 자연의 한 부분이 된다.	牛浦湿地其实是由牛浦、木浦、沙池浦、小滩四片小一些的湿地组成，它们互相依偎，组成一个大整体，总称为牛浦湿地。一亿四千万年以来，各种生物在这一大片地域上世代繁衍，生生不息。微生物、水生植物、田螺、鱼类、水禽⋯⋯三百五十多个物种构成了一个动植物网络，健康自然地繁衍着。出于这个原因，牛浦湿地被称做"活自然博物馆"、"原始生态环境宝库"。等到盛夏稍过，秋风渐起的时候，浑身是刺的芡实就会竞相怒放。鸭舌草也会争先恐后地抽出花蕾，将笑盈盈的紫色花朵和馨香洒满湿地的每个角落。**不知不觉**间，每个流连在这方净土的人都会渐渐融入其中，成为它的一部分。
3	不知所措	어리둥절한 행인들과 긴급 사태(?)에 놀란 경비원들.	面对这突如其来的场面，行人目瞪口呆，到场的警察也**不知所措**。
4	得心应手	제 몸에는 좋은 도자기를 만들어온 조선 도공의 유전자가 들어있습니다. 조선 백자의 당당함에서 받은 영감이 그것을 되새김질하게 해줍니다.	我的身体中有朝鲜陶艺工匠的遗传基因，这使我对制作陶瓷精品**得心应手**。我从朝鲜白瓷的高雅中获得灵感，再把它展现出来。
5	感情用事	네가 전쟁터에서는 그런 감정을 가질 수 있지만 현실에 부딪히면 다를 거야. 나중엔 집으로 돌려 보내는 게 좋겠구나.	战场上，你们互相支持、彼此鼓励，这种感情我可以理解，但现实往往不是这样的。你最好不要**感情用事**！我想，到时候你还是让他回去为好。
6	取而代之	그러나 초와 성냥이 필요 없는 현대에는 생활에 필요한 세제, 화장지 등을 선물하고 있다.	如今这些蜡烛和火柴都用不上了，**取而代之**会送些洗涤用品及卫生纸等生活用品。
		이러한 영향은 한국에도 고스란히 이어졌고, 이에 따라 도도하게 흐르던 변화의 강물은 급박하게 말라가기 시작했다."그러면서 '신(新)'이라는 접두어를 달고 어지러운 변화가 휘황하게 불어 닥쳤다.	这些事件也径直影响到韩国，滔滔涌动的变化浪涛嘎然而止，**取而代之**的是所谓"新"字当头的令人目眩的变革。

无对应成语		原文	译文
		더욱이 조선시대에 와서는 전형적인 모습의 정병은 찾아볼 수 없게 되고 수병(水瓶)과 정병이 혼합된 새로운 모습의 병이 만들어지거나 긴 주구와 손잡이가 달린 주전자 형태의 병이 제작되었다.	进入朝鲜王朝时期以后，具有典型的净瓶外形特点的器具已经难觅其踪，**取而代之**的是一种综合了水瓶和净瓶特征的新型器皿以及带长流和把手的水壶状器皿。
7	赏心悦目	최종판의 뒤쪽 표지에는 이른 아침 시골길 사진이 있었는데, 아마 모험을 좋아하는 사람이라면 히치하이킹을 하고싶다는 생각이 들정도였지요.	在这本杂志最后一期的封底，有一张清晨乡间公路的照片，非常**赏心悦目**。如果你喜欢搭车冒险旅行的话，经常会碰到这种小路。
8	义不容辞[1]	그녀가 일본인 관광객들에게 일제 침략이 남긴 부끄러운 역사를 잊지 않고 들려주는 까닭이다.	正因如此，她才觉得对日本游客客观讲述这段不堪回首的侵略历史真相是**义不容辞**的责任。
9	引人入胜	여행은 사람에게 풍경을 보여준다. 그러나 그 풍경 뒤에는 반드시 사람이 있다.	旅行是观赏风景的良机，风景之所以**引人入胜**，是因为在风景背后有营造风景的人。
10	引人注目	흰색 흙 가루가 덕지덕지 묻은 헐렁한 작업복 차림. 안경을 머리 위에 걸쳐놓은 황 교수가 명랑한 목소리로 말을 꺼낸다.	他的手指之间也粘满白色的泥土，格外**引人注目**。他的脑门上架着眼镜。他用爽朗的语气与我攀谈起来。
11	有朝一日	원래는 이 그림에 제발(題跋)이 있었는데 근년에 그것이 분리되었다 한다. 그것들이 서로 합쳐져서 완벽하게 되었으면 좋겠다.	据说这幅画原有一段题字，已经散佚。真希望**有朝一日**图、文能够合璧。
12	来之不易	인간문화재에게 주는 독일의 문화상 쿨투어 악투엘(Kultur Aktuell)이 2003년 마흔 살이던 그에게 수여됐다. 21명의 심사위원이 2년마다 곳곳을 찾아 다니며 한 명을 찾아내 주는 상.	2003年在他四十岁时，他被授予北德意志文化奖 "当代文化"，这是专门授予"非物质文化遗产传承人"的奖项。这个奖项**来之不易**，由二十一名评委两年一次四处寻访，才能找出一位

---

1) 与第一分类的(38)义不容辞成语词条重复。

（三）文化意象的转化

无对应成语	原文	译文
1 **春意盎然**	그는 "그 꽃 향기를 맡으며 집으로 돌아오는 길 내내 내 마음은 **봄**이었다.	她说，"走在回家的路上，闻着那花香，我的心中**春意盎然**。
2 **大起大落**	교도소 의무관은 심신 안정이 우선이라고 했지만, 그는 속이 **활화산**처럼 부글부글 끓고 있어서 안정이 될 수 없었습니다.	监狱里的医务人员告诉他要保持情绪稳定、健康状况不能**大起大落**，但他的内心如同火山爆发一样，无法平静下来。
3 **老死不相往来**	그런데 오늘 이 세상에는 도쿄나 뉴욕이나 서울이나 베이징 같은 대도시에 수천만 명이 모여 살면서도 마음이 고립되어 마치 **혼자 떠있는 섬**처럼 사는 사람들이 많습니다.	但是即便在数千万人聚居生活的东京、纽约、首尔和北京等世界大都市，很多人的心被孤立着，如同孤岛一样，**老死不相往来**。
4 **面如土色**	"엄마, 저예요." "존이에요." 부인이 깜짝 놀랐습니다.	"妈妈，是我，约翰!"妇人**面如土色**。
5 **无声无息**	우리 무대에서 창작극은 초연무대로 끝나는 경우가 많다.	在韩国戏剧舞台上，原创剧往往难逃首演后便**无声无息**的命运。
6 **五彩缤纷**	여름에는 벚나무들이 펼치는 푸른 잎들을, 가을에는 낙엽을, 겨울에는 수도승 같은 나목(裸木)들을 만날 수 있을테니.	夏天的叶子郁郁葱葱，秋天的落叶**五彩缤纷**，冬天的树干则如伫立的僧人。
7 **相映成趣**	연록색 나뭇잎과 붉고 흰 꽃들이 **흐드러지는** 봄에서 시작하여 녹음이 짙은 여름, 단풍이 울긋불긋 물드는 가을, 그리고 앙상한 나뭇가지들이 서로 몸을 부비는 겨울마저도 여기에서는 모두 아름답다.	无论是嫩绿的树叶和红白相间的花朵**相映成趣**的春天，绿茵苍翠欲滴的夏天，红叶斑驳陆离的秋天，还是光秃秃的树枝交错纵横的冬天，山上的景色总是十分优美。
8 **自得其乐**	외벽을 따라 내려온 빗물은 연못을 이루고 그 속에 작은 생명체가 **숨 쉰다**.	村子外墙边有一处水塘，由雨水汇集而成，塘里各种生命**自得其乐**。

第9章　汉语成语对应韩语词或词组

NO	成语	韩语句子/不对应之词或词组	汉语句子/*汉语成语
1	引人注目	뿐만아니라 그녀의 소설은 이러한 삶과 존재에 대한 인식을 섬세한 언어와 감각적인 이미지로 묘사해내고 있다는 점에서도 **주목된다**.	她通过细腻的语言和感性的影像表现她的这种认识，这一点也**引人注目**。
		그러나 실상 우리의 **주목을 끄는 것은** 이러한 일상의 이면에 자리한 알 수 없는 어둠, 아버지와 딸 사이의 어긋나는 말, 뒷면만 보아도 무슨 패인지 훤히 알 수 있으면서도 계속되는 화투놀이, 그 사이에 끊임없이 위층에서 들려오는 아이 칭얼대는 소리와 그것을 달래는 여자의 자장가 소리, 부엌창 밖으로 보이는 소년원생들의 모습, 영아원의 화재 등 이야기 뒤편에 자리한 풍경들이다.	但是，实际上更**引人注目**的是隐藏在这些日常生活深处的场景：莫名其妙的黑暗、父女之间对话的错位、只要看背面就知道对方的牌却玩个不停的花斗牌、从楼上不间断传来的小孩的哭闹声和女人哄孩子的摇篮曲、从厨房窗外看到的少年感化院的少年以及婴儿院的火灾等。
		그중 **눈에 들어오는 것은** '전통썰매'로 대략 100년이 넘은 것이라고 한다.	其中最**引人注目**的是一种传统雪橇，据说有超过一百年的历史。
		세부를 자세히 살펴보면 카페트의 복잡한 무늬와 용상의 금박(金箔) 장식, 그리고 곤룡포의 자수 문양이 매우 정교하게 그려져 있음을 **알 수 있다**.	仔细观察画面，复杂的细节描绘十分精致。装饰着金箔花纹和华丽刺绣的绸缎衣服，以及如同垂直悬竖起的彩毡都十分**引人注目**。
		이들 중 안무가 교류전은 이 무용제의 주요행사 중 하나로, 올해는 멕시코 유카탄(Yucatán) 주립현대무용단의 안무자 루르데스 루나(Lourdes Luna)와 한국예술종합학교(Korean National University of Arts) 무용원장 전미숙(全美淑) 교수가 단원을 바꿔 안무하는 작업에서 **주목할 만한** 성과를 보였다.	其中，编舞人员之间的交流活动成为国际舞蹈节的重要内容之一。2005年，墨西哥犹加敦州立现代舞蹈团的编舞洛尔德斯卢纳和韩国艺术综合学校舞蹈学院院长全美淑以交换团员的方式进行合作，取得了**引人注目**的成果。
		올해 내한한 외국의 무용 단체들 중 가장 많은 **관심을 끌었던** 독일 슈투트가르트 발레단의 주역 무용수 강수진은 한국뿐 아니라 세계 무대에서도 그 이름이 잘 알려져 있다.	今年来韩公演的国外舞蹈团中最**引人注目**的要数德国斯图加特芭蕾舞团。该舞蹈团首席芭蕾舞演员姜秀珍不但在韩国家喻户晓，而且蜚声世界舞坛。
		눈에 띄기 쉬운 탈춤의 역동성만 강조해도 한국 전통이나 멋이라고 우길 수 있었을 것이다.	假面舞因其跃动性而**引人注目**。单凭这一特性，也可以说假面代表韩国的传统和情感。

NO	成语	韩语句子/不对应之词或词组	汉语句子/*汉语成语
		이색 장소에서 열린 기획전들도 **눈에 띄었다**.	策划展的展厅都非常特别, **引人注目**。
		1980년대 초반, 그는 여성 독자들의 마음을 사로잡은 애절한 로맨스로 **주목 받았다**.	上世纪80年代初, 他以创作令女性读者怦然心动的凄婉爱情故事而**引人注目**。
		헤이리에서 가장 **눈에 띄는 것은** 건물이다.	黑里村最**引人注目**的就是地面建筑,
		스타들의 자원봉사로는 가수 이현우 씨가 중심이 되어 여러 가수가 함께 결성한 '태안프로젝트그룹'과 가수 김장훈 씨의 '태안 살리기 프로젝트'가 **눈길을 끈다**.	在明星的志愿活动当中, 最为**引人注目**的是以歌手李贤宇为中心、众多歌手共同结成的"泰安项目组", 以及歌手金长勋的"拯救泰安项目"。
		하지만 철조 비로자나불상의 얼굴 모습은 석굴암 조각의 사실적인 기법이나 자신감 넘치는 표현과는 달리 평온한 이미지를 보여주고 있어 '새로운 미의식의 출현'이란 점에서 **주목할 필요가 있다**.	然而, 铁制毗卢遮那佛像的脸部形象与石窟庵的写实手法和充满自信的形象不同, 其形象显得平和, 从"新审美意识的出现"的角度看, 反而更**引人注目**。
		이번 대회의 주요 참가국과 인원은 미국 174명을 비롯하여 러시아 166명, 일본 134명 그리고 중국 126명, 인도 64명, 독일 53명 등으로 특히 동양 철학자들의 참여가 크게 **돋보인다**.	从此届大会的主要参加国家和人员情况来看, 美国174人, 俄罗斯166人, 日本134人, 中国126人, 印度64人, 德国53人等, 其中东方哲学家的积极参与尤为**引人注目**。
		왕릉의 석물 중에서 가장 인상적이고 또 **눈에 띄게** 큰 것은 능침 공간의 앞쪽에 양쪽으로 늘어선 각기 한 쌍의 문석인(文石人)과 무석인(武石人)이며 그 뒤에 혹은 옆쪽에 대기하고 서 있는 두 쌍의 말이다.	王陵石像生中最**引人注目**和让人印象深刻的是立于陵寝前方两侧的各一对文武石人, 其后侧方或前侧方还站有两对随时待命的马。
		〈워낭소리〉의 흥행은, 또 2000년대 초 '한국영화 르네상스' 이후 국내 영화산업의 '거품'이 빠지며 침체일로를 걷고 있는 가운데 나온 것이라, 더욱 **주목 받고** 있다.	《牛铃声》的成功是在2000年初韩国电影复兴后, 国内电影产业陷入泡Ä, 出现停滞不前的背景下取得的, 因而更加**引人注目**。
		상리면(上里面) 무이산(武夷山)의 문수암(文殊菴) 또한 계승사 못지않게 가파른 산비탈에 자리 잡은 절로서 험난한 지형을 잘 살려 지은 전각들이 **눈길을 끈다**.	上里面武夷山的文殊庵也和桂承寺一样建在陡峭的山坡上, 寺内建筑与险峻的地形相映成趣, 十分**引人注目**。

NO	成语	韩语句子/不对应之词或词组	汉语句子/*汉语成语
		천운영(Cheon Woon Young 千雲寧) [b.1971]은 2000년대 들어 한국 문단의 **주목을 받은** 대표적 신예의 한 사람이다.	千云宁(1971年生)是进入21世纪以来韩国文坛最**引人注目**的新锐作家之一。
		〈아기반달곰 우라의 모험〉이란 제목의 이 동화책은 영어와 한국어로 동시에 출간되었고 무엇보다 특별한 이력의 저자가 **주목을 끌었다**.	该书同时用英语和韩语出版，作者约翰沃克的特殊拉历尤其**引人注目**。
		가장 먼저 **눈에 들어오는 것은** 흰 비단 바탕에 용이 수 놓여 있는 화려한 곤룡포이다.	其中最**引人注目**的是一件绣有龙图案的白色绸缎滚龙袍，看上去十分华丽，
		또한 거대도시에서 나타나기 쉬운 대형 콤플렉스 위주의 시설조성이 아니라 도시 곳곳에 흩어져 있는 소규모 유휴시설들을 활용하여 그 공간의 특색에 맞는 기능을 새로이 부여하고, 지역의 거점공간으로도 활용하되 이를 하나의 벨트로 연결하여 네트워킹하려는 것이 **주목할 만하다**.	此外，有关设施建设并不流于大城市里动辄上马的大型建设群，而是灵活利用分散在城市各处的小规模闲置设施，依据空间特色赋予新的功能，营建地区据点空间。它们彼此相互联接成一个地带，构成网络，颇为**引人注目**。
		그 중에서도 가장 **주목할 만한 것은** 문화체육관광부가 문화정책 비전으로 '소프트파워가 강한 창조문화국가'를 제시하며 내세운 계획 중 하나인 〈근대산업유산을 활용한 예술창작벨트 공모사업〉이다.	其中，最**引人注目**的是文化体育观光部的前瞻性文化政策，即提出创建"具有强大软实力的文化创意国家"。
		이처럼 연구와 교육의 도시로서도 면모가 **돋보이는** 곳이 대전이다.	可见，大田也以研究和教育之都**引人注目**。
		특히 보졸레누보 와인이 출시되는 11월 세 번째 주 목요일에 햅쌀누보 막걸리가 출시되면서, 판매량에서 보졸레누보와인을 압도했다는 뉴스들을 만들어내기도 했다.	更**引人注目**的是，新米浊酒在11月第三个星期四与法国的博若莱新酒同时上市，销量甚至超过了后者。
		그런가 하면 차곡차곡 쌓여있는 많은 책들이 **눈길을 끈다**.	但书籍却放得很整齐，**引人注目**。
		흰색 흙 가루가 덕지덕지 묻은 헐렁한 작업복 차림. 안경을 머리 위에 걸쳐놓은 황 교수가 명랑한 목소리로 말을 꺼낸다.	他的手指之间也粘满白色的泥土，格外**引人注目**。他的脑门上架着眼镜。他用爽朗的语气与我攀谈起来。
		("경회루는 인공적으로 축조한 연못에 장대한 규모의 누각을 지은 것으로, 당시의 토목	而在庆会楼使用的众多建筑技术中有一个自然换水系统的设计十分**引人注**

NO	成语	韩语句子/不对应之词或词组	汉语句子/*汉语成语
		공학적인 기법을 **주목하게** 만든다.") 그 하나는 자연적인 환수 시스템이다.	目。
		짙은 숲을 배경으로 한 하얀 마당에는 성근 대숲과 살갗이 매끈한 배롱나무, 넓은 토란잎들이 **눈에 띄었다.**	灰白色的场院背后是幽深的树林, 院里长着一片稀疏的竹林, 笔挺的紫薇和宽大的芋头叶格外**引人注目。**
		사정전의 처마 위에 뭔가가 **눈길을 끌**어 자세히 보니 일렬로 늘어서 있는 작은 조각상들이다.	思政殿屋檐上有些东西**引人注目**, 仔细一看是一排小的塑像。
		국보급 판본은 대방광불화엄경(大方廣佛華嚴經) 권2(국보 266호), 아비달마식신족론(阿毗達磨識身足論) 권12(국보 267호), 아비담비바사론(阿毗曇毗婆沙論) 권11(국보 268호), 불설최상근본대락금강불공삼매대교왕경(佛說最上根本大樂金剛不空三昧大教王經) 권6(국보 269호)이 **눈에 띈다.**	最**引人注目**的有《大方广佛华严经》卷二(国宝二六六号)、《阿毗达摩识身足论》卷十二(国宝二六七号)、《阿毗昙毗婆沙论》卷十一(国宝二六八号)、《佛说最上根本大乐金刚不空三昧大教王经》卷六(国宝二六九号)。
2	丰富多彩	6월에는 "2005년 한국의 해"를 기념하기 위하여 해군순항함대 세 척이 킬(Kiel)의 킬 주간(Kieler Woche) 행사 참가 후 함부르크 등 독일 항구도시를 방문해 **다양한** 예술행사를 개최할 예정이다.	6月份, 韩国三艘海军巡洋舰将参加基尔市的"基尔周"活动后访问汉堡等德国港口城市, 并举行**丰富多彩**的艺术活动。
		다양한 문화 행사 개최돼	**丰富多彩**的文化活动
		그래서 그의 채화칠기 작품은 아주 **다채롭고** 실험적이기까지 하다.	因此他的彩画漆器作品十分**丰富多彩**又充满实验性。
		1990년대는 **다채로운** 행사와 외국과의 교류가 활발히 진행되고, 30대 젊은 안무가들의 등장과 개인 무용단의 창단이 두드러진다.	到了90年代, 许多**丰富多彩**的活动层出不穷, 与外国的交流也逐渐频繁起来, 更重要的是这段时期涌现出一批三十出头的年轻编舞, 而且不少个体舞蹈团也相继问世。
		그의 작품에는 언제나 서민들의 삶과 애환이 스며들어 있는 구어체 토속어가 **현란하게** 등장해, 근대화에 밀려 지금은 사라진 옛 것들에 대한 강렬한 향수를 불러일으킨다.	他的每一篇作品都充满着普通百姓淳朴的口语, **丰富多彩**地表现了他们的喜怒哀乐, 唤起人们强烈的怀旧情怀。
		이 도서전에서 주빈국의 의미는 출판을 포함한 **다양한** 문화 프로그램을 통해 한 국가의 총체적인 문화 콘텐츠를 소개하는 데 있다.	图书博览会主宾国的意义在于通过包括出版在内的**丰富多彩**的文化活动, 集中介绍一个国家的文化。

		특히 다른 지방보다 추운 날씨가 오래 지속되는 이유로 겨울 축제가 **활성화되었다**. 대표적인 것이 '대관령 눈 꽃 축제'이다.	相对于其他地方，这里冬季尤其漫长，冬季文化活动**丰富多彩**，其中最具代表性的就是大关岭雪花节。
		그가 **다양하게** 한국적인 소재들을 찾아 헤맨 것들을 보고 민족적이라고 해석하는 것은 잘못된 것이다.	如果看到他为了收集**丰富多彩**的韩国素材而往来奔波，就将此解释为民族性，未免有失偏颇。
		그런 **다양한** 색으로 세계인들의 눈길을 잡아두어야 화각의 생명력이 길어질 게 아닙니까?"	用这些**丰富多彩**的颜色吸引世界各地的人们的注意，牛角画的生命力才能得以延续，不是吗？"
		앞으로 비보이뿐만 아니라 일상에서 지속적으로 **다양하게** 소재를 찾고 창조적 실험을 거듭할 수 있는 성숙한 단계로 올라서야 할 때이다.	今后，不仅街舞男孩，其他形式的创新表演也应该在日常生活中不断寻找更加**丰富多彩**的素材，从而上升到可以反复进行创造性实验的成熟阶段。
		이러한 지역의 복합문화 공간이 커다란 공연장 건립을 선호하는 지방자치단체장들의 권력 관계를 대변하는 면도 있지만, 궁극적으로는 중앙 집권적인 예술 행정으로 인해 소외되었던 지역 시민들이 **다양한** 문화 프로그램들을 즐길 수 있다는 점에서 긍정적으로 평가할 수 있다.	这些地区的综合文化空间虽然一方面代表了偏好修建大型演出剧场的地方自治政府领导的权力关系，但从另一方面来看，它使过去由于中央集权式的文化行政管理而被忽视的地方市民们能够享受到**丰富多彩**的文化节目，因此又具有积极的一面。
		가령 지역의 초중등학교 학생들이나 지역의 아마추어 예술 동호회 회원들이 자신들이 살고 있는 지역의 공연장에서 **다양한** 공연을 할 수 있도록 기회를 제공하는 방식이다.	例如，为地方的小学和初高中生，以及地方的业余艺术爱好者协会的会员们提供机会，使他们能够在所在地区的演出剧场开展**丰富多彩**的演出活动。
		공연 관람도 좋은 문화예술 교육이지만, **다양한** 문화 교육 과정을 개발하는 노력들을 통해 지역의 문화센터들이 앞으로 더 좋은 지역의 공연 인프라로 발전할 것이라 믿는다.	观看演出虽然也是一种较好的文化艺术教育形式，但是我们相信，通过努力开发出各种**丰富多彩**的文化教育节目，地方的文化中心今后一定能够发展成为更加完善的地区演出基础设施。
		다채로운 주빈국 행사	**丰富多彩**的主宾国活动
		특히 총회에 직접 참여가 불가능한 일반인들은 CECO 야외 행사장에서 진행된 **다양한** 문화 예술 행사나 체험 행사를 통해 습지와 지구 환경의 중요성을 인식하고 람사르 총회의 의미를 공유할 수 있었다.	那些无法直接参加会议的普通人，通过在会展中心露天场地举行的**丰富多彩**的文化艺术和体验活动，认识到了湿地和地球环境的重要性，共享了《拉姆萨尔公约》大会的意义。

NO	成语	韩语句子/不对应之词或词组	汉语句子/*汉语成语
		CECO 광장 주변에는 연, 장승, 솟대 등 전통 문화 체험 행사가 열렸고 농악 등 **다양한** 전통 문화 공연도 펼쳐졌다.	另外，在会展中心广场周边，还举行了包括风筝、长、灯竿等在内的韩国传统文化体验活动和农乐等**丰富多彩**的韩国传统文化演出.
		문양에는 매죽, 송죽, 매화, 국화, 여의두문, 구름문, 그리고 십장생을 구성하고 있는 동물들이나 포도, 난초, 물고기, 조개, 게, 새 등이 **다양하게** 표현되었다.	在纹饰方面，表现题材**丰富多彩**，有梅竹、松竹、梅花、菊花、如意头纹、彩云纹、象征长寿的十种动物及葡萄、兰草、鱼类、贝类、螃蟹、飞鸟等。
		다양한 문화예술교육 프로그램을 적극적으로 활용하면 자연스레 생활 속에서 주민들의 문화공동체가 형성되고 시민은 창조적 계급으로 성장한다.	要积极开展**丰富多彩**的文化艺术教育项目，自然地结成居民文化共同体，成为具有创造性的社会。
		그렇기 때문에 그들의 문학은 **다양하고** 개성이 뚜렷하지만 그들의 작품 속에 한국 전쟁의 흔적이 남아 있고, 때로는 그 전쟁 자체를 전면적으로 다루기도 한다.	因此，他们的文学**丰富多彩**，个性突出，但在他们的作品里也会出现战争的痕迹，有时还直接表现战争本身。
		노인을 **위한** 평생교육	**丰富多彩**的老年教育
		노원노인복지관이나 서울노인종합복지관 등 대부분의 복지관에는 건강 운동 시설을 두어서 회원들이 건강을 유지함으로써 더 오랫동안 더 **풍요롭게 사는** 것뿐만 아니라 좋은 건강을 누릴 수 있도록 돕는다.	芦原老人福利中心和首尔老人综合福利中心等大多数福利中心都设有健身器械，以帮助会员们保持健康，这样才能更长寿，享受更**丰富多彩**的生活。
		따라서 창과 문을 아울러 창호라고 하는데 모든 창호가 나름의 아름다운 문양을 가지고 있어서 그 표정이 **더없이 풍부하다**.	所有门窗都有独特的美丽格纹，因此门窗的表情可谓**丰富多彩**。
		창호가 자아내는 다양한 변화와 아름다움이 제 40년 목수**인생을 기쁘게 채워주고 있지요**.	传统门窗所富有的变化和美感使我四十年的木匠生活变得**丰富多彩**。
		서촌은 좀 더 **다채롭고** 좀 더 활동적인 느낌을 갖게 만듭니다.	西村则更加**丰富多彩**，感觉更有活力，
		본다는 것을 넘어 공간이 **풍요롭게** 열리고 그림 너머의 다른 큰 세계를 경험하는 자극을 주고 싶었다.	我想超越单纯的'看'感受更**丰富多彩**的空间，我想超越绘画感受更辽阔的世界。
		〈마당을 나온 암탉〉은 다양한 캐릭터	《鸡妈鸭仔》以出色的形象化手法展

NO	成语	韩语句子/不对应之词或词组	汉语句子/*汉语成语
		를 형상화한 솜씨가 **돋보인다**.	现了**丰富多彩**的角色形象。
3	与众不同	그런 천편일률적인 도심 가운데 **색다른** 공간이 있다.	在这样的千篇一律的城市中心，有一处**与众不同**的空间。
		이러한 튜닝 문화의 확산에는 인터넷을 통한 정보 습득의 용이성, 관련 산업 기술의 발전, '**다름**'을 긍정적으로 받아들이는 성숙한 사회의식 등의 디딤돌이 되었다.	因特网获取信息的便利性、相关产业技术的发展、对"**与众不同**"持肯定态度的成熟社会意识等成为改装文化不断扩展的基石。
		하지만 그의 손이 **남다른** 건 장애 때문이 아니라 그가 화각장이라서일 것이다.	但是，他的手并不是因为残疾而**与众不同**，而是因为他是一名牛角画匠人（第一百零九号重要无形文化遗产传人）。
		그러나 사찰을 향해 올라가는 길은 **다르다**.	但是，通往寺庙的山路首先就会给人一种**与众不同**的感觉。
		그런데도 각자장 오옥진 선생은 칠순을 넘긴 노인이라 믿기지 않을 만큼 건장한 체격에 열정이 **남달라 보였다**.	刻字匠吴玉镇先生那**与众不同**的健壮体魄和热情，甚至有些让人难以相信他已是年过七旬的老人。
		화폐 박물관, 양철 장난감 박물관, 세계 민속 악기 박물관 등 **독특한 개념**의 전시관도 많다.	这里的一些博物馆**与众不同**，别有趣味，如货币博物馆、洋铁玩具博物馆、世界民俗乐器博物馆等等。
		당신에게는 분명 **다른** 그 어떤 분위기가 있다.	在你身上肯定有一种**与众不同**的韵味。
		내가 영화를 대하는 태도는 **다르다**.	我对电影的态度**与众不同**，
		원래 국제단체들이 주도했고 1980년대를 거치면서 국가 간 협약으로 완성된 이 협약은 총회의 모습도 **다르다**.	它起初由几个国际组织发起，20世纪80年代后才逐渐成为国家间公约。因此，其缔约国大会也**与众不同**
		그렇다고 해도 오랫동안 군사시설로 쓰였던 곳이 지닌 포스는 **대단하다**.	尽管如此，作为使用多年的军事设施，这里的气势仍旧**与众不同**。
		그는 분명히 **남다른** 작가였다.	他是**与众不同**的艺术家。
		목표점이 다른 만큼 연습도 **남달랐다**.	因为目标迥异，训练也**与众不同**。
		"내 그림은 **달라야** 했다"	"我的画必须要**与众不同**"
		하지만 내 그림은 **달라야** 했다.	但我的画必须要**与众不同**，
		대한민국 해병대(ROK Marine Corps)는 한 마디로 '**튀는**' 군대다.	总而言之，韩国海军陆战队是一支"**与众不同**"的部队。

NO	成语	韩语句子/不对应之词或词组	汉语句子/*汉语成语
		부대가 창설된 지 1년여 만에 터진 6.25 전쟁(1950년)에서 '귀신 잡는 해병'이라는 별칭을 얻은 이 **튀는** 군대가 요즘 화제다.	海军陆战队创建于"六二五"战争(1950 年)爆发前一年。近来, 这支**与众不同**的军队成为了人们热议的话题,
		이제 돌이키자면 **특별한** 경험을 제공해 준 환경들이지만 해외를 떠돌며 지냈던 젊은 시절에는 미처 깨닫지 못했다.	如今回头再看, 可以知道幼年的生活环境为她提供了**与众不同**的经验, 但她年轻时在国外四处飘游, 没有领悟到这一层。
		그 중에서도 송광사 예불은 **남다르다.**	在众多寺庙的清晨佛事中, 松广寺佛事有其**与众不同**之处,
		고려 종이가 내구성이 뛰어나 1천년 세월이 지나도 색깔이 변하지 않고 만들 당시의 광택까지 유지할 수 있는 비결은 바로 이런 재질과 제작 방법이 **남다르기** 때문이다.	高丽纸坚韧如帛, 历经千年, 其色不变, 光泽如初, 其秘诀就在于取材和制造方法**与众不同**。
4	不知不觉	그렇게 해서 채화칠기에 몸담은 지 **어언** 30년.	**不知不觉**, 他从事彩画漆器已经三十年。
		몸에 힘을 빼고 인파에 밀려가다 보면, 특히 그 날이 매달 마지막 주 금요일이라면, **어느새** 어느 클럽 앞에 도착해 있을 가능성이 크다.	如果随着人流涌动的方向走下去, 尤其是每月最后一周的星期五晚上, **不知不觉**间也许就来到了哪家俱乐部的前面了。
		바로 이런 능력이 있었기에 그는 느릿할 수 있었고 두터움을 유지하며 **서서히** 전진할 수 있었다.	正是由于具备了这种能力, 他才能够以缓慢的行棋在**不知不觉**中取得优势, 以厚实的着法稳步走向胜利。
		그래서 상대는 자신이 언제 왜 지게 됐는지를 **잘** 느끼지 못했다.	对方往往在**不知不觉**中败下阵来.
		"연못에 산을 끌어들이고, 세상 모르는 천진한 아이처럼 웃는 얼굴을 지붕에 올려놓은 옛 사람들의 감각에 감탄하는 **사이** 백양사의 하루가 저물어간다."	"古人把远山嵌入浅池, 把孩子一样天真无邪的笑脸叠放在屋顶, 这让人不得不赞叹他们的艺术灵感。**不知不觉**间, 白羊寺的一天接近尾声。"
		〈난타〉 초연을 시발점으로 잡으면 한국의 넌버벌 퍼포먼스도 **어느덧** 10년의 역사를 가지게 되었다.	如果以《乱打》的首场演出为起点算起, 韩国的无对白表演**不知不觉**间已走过了十年的历程。
		우포늪에서는 사람도 때 묻지 않은 **순수한** 자연의 한 부분이 된다.	**不知不觉**间, 每个流连在这方净土的人都会渐渐融入其中, 成为它的一部分。
		독창적인 디자인으로 단순한 소반이 아닌 예술성이 높은 작품들을 선보이	在他将自己独创的图案刻入板腿的过程中, 他**不知不觉**地就陷入到了海州

| --- | --- | --- | --- |
		면서 **자신도 모르게** 해주반의 매력에 빠져 들었다.	桌的魅力之中。他制作的小饭桌已不再是单纯的小饭桌，而是一件品位很高的艺术作品。
		이렇게 한국 고유의 전통 문화에 흠뻑 빠져 있다 보면 **어느덧** 옛 것에 익숙해진 자신을 발견하게 된다.	全心沉浸在韩国固有的传统文化当中，**不知不觉**便会发现自己已适应了这样的传统。
		그 각성 효과를 통해서 우리가 **익숙하게** 받아들이는 현실 논리는 성찰의 단계에 도달한다.	并通过这样的觉醒效果，使人反省曾经在**不知不觉**中接受过的现实。
		그녀의 평범하고 지루한 일상의 틈새로 간간이 끼어들어 오는 고딕체 활자들은 강남의 한가운데에 있는 상품백화점의 붕괴가 **아무도 모르는 사이에** 소리 없이 진행되는 과정을 불길하게 예고한다.	在关于她平凡而无聊的生活的叙述中偶尔穿插的黑体字，不详地追述着位于江南正中间的三丰百货店如何**不知不觉**地、无声无息地走向垮塌。
		그때를 회상하는 김금화 무당의 눈에 **어느새** 눈물이 고인다.	回想起那时的情景，金锦花的眼睛里**不知不觉**已噙满泪水。
		어느새 그는 한국 사람이 다 되어 있었다.	**不知不觉**之间，他已从内心里变成了韩国人。
		어느 날부터 사람들은 그를 몇 손가락 안에 드는 해외 홍보 전문가, 불교 전문 번역가, 문화인으로 부르기 시작했다.	**不知不觉**之间，人们已开始将他称为屈指可数的海外宣传专家、佛教专业翻译家和文化人士。
		어느덧 40세를 훌쩍 넘은 김희진.	**不知不觉**间，金希珍已年过不惑。
		스님들이 외우는 경은 도무지 무슨 말인지 알아들을 수 없었지만 마음이 **어느새** 편해지기 시작했다.	尽管听不懂僧人们诵读的经文是什么意思，但心里却**不知不觉**开始变得平静。
		신기하게도 영화를 보다 보면 **어느 순간** 소의 얼굴에 주름이 깊게 팬 할아버지의 얼굴이 겹쳐 보인다.	神奇的是，在看电影的时候，**不知不觉**间从牛的脸上叠现出满脸皱纹的爷爷的脸。
		김홍도는 **모르는 사이에** 독자로 하여금 그림 속에 빠져들며, 함께 공감하도록 면밀하게 구도를 잡은 것이다.	金弘道的画构图细密，让鉴赏者**不知不觉**间身临其境，产生共鸣。
		시간이 **어느새** 훌쩍 흘러갔지만 사진기에 매달려 있느라고 나는 충분히 나아가지 못했다.	时间在**不知不觉**中过去，我沉浸在拍摄之中，没走多少路。
		개울은 온양의 **평편한** 들을 가로지르	在横穿温阳平坦的田野时和其他许多

NO	成语	韩语句子/不对应之词或词组	汉语句子/*汉语成语
		는 동안에 다른 여러 개울들과 만나서 **어느새** 수량이 풍부한 강이 된다.	溪水汇合，**不知不觉**间就形成了一条水量丰沛的河流。
5	名副其实	불교를 지배의 이념으로 표방하면서 가장 늦게 고대국가의 체제를 갖춘 신라는 문무왕(文武王 r.661-681) 16년(676)에 자신들과 연합했던 당나라 군사(唐軍)까지 몰아내면서 **명실공히** 삼국(고구려, 백제, 신라) 통일을 이루었다.	新罗(公元前57-公元935)作为三国(高句丽、百济和新罗)中最后一个建成古代国家体制的国家，以佛教为其主导意识形态。文武王(661-681)十六年(676)，新罗赶走了曾与自己联合的唐朝军队，**名副其实**地实现了三国的统一。
		다시 말하면 사리는 탑을 탑일 수 있게 하는 정신이요, 생명성이다.	换句话说，舍利是使塔成为**名副其实**的塔的精神和生命。
		광우병 내성 소와 장기이식용 돼지도 복제해낸 바 있는 황 교수는 이제 **명실공히** 세계적 복제 전문가로 자리매김했다. 이제 뮤지컬은 **명실상부**한 산업이다.	黄教授曾成功培育出对疯牛病有免疫力的克隆牛和用于人体器官移植的克隆猪。如今，他已成为名副其实的世界级克隆专家。现在音乐剧是**名副其实**的产业。
		명실상부한 월드 스타로 발돋움할 보증 수표를 갖게 된 셈이다.	相当于得到了**名副其实**的成为国际明星的保票。
		거기다 국보급 문화재들까지 산재해 있으니 **그야말로** 자연과 문화, 인간 삶이 어우러지는 천혜의 복 받은 고장임이 틀림없다.	再加上多处国宝级文物，这真是上天馈赠的一块**名副其实**的福地。自然、文化与人类活动在这里和谐共存。
		2002년에는 동굴의 도시**라는 이름에 걸맞게** 삼척세계동굴엑스포가 열리기도 했다.	2002年这里还召开了三陟世界洞窟博览会，是一座**名副其实**的洞窟之城。
		이로써 서울도 시드니의 오페라 하우스나 빌바오의 구겐하임 미술관과 견주어 **손색없는** 도시의 명물을 갖게 된다.	这一地标性建筑将使首尔成为**名副其实**的世界设计之都。首尔也将拥有与悉尼歌剧院、毕尔巴鄂古根海姆博物馆相媲美的城市著名建筑。
		차량 통행이 많은 424번 지방도를 벗어나 먼지가 풀풀 날리는 비포장 산길을 따라 12킬로미터를 달려가야 하는 오지 **중의** 오지.	驶出车流熙攘的424号公路，沿着尘土飞扬的山间土路走上十二公里，才能来到这**名副其实**的幽僻之所。
		한국에서는 유일하게 내국인 출입이 가능한 카지노 단지인 이곳은 카지노뿐만 아니라 골프장과 스키장, 호텔도 갖추고 있어 가족형 종합 휴양지 **노릇을 톡톡히 하고 있다**.	这里是韩国惟一允许本国人出入的赌场区，此外，高尔夫球场、滑雪场、酒店一应俱全，已成为**名副其实**的综合型家庭休闲场所。
		참고로 여군학교는 반세기 동안 장교	半个世纪以来，女兵学校共培养了四

NO	成语	韩语句子/不对应之词或词组	汉语句子/*汉语成语
		47개 기수 1천500여명, 부사관 168개 기수 6천300여명을 배출하며 여군 양성의 산실이자 요람**의 역할을 충실히 수행했다**.	十七届近一千五百多名女军官、一百六十八期近六千三百余名女士官，充分发挥了培养韩国女军人的孵化器作用，是韩国女军人**名副其实**的摇篮。
		우리나라 학술정보자원의 '클린 포털'로서 저작권이 해결된 모든 자원을 이용자가 온라인상에서 자유롭게 활용할 수 있게 해주는 **명실상부한** 디지털 도서관인 것이다.	"这里是**名副其实**的数字图书馆和韩国学术资源的""清洁门户"，"只要是解决了著作权问题的资源，读者都可以自由地在线使用。"
		영화관이 아니라, **명실공히** 연극전용극장이다.	它不是电影院，而是**名副其实**的戏剧专用剧场。
		안동 하회마을의 종가는 **철저한** 천신제를 위해 추석 차례를 음력 9월 9일에 올리고 있었다.	安东河回村的宗家们为举行**名副其实**的荐新祭，把中秋祭推迟到农历九月九举行。
		"화랑들이 밀집해있는 서울 강북의 소격동(Sogyeok-dong)과 삼청동 언저리에 국립미술관이 들어서서 무게중심을 잡아주면, 이 지역이 **명실상부한** 미술의 거리로 거듭나리라는 희망에서였다."	"他们希望首尔馆能够建在""廊林立的首尔汉城以北三清洞和昭格洞的边缘地区，稳其重心，使其成为**名副其实**的艺术街。"
		〈2010년 국방백서〉에 따르면, 한국군 65만 명 가운데 해병대(2개 사단과 1개 여단) 병력은 2만7천 명(4.2%)이니 **말 그대로** 'A Few Good Men'이다.	根据《2010年国防白皮书》，韩国海军陆战队(两个师和一个旅)的兵力只有两万七千人，在韩国六十五万军队中只占4.2%，是**名副其实**的"精锐部队"。
		사적인 영역과 공적인 영역이 교차하는 호텔 공간에서 **본격적인** 소프트 인테리어를 실현해보고 싶은 게 그녀의 욕심이다.	酒店同时拥有私人和公共空间，张应福渴望在那里进行**名副其实**的软设计。
		하지만 한국 사진계로 한정한다면 지난 4월 중순부터 두 달 반 동안 부산은 **분명** 사진의 도시였다.	然而，对于韩国摄影界来说，自今年4月中旬起的两个半月间，釜山是**名副其实**的摄影之都。
		일본의 야구열기와 기량 등은 부산 땅에 친숙하게 내려앉았다. "경남고(慶南高), 부산고(釜山高), 부산상고(釜山商高), 경남상고(慶南商高) 등이 **바로** 이 학교들이었다." 부산-경남 지역에서 공부깨나 한다는 학생들이 모여들었다.	因此，日本棒球的传统和人气也自然而然地在釜山的土地上扎下了根，还催生了庆南高中、釜山高中、釜山商高、庆南商高等棒球名校。这些学校在学业方面也很有实力，是**名副其实**的地区名校，里面聚集着釜山-庆南地区的各类优秀人才，
6	取而代之	판옥선은 상부구조물이 복잡하게 구조되어 있지만, 거북배는 판옥선의 상갑	板屋船上部结构复杂，而龟船取消了板屋船上甲板以上的结构，**取而代之**

NO	成语	韩语句子/不对应之词或词组	汉语句子/*汉语成语
		판 위의 구조물**을 없애고**, 그 위에 蓋板을 씌웠다.	的是在上面覆盖了盖板。
		그래서인지 차이나타운에서는 빛이 바래고 낡은 건물들이 헐리고 새 건물이 들어서는 **곳을** 종종 볼 수 있었다.	可能是这个缘故，在中国城我们经常可以看到一些褪了色的古建筑被拆除，**取而代之**的是装饰一新的新建筑。
		그러면서 '신(新)'이라는 접두어를 달고 어지러운 변화**가** 휘황하게 불어 닥쳤다.	**取而代之**的是所谓"新"字当头的令人目眩的变革。
		사람들은 새로이 시작하기 위해 이제껏 의지했던 역사 법칙에 대한 믿음 **대신에** 그 무엇인가가 필요했지만 쉽게 갈피를 잡을 수 없었다.	人们对过去曾经坚信不移的历史法则产生怀疑，并试图寻找新的理念**取而代之**，但是尚未找到正确的方向。
		하지만 청계천 복원 이후 이곳을 근거로 한 시민 경제는 붕괴되고 청계천 주변에는 고밀도 주상복합 건물**이 들어서** 청계천이 오히려 그들만의 공간으로 전락할 우려가 있다.	有人担心清溪川复原以后，以这一地区为根据地的市民经济将瓦解，**取而代之**的是高密度的商住复合型建筑，清溪川反而会变成只属于这些进驻者的空间。
		초기에 중요하게 등장한 흰색 바탕에 연필로 그리던 묘법은 **사라지고**, 점차 한지라는 독특한 마티에르 효과**가 등장**하면서 물질의 정신적 표현이 중요하게 나타난다.	在白色背景上用铅笔勾画的早期描法逐渐消失，**取而代之**的是采用韩国传统手工纸的独特肌理效果，物质的精神表现越来越受到画家的重视。
		오히려 기물들이 갖는 기와 같은 청신함, 귀여움, 절제함, 외로움 등의 느낌**만 남겨준다.**	**取而代之**的是这些器物所具有的气，如清新、可爱、节制、孤独等感觉久久停留在观者的记忆里。
		뜨겁던 태양**이 사라진 자리를** 야외 오페라가 열리는 아레나에 모인 청중들의 열기가 **대신해주고 있었다.**	落日褪去了灼热，**取而代之**的是聚集到维罗纳露天剧场观看歌剧演出的观众们的热情。
		하얀 저고리, 검정 치마로 대표되는 전통적 조선의 복식 대신, 화려한 드레스와 멋진 중절모로 상징되는 서양식 의상이 대거 **등장할** 예정이다.	影片中以白色上衣和黑色长裙为代表的朝鲜传统服装将不见踪影，**取而代之**的是以华丽的裙服和帅气的礼帽为代表的西方服饰。
		상실한 희망**을 대체한 것은** 살아남아야 한다는 자기보존 논리, 즉 생존에의 일차원적인 욕망이다.	**取而代之**的是自我保护意识，即生存本能。
		착취 당하며 헐벗고 굶주리는 피지배층의 모습은 **숨겨지고**, 웃음을 띠며 건강한 농민을 **부각시켜** 당시 사회를 이상적인 모습으로 미화시켰다.	这种风俗画把受剥削的食不果腹、衣不蔽体的被统治阶层的真实面貌隐藏起来，**取而代之**的是面带笑容、健康的农民形象，从而把当时的社会美化

NO	成语	韩语句子/不对应之词或词组	汉语句子/*汉语成语
			成理想的社会。
		대신 영화 안에서 삶을 재해석했다.	**取而代之**的是，他在电影中重新诠释了生活。
		더욱이 조선 시대에 와서는 전형적인 모습의 정병은 **찾아볼 수 없게 되고** 수병(水瓶)과 정병이 혼합된 새로운 모습의 병이 만들어지거나 긴 주구와 손잡이가 달린 주전자 형태의 병이 **제작되었다**.	进入朝鲜王朝时期以后，具有典型的净瓶外形特点的器具已经难觅其踪，**取而代之**的是一种综合了水瓶和净瓶特征的新型器皿以及带长流和把手的水壶状器皿。
		아카시나무 가로수가 시작된 지점에서 길의 우측인 산 쪽은 리기다소나무 숲**이 끝나고** 소사나무와 갈참나무 숲**이 이어진다**.	到了两旁种有刺槐的林荫道的起点，山路右侧的刚松林不见了，**取而代之**的是鹅耳枥和槲栎林。
		산 쪽으로 4~5킬로미터 더 들어가면 아열대 식물들은 우거진 삼림지대와 넓게 펼쳐진, 말과 소가 풀을 뜯는 고원 목초지**에 자리를 내준다**.	再向山区靠近四五公里，亚热带植物便会从视野中消失，**取而代之**的是茂密的山林地带和牛马成群的高原草场。
		다만 고아한 옛집 대신 번잡한 빌딩과 상업용 건물이 길에 가득하다.	只是画中典雅的古屋已不复存在，**取而代之**的是满街眼花缭乱的高楼大厦和商业建筑。
7	自然而然	그런데 이창래의 미국문학 등단과 함께 한국적 정서와 문화적 측면이 그의 문학 속에서 **드러나고**, 또 이 작가가 한국출신임이 세계에 알려지는 것은 매우 반갑고도 영예로운 일이다.	在这种情况下，李昌来的出现，显然具有重要意义，因为步入美国文坛的他，在作品中**自然而然**地流露出韩国情绪和文化。让世人知道他是韩裔作家，则更让人高兴和骄傲。
		지금까지 3천여 권이 넘는 책에 컴퓨터 대신 수작업을 고집하며 품격이 담긴 옷을 입혀온 그는 이제 북 디자인하면 **자연스럽게** 떠오르는 장인의 반열에 올랐다.	至今为止，他仍坚持不用电脑而用手进行设计，为三千多本书穿上了有品位的服装。如今他已跻身于匠人行列，只要一提到图书设计，**自然而然**就会想到他。
		늘 보고 자란 게 죽물이니 그게 **자연스러웠지**.	而是从小一直接触，**自然而然**地就干起来了。
		이는 우리 인체의 오장에 해당하는데, 이 오음을 구슬 꿰듯 하나로 엮어가면서 음을 올렸다 내렸다, 꺾었다 넘겼다, 다시 그쳤다 이어 부르면 그게 **바로** 노래가 된다.	这五个音相当于人体五脏，把它们像串珠子一样串在一起，时高时低，时断时续，就成一首歌了。跟随"咏歌"的节奏**自然而然**地摆动身体就是"舞蹈"。
		이리저리 연구하면서 실험하다 보니	在进行各种研究和试验的过程中，**自**

NO	成语	韩语句子/不对应之词或词组	汉语句子/*汉语成语
		자연스레 여기까지 왔네요.	**然而然**地就走上了这条路。
		어렸을 적부터 주위에서 완초를 접하다 보니 **자연스럽게** 여기까지 오게 된 것 같아."	可能是因为小时候周围接触的都是莞草吧，我**自然而然**就走到了今天这一步。
		한문 공부를 하다 보니 **자연스럽게** 붓글씨도 익혔다.	随后又**自然而然**地练起了书法。
		해외 홍보 전문가, 카피라이터, 번역가, 불교 강사, 최초의 외국인 포교사로 살았던 세월은 모두 불모가 되는 **자연스런** 길이었다고, 인연이었다고 말한다.	海外宣传专家、广告撰稿人、翻译家、佛法讲师、最初的外国布道者生活，他认为所有的一切**自然而然**地铺平了通向佛像画师的道路，是一种缘分。
		"비빔밥 샐러드가 맛있다고 느낀 사람은 **제 발로** 비빔밥을 **찾아오게 마련이**거든요."	"喜欢沙拉拌饭的人**自然而然**就会喜欢上拌饭。"
		이처럼 번화했던 거리인지라 **자연히** 넓은 의미에서의 예술가들이 모여들기도 했다.	因为这条街比较繁华，很多广义而言的艺术家也就**自然而然**地汇聚到这里。
		유곽을 연상시키는 실내 공간에 들어서면 세상사 돌고 돈다는 말이 **절로** 떠오른다.	大楼内部让人联想到红灯街，站在那里，会**自然而然**地感叹人世沧桑。
		돌부처들과 기 싸움을 하는 대신, 돌부처가 시간 속에 **자연스럽게** 녹아들기를 기다렸다.	不再与石佛们争夺气场，耐心地等待着他们**自然而然**地融入时间深处.
		기독교 집안에서 태어난 아이가 세례를 받고 **자연스레** 교회에 가듯 대를 이어 야구장을 찾는다는 것이다.	就像出生在基督教家庭的孩子会**自然而然**地接受洗礼，去教会做礼拜一样，乐天巨人球迷对棒球场的执著也是世代相传。
		일본의 야구열기와 기량 등은 부산 땅에 **친숙하게** 내려앉았다.	因此，日本棒球的传统和人气也**自然而然**地在釜山的土地上扎下了根，
		요 몇 년 새 일본 내 케이팝(K-pop) 열풍이 불면서 한국의 '떼창' 문화도 **자연스레** 전파된 것으로 보인다.	近年来韩国流行音乐席卷日本，齐唱也随之**自然而然**地传到了演唱会现场。
8	栩栩如生	용무늬벽돌과 봉황무늬벽돌의 용과 봉황은 구슬로 이어진 원 안에서 회전하면서 비상하려는 율동성과 **역동성**이 잘 표현되고 있다.	蟠龙纹砖和凤凰纹砖上的龙和凤在玉珠串成的圆圈内飞舞，画面线条流畅，**栩栩如生**，极具律动性。
		마치 나만의 비밀이던 아씨들이 **모습을**	将只属于我的沉睡多年的"白衣少

		드러낸 것만 같았다.	女"形象展现得**栩栩如生**。
		필선들은 날카롭게 방향을 갑자기 바꾸어 꺾이기도 하고, 거칠고 힘차게 내려친 다음 부드러운 율동감을 주기도 하면서 **형상의 생동감**과 더불어 짙고 갈라진 양태 자체에 변화의 묘미를 더한다.	笔锋时而突然逆转，时而粗犷有力而又赋予其飘逸灵动，既使形象变得**栩栩如生**，又为浓重萧疏的形态本身增添了变化的妙趣。
		이게 결국 동물의 뼈하고 사람의 뼈를 절충시켜서, '사실은 말이 안 되지만 말이 되는 것**처럼 보이는** 가상의 결과물'을 만드는 거니까요.	最后在动物骨骼和人的骨骼之间进行了折衷，因为是在制作一种"实际上子虚乌有、看起来却**栩栩如生**的虚拟的东西"。
		태평성세를 뜻하는 길조 봉황이 구름 위에 내려앉**는 순간을 표현했죠**.	凤凰定格在脚踏祥云的瞬间，尤其是它的两条腿强劲有力，**栩栩如生**。闵先生解释说。
		나무를 칼로 도려내 작업을 하는 과정에서 **생생하고** 즉흥적이면서도 자연스러운 선과 형태를 잡아내는 재능, 그리고 짧은 글에서 발견되는 해학은 일본의 또 하나의 유명한 판화가 호쿠사이(北齊)와는 또 다른 대가적인 면모다.	用刀在木版上刻划，各种自然、即兴、**栩栩如生**的线条与形象瞬间形于刀下，这样的才能堪比日本另一位版画泰斗北齐。
		산수나 건물의 배경, 다양한 자세의 인물, 섬세한 감정 표현, 산뜻한 채색 등의 표현 기법을 통하여 신윤복은 **실감나는** 장면을 눈앞에 생생하게 펼쳐 보였다.	申润福通过山水、建筑物的背景、姿态万千的人物、细腻的感情表达和清爽的色彩等表现手法将一个个生动的场面**栩栩如生**地展现在人们面前。
		또한 실제로 살아 움직일 것처럼 말과 사람을 정확하고 **세련되게 표현하고** 있다는 점에서 주목할 만하다.	而且这对骑马人物像的马和人都刻画得十分精致，**栩栩如生**，值得关注。
		호랑이는 대체로 웅크린 자세인데 비해 양은 네발로 서 있으며 뿔의 표현이나 몸체 조각의 **표현에 사실감**이 강조되기도 한다.	老虎一般为蹲姿，羊则是四脚站立，羊角、羊身雕刻得**栩栩如生**。
		나비가 날아와 노니는 등 **생동감 넘치는** 화초무늬는 이 꽃담의 백미인데, 흙으로 무늬를 도안한 뒤 구워서 일정한 위치에 박아 넣은 것이다.	生动逼真的花草是墙上最为精彩的部分，连花草间飞舞的蝴蝶都被刻画得**栩栩如生**。制作花草部分所用的花砖，要先在砖坯上绘出图案，烧制成形后再整块嵌入墙上的指定位置。
		고려인의 수준 높은 미감美感을 드러내는 섬세하고 단아한 형태와 원색을 주조로 한 화려한 색채와 호화로운 금	它以体现高丽人高度美感的细腻且雅致的形态与原色为主调，利用华丽的色彩和豪华的金泥，展现了**栩栩如生**、

		니金泥의 표현, **흐르는 듯 유려하면서도** 힘 있는 선묘線描 등 고려불화는 당시 동아시아에서 독보적인 미의 세계를 창조하였으며, 승화된 고려불교의 정신성과 고려인들의 숨결까지 함축하고 있어 고려시대의 문화상을 유감없이 보여준다.	流畅有力的线条，在当时的东亚创造出了独特的审美世界，其中蕴含了被升华的高丽佛教精神和高丽人的生活世界，充分体现了高丽王朝时代的文化水平。
		한자의 문양을 따서 만든 아자(亞字)살 만자(卍字)살의 창호가 수평, 수직으로 면을 분할하며 몬드리안의 차가운 추상처럼 단순한 구성미를 발산하는가 하면 오얏꽃, 매화꽃, 모란꽃 등 꽃을 **실물처럼** 곱게 새겨 넣은 꽃살창호는 정교하기 이를 데 없다.	"亚"字格和"卍"字格的格文将平面分割成水平和垂直的，犹如蒙德里安冷淡的抽象画一般散发出一种简约的结构美。雕刻着**栩栩如生**的李子花、梅花和牡丹花等精美格纹的门窗更是无比精巧。
		물론 소나무 숲이나, 노을이 지는 하늘, 바닷가, 석탑, 왕릉의 외진 구석 등을 포착한 사진은 피사체가 간직한 시간의 켜가 **그대로** 전달된다.	当然，照片中的松林、晚霞尽染的天空、海边、石塔、王陵的偏僻角隅里，也**栩栩如生**地传递出被拍摄对象所嵌刻的时间层次。
		이렇게 만든 먹으로 인쇄하거나 쓴 글씨는 검은 빛이 바래지 않고 **생생하게** 1천 년을 넘어서도 그대로 유지된다.	用此墨刻印或书写，色泽不褪，经过千年仍**栩栩如生**。
9	淋漓尽致	세 개의 산봉우리가 모여 있는 삼산(三山)은 흙산[土山]으로 도식화되어있지만 매우 발달된 형태로 표현되고 있다. 산수의 모습은 좌우대칭의 구성을 이루며, 바위와 함께 고원법(高遠法)**을 따르고 있다.**	这在当时是较为先进的表现方式。山水的形态左右对称，加以岩石点缀，是依据远视法(如同从山底仰望山顶，把远近和自然的雄伟表现得淋漓尽致)构图而成的。
		여성주의적 시각은 『게팅 아웃』(마샤 노먼 작, 문삼화 역/연출)에서 **더욱 두드러진다.**	女性主义的视角在《出位》(玛莎诺曼编剧，文三和译/导演)中表现得更为**淋漓尽致**。
		사사자석탑의 상징체계는 석탑이 위치한 공간에서 **극대화된다.**	四狮子石塔的象征意义在石塔所在的空间表现得最为**淋漓尽致**。
		한 덩어리인 듯 솟구친 백색 화강암 바위들의 견고한 그 석질은 이런 묵색 쇄찰법(刷擦法 붓을 뉘어 쓸어 내리는 기법. 주로 벼랑 바위의 매끄러운 표면이나 수직 단면들의 표현에 사용한다.)으로 쓸어내야만 **그 맛을 낼 수 있다는 것을** 정선은 이곳에 살면서 무수하게 시도해 본 사생과 실험에서 터득해 내고 있었던 것	仁王山白色花岗岩质地坚硬，抱成一团，耸入云端，只有采用斧劈皴法(主要用来表现崖面岩石的光滑面或垂直截面)才能将其表现得**淋漓尽致**。郑善在仁王山下久居，这是他经过不断实践掌握的技巧。

		이다.	
		신경숙 소설의 특징**이 잘 나타난** 있는 단편 〈그는 언제 오는가〉를 살펴보도록 하자.	申京淑小说的这一特点在短篇小说《何时他再来》中表现得淋漓尽致。
		특히 달마의 응축된 정신세계를 온화한듯하면서 극명하게 나타낸 얼굴은 한번에 휘갈긴 필선의 동세를 보여주며, 동양회화의 정수인 먹그림의 초절한 힘과 함축된 조형미를 **유감없이 보여준다**.	尤其是达摩的面孔看似温和而又鲜明地表现出其凝练的精神境界, 体现出一气呵成的恢宏气势, 淋漓尽致地展现出东方画的精髓、水墨画峭绝的力量和含蓄的造型美。
		유명한 바이올린 연주자였던 마리 홀에게 곡을 헌정함으로써 피아노와 바이올린의 연주로 시의 **분위기를 정확하게 살렸다**.	并把这首音乐献给了著名的小提琴演奏家玛丽霍尔(1884~1956)。通过钢琴和小提琴的演奏, 原诗的意境表现得淋漓尽致。
		이 작품에서 정이현은 이 시대 20, 30대의 한국 여성들의 평균적인 일상과 그 내면의 카오스를 누구보다도 정밀하고 **사실적으로 그려 낸다**.	在作品里, 郑梨贤把我们这个时代二三十岁韩国女性的日常生活及其在这一生活内部的混沌状态描写得细致入微、淋漓尽致。
		신윤복은 두 사람이 겪고 있는 미묘한 심리적 갈등을 **효과적으로 표현했다**.	申润福将两个人微妙的心理矛盾表现得淋漓尽致。
		스승이 강조했던 인체의 구조는 권진규의 작품에서 더욱 **극대화된다**.	在权镇圭的作品中, 把导师强调的人体结构表现得淋漓尽致。
		"인사에는 등신, 외교에는 귀신이라는 말이 이대통령에게 늘 따라 다녔지만, 반공포로 석방에서 휴전 조인까지 약 한 달간이야말로 이 대통령이 외교적 수완을 **유감없이 발휘해** 혼자 거대한 미국을 상대로 외롭게 투쟁하여 한국의 장래를 위해 필요한 거의 모든 것을 쟁취해낸 극적인 기간이었다 해도 조금의 과장이 없을 것이다."	"'人事上是草包, 外交上是鬼神'这句评价一直伴随着李总统。从释放战俘到签订《停战协定》大概一个月的时间里, 李总统将其外交手腕发挥得淋漓尽致, 他独自一人与强大的美国孤军斗争, 为韩国的未来争取所有所需的东西, 如果说这是一段充满戏剧性的时光也丝毫没有一点夸张。"
		그의 소설의 중요한 특징 중 하나는, 널리 알려진 대표작 「생의 이면」(1992)에서 **보이듯**, 이러한 형이상학적 탐구가 소설 쓰기의 문제와 밀접한 관련을 맺고 있다는 점이다.	他的小说重要特点之一就是将这种形而上学探索与小说创作紧密地联系在一起, 这一点在他的代表作之一《人生的背面》(1992) 表现得淋漓尽致。
		태극, 음양오행, 천원지방, 삼재 등의 우주관이 그 구조에 **고스란히 반영되어** 있으며 나무, 흙, 짚, 한지 등 처음부터	太极、阴阳五行、天圆地方、三才等宇宙观在韩国的传统建筑中得到了淋漓尽致地体现。传统建筑使用的材料

NO	成语	韩语句子/不对应之词或词组	汉语句子/*汉语成语
		끝까지 자연의 재료로 짓되 주변 자연과 조화를 중시하는 미의식을 담았다.	包括木头、泥土、草、高丽纸等都是自然材料，蕴含着韩国人重视与周围自然环境和谐相处的审美观。
		2011년 첫 자락의 서울에서 세 작품('지킬 앤 하이드(Jekyll & Hyde)', '몬테크리스토(Monte Christo)' 그리고 '천국의 눈물'까지)이나 동시에 막을 올리고 있는 작곡가 프랭크 와일드혼(Frank Wildhorn)의 음악도 특유의 대중적인 흡입력을 **유감없이 발휘한다**.	在2011年三部在首尔同时首演的音乐剧（《化身博士》、《基督山伯爵》、《天国的眼泪》）中，弗兰克维尔德霍恩的音乐均有呈献，**淋漓尽致**地发挥出特有的公众吸引力。
10	截然不同	짓는 사람의 마음가짐**에 따라서 그렇게 달라지는 것이죠**.	根据做衣人的不同心态会出现**截然不同**的效果。
		조계산(曹溪山)을 사이에 두고 송광사(松廣寺)와 선암사가 나란히 있지만 분위기는 **사뭇 다르다**.	虽然在曹溪山另一侧还有松广寺同仙岩寺隔山相望，感觉却**截然不同**。
		데이터 스트리밍은 증권시세표시나 실시간 일기예보 등에 사용되는 기술이지만 이렇게 시적이고도 시각적인 표현에 사용될 경우 **전혀 다른** 종류의 기술로 보이기조차 한다.	数据流作为一种技术，常被用于证券市场动态演示和实时天气预报等，而像这种充满诗意和视觉效果的表现手法则显示出其**截然不同**的一面。
		산 깊고 고즈넉한 그곳에서 자연을 가까이 접하면서 시골의 세계와 도시의 세계가 **전혀 다르다는 것**을 절실히 느꼈죠.	那里山深林静，我和自然为邻，深切感受到乡村与城市的**截然不同**。
		그것이 무엇인지 말로 설명할 수는 없지만 유럽 무대에서 춤추는 수많은 무용수들과는 **엄연히 다른 것이다**.	虽然很难用语言说清楚它究竟是什么，但有一点很明确，你和欧洲舞台上的大多数舞者**截然不同**。
		자전거라는 수단은 같지만 활용하는 용도는 **완전히 다른 셈이다**.	同样作为工具，但用途却**截然不同**。
		스티브 맥커리가 한국의 보령에서 머드 축제에서 머드를 얼굴과 몸에 바른 젊은 여성을 찍은 사진은, 〈내셔널지오그래픽〉 지의 표지에 실려 널리 알려진 그의 아프가니스탄 난민 소녀의 사진과는 **정반대로** 젊음의 열정과 자유로움이라는 밝고 유쾌한 한국 젊은이의 모습을 보여준다.	史蒂夫麦柯瑞来到了韩国宝宁郡的泥巴节。以此之前，他广为人所知的照片是刊登在《国家地理杂志》封面上的阿富汗难民小女孩。而这一次却**截然不同**，他拍摄到了脸上和身上涂满泥巴的韩国年轻女性，表现出韩国年轻人充满热情、自由、明快和欢乐的面貌。
		비행기에서 내려다본 한국의 첫인상을 생생하게 묘사하며, 사벨리예프 씨는 시베리아의 풍경과는 **사뭇 다른** 한국의	弗拉基米尔萨韦利耶夫生动地描述他从飞机上俯视韩国的第一印象。他说与西伯利亚风光**截然不同**的韩国自然

NO	成语	韩语句子/不对应之词或词组	汉语句子/*汉语成语
		자연풍광이 한눈에 자신을 사로잡았다고 말했다.	风光一下子吸引了他。
		두 번째와 세 번째 주제는 어떤 점에서는 서로 연관되지만 많은 경우 **대척점에 있기도** 했던 주제이다.	第二和第三个主题在某些方面有所关联，但是很多作品却反映了**截然不同**的概念。
		제주 곳곳에서 마주치는 정겨운 돌담과는 **또 다른** 돌문화의 매력을 맛볼 수 있다.	在那里可以体味与随处可见的温情石墙**截然不同**的岩石文化的魅力。
		그곳으로 가는 길은(제주도의 모든 도로 상태는 아주 좋다) 해발 800~1000미터의 도로를 통과하는데, 이때 날씨에 따라서 **완전히 다른**, 하지만 똑같이 매력적인 경치를 즐길 수 있다.	沿途公路的路况非常好，全程海拔高达八百至一千米。随着天气的变化，路上的景色也会呈现出**截然不同**的魅力。
		조선에는 중국에서처럼 지극히 화려한 예술품들을 찾아보기**가 힘들다**.	有很多最大限度地减少外部装饰，这和追求华美的中国家具**截然不同**。
11	理所当然	이 땅에 북 디자인이라는 개념조차 뿌리 내리지 않았던 시절, 편집자가 디자이너를 겸하는 것**이 당연시되**던 당시의 풍토에 반기를 든 사람이 바로 그였다.	在图书设计这一概念尚未扎根于韩国土地时，编辑兼任设计师被视为**理所当然**，而他却对当时这一风气提出了异议。
		이런 과정을 거쳐 생산된 판화는 **당연히** 기술상 최고의 경지에 이르렀다.	经过这一程序出品的版画**理所当然**地达到了极高的艺术水平。
		광주 민주화 운동 당시 작가 임철우가 광주에 있는 전남대학교 영문과 복학생이었음을 고려한다면, 이는 어쩌면 **당연한 일**일 것이다.	考虑到发生光州民主化运动时，林哲佑是全南大学英文系的在读学生，因此出现这种倾向也许是**理所当然**的。
		50% 할증이 붙는 응급실 치료비를 기꺼이 지불하며 병원을 찾는 이유를 물으면 하나같이 "가족인데 **당연한 일** 아니냐"고 대답한다.	当问到为什么即使在多支付50%急诊费的情况下还要来医院给宠物看病时，大家众口一词地答道："因为是家人，**理所当然**啊。
		그런데 김아타는 사진이 표현할 수 있는 영역이라고 믿어온 **기존의** 경계선을 허물어버렸다.	然而，摄影家金我他却超越了一般人所认为的摄影**理所当然**具有的局限。
		1996년 데뷔작 〈돼지가 우물에 빠진 날〉을 만들었을 때 한국의 평단이 들썩였던 건 어쩌면 **당연했다**.	1996年，他的处女作《猪堕井的那天》让韩国电影评论界为之振奋，这似乎也是**理所当然**的。
		당연히 한국을 대표해서 이세돌도 나갈 것이다.	李世石将**理所当然**地代表韩国出战。

NO	成语	韩语句子/不对应之词或词组	汉语句子/*汉语成语
		이상한 소리처럼 들리겠지만 대흥사에 다녀온 사람들이 이 오래 된 산사에 들르는 것을 **통과의례처럼 여기는 것**이 못마땅했기 때문이다.	原因听起来也许有些奇怪，但我对人们**理所当然**地认为游览大兴寺时也要去这座古庵的做法感到十分不满。
		음식이 담겼을 때 더 가치 있고 아름답게 만들었기에, 소장한 사람에게도 '자꾸만 손이 가는' 그릇이 되는 것은 **당연하다**.	餐具在盛装食物时更有价值，也被装饰得更美。对于收藏家来说，也总是**理所当然**地青睐那些"经常把玩"之物。
		이 소설은 엄마의 상징성을 통해 당연하면서도 이루기 어려운 문학의 '보편성'을 성공적으로 획득했다.	这部小说通过母亲的象征性成功地获取了文学中既理所当然又难以达到的"普遍性"。
		나가수의 인기는 최고일 수밖에 없다.	《我是歌手》的成功几乎理所当然，
		스토리 전개에 순발력을 발휘하자니 미리미리 찍을 수 없고, '쪽대본'에 의지해 드라마 제작의 유연성을 높이는 일이 **당연시되는** 것이다.	为使剧情展开灵活多变，但又不能提前完成拍摄的情况下，提高制作的灵活性也就成为了**理所当然**的事情。
12	难以置信	근대적 측량기술이 도입되기 이전 전통적인 방법으로 제작된 지도라 믿기 어려울 정도이다.**이로 인해** 1910년대 일본이 조선을 식민통치하기 위해 토지를 조사할 때도 〈대동여지도〉를 기초 지도로 활용했다고 한다.	《大东舆地图》上除北部地方的部分地区外，几乎与现在的朝鲜半岛地图一致。让人**难以置信**的是这幅地图是在引进现代测量技术以前使用传统方法制作的地图。
		그런 장애를 지니고 있으면서도 반세기 동안 각자장으로 살아왔다니 **도무지 믿기지가 않을 정도다**.	而吴玉镇竟然在具有这种障碍的情况下，在半个世纪的时间里一直作为一名刻字匠生活过来，这简直令人**难以置信**。
		그냥 바늘 같은 것으로 찔렀을 뿐인데 **거짓말처럼** 통증이 사라지더군요.	说起来有些让人**难以置信**，就用一根像缝衣针的东西一扎，疼痛就消失了，
		남편을 지키려다가 남편을 사형장으로 보내고 아들을 위한다는 것이 아들을 죽음으로 몰아넣고도 아직도 미망에서 깨어나지 못하는 한 여인이 겪는 우리 시대의 비극을 그린 이 작품은, **믿기지 않을 정도로** 순수한 한 여인의 생활철학을 내세워 우리 시대의 이데올로기를 무섭게 비판하는 작품이다.	该剧叙述的是一个女人经历的时代悲剧：女人想守住丈夫，却把丈夫送上刑场；为儿子谋幸福的美好愿望却断送了儿子性命，即便如此，她仍然没从迷惘中清醒过来。该剧反映了一个女人令人**难以置信**的单纯的生活哲学，对时代意识形态进行了深刻批判
		강원도 인제군 현리에서는 **미신 같은 일**이 벌어졌다.	在江原道麟蹄郡县里发生了一件令人**难以置信**的事情。

NO	成语	韩语句子/不对应之词或词组	汉语句子/*汉语成语
		"**더욱 믿기 어려운** 현실은, 다리에 관통상을 입은 그 키 작은 유해는 DNA 감식결과 꿈속의 예언대로 김춘화의 부친 김권순으로 밝혀진 사실이다."	更加令人**难以置信**的是，那具腿上有枪伤的小个子的遗骸经过DNA鉴定结果显示，真的如梦中预言所说的那样是金春花的父亲金权顺。
		이처럼 평화롭게 보이는 곳에 명성황후(明成皇后) 시해라는 어두운 역사가 있었다는 사실이 **믿기 힘들다**.	在这祥和之地，却曾发生过明成皇后被刺杀的黑暗一幕，真让人**难以置信**。
		"거의 "초현실"적인(surrealistic) 언어를 향해 가는 이들의 작품은, **믿기지 않는 현실**을 직시한 채 과연 진정한 리얼리티란 무엇인가에 대해 다시금 질문한다."	这些近于超现实主义风格的作品敢于正视令人**难以置信**的现实，再次提出"究竟什么是真正的现实主义"的疑问。
		이 목판이 750년이 넘도록 이곳에 보관되어 왔다는 사실이 **믿기 힘들지만** 아직까지도 이 목판들은 선명한 불경을 찍어낼 수 있다.	让人**难以置信**的是，木板在这里的保存时间超过了七百五十年，但它们却仍可以印刷出字迹清晰的佛经来。
		이 목판이 750년 전에 제작된 것이라고는 **믿기 힘들만큼** 가까이 들여다 보면 장인의 도구가 남긴 세심한 작업의 흔적을 아직도 볼 수 있다.	凑近仔细观察的话，会看到匠人们使用工具留下的痕迹，手工细腻，让人**难以置信**这竟是七百五十年前打造而成的。
		"6개의 국립공원을 끼고 있는 한국의 대표적 산줄기인 백두대간에서 자신이 겪은 "매우 흥미로웠고, **도저히 믿기 힘든 경험**"을 세계의 산악인들과 함께하고자 시작했던 일이다."	"白头山脉在韩国跨越了六座国家公园，是韩国最具代表性的山脉。罗杰编写这本旅游指南的初衷是希望和全世界的山地旅游爱好者分享自己穿越白头山脉"无比有趣而又令人**难以置信的经历**"。
13	首屈一指	이처럼 현재까지도 사람의 손길이 미치지 못한 지역이 많아 파괴되지 않은 자연환경이 청송군의 **으뜸으로 꼽힌다**.	这里有很多地方人迹罕至，所以内院村的自然环境在青松郡也**首屈一指**。
		어디 그뿐인가? 그와 함께 밤샘을 마다않고 책을 만들던 편집부에는 황현산(黃鉉産 Hwang Hyeon-san) 현 고려대 교수와 소설가 김원우(金源祐 Kim Won-u) 씨 등이 포진해 있었으니, 그야말로 당대의 내로라하는 문사들이 즐비했던 **막강 진용**이 아니었겠는가? 그렇게 오역본이 허다하던 때에 단 한 권의 충실한 번역본을 위해 노력을 아끼지 않았던 그는 과감하게 번역료 인상을 시도해 번역의 질을 한 단계 높이는 데에도 앞장섰던 뛰어난 에디터였다.	不仅如此，与他一起熬夜编书的编辑部人员还有高丽大学现任教授黄铉产、小说家金源G等，聚集了一批当代**首屈一指**的文人墨客，真可谓阵容强大。当时翻译质量很差，误译滥译比比皆是，为了译出忠实于原著的译本他不遗余力，果断尝试提高翻译稿酬，在提高翻译质量方面起到了带头作用。

NO	成语	韩语句子/不对应之词或词组	汉语句子/*汉语成语
		그 해 발표된 한국 여성 재즈 보컬리스트 앨범에서도 **손꼽히는** 작품이 되었다.	在当年推出的韩国女性爵士乐专辑中，这一张大碟算得上**首屈一指**。
		동강의 절경은 정선에서도 **가장 먼저 손에 꼽는** 제1경에 속한다.	东江绝景是旌善**首屈一指**的景观。
		안쪽의 성곽을 형성하는 산으로 북악산(342m)과 남산(262m) 등이 있고, 바깥쪽 성곽을 형성하는 산으로 수도권 지역에서 **가장 높은** 산인 북한산(836.5m) 등이 있다.	内侧的城郭包括北岳山(342米)和南山(262米)，而外侧城郭则由首都圈地区中高度**首屈一指**的北汉山(836.5米)等构成。
		당시 선생님은 패물세공의 **일인자로 꼽히셨습니다**.	金先生手艺精湛，是当时**首屈一指**的大师。
		승선교는 우리나라 **최고의** 홍예형 돌다리로 꼽힌다.	升仙桥是韩国**首屈一指**的拱形石桥，其结构与造型之美超群。
		백령도의 공기는 한국에서 **가장** 깨끗하다고 평판이 나 있다.	有人评价说白翎岛的空气清洁程度在韩国各地当中**首屈一指**。
		공장 규모로만 보면 자동차나 대형 가전공장의 10분의 1도 안 되지만 매출 규모나 수익성에서는 국내 제조업 중에서 **단연 최고** 수준이다.	工厂规模尚不及汽车或大型家电厂的十分之一，但销售额和利润率却在韩国制造业中**首屈一指**。
		우선 통산 157개의 타이틀을 거머쥐며 세계신기록을 보유하고 있는 조훈현(58 Cho Hoon-hyun, 曹薰鉉)이 있다.	**首屈一指**的领军人物当属曹薰铉，他共获得157个冠军，保持冠军最多的世界纪录。
		앞서 언급한 소녀시대, 보아, 동방신기 그리고 슈퍼 주니어, 샤이니(Shinee), 에프엑스(Fx) 등 정상급 아이돌 그룹들을 거느린 **굴지의** SM엔터테인먼트가 조직한 "SM Town Live 10 World Tour"다.	韩国**首屈一指**的演艺公司"SM娱乐"率领旗下的少女时代、宝儿、东方神起、SUPER JUNIOR、SHINEE、FX等顶尖偶像艺人及组合举办了"SM家族全球巡演"。
14	众所周知	이형구(이하 이): **누구나 다 아는 사실이지만**, 우선 위치가 좋지 않고, 크기가 작고, 무엇보다 전시하기에 참 불편한 건축물이죠.	李炯玖(以下简称"李")**众所周知**，首先这里的位置不好，空间狭小，最主要的是展示起来非常不方便。
		이 두 콩쿠르는 차세대 유망주로 거론되는 젊은 지휘자들이 거친, 국제적인 지휘자로 부상하는 최고의 발판으로 **널리 알려져 있다**.	**众所周知**，对于被评论称为"有希望"的新一代年轻指挥家来说，这两项国际比赛是一跃成为国际级指挥家的最高踏板。
		호랑이는 원래 용맹스러운 동물로 **잘 알려져 있어** 수호의 역할을 수행할 것	老虎是**众所周知**的猛兽，担负守卫王陵的职责；羊则可避邪，同时也是孝

NO	成语	韩语句子/不对应之词或词组	汉语句子/*汉语成语
		이며 양은 사악한 것을 물리치며 효심을 상징한다고 한다.	的象征。
		논이 인간이 만든 습지의 한 유형이라는 것은 **누구나가 공감한다**.	众所周知，稻田是人工湿地的一个类型。
		아다시피 6.25전쟁은 남북한으로 국경이 나뉜 한국인들끼리의 내전인 동시에 동서로 양분된 세계의 이데올로기 체제가 한반도에서 치열한 교전을 벌인 국제전이기도 했다.	众所周知，"六二五"战争既是分为南北两侧的同族人之间自相残杀的内战，同时又是分为东西两方的世界意识形态体制在朝鲜半岛激烈相争的国际战争，战争使美国真正成为韩国的盟国。
		고려불화는 이미 **잘 알려져 있다시피** 세계에서 가장 아름다운 종교예술품 가운데 하나로 손꼽힌다.	众所周知，高丽佛画是世界上最美的宗教艺术品之一，
		빛이 예술적 영감을 주는 매개체 이상이란 것은 **더 말할 필요가 없다**.	阳光能给人带来无限的艺术灵感，这一点已是众所周知。
		알려졌다시피, 그는 모노하(もの派)'운동을 이끌어온 대표적인 작가다.	众所周知，李禹焕是日本"物派"运动的代表人物。
		그러나 이 디자인은 **다 아는 것처럼** 조선의 이름 없는 여성들이 만든 것이다.	但是，众所周知，传统拼缀布都是由朝鲜王朝时期默默无闻的家庭妇女设计和缝制的。
		저희 상황이 얼마나 열악한지 국민들도 **알았을 것입니다**.	韩国电视剧制作环境的恶劣众所周知。
15	孜孜不倦	더 나은 종자 개발**에 몰두하고 있다**. 그의 연구실은 24시간 불이 밝혀져 있다.	他为开发出更好的种子而**孜孜不倦**地工作着，他的研究室二十四小时灯火通明。
		그의 **지칠 줄 모르는** 열정과 함께 오늘도 한국의 소리는 세계로 뻗어나고 있다.	伴随着他那**孜孜不倦**的热忱，韩国之声至今传向世界各地。
		그의 **지칠 줄 모르는** 열정과 함께 오늘도 한국의 소리는 세계로 뻗어나고 있다.	伴随着他那孜孜不倦的热忱，韩国之声至今传向世界各地。
		발레에 대한 꾸준한 열정	对芭蕾孜孜不倦的热情
		1970~80년대에는 현역 화가로서는 최초로 동국대학 대학원에서 비교 미학과 동양 철학을 연구하여 박사학위를 취득한 뒤, 오늘에 이르기까지 한국 미술의 **자생성 탐구**로 한국화의 현대화 작업에 진력해 오고 있다.	上世纪七八十年代，他进入东国大学研究生院研究比较美学和东方哲学并作为现役画家率先取得博士学位。时至今日，他**孜孜不倦**地探索着韩国美术的自生，全力以赴地埋头于韩国画的现代化创作。

NO	成语	韩语句子/不对应之词或词组	汉语句子/*汉语成语
		이런 척박한 상황에서도 **예전처럼** 풀줄기 하나하나에 **정성을 쏟아** 엮어 내는 이가 있다.	尽管草编织品的境遇如此恶劣，但仍然有一个人在**孜孜不倦**地、热情地编织着一根一根的草秆，
		옛 조선의 지식인이자 교양인이었던 선비들은 목숨이 다하는 그날까지 학문에 **정진하**는 것을 사명으로 여겼다.	作为朝鲜王朝时代的知识分子和文化人，朝鲜书生奉治学为毕生使命，直到生命最后一息仍**孜孜不倦**。
		이런 점을 고려할 때 그는 현대 미술의 조류에 대해 무관심하거나 혹은 거부한 것은 아니었지만 자기만의 조형 언어를 구축하기 위해 **노력해 온** 작가다.	从这点来看，他并不是不关心或者拒绝现代美术潮流，而是一直在为构建自己独有的造型语言而**孜孜不倦**地努力。
		60대에 접어든 지금도 학교와 작업실을 오가며 **지칠 줄 모르고** 만화만 그리는 타고난 작가다.	"如今他已是六十多岁的人了，还在往返于学校和创作室之间，**孜孜不倦**地""漫""。
		그후 그는 평생 동안 북방 샤머니즘에 기반한 굿 퍼포먼스 정신을 **일관되게 추구했으며**, 이는 '아시아에서 온 문화 테러리즘'(앨런 카프로)이란 평가를 들었다.	"此后，他一生都在**孜孜不倦**地追求源于北方萨满教的巫俗表演精神，艾伦卡普洛将他的作品描述为""来自亚洲的文化恐怖主义""。
16	交相辉映	춘천에서 하룻밤 묵을 경우에는 형형색색의 빛과 물이 **화려하게 어우러진** 야경을 놓칠 수 없다.	如果在春川小住一晚，一定不能错过五彩缤纷的灯光与湖水**交相辉映**的绚丽夜景。
		한국의 우수한 전통 문화와 박진감 넘치는 현대 문화가 **함께 아울러진** 이번 행사는 한국의 음악, 문학, 한복, 공예, 영화 등 생활 문화를 다양하게 소개하는 축제의 마당으로 거듭났다.	在本次活动中，韩国优秀灿烂的传统文化、动感十足的现代文化**交相辉映**，运用多种方式推介的韩国音乐、文学、韩服、工艺以及电影等生活文化则使庆典更加令人称道。
		키 낮은 밤색의 나무들이 줄줄이 이어져 무늬를 만들고 있던 눈 내린 산들, 정겨운 붉은색, 푸른색 지붕들이 **어우러진** 풍경이었다.	在那白雪覆盖的山上，栗色低矮的树木层层叠叠排列成行，编织出美丽的图案，与那些红的、绿的屋顶**交相辉映**，形成一道美丽的风景。
		여백을 지니면서 미색을 머금은 백색의 유색과 흑상감의 깔끔한 연화당초문이 **잘 어울린다**.	在余白处，米白色釉彩和黑色镶嵌的莲花唐草纹**交相辉映**。
		또한 계곡을 흐르다가 다리 아래 잠시 머무는 물이 용소(龍沼)를 이루어, 그 모습이 돌다리와 **어울려** 전체적으로 조형의 아름다움을 더해준다.	溪水顺流而下，在桥下迂回，形成龙沼，潭水与石桥**交相辉映**，更添造型之美。
		제주 섬을 둘러싼 바다는 **마찬가지로**	与海面**交相辉映**的天空也同样是变幻

NO	成语	韩语句子/不对应之词或词组	汉语句子/*汉语成语
		끊임없이 변하는 하늘을 매혹적으로 반사한다.	无穷。
		무대 바닥에 깔려있는 LED 전광판이 다양한 색을 내뿜으며 공간을 창출해 낸다든지, 조명과 영상이 **적절히 뒤섞여진** 동양식 그림자놀이가 등장하고, 이리저리 옮겨지며 다양한 공간을 창출해내는 '문'의 쓰임새는 공연 무대만의 재미를 쏠쏠하게 만들어준다.	舞台地板上铺设的LED电光板释放出一道彩虹，增添了意想中的气氛；照明和多媒体**交相辉映**，将东方色彩的皮影戏作为背景上演；利用"门"的移位，变幻出多元化空间，使得舞台演出充满了特有的生动乐趣。
		한국 전통의 미감과 현대 디자인이 **절묘하게 조화를 이룬** 그의 가구들은 한국 전통 공간과 현대적 공간 어디에도 잘 어울려 인기를 모았다.	他的家具作品将韩国传统美感与现代设计巧妙结合，使韩国传统空间与现代空间**交相辉映**，因而颇有人气。
		역시 세계기록유산인 『조선왕조실록(朝鮮王朝實錄)』과 함께 한국기록문화의 꽃으로 꼽힌다.	它与此前被登录为世界记录遗产的《朝鲜王朝实录》**交相辉映**，成为韩国记录文化的两朵奇葩。
		종이 **못지않게** 인쇄에 사용한 먹에도 빼놓을 수 없는 비밀이 숨어 있었다. 송진이 많이 엉긴 소나무 가지나 옹이를 일컫는 '관솔'을 태워서 나오는 그을음을 모으고, 이것을 아교와 섞어 만든 '송연묵(松煙墨)'이 비밀의 핵심이다.	与高丽纸**交相辉映**的是，刻印时使用的墨也有秘诀。最为核心的工序是，火烧富含松香的松树枝或树节交叉部分，积其烟子，拌以牛皮胶，即制成"松烟墨"。
17	无影无踪	그런데 그들은 나타날 때 그러하였듯이, 누군가의 호루라기 소리에 맞춰 일제히 **사라지고 말았다**.	突然，一声哨起，这些"红魔"跟出现时一样，瞬间消失得**无影无踪**。
		더욱이 무심하게 흐르는 북한강이나 고요히 일렁이는 의암호를 응시하노라면, 가슴 속의 울분과 아픔까지도 씻은 듯 **사라지게** 마련이다.	加之，静静地凝视平静如鉴的衣岩湖和悄然流淌的北汉江，心头所有的郁愤和悲哀自然就会消失得**无影无踪**。
		분홍 빛의 도원에서 아씨들은 숨바꼭질을 하면서 아름다운 몸매, 살짝 웃은 매혹적 입술 등을 인화지에 남기면서 또 어디론가 **사라진다**.	在粉红花瓣漫天飞舞的桃花园中，少女们捉着迷藏。相纸上若隐若现出她们苗条的身材、露出微笑的樱桃小嘴，过一会儿又消失得**无影无踪**。
		여장을 풀고 온천수에 몸을 담그면 여름 더위와 여행의 피로가 일시에 **사라진다**.	脱下行装，身子泡在温泉池中，炎热及旅途带来的劳顿和辛苦片刻间消解得**无影无踪**。
		그렇다면 아버지를 바라보는 김애란의 시선은 어떠한 것일까? 소설집 《달려라, 아비》에 실린 작품인 〈사랑의 인	那么，金爱烂是怎么看待父亲的呢？小说集《跑吧，爸爸》中的作品"爱的寒暄"，讲的是小时候父亲把自己扔到

NO	成语	韩语句子/不对应之词或词组	汉语句子/*汉语成语
		사)는 어렸을 때 공원에 자신을 버리고 **종적을 감춘** 아버지를 십여 년이 지난 후 수족관의 유리벽을 사이에 두고 만나게 된다는 이야기이다.	公园后消失得**无影无踪**，过了十多年后，在一个水族馆里，隔着玻璃墙与父亲相遇的故事。
		바람이 만들어내는 소리의 길은 생성과 동시에 **소멸한다.**	风声在响起的一刹那又消失得**无影无踪**。
		예를 들어, 하얀 거품을 물고 해변으로 다가와 부딪히고, 뒤쫓는 물결에 **삼켜져 버리는** 파도와 바다를 바라보는 것은 언제나 매혹적이다.	举例来说，观赏海景在任何时候都是一件赏心悦目的事情。海浪夹杂着白色泡沫涌向岸边，与海岸发生剧烈的碰撞，随后又被下一波浪潮吞噬得**无影无踪**，
		그 여자는 수시로, **종적 없이** 방을 바꾸어가며 이사를 다녔고 지금은 어디로 갔는지 모른다.	随时**无影无踪**地搬家，现在我也不知道她搬到哪里去了。
18	尽收眼底	무상사(無上寺)는 논과 농장을 **한 눈에 볼 수** 있는 계룡산 한 쪽에 자리잡고 있는 조용하고 청명한 사찰이었다.	无上寺是一座清静的寺庙，坐落在鸡龙山一侧，鸡龙山的农田和农场**尽收眼底**。
		동양최대 규모를 자랑하는 이곳의 '통일 전망대'에 오르면 **한눈에 들어오는** 목장 전경은 물론, 강릉 경포대와 주문진, 소금강 계곡과 동해바다를 조망할 수도 있다.	登上展望台，不仅整个牧场**尽收眼底**，还可以远眺东海。
		금산의 온갖 기이한 암석과 푸른 남해 바다를 **한눈에 볼 수 있는** 아름다운 절이다.	站在风景醉人的菩提庵，锦山怪石和南海碧波**尽收眼底**，这里还是观日出的绝佳场所。
		이곳에선 한옥 마을이 **한 눈에 들어온다.**	在这里，整个韩屋村都能尽收眼底。
		'대한민국 나라 만신' 김금화(77, 중요무형문화재 제82호)의 굿전수연구소 '금화당(金花堂)'은 산과 바다가 **내려다보이는** 강화도의 산자락에 서 있다.	"大大韩民国国巫"金锦花(七十七岁，第八十二号重要无形文化遗产传人)的巫俗研究所"金花堂"位于江华岛上的一个山脚下，在这里山海景色**尽收眼底**。"
		부처를 잠깐 만나고 뒤돌아보면 멀리 다도해(多島海)가 **한눈에 굽어보인다.**	拜谒过菩萨转身回望，远处多岛海海景**尽收眼底**。
		연극연습실의 연습과 공연이 진행되는 무대와 그 **모두를 바라보는** 관객석을 하나로 열어놓은 형식의 연극으로, 역사적인 위기의 반복, 연극 연습의 반복, 그 속에서 반복되는 대사를 하나로 엮어놓고 있다.	该剧把后台练习、演出场地舞台和把以上两处的活动**尽收眼底**的观众席连成一个开放的整体，从而把历史危机的反复、戏剧练习的反复以及在此过程中被反复吟诵的台词连为一体。

NO	成语	韩语句子/不对应之词或词组	汉语句子/*汉语成语
		광화문의 어두운 아치형 입구를 지나 드넓게 펼쳐진 뜰로 들어가는 것은 마치 울창한 숲을 헤치고 산 정상에 올라 **눈 앞에 펼쳐진** 장관을 만나는 느낌과도 같아서 잠시 숨을 가다듬고 이 장관을 마음껏 감상하고픈 충동을 느낀다.	经过光化门昏暗的虹霓门入口, 真是豁然开朗, 望着广阔的院落, 仿佛是穿越茂盛的森林后登临山顶, 眺望脚下的壮观景色一般。在此稍歇片刻, 不觉涌起冲动, 想把此处光景**尽收眼底**。
		정상에 서면 석양 풍경이 특히 아름다운 서해가 **한눈에 들어온다**.	站在山顶, 夕阳里的风景和美丽的西海**尽收眼底**。
19	可想而知	한국 최고의 종인 성덕대왕신종이 만들어진 시기를 봐도 **짐작할 수 있지**.	这一点看看韩国最顶级的圣德大王神钟(国宝第二十九号)制造的时期便**可想而知**。
		그리고는 영화평론가와 기자도 극장에 와 돈을 내고 영화를 보라고 큰 소리 쳤으니, **당연히** 많은 평론가와 기자들이 그의 영화를 돈 주고 보지 않았고 영화는 고작 1,000여 명의 관객을 동원하는 흥행 참패를 기록했다.	而且要求那些电影评论家和记者自己买票看电影。结果是**可想而知**的, 大多数电影评论家和记者并没有自己买票看他的电影, 电影仅售出一千五百张票, 票房惨不忍睹。
		주로 아녀자들이 하던 죽물공예를, 그것도 신체 건강한 젊은이가 생업으로 삼겠다고 매달렸으니 그 **속은 오죽했으랴**.	一个身强体壮的男子汉却来做这种向来由妇人从事的行当, 并且要靠它糊口, 其心情**可想而知**。
		사물놀이는 세계 곳곳에서 불과 몇 분이 지나기도 전에 모든 청중들이 그들의 소리에 함몰되어 있음**을 알 수 있다**.	**可想而知**, 四物游艺在世界各处不用几分钟, 就使所有听众都沉浸在他们的声音之中。
		정교하기 이를 데 없는 갓을 만드는 과정은 양태 만들기 24과정, 총모자 만들기 17과정, 갓 모으기 10과정 등 모두 51개 과정을 거쳐야 한다니 그 수고**가 짐작된다**.	制作纱帽的过程无比精巧, 制作帽檐要经历二十四道工序, 帽冠需要十七道工序, 组合纱帽要十道工序, 总共需要五十一道工序才能完成一顶纱帽, 其辛苦程度**可想而知**。
		수많은 만장(輓章, 왕의 행적을 적은 글과 그림을 그린 비단이나 종이깃발)과 대여를 비롯한 수많은 가마, 방울을 쩔렁대는 장식한 말들, 왕과 문무백관, 궁녀와 내시 등의 행렬을 **상상한다면** 어마어마한 규모다.	国葬队伍由大量的挽章(记载国王生前业绩的文字、画有图案的绸缎和纸旗)、包括丧舆在内的众多轿子、用丁丁当当的铃铛装饰的马匹、国王、文武百官、宫女、太监等组成, 其盛大的规模**可想而知**。
		이 숫자는 당시 서울의 전 인구가 10만 명 정도였음을 감안하면 엄청난 규모임을 **알 수 있다**.	当时首尔的总人口不过十万人上下, 其规模的庞大**可想而知**。
		프랑스 레퍼토리에 익숙한 정명훈이 오케스트라를 집중적으로 훈련시켰음	**可想而知**, 这些都是深谙法国曲目的郑明勋对乐团进行集中训练的结果。

NO	成语	韩语句子/不对应之词或词组	汉语句子/*汉语成语
		을 알 수 있다.	
20	浑然一体	옥의 순리와 사람의 의지가 **조화를 이룰 때 느껴지는 일체감**이랄까, 옥은 원석마다 특유의 결이 있어요.	可能是因为喜欢当玉石的纹理和人的意志相谐时所产生的那种浑然一体的感觉。每一块玉石都有其特有的质地,
		안무자는 "21세기형 멀티미디어버전의 〈봄의 제전(The Rite of Spring)〉"을 선언했는데, 상체 나신과 흰색 망사 치마에 다양한 사냥 이미지가 나타나 원시성과 현대성, 혹은 자연과 과학의 **합일**을 제시하는 듯했다.	编舞者宣言道："《春之祭》的21世纪多媒体版本", 以上身的赤裸和白色网丝状的裙表现出幻化多变的狩猎形象, 仿佛揭示了原始与现代, 或者自然与科学的浑然一体。
		이처럼 더 이상 줄일 수 없는 최소한의 간략한 필치와 난폭할 정도로 변화가 심하고 분방한 필세는 기교를 부릴 여유도 없이 눈 깜짝할 사이에 그려낸 것 같으면서도 형상과 작가의 뜻이 **하나가 되어** 있어 더욱 깊은 감동을 준다.	这种疏简章略的笔法和变化莫测、桀骜不驯的画法看似未使用任何技巧瞬间完成, 而形象却与作家的意志浑然一体, 给人的感动更加深远。
		교동고분군(사적 제80호)은 마치 동산 여러 봉우리가 **어우러져 있는 듯하다.**	校洞古墓群(第八十号历史遗址)和四边的山峰浑然一体,
		평화롭다는 말이 절로 나오는 한국의 고즈넉하고 아름다운 자연과 **조화를 이룬** 사찰은 그의 영혼을 사로잡았다.	凤停寺与韩国清静优美的自然环境浑然一体, 让人情不自禁地发出"和平"的感叹。凯勒被深深吸引。
		나라에서 만들어 쓰는 물건엔 소박하고 고졸한 멋 보다는 문화의 역량을 마음껏 드러내는 화려하고 역동적인 멋이 **어울립니다.**	国玺是用于国家事物的用品, 不能过于朴素或古朴, 应充分表现文化的力量, 使其高贵华丽与充满活力浑然一体。
		이 성벽은 **유기적**인 느낌을 주면서도 선이 좀 더 일정하다.	既保留了浑然一体的感觉又加强了线条的规律性。
		세계적인 건축가가 설계한 건축물이 제주의 자연과 **어우러져** 곳곳에 들어서 있다.	济州各地陆续建起由世界级建筑师设计的建筑, 和周边自然景色浑然一体。
21	微不足道	**겨우 이 정도**의 노력은 매미에게 댈 것도 아니잖아요?	我的努力跟蝉比起来简直是微不足道。
		작가의 말대로, 비록 "**있는 듯 없는 듯 존재가치가 희미하지만**, 돈 없고 힘없는 일년살이들도 숲을 이루는 데는 꼭 필요한 존재"이기 때문이다.	正如作家所言,"虽然他们的存在微不足道, 但是要知道, 这些既没有钱, 又没有权的人们如同一年生植物同样也是形成树林必不可少的存在。
		그녀의 소설은 이름 없이 사라지는 것	她的小说里充满了一种声音, 记录着

NO	成语	韩语句子/不对应之词或词组	汉语句子/*汉语成语
		들과 주변부의 **미미한** 존재들을 기억하는 목소리로 가득하다.	正在无声无息中消失的东西和处于边缘的**微不足道**的存在。
		볼품없는 것들이 오히려 빛이 났기에 나는 소설에 매혹당했다.	看起来**微不足道**的东西反而更光彩夺目，所以我被小说迷住了。
		세부에 대한 하성란의 애착과 집념은 **작고 미미한 것들**을 가시권에서 추방해 버린 관습적인 소설문법을 '낯설게' 하려는 의도를 함축하고 있다.	河成兰对细节的钟爱和执著出于这样一种目的，她想使小说语法"陌生化"，因为传统小说语法将那些**微不足道**的东西从描写对象中排除掉了。
		작은 시작이지만 관객에게 좀 더 친밀하게 다가서는 작품을 무대에 올리고 싶었습니다."	这虽然只是一个**微不足道**的开端，但我想在舞台上为观众献上更具亲和力的作品。
		나는 그 **희미한** 물건들에 결코 큰 기대를 걸 수 없었다.	我没有让自己对这些听起来微不足道的东西抱有太大期待，
		남자나 실연 때문이 아니라 네 **하찮음**, 네 우열함, 네 교정되지 않는 악마성 때문에 입술이 새파래지도록 삶을 저주해본 적이 있느냐.	你有没有因为你的微不足道，因为你的愚笨，因为你那改不了的淫荡，而不是因为男人或失恋而诅咒生活，直到嘴唇发青？
22	史无前例	이러한 인기 때문에 1643년 통신사절단이 파견될 때는 일본으로부터 "김명국 같은 화가가 오기 바란다"는 특별 요청이 외교문서를 통해 공식적으로 제출되는 **초유의** 사태가 벌어지기도 했다.	甚至于发生过这样一件**史无前例**的事情，在1643年朝鲜王朝派遣通信使节团时，日本通过正式的外交文书提出：希望金明国这样的画家能访问日本。
		한국 드라마로서는 **사상 초유**의 400억 원대 제작비가 투입됐으며, 최근 주춤한 한류를 되살리겠다는 목표를 세웠다.	其制作经费投资**史无前例**地达到了四百亿韩元，以期重振近期有所退却的韩流热潮。
		세계에서 유례를 찾을 수 없는 '세계 국립극장 페스티벌'이 2008년 9월 5일부터 10월 30일까지 제2회 행사를 성공적으로 치러냈다.	2008年9月5日至10月30日，**史无前例**的世界国家剧院节成功举办了第二届庆典。
		유엔이 지난 해 발표한 보고서에서는 이러한 인구고령화를 "**전례 없는**(unprecedented), 인류 역사상 유례를 찾을 수 없는 과정"이라고 했다.	联合国2009年发布的报告中将这种人口老龄化现象称为"人类历史上**史无前例**的过程"。
		나라를 건국한 지 200년 만에 발생한 임진왜란은 조선인의 입장에서는 **초유의** 대전란이었다.	在建国二百年后发生的壬辰倭乱对于朝鲜人而言是一场**史无前例**的大战乱。

NO	成语	韩语句子/不对应之词或词组	汉语句子/*汉语成语
		그러나 1895년 건청궁에 머무르고 있었던 고종 내외는 일본인 자객에 의해 왕후가 시해되는 **초유**의 변란을 맞게 되었다.	然而，1895年却在乾清宫发生了一场**史无前例**的刺杀事件，在这场事件中皇后被日本刺客刺杀，而此前高宗夫妇一直都居住在乾清宫。
		점점 더 많은 여성들이 **역사의 어느 때보다**, 특히 6백 년 전 건립된 조선 왕조 이래로 가장 왕성한 경제 활동을 하면서 사회적 독립을 성취했다.	越来越多的女性**史无前例**地活跃在经济领域，真正实现了社会独立，开创了六百年前朝鲜王朝建立以来的新局面。
		전후후무한 숫자의 나열 '8·8·8·8·5·7·7'은 이어진다.	留下了"8、8、8、8、5、7、7"这样**史无前例**的排名记录。
23	前所未有	일본에서 들여온 서구식 책은 그 속에 담긴 내용과 더불어 그 생김새 또한 **파격적**이었다.	从日本进口的西方图书从外形到内容都是**前所未有**的。
		한국전쟁 기간은 한국인들에게는 **미증유**(未曾有)의 시련과 고통의 계절이었다.	战争期间，韩国人经历了**前所未有**的挫折与苦痛。
		이러한 교육의 힘은 민주주의와 경제 부흥에 대한 염원으로 이어졌고, 이는 다시 4.19 혁명과 박정희 정부의 경제개발계획을 통한 **세계에서 유래가 없는** 급속한 경제성장으로 이어졌다.	这种教育的力量带来了人们对民主和经济复兴的渴求，通过"四一九"革命和政府的经济开发计划，韩国实现了世界上**前所未有**的高速经济增长。
		유엔에 의하면 최근 인구고령화는 **전례 없는** 일일 뿐 아니라 앞으로도 바뀌지 않을 것이라고 한다.	联合国的报告指出，近年来出现的人口老龄化现象是**前所未有**的，而且这种状况在今后也不会有任何改变。
		이 교수팀은 "랜드마크 효과로 대변되는 지역특성, 다른 옥외광고물과 대비되는 스케일 효과, 하루 유동인구 100만 명, 차량 통행량 25만 대에 이르는 노출효과, 무엇보다 20년간 지속해온 캠페인 기간은 옥외광고**에서 그 유례를 찾아볼 수 없는** 사례"라고 그 가치를 평가했다.	李教授对广告牌的价值做出了如下评价："其地标性效果产生的地区特点、不同于其他户外广告的规模效应、日均人流量一百万、二十五万车流量的宣传效果，尤其是该活动持续了二十年。这在户外广告的历史中是**前所未有**的范例。
		삼진 후 분을 삭이지 못해 야구방망이를 제 무릎으로 동강내는 카림 가르시아(Karim Garcia). 열패적 나르시시즘(Narcissism)에 빠진 팀과 팬들에게 **신선한** 충격을 가져다준다.	卡里姆加西亚在三振出局后，无法平复心中的怒火，用自己的膝盖将球棒劈成了两半，给溃败后自怜自艾的队员和球迷带来了**前所未有**的冲击。
		하지만 탄탄한 시나리오와 높은 기술력과 작화 실력, 그리고 애니메이션 제작사와 실사영화사의 공동기획이 가져	但是，无可挑剔的脚本、高超的技术能力、炉火纯青的绘画实力、动画公司和电影制作公司共同策划带来的前

NO	成语	韩语句子/不对应之词或词组	汉语句子/*汉语成语
		온 **획기적** 시너지 효과는 아동용 애니메이션 제작에 머물렀던 한국 애니메이션 산업의 새로운 시작을 알리기에 부족함이 없어 보인다.	**所未有**的扩大效应，都在毫无保留地宣告着：韩国动画产业结束了只有儿童动画的时代，站在了新的起点之上。
		이매방 선생님이 승무를 추시는데, **소름이 쫙 끼쳤**어요.	看着李梅芳先生在台上跳舞，我受到了一种**前所未有**的冲击。
24	轻而易举	현대지도처럼 축척으로 계산하지 않아도 찍힌 점의 개수를 세면 두 지점까지의 거리를 **쉽게 알 수 있다**.	虽然不能像现代地图那样以比例尺计算距离，但只要数数标示点的个数就可以**轻而易举**地知道两个地点的距离。
		당일까지 평균 유료 객석 점유율은 65%선, 제작사인 설앤컴퍼니는 공연이 끝나는 31일까지에는 서울 공연의 유료 관객 비율인 70%를 **무난히** 달성할 것으로 전망했다.	截止15日购票观众平均上座率达百分之六十五。薛与剧团预测，到31日最后一场演出时，购票观众上座率将**轻而易举**地达到百分之七十，与在首尔演出时的观众上座率持平。
		하지만 세계에서 가장 큰 시장인 미국을 놓치고서야 진정한 글로벌 브랜드가 될 수 없다는 것이 그녀의 생각이다. 물론 현실은 그리 **쉽지**만은 않다.	但她认为，如果漏了美国这一全球最大的市场，就无法成为真正的全球品牌。当然，这并非是**轻而易举**的事情。
		기저부(基底部)에 별다른 시설물이 없으며, 자연암반을 이용하여 그 위에 세웠기 때문에 육중한 무게를 **무난히** 떠받치고 있다.	桥基建在自然岩盘上，因此能**轻而易举**地支撑沉重的桥拱。
		한반도 안에서 강화도가 고인돌이 가장 많은 고장은 아니지만 청동기 시대의 거석문화를 **쉽게 접할** 수 있는 곳임에는 틀림없다.	江华岛虽然不是朝鲜半岛上支石墓最多的地方，但这里无疑是能够最**轻而易举**地接触青铜器时代巨石文化的地方。
		그해 6월 10일 미군은 강화도 동쪽 해안의 방어 진지들인 초지진, 덕진진을 **손쉽게** 함락했으나 이튿날 광성보에서는 치열한 전투를 벌여야 했다.	当年6月10日，美军**轻而易举**地攻陷了江华岛东部的草芝镇、德津镇等海岸防御要塞。但第二天，在广城堡却发生了激烈的战斗。
		기계적으로 **너무 쉽게 하면** 감동이 줄어들지 않을까요?"	我想如果换成机器**轻而易举**地完成，给人的精神触动和愉悦会减少。
25	男女老少	또한, 사용된 재료가 다양하여 영양소를 골고루 섭취할 수 있으므로 **남녀노소** 누구나가 좋아하는 건강 음식이다.	而且炒米糕用料丰富，可以均衡摄入多种营养成分，是**男女老少**都喜爱的健康食品。
		특히 전기 꽃장식, 작은 팡파르가 시적인 서커스 분위기를 살려주어 **남녀노소**가 하나가 되어 즐길 수 있었다.	剧中璀璨的电灯花饰和欢快的背景音乐更是营造出了马戏团般的氛围，令现场不论**男女老少**全部融入其中。

NO	成语	韩语句子/不对应之词或词组	汉语句子/*汉语成语
		군왕도 허고, 서민도 허고, 양반도 허고, 하인도 허고, 가난한 사람, 부자, **남녀노소** 질겨했다 이거여.	无论国王还是平民，当官的还是老百姓，穷人还是富人，**男女老少**全都喜欢。
		'승냥이(Goyote)'라 불리는 김연아의 팬 층은 **남녀노소** 가릴 것 없이 넓다.	金妍儿的粉丝团被称为"土狼"，成员年龄跨度很大，不分**男女老少**。
		남녀노소 모두가 함께 대화하는 통로를 제공해준다.	同时为**男女老少**提供了对话的途径。
		직장인 밴드들의 공연무대에서는 **남녀노소** 구분 없이, 가족 단위 관객까지 모두 함께 어우러져 흥겹게 연주를 즐기는 것이 특징이다.	上班族乐队演出的最大特色，就是无论**男女老少**，所有在场的观众都能和乐队融为一体，享受现场演奏的乐趣。
		한편, 주행사장의 한쪽에서는 **남녀노소** 사람들이 바삐 움직이며 한복을 입고 줄을 서고 있는데 그 모습이 마치 행렬을 기다리는 것 같다.	在主会场的另一侧，一些**男女老少**们忙个不停。他们身着韩服，排成几队，看样子似乎正在等待巡游表演
		한국인들은 **남녀노소** 가리지 않고 노래방에서 춤추고 노래하는 걸 즐긴다.	在韩国不论**男女老少**，所有人都喜欢去卡拉OK享受唱歌的乐趣，可以说演唱会现场就相当于一个巨型练歌房。
26	不可思议	'10년'과 '12작품'이 주는 느낌이 **범상하지 않아** 따져 물었다.	"十年"与"十二部作品"，这个数字有些让人**不可思议**。
		그러나 이창호라는 **불가사의**한 소년 고수의 출현으로 이런 기존의 통념이 깨져나갔다.	但是，李昌镐这样一位**不可思议**的少年高手的出现，打破了以往既有的观念。
		도무지 잘려 나간 손으로 손바닥만한 쇠뿔에 어떻게 정교한 그림을 그려낼까 **싶었다**.	如何能用伤残的手在手掌大小的牛角上画出如此精美的图画，真是有些让人**不可思议**。
		다음날 아침, 신문에 실린 내 춤 사진을 보고 놀라지 않을 수 없었다. **이제까지** 이러한 춤 사진을, 아니 이러한 형상의 춤사위를 본 **적이 없었다**.	第二天一早，报纸上刊登了我跳舞的照片。连我自己看过以后都感觉**不可思议**。
		박정희 정권에 이어 신군부로 지칭되는 전두환 정권이 집권하던 당시에 이 같은 제안은 **실로 놀랄만한 것이었다**.	朴正熙之后执政的全斗焕政权被称为"新军部"，在那种状况下，首尔大学的邀请简直是一件**不可思议**的事情。
		이 거울의 특징은 0.3㎜ 간격으로 새겨진 무려 1만3천개에 이르는 가는 선인데, 이런 섬세한 제작 기법은 '**불가사의**'로 언급된다.	多钮镜上刻着间隔只有零点三毫米的一万三千条细线，这种精巧的制作技法可以用"**不可思议**"来形容。

NO	成语	韩语句子/不对应之词或词组	汉语句子/*汉语成语
		김용익이라는 이름은 들어본 적이 없었지만 그의 소설은 **놀라운** 방식으로 서로 다른 문화를 넘나들며 겪는 삶의 질곡을 묘사하고 있었다.	虽然此前我从没听过金溶益这个名字，但他的小说却以一种**不可思议**的方式展现出跨越不同文化生活时所经受的种种桎梏。
		이해할 수 없는 일이었지만 목욕탕 문은 안에서 열리지 않았다.	**不可思议**地，浴池的门从里面开不开，
27	出人意料	그러나 동양적 사유와 명상의 상징인 부처가 과학기술인 비디오카메라에 나포되어 모니터에 나타난 자신의 나르시즘을 즐기는 듯한 묘한 분위기는 **그야말로 압권**이라고 할 수 있다.	但佛作为东方思维和冥想的象征，被科学技术的摄像机所捕获，似乎自我陶醉于显示器中出现的自身形象，这种**出人意料**的效果极具思想性。
		그런데 **뜻밖에도** 그녀는 가족 이야기부터 꺼냈다.	**出人意料**，她的话题却是从家庭开始的。
		전통 주택이 모여 있는 이 동네는 자동차를 주차할 수 없을 만큼 골목도 좁고 오래되어 보이지만 **의외로** 글로벌한 곳이에요.	这个传统住宅聚集的地方，甚至连停车的地方都没有，巷子十分狭窄又很破旧。但**出人意料**的是，这里却是个‘全球化’的村子。
		성인들을 대상으로 한 술이 2009년 한국 최고 인기 상품으로 꼽힌 것은 지극히 **이례적인** 일이다.	仅供成人消费的酒类产品能够当选为年度最受欢迎的热门商品，实在**出人意料**。
		사정이 이렇다 보니, 1979년에 한국근대미술품 첫 경매에서 권진규의 테라코타 작품 2점이나 팔렸다는 사실이 오히려 **뜻밖의** 사건으로 여겨진다.	因此，1979年在首次韩国近代美术作品拍卖会上，权镇圭的两件赤陶作品被拍出倒成为**出人意料**的事情。
		김연아는 아무도 **예상하지 못했던** 세계 신기록인 228.56점을 세웠다.	金妍儿**出人意料**地创造了新的世界纪录228.56分。
		놀랍게도 180편이 넘는다.	**出人意料**的是，超过了一百八十部。
28	独一无二	옥공예의 종주국을 한국으로 옮겨올 수 있을 만큼 **독창적인** 아름다움을 만들어냈다고 자부합니다."	我可以自豪地说，玉工艺的宗主国可以是韩国了，因为我们创造出了**独一无二**的美。
		15세기 당시 이와 같은 디지털식 시보 장치를 갖춘 시계는 동아시아에서는 자격루가 **唯一**하였다.	在15世纪具有这种数码式报时装置的时钟，自击漏可以说是东亚**独一无二**的。
		57회 장기 공연에 6만 4천 명의 관객을 모았는데, 이는 지방 공연으로는 **유일한** 기록이다.	该剧总共上演了五十七场，吸引了六万四千名观众，在地方演出中创下了**独一无二**的记录，

NO	成语	韩语句子/不对应之词或词组	汉语句子/*汉语成语
		30여 년 전 칠피 공예의 매력에 빠져 운명처럼 칠피 공예를 업으로 삼기 시작한 박성규 명장은 현재 한국 내에서 **유일무이한** 칠피 공예가라고 할 수 있다.	三十多年前，他被漆皮工艺的魅力所吸引，宿命般地开始将漆皮工艺当做自己的事业。如今，他堪称韩国**独一无二**的漆皮工艺家。
		'700년 만의 해후'라는 특별전의 부제가 함축하고 있는 의미처럼, 이번 전시는 고려불화들의 특별한 고향 나들이인 동시에, 우리 국민으로서도 평생 다시 만나기 어려운 반갑고 애틋한 만남의 시간이 되었을 것으로 생각한다.	“七百年后的邂逅”，这一特别展览的副标题蕴意深远，本次展览既是高丽佛画一次特别的归乡之旅，同时也是韩国人一生之中**独一无二**的一场令人欣喜而又心碎的邂逅。
		용암의 힘은 한라산, 거문오름 용암동굴계, 성산일출봉 같은 **걸출한** 세계자연유산을 선사했다.	熔岩把汉拿山、拒文岳熔岩洞、城山日出峰等**独一无二**的世界自然遗产慷慨地馈赠给了济州岛。
		전용복 씨는 **옻만이 가지는** 특징이 평면의 캔버스를 넘어 새로운 시도를 하게 한다고 말한다.	据全龙福自己阐述，是生漆**独一无二**的特性使他超越画布这一二维平面而开始了全新的尝试。
29	不知所措	어리둥절한 행인들과 긴급 사태(?)에 **놀란** 경비원들.	面对这突如其来的场面，行人目瞪口呆，到场的警察也**不知所措**。
		그들과 달리 아무런 지식도, 준비도 없는 자신을 생각하니 **앞이 캄캄했다**.	而她自己却毫无这方面的任何知识，更没有充分的准备，她有些**不知所措**。
		문화적이라기보다는 정치적으로 결성된 이와 같은 변화에 직면하면서 연극인들은 적잖이 **당황할 수밖에 없었다**.	这一决定包含的政治性更甚于文化性。面对这一变化，很多戏剧界人士都有些**不知所措**了。
		작품에서 주인공의 아버지와 어머니가 일상사처럼 겪는 치열한 말싸움 장면과 그 낯선 풍경에 **어쩔 줄 몰라** 하는 주인공이 함께 있는 풍경은, 아마도 부모 세대의 노화와 더불어 생겨날 수 있는 가족 풍경의 한 단적인 예라고 할 수 있을 것이다.	在作品里，主人公的父亲和母亲每天的激烈争吵和面对这种情况却**不知所措**的子女，也许就是父母辈的老年化造成的典型的家庭风景。
		사소한 음식을 가지고 다투는 부모의 모습에서 주인공은 **당황해한다**.	主人公面对因饭菜上的小事而吵个不停的父母感到无奈，**不知所措**，
		한참 시간이 흐른 뒤 그녀는 "피겨는 응원보다 관람을 하는 종목인데 집중력을 유지하기 어려울 만큼 열띤 조직적 응원에 **당황스럽고** 몹시 힘들었다."고 당시의 심정을 밝혔다.	过了许久，她才袒露了当时的心情：“花样滑冰项目要的不是拉拉队，而是观赏。集中注意力本来就很困难，如果遇到热情洋溢的有组织的加油声，就会非常紧张，**不知所措**。
		그리고 그때까지 할 수 있는 일이 차	更何况睡前的日程就只剩下喝茶，想

NO	成语	韩语句子/不对应之词或词组	汉语句子/*汉语成语
		한 잔 마시는 것뿐?	想有些**不知所措**。
30	情不自禁	그 어떤 악기보다 단순한 네 가지 악기들이 휘몰아치는 사물놀이 장단 앞에서**는** 누구든 어깨를 들썩인다.	在用这四种再简单不过的乐器敲打出的四物游艺节拍面前，每个人都会**情不自禁**地手舞足蹈，
		장소가 주는 선입견이 크게 작용하는지도 모를 일이지만, 분명한 건 찬 공기가 호흡기를 통해 파고들어 올 때쯤이면 **무의식적으로** 숨을 깊게 들이마시게 된다.	也许是因为场所变更引起的偏见，每当冰冷的空气通过呼吸器官进入体内时，我都会**情不自禁**地深深吸一口气。
		그런 연유로 심환지가 이런 제사를 남겼던 모양인데 그의 후손들은 심환지의 친필이 있다 하여 이 그림을 사당에 모시고 제사까지 지냈었다 한다.	大概是沈焕之对这幅画太钟爱了，所以**情不自禁**题了几笔。据说，沈氏后人因为《仁王霁色图》上留有祖先墨迹而把这幅画供奉在祠堂里，甚至还进行祭祀。
		일은 이전보다 두세 배 힘들어졌지만 완성품을 보면 뿌듯함에 열정을 **멈출 수가 없었다.**	虽然工作比以前辛苦了两倍、三倍，但是，当看到完成的作品时，就会感受到一种满足感和**情不自禁**的热情。
		평화롭다**는 말이 절로 나오는** 한국의 고즈넉하고 아름다운 자연과 조화를 이룬 사찰은 그의 영혼을 사로잡았다.	凤停寺与韩国清静优美的自然环境浑然一体，让人**情不自禁**地发出"和平"的感叹。凯勒被深深吸引。
		"뭔가 새로운 하나를 알게 되면 그와 관련지어 공부할 게 **계속** 늘어나더군요."	"掌握新知识后，我**情不自禁**地要弄清楚与其相关的学问。"
		사람들은 이곳의 숨 막히는 해돋이 앞에 경의를 표한다.	从这里看到的日出，会让人**情不自禁**地屏住呼吸，肃然起敬。
31	堂堂正正	**당당하게** 미혼의 삶을 즐기다	**堂堂正正**地享受未婚的乐趣
		그런 상황 속에서 동양, 그 중에서도 서울에서 개최된 22차 세계철학대회를 통해 동양사상도 세계 철학의 범주 속에 속해 있음을 **당당하게** 알리게 되었다.	就是在这种背景下，第二十二届世界哲学大会在东方的首尔举行，这使东方思想有了一个**堂堂正正**宣传自己的机会，让世界了解到东方思想也属于世界哲学的范畴。
		이처럼, 내가 아니라 우리를 생각하는 한 문중의 어른으로서 **당당하고** 꿋꿋하게 지탱하고 있는 종손 종부의 정신력은, 허약해진 현대인들의 사표가 된다.	"宗孙、宗妇作为家族领袖，"考虑""我""之前先要考虑""我们"。他们**堂堂正正**、坚强地支撑着家族，可谓精神力衰弱的现代人的师表。"
		사람도 태어나서 가르침을 받아야 **올바른** 인간이 된다는 뜻을 감나무의 생태를 빌려 표현한 것이다.	将这一特征用于喻人，是说人生下来后必须接受教育才能成为**堂堂正正**的人。

NO	成语	韩语句子/不对应之词或词组	汉语句子/*汉语成语
		「공항에서 만난 사람」에서 '쌍놈의 베치'라는 국적불명의 욕을 입에 달고 사는 무대소 아줌마는 이처럼 미군 앞에서 머리를 조아리는 굴종의 습관이 몸에 밴 사람들 사이에서 터무니없이 **당당한** 전사의 모습으로 등장한다.	在《机场遇见的人》里，"无大小"口里脏话不断，其骂人的话 "婊子养的杂种" 也不知是哪国的脏话，而她却在对美军卑躬屈膝的人们面前**堂堂正正**，犹如战士一般。
		거기에 이제 바둑도 **당당히** 포함시켜야 할 것이다.	现在，围棋也应**堂堂正正**地包括在内。
		7·80대 노인을 찾아가 "아는 것 다 내놓으시요!"하며 **당당히** 요청한다.	他找到已经年过七八十岁的老前辈，**堂堂正正**地向他们提出请求："请把您知道的东西都教给我吧！"
32	相得益彰	고추장이 아닌 간장으로 간을 하였기 때문에 맛은 담백하며 떡의 쫄깃함과 신선한 채소와의 **어우러진** 맛은 최고이다.	传统炒米糕使用酱油调味，而不是辣椒酱，所以味道清淡，米糕的筋道劲儿和新鲜的蔬菜**相得益彰**。
		이 작품은 복잡하고 섬세한 문양을 놀랍도록 정교하게 장식하였는데, 은은한 청자의 색깔과 **어울려** 완벽한 조화를 이룬다.	香炉上的图案复杂而细腻，装饰精巧，与隐隐的青瓷色彩**相得益彰**，完美和谐，令人惊叹。
		또한 합의 곡선이 부드럽고 유연한 형태인데 수평으로 넓게 퍼진 전과 본체의 낮은 각의 변화 등 직선 형태로 주조한 그릇 받침이 **서로 만나** 한껏 멋을 내었다.	同时，钵的曲线优美，显出柔美之态。器皿底托饰以宽边，钵体的低脚也有变化，线条层次分明。因此，钵与底**相得益彰**，尽显其彩。
		이런 건축 구조가 현재의 건축 코드와 **맞아떨어지고** 이미 상권이 활발하게 조성된 서촌에 잘 어울린다고 생각합니다.	我认为，这种形态的建筑构造与现代建筑形式**相得益彰**，与商业发达的西村地区很协调。
		지금까지 선보였던 한국 도자기들이 국제적인 호환성이 부족했던 데 반해, 이도의 그릇은 한식뿐 아니라 일식이나 서양식**과도 잘 어울린다**.	迄今为止，韩国的陶瓷精品杰作缺乏国际互换性。但是，"李陶"的餐具不仅适用于韩国料理，与日本料理、西餐也都**相得益彰**。
		전통 춤을 추는 **데 알맞은** 아담한 체구와 준수한 외모까지 갖추었으니 임이조는 마치 전통 춤을 위해 태어난 인물처럼 보인다.	此外，他还拥有精干的身形和俊秀的外貌，与传统舞的审美**相得益彰**，仿佛他从来就是为传统舞而生的一样。
		"소설가 박종화(朴鍾和)는 무교탕반의 맛에 대해 "이 집의 장국밥은 양지머리만 삶아도 맛이 좋은데, 유통(젖퉁이고기)을 넣어주고 갖가지 양념으로 고명	小说家朴钟和在回忆 "武桥汤饭" 的味道时说："这家的酱汤饭即使只有煮牛胸骨肉味道就已经很好了，另外在汤饭中还要放入乳部肉，再把用各种

NO	成语	韩语句子/不对应之词或词组	汉语句子/*汉语成语
		을 한 산적을 뜨끈뜨끈하게 구워서 넣어주니 유통과 산적 맛이 **서로 어울려** 천하진미가 따로 없다."고 회고했다."	调料腌制好的肉串烤好后放进去，那乳部肉和肉串的味道融合在一起**相得益彰**，简直就是天下绝无仅有的美味。
33	一脉相承	오늘날 한국무용 또는 한국 창작무용이라는 유형의 무용들은 직접·간접으로 그녀의 작업과 **맥을 같이한다**고 볼 수도 있다.	现在的韩国舞蹈以及创作舞蹈等其实与她的舞蹈是**一脉相承**的。
		무늬벽돌에 펼쳐진 여러 가지 무늬구성은 부여 능산리 절터의 공방터에서 발견된 백제금동대향로의 문양구성과 **일맥상통**하고 있는 점도 매우 주목된다.	值得一提的是，花纹砖中展现的多种图案的构成与扶余陵山里庙址中发现的百济金铜大香炉的花纹构成**一脉相承**。
		최만린의 이브 연작은 바로 이러한 생명에의 관심과 **맞닿아 있다**.	崔满麟的"夏娃"系列作品正是与这种对生命的关注**一脉相承**。
		정지아의 소설집 〈봄빛〉에 수록된 다른 작품들도 어떤 의미에서는 이 작품 「봄빛」의 **연장**이거나 이 작품의 이야기의 주변에 배치되어도 좋을 풍경이라고 할 수 있다.	从某种意义上说，郑智我的小说集《春光》所收录的其他作品也是与这篇《春光》**一脉相承**，也可以说与这个故事处于同一个平台上。
		대상의 표면이 아닌 구조를 탐사하는 권진규의 조형언어가 스승인 시미즈 다카시나 부르델과 **연관성**이 있다는 사실은 이번 전시에 나란히 전시된 그들의 작품을 직접 비교해보면 확인할 수 있었다.	重结构，轻表象，这是权镇圭的造型语言。这与其导师清水多嘉示和布德尔**一脉相承**，这一点通过比较这次艺术展并排陈列的作品即可得到确认。
		이들 단편들은 제각기 다른 설정을 보여 주지만 삶에 대한 '긍정'으로 반짝인다는 점에서 〈달의 바다〉와 **공유하는** 몫이 적지 않다.	这些小说虽然各有各的特点，但是，闪光点都在于用"肯定"的目光看世界。从这一点上看，都与《月亮海》有着**一脉相承**之处。
		바우하우스의 미니멀리즘 전통의 **맥을 이은 것**인데 형식은 기능을 좇아간다는 생각에 기초한 것이죠.	与包豪斯的极简主义的传统**一脉相承**，其基本理念是形式要服从于功能。
34	一览无余	석탑은 법당이 없는 별도의 공간을 가지면서 화엄사의 **모든** 가람**이 내려다보이는** 곳에 있다.	石塔位于无庙宇建筑的空间里，从这里俯瞰，华严寺的所有建筑**一览无余**。
		20여 기의 크고 작은 고분들이 모여있는 대릉원은 신라의 왕릉을 **한눈에 볼 수 있는** 곳이다.	大陵园里集聚了二十余座或大或小的古墓，在这里新罗王陵一览无余。
		앞바다 **전망이 탁 트인** 이 건물은 조선	镇南馆位置绝佳视野开阔，远处的大

NO	成语	韩语句子/不对应之词或词组	汉语句子/*汉语成语
		수군의 본거지로 1592년 임진왜란 때 이순신 장군이 전라 좌수영의 본영 및 3도 수군(水軍) 통제영으로 썼다.	海**一览无余**。 这里一度是朝鲜王朝时期(1392~1910)的水军基地。1592年, 壬辰倭乱时抗倭名将李舜臣在这里设立全罗左水营[1]的大本营, 并把这里作为三道水军的中军大营。
		여수 앞바다 넓은 세상이 **통째로 가슴에 들어오는데** 특히 장엄한 일출이 일품이다.	在这里观日出可以将丽水海域**一览无余**, 堪称绝景。
		즉 각각의 영역은 상부에는 광창(光窓)을, 하부에는 문을 두어, 문을 열 경우 자연을 실내로 끌어들이는 데 **지장이 없다**.	因为各个空间的上部都设有窗户, 下部设有门, 打开门, 自然风景**一览无余**,
		제주도는 첫 눈에 자신의 아름다움을 **그대로 드러내지 않는다**.	济州岛的美不会在瞬间**一览无余**,
		나무 느낌 **그대로**, 튼튼하게 오래 쓰는 가구 본연의 임무에 충실하다.	实木的感觉**一览无余**, 坚固耐用的特点得到充分体现。
35	意想不到	감각적으로 인지되는 현실과 그것에 **경험적으로 비례하지 않는** 효과를 몰고 오는 현실을 동시에 제시하는 방식은 미디어아티스트들이 즐겨 사용하는 표현기술이라고 할 수 있다.	这一方式将通过感觉来认知现实和以一惯的经验**意想不到**的效果同时展现给了观众, 是媒体艺术家乐于使用的表现技术。
		감정이입을 단념하고 배반하게 만드는 유머러스한 상황의 무차별적인 전개 과정 속에서 **뜻하지 않은** 각성 효과를 얻게 된다.	使人放弃和背叛移情的幽默反复出现, 产生**意想不到**的觉醒效果,
		그 계기란 아는 이의 죽음이거나 사진 한 장이기도 하고, 적막한 풍경이기도 하고, 누군가가 들려주는 이야기이거나, 화자가 **돌연** 맞이하는 자신의 죽음 선고이기도 하다.	这些事件或为某一位熟人的死讯, 或为一张照片, 或为寂寞的风景, 或为某一个人讲给他的故事, 或为自己**意想不到**的死亡宣告等。
		그런 기억, **뜻하지 않은** 기억을 위하여 춤이 흘러가는 것이지, 단순히 이 현재를 위한 것만은 아닙니다.	舞蹈是为了这种记忆, 为了这种**意想不到**的记忆而存在, 而不是单纯为了现在。
		무엇보다 작은 여자아이의 신체를 가진 33살의 여인이 바리 역할을 맡게 되었는데, 얼마나 맑고 순수하고 **돌발적**인지 몰라요.	钵里的角色将由一个身材矮小, 像个小女孩一样的三十三岁的女人来扮演。她非常清纯, 让人**意想不到**,
		일종의 위기의식에서 난 뭔가를 찾았고 **상상하지 못했던** 것을 찾게 되었다.	在某种危机意识当中, 我不断寻找着新的出口, 并得到了**意想不到**的收获,

NO	成语	韩语句子/不对应之词或词组	汉语句子/*汉语成语
		인생에서의 기회는 때때로 기대치 않을 때 찾아온다.	人生的机会有时出现在**意想不到**的时刻。
		2010년 6월에 시행된 지방 자치 선거에서 **의외의** 결과가 나왔는데, 여기에서 트위터로 대표되는 소셜 미디어의 영향이 컸다.	2010年6月举行的地方自治体选举中，出现了令人**意想不到**的结果。其中，以微博为代表的社会媒体影响巨大。
36	迥然不同	또한 폴 자쿨레는 나비를 채집하러 미크로네시아를 방문하여 원주민들을 관찰할 기회를 가졌는데, 그곳에서 그는 같은 동양이지만 일본이나 한국, 중국**과는 다른** 풍토와 인종을 보았다.	此外，保罗雅库莱曾为了采集蝴蝶标本而远赴密克罗尼西亚，得以有机会观察当地原住民。在那里，他看到了同为东方地域却与日本、韩国以及中国**迥然不同**的风土人情以及人种。
		동양과 서양은 **서로 다른** 예술관을 가졌다.	这种反差并非出于偶然，因为东方和西方的艺术观**迥然不同**。
		특이한 것은 나윤선의 보컬은 전형적인 재즈 보컬**과 거리가 멀다**는 점이다.	令人啧啧称奇的是：罗J宣的唱腔与典型的爵士乐唱腔**迥然不同**。
		이는 지금까지 알려졌던 미륵사 창건의 주체가 무왕의 왕비였던 선화공주라는 사실**과 다른** 내용인 것이다.	对此此前人们闻所未闻。这一记载与迄今所知的弥勒寺创建主人武王之妃善花公主的事实**迥然不同**。
		그러나 분위기는 **사뭇 다르다**.	但是人物姿态却是**迥然不同**的。
		갸름한 턱, 붉은색 가사에 시문된 문양 등 고려시대 불화**와는 다른** 패턴을 보여준다.	细长的下巴、红色的袈裟、绘制的花纹均体现出了与高丽王朝时代的佛画**迥然不同**的风格。
		초조대장경 판각 천 년을 기념하는 것은 이러한 오래된 전승과 의례를 기억하는 것과는 **판이하게 다르다**.	纪念《初雕大藏经》木刻版问世千年的活动和纪念那些历史悠久的传统和礼仪**迥然不同**。
37	自始至终	유려하고 우아한 연주 솜씨는 **처음부터 끝까지** 아름다웠다"라고 평했다.	他的演奏**自始至终**优雅而流畅。
		이는 한국 UCC의 **여전한** 과제이기도 하다.	这也是韩国用户创建内容**自始至终**的课题。
		이런 여백의 정신은 김홍도(金弘道 Gim Hong-do, 1745~?) 같은 조선 시대 화가들의 그림에서뿐만 아니라 분청사기(粉青沙器 Bungcheong Bottle) 및 조선백자(朝鮮白磁 White Porcelain)와 민화, 나아가서는 백남준(白南準 Nam June Paik, 1932~2006), 서도호(徐道濩 Suh Do-Ho, 1962~) 등 근현대작가들에게까	从以金弘道(1745~?)为代表的朝鲜王朝时期丹青大家的作品，到粉青沙器、朝鲜白瓷、民画作品，再到白南准(1932~2006)、徐道(1962~)等现当代画家的作品，**自始至终**贯穿着各种形式的空白概念。

NO	成语	韩语句子/不对应之词或词组	汉语句子/*汉语成语
		지 다양한 방식으로 **이어져** 오고 있다.	
		로이터는 입원해 있는 가운데에도 프랑크푸르트에서 객원지휘가 예정되어 있던 성시연을 병실로 불러들여 악보를 일일이 점검하면서 개인레슨을 해줄 만큼 **끝까지** 제자에게 성의를 다했다.	罗伊特住院期间，成妍已预定到法兰克福担任客座指挥。导师把她叫到病房，一页一页地检查乐谱并给她以单独指导，**自始至终**表现出对弟子的真挚情谊。
		겉으로 보면 단순해 보여도 속이 건축적으로 빈틈없이 정교한 것이 우리 창호인데 **처음부터 끝까지** 한 치의 오차 없이 과학적인 속 구조를 보고 세월을 이기는 창호의 힘 같은 것을 느꼈습니다.	这里的门窗从表面看很平常，而内部却十分精细。门窗在制作过程中**自始至终**没有一丝误差，内部结构非常科学，这让我感受到了传统门窗战胜岁月的力量。
		옹기를 만드는 일은 **처음부터 끝까지** 힘이 많이 들어요.	制作瓮器**自始至终**都很费力气。
		시청자는 이 드라마를 보면서 **자연스럽게** 주인공의 '죽음'을 염두에 두었지만 이 드라마의 마지막 장면에서 '7개월하고도 이틀을 더 살고 있다'라는 주인공의 내레이션을 듣게 된다.	观众**自始至终**被 "死亡" 这一悬念吸引，而在电视剧最后一个场景中，观众听到了主人公这样的内心独白： "我已经活了七个月零一天。
38	竭尽全力	유일한 군 출신이자 전투기 편대장인 이진영 소령은 "전투기 KT-1은 처음 타보는 기종이라 설레었다"며 "처음 비행기에 탔을 때 심정으로 **끝까지** 최선을 다했다"고 말했다.	候选者中惟一军人出身的战斗机编队长李镇英少校说： "我从未上过KT-1型教练机，所以很激动。我将以第一次驾驶飞机时的心情**竭尽全力**坚持到底。
		이: 작가야 **최선을 다해서** 작업을 만들고 전시를 할 뿐이죠.	李艺术家只是**竭尽全力**进行创作并展示作品而已，
		극복을 하고 **최선을 다하**리라 결심했는데, 결국 문제가 생겼어요.	虽然我下定决心要**竭尽全力**，战胜悲痛，最后还是发生了问题。
		그러기 위해서 가장 좋은 방법은 미국 사회에서 자랑스런 한국인으로 살기 위해 매 순간 **최선을 다하는** 부모의 모습을 보여주는 것이라고 믿었다.	他们相信，要做到这一点，最好的方法就是让他们看到父母在每一个瞬间都**竭尽全力**，以成为美国社会里自豪的韩国人。
		고난을 이기는 비결은 '진심'으로 **최선을 다하**는 겁니다.	战胜苦难的秘诀就在于用 "真心" 去**竭尽全力**。
		어떻게든 이걸 보존해 가는 데 **최선을 다할랍니다.**"	我们会**竭尽全力**将这一文化遗产继承下去。
39	坚持不懈	그러나 나는 솔직히 김기덕의 거칠고 도발적인 영화보다는 '형편 되는 대로	金基德的电影以粗犷、具有挑衅性著称，而我更喜欢他 "不择条件，**坚持不**

NO	成语	韩语句子/不对应之词或词组	汉语句子/*汉语成语
		쉬지 않고 영화 만들기'의 행동방식이 더 마음에 든다.	懈"的工作热情。
		하지만 2010년 동계 올림픽 개최지가 캐나다 밴쿠버로 결정되면서, 목표를 2014년으로 다시 정하고 **꾸준히** 준비해 나가고 있다.	2010年冬奥会的举办地定为加拿大温哥华后，平昌又将目标锁定为2014年冬奥会，并一直**坚持不懈**地为此准备。
		아무리 사소한 일이라도 어떤 일을 일관되게 끊임없이 반복한다는 것은 얼마나 고된 일인가. 아무리 사소한 일이라도 어떤 일을 일관되게 끊임없이 반복한다는 것은 얼마나 고된 일인가. 하물며 국가의 상징물 중 하나인 옥새의 전통을 잇기 위해서 **그랬다면** 대단한 일이 아닐 수 없다.	不管是多么微小的事情，如果不断地重复去做也会成为一件艰苦的工作，更何况是为了继承国家象征之一玉玺的制作传统而**坚持不懈**，奋斗一生，这不能不说是一件了不起的事情。
		하지만 트레이드 쇼에 **꾸준히** 참석한 결과는 서서히 나타났다.	然而，她**坚持不懈**地参与时装交易展览会，效果也慢慢地显现了出来。
		또, 이번 성과가 하루아침에 우연히 이루어진 게 아니라 1985년 등단 이후 20년이 넘도록 **꾸준히 쌓아온** 문학적 저력의 결과라는 점에서 더 의의가 크다.	再者，这些成果也不是偶然间一蹴而就的，而是她自1985年初步入文坛以来，在二十年间**坚持不懈**累积文学实力的结果。因此，个中蕴意更为深远。
		그것은 이미 개인이나 불교계 차원을 떠나 모든 사람의 것이 되어 있지만 종림스님의 신념이 **지속되지** 않았던들 지금에 이르지 못했을 것이다.	虽然这已超越了个人和佛教界的层次，成为所有人的愿望，但是，如果没有宗林法师一直**坚持不懈**的信念，就不会达到今天的程度。
40	一如既往	역사가 흘러가듯 바닷물은 무너진 수중성 사이로 흐르**고 있다**.	就如历史流逝，海水**一如既往**地流过残缺不全的水中城。
		"1252년 고려 사람들이 만든 '임자명 반자(壬子銘 飯子)'라는 쇠북과 더불어 대종(大鐘), 청동 은입사 향로(靑銅 銀入絲 香爐), 금강경(金剛經) 목판을 포함한 120점 넘는 옛 물건들이 부처의 공덕을 **변함없이** 기리고 있다."	"包括1252年高丽王朝时期铸造的名叫'壬子铭饭子'的铁鼓，以及大钟、青í银镶嵌香炉、金刚经木版等一百二十余件古物，**一如既往**地颂扬着佛祖的功德。"
		따라서 나는, **그 동안 그래왔던 것처럼**, 앞으로도 한국과 프랑스라는 두 나라가 더욱 더 가까워지고, 서로를 더 잘 이해할 수 있도록, 노력을 아끼지 않는, 수 많은 모래알 중의 하나가 되기로 결심했다.	所以今后我会**一如既往**，继续不遗余力地致力于拉近韩法两国关系，增进两国间的相互理解。
		오후 6시를 넘기면서 **언제나 그렇듯** 거	首尔闹市区的世宗路**一如既往**，结束

NO	成语	韩语句子/不对应之词或词组	汉语句子/*汉语成语
		리는 일과를 마치고 퇴근하는 도시인의 발걸음으로 분주했다.	了一天工作下班回家的人们步履匆匆。
		지난해 여름 마지막으로 펴낸 산문집〈못 가본 길이 더 아름답다〉에도 작가 자신의 잊을 수 없는 비극적 체험을 **빼놓지 않고** 담았다.	2010年夏天, 朴婉绪创作了生平最后一部散文集《未选择的路更精彩》, 该作品**一如既往**地包含了作者难忘的悲剧性体验。
		이윤신의 꿈은 이도를 나중에 그녀 없이도 **지속적으로** 성장할 브랜드를 키우는 것이다.	李仑信的梦想是培育李陶这个品牌, 哪怕有一天她不在人世了, 李陶仍能**一如既往**地发展、壮大。
41	崭露头角	레벤트리트 콩쿠르, 나움버그 콩쿠르에 차례로 입상하며 **두각을 나타낸** 그는 1969년 부조니 콩쿠르에서 우승했다.	接着, 他相继在利文特里特比赛和瑙姆堡比赛上**崭露头角**, 并于1969年在布索尼比赛中获大奖。
		조선조의 유명 기생의 인생을 그린〈황진이〉, 1592년 한국와 일본이 벌인 전쟁인 임진왜란 당시 적장을 안고 강으로 뛰어들어 함께 죽은 기생의 이야기를 담은〈논개〉도 출판 시장**에 나왔다.**	描绘朝鲜王朝时代名妓一生的《黄真伊》及讲述1592年韩日壬辰倭乱战争时期一名妓女抱住敌方将领投江身亡故事的《论介》, 也已在出版市场**崭露头角**。
		최근 다양한 분야에서 여성의 진출이 급증하면서 전세계적으로 여성의 리더십이 **두각을 보이고** 있다.	最近, 随着进入到社会各个领域的女性人数增多, 女领导人开始在世界舞台**崭露头角**。
		유망한 주니어 선수들도 **등장하기 시작했다.**	一些后起之秀也开始**崭露头角**。
		올해는 다른 스포츠에서도 한국이 세계에서 **두각을 나타낸** 해이다.	2010年也是韩国在其他体育比赛中**崭露头角**的一年。
42	言过其实	그렇지만 통일신라시대부터 면면히 이어져온 범종 제작의 맥은 조선시대에 끊어졌다**고 해도 과언이 아니다.**	如果说梵钟是在朝鲜王朝时期断了其命脉, 这绝不是**言过其实**。
		내 인생이 스며들었다**고 해도 과언이 아니야.**	说其中蕴含着我的人生也绝非言过其实。
		왕이 쓰는 모자인 익선관(翼善冠)과 생애를 통틀어 가장 자주 오래 입었던 옷인 곤룡포는 옷의 경계를 넘어 왕 그 자체를 상징한다**고 해도 과언이 아니다.**	如果说国王戴的帽子翼善冠和平生穿得最多最久的衣服滚龙袍已经超越了服装的意义, 成为国王的象征也绝不是**言过其实**。
		집에 가만히 앉아 있어도 배달 서비스를 통해서만 살 수 있다**고 해도 과언이 아니다.**	有了配送服务即使静静地坐在家里也可以照常生活, 这决不是**言过其实**。

NO	成语	韩语句子/不对应之词或词组	汉语句子/*汉语成语
		한 마디로 각계각층에서 나서서 사라져가는 서울의 풍경을 아쉬워하는 목소리를 담아내고 있다**고 해도 과언이 아니다**.	总而言之，说社会各界都在通过自己的方式对行将消逝的首尔风景表达遗憾之情也绝非**言过其实**。
		한 마디로 각계각층에서 나서서 사라져가는 서울의 풍경을 아쉬워하는 목소리를 담아내고 있다**고 해도 과언이 아니다**.	总而言之，说社会各界都在通过自己的方式对行将消逝的首尔风景表达遗憾之情也绝非**言过其实**。
43	显而易见	이를테면 휴대폰을 통하여 우리는 그 양상**을 잘 그려볼 수 있다**.	这种现象在手机领域同样**显而易见**。
		이로써 작가가 노리는 효과는 **비교적 명백하다**.	在这里，作家所追求的效果是**显而易见**的，
		이러한 상황에서 도피안사와 같이 불상에 백여 자에 이르는 명문이 새겨져 있어 만든 시기와 발원자(發願者), 그리고 만들게 된 경위까지 상세하고 분명하게 알려주는 불상의 의미는 **더욱 크다**.	因此到彼岸寺佛像铭刻的长达一百多字的铭文，让后人详细了解其建造时间、发起者以及建造经过，其意义**显而易见**。
		"**분명**, 그의 사진에는 수묵화의 미덕이 있다."	"**显而易见**，他的照片带有水墨""风格。"
		미국 시카고 트리뷴의 필립 허시(Philip Hersh) 기자는 "김연아는 너무 훌륭해 이미 완벽한 것에 쓸데없이 **손을 볼 정도다. 분명한 것은** 이런 엄마 자체가 우리가 잃어버렸지만 다시 찾아야 할 어떤 가치를 대변한다는 것이다. 그 꽃을 받으신 엄마의 **얼굴에도 봄이 온 것 같다**"고 말했다.	**显而易见**的是，母亲本身代表着我们已经失落却又必须重新找回的某种价值。美国《芝加哥先驱报》记者菲利普赫什肯定了她的实力："金妍儿太出色了，**显而易见**，她已经达到了完美。"
44	郁郁葱葱	여름에는 벚나무들이 펼치는 **푸른** 잎들을, 가을에는 낙엽을, 겨울에는 수도승 같은 나목(裸木)들을 만날 수 있을 테니.	夏天的叶子**郁郁葱葱**，秋天的落叶五彩缤纷，冬天的树干则如伫立的僧人。
		울창한 참나무 숲과 산책로 양쪽에 메타세콰이어, 전나무, 은행나무 등의 나무가 줄지어 늘어선 풍경이 그림처럼 아름다운 섬이다.	岛上有**郁郁葱葱**的橡树林，桧树、银杏、水杉等绿化树整整齐齐排列在小路两旁，风景如画，
		그러나 이병연의 집인 취록헌 주변은 그 이름대로 소나무숲과 잡수림을 **울창하게** 표현해 놓았다.	惟独李秉渊住所"翠绿轩"周围的松林和杂树丛被他画得**郁郁葱葱**，应了"翠绿轩"这一名称。
		대전 동쪽 가양동(佳陽洞) 야산 기슭의	大田东面佳阳洞的野山坡上，**郁郁葱**

NO	成语	韩语句子/不对应之词或词组	汉语句子/*汉语成语
		우거진 숲속에 우암사적공원(尤庵史蹟公園)이 있다.	**葱**的树木掩映着尤庵史迹公园。
		산비탈을 따라 **총총하게 우거진** 숲을 따라가며 놓인 나무 층계 길 덕택에 상형문자 속의 여행은 편안했다.	树林顺着山势**郁郁葱葱**地铺展开去，沿着山间的木质台阶，便可以在象形文字的包围下享受一段舒适的旅行。
		그 골짜기들에는 나라에 난리가 나거나 불길한 큰 일이 있으면 산이 운다는 전설과 더불어 **울창한** 숲과 맑은 계곡들이 깃들어 있다.	传说，这些山谷在国家发生战乱或不吉利的大事时会哭泣。山谷里有**郁郁葱葱**的树林和清澈的溪水。
		성판악에서 시작된 한라의 길은 붉은 단풍과 **초록** 활엽수, 빨간 윤노리낭 열매가 반짝이는 길이다.	这条路始于城板岳山，路边是火红的枫叶和**郁郁葱葱**的阔叶林，还有石楠树鲜红的果实在绿树掩映下泛着诱人的光泽。
45	肃然起敬	티끌 같은 봉 자국으로 덮인 땅 밑을 상상하면 신라인들의 불심이 **준엄하기**까지 하다.	想到这片用细棍夯实的地面，新罗人的殷殷佛心，不由让人**肃然起敬**。
		리허설이 끝난 뒤 성시연의 사연을 들은 오케스트라 단원들은 더욱 **숙연해졌다**.	排练结束时，当乐手们得知缘由后，对成妍更加**肃然起敬**。
		숙연한 작업 과정	令人**肃然起敬**的制作过程
		그는 "산에 하도 많이 다니다 보니 나무 밑에 가면 나도 모르게 **고개가 숙여진다**.	他说："由于经常进山的缘故，一到树底下我就会不由自主地**肃然起敬**。
		사람들은 이곳의 숨 막히는 해돋이 앞에 **경의를 표한다**.	从这里看到的日出，会让人情不自禁地屏住呼吸，**肃然起敬**。
		여러 신께서 앞에서 옆에서 보고 있다는 걸 알기에 정신을 집중해 공손함을 다해 절을 올릴 때 어깨에 스르르 얹히는 그분들의 **무게를 실감합니다**.	我们知道众神都在瞩目，因此必须全神贯注、毕恭毕敬，行礼时能够感觉到他们的份量，令人**肃然起敬**。
46	软弱无力	그녀는 **연약한** 존재들을 상징적 자궁으로서의 소설 공간 내부에서 통합하고 재구성함으로써 과거의 시간에 생기를 부여한다.	她在象征子宫的小说空间里，将那些**软弱无力**的存在合并起来进行重新组合，从而赋予过去的时间以生机。
		오늘을 살아가는 **나약한** 인간들의 삶과 그들의 슬픔을 응시하는 작가의 시선은 최근에 오면서 더욱 깊어졌다.	最近，作家对那些**软弱无力**的人的人生及痛楚的凝视更加深刻。
		이미 삶이 찌그러져버렸거나, 아무도	想对已经受到伤害的人们，对已无人

NO	成语	韩语句子/不对应之词或词组	汉语句子/*汉语成语
		알아주지 않는 익명의 존재들에게 생기를 불어넣어주고 싶은 욕망, 도처에 어른거리는 죽음의 그림자나, 시간 앞에 **무력하기만** 한 사랑, 불가능한 것에 대한 매달림, 여기 없는 것에 대한 그리움… 이 말해질 수 없는 것들을 내 글쓰기로 재현해내고 싶은 꿈.	问津的小生命注入生气和欲望，到处隐藏的死亡的影子或在时间面前**软弱无力**的爱情，执着于不可能实现的希望，思念这里已不存在的世界……想用我的写作再现这些不能被说出来的东西的梦想，
		특히 이별과 죽음처럼 시간의 폭력적인 흐름 앞에 한없이 **무력하기만** 한 인간적 약점과 한계에 작가는 관심과 애정을 쏟는다.	作家特别关心离别和死亡等人们在无情的时间流逝面前**软弱无力**的弱点和缺陷，并对此倾注感情。
		자신의 글쓰기가 시간의 파괴력을 이길 수는 없겠지만, 적어도 그 앞에 놓인 **나약한** 인간에 대한 위로는 될 수 있으리라는 믿음과 소망을 그는 지니고 있다.	她相信并渴望自己的写作虽然不可能战胜时间的破坏力，但至少可以慰籍在时间面前**软弱无力**的人们。
		장인은 "힘 좋은 옹기장이의 물레는 팽팽 돌고 수레질 소리도 빵빵 기운이 넘치는데 나이가 들고 보니 물레가 핑그르르 돌고 수레질 소리도 **터브덕 터브덕** 해요.	金一万说："力气好的瓮器匠轮车转得十分有力，修坯的声音也是铿锵有力，我的年纪大了，轮车咕噜咕噜转得没什么力气，修坯的声音也变得**软弱无力**。
47	顾名思义	백양사는 하얀 양의 절이라**는 뜻이다.**	顾名思义，白羊寺取意白羊之寺，
		다랭이마을은 **글자 그대로** 다랭이논이 많은 마을이다.	顾名思义，梯田村里自然会有很多梯田。
		수마노는 보석의 일종인 물에서 나는 마노석**을 일컫는다.**	水玛瑙**顾名思义**，是指水中出产的玛瑙。
		풍혈냉천은 말 그대로 찬바람이 나오는 동굴과 차가운 샘물**을 뜻한다.**	**顾名思义**就是冷风肆虐的洞穴和冰冷的泉水。
		사실 문자 그대로 '강의 굽이'라는 뜻의 하회(河回)라는 이름 자체가 마을의 지형적 특징에서 온 말이다.	"村子的名字来源于村子的地形特征，'河回'**顾名思义**即'江河曲回'的意思。"
		제가 말하는 소프트 인테리어는 말 그대로 소프트하고 가변성이 있어, 사용하는 사람이 **스스로** 연출할 수 있는 디자인**을 말합니다.**	**顾名思义**，我所说的'软装饰'具有'软'和'可变'的特点，这种设计类型是指消费者可以自己动手进行装饰。
48	长生不老	그리고 그 그림의 소재는 **십장생**과 풍속도, 화조도, 수복강녕 무늬 등이었으며, 적청황녹백색의 천연 안료를 사용	牛角画的素材有十长生(象征长生不老的十种物象)、风俗画、花鸟图、寿福康宁纹等，使用赤、青、黄、绿、白等天

| --- | --- | --- | --- |
		했다.	然颜料。
		전통 문양을 소재로 그려진 **십장생도**의 회화 작품과 한국의 풍경과 한국의 삶을 표현한 현대 작품들이 있다.	内容包括以传统花纹为素材创作而成的"十长生图(指画有太阳、山、水、石、云、松、不老草、龟、鹤、鹿等**长生不老**之物的绘画作品)",以及描绘韩国风景和韩国生活的现代绘画作品等。
		해, 산, 물, 돌, 구름, 소나무, **불로초,** 거북, 학, 사슴이 장생불사(長生不死)하는 십장생(十長生)이라는 것도 알게 되었고 매화, 난초, 국화, 대나무가 고결한 군자를 나타낸다는 것도 알게 되었습니다.	我知道了**长生不老**的十长生: 日、山、水、石、云、松、不老草、龟、鹤、鹿, 也懂得了象征高贵品质的梅兰菊竹四君子。
		불로장생약을 구하라는 진시황의 명을 받고 방사 서복(徐福)이 신선이 사는 삼신산의 하나인 영주산(한라산)에 왔다는 이야기이다.	内容是秦始皇命令方士徐福(也名徐市)寻找**长生不老**药, 徐福来到了有神仙居住的三神山之一汉拿山。
		『사기』에는 서복이 서불(徐市)로 나오는데 진시황이 딸려준 동남동녀 수천 명과 함께 영주산에 올라 **불로초**를 구했다는 것이다.	《史记》中有类似记载: 徐市带领秦始皇派给的三千童男童女去瀛州山寻找**长生不老**药。
		서복이 찾은 **불로초**도 그가 제주에서 본 삼무(三無) 정신 즉 도둑이 없고 대문이 없고, 거지가 없다는 것이라고 보고 있다.	他认为徐福找到的**长生不老**药就是济州的"三无"精神, 即无贼、无门、无丐。
49	**不以为然**	주종장으로서 자신의 운명을, 그리고 성덕대왕신종과의 질긴 인연의 사슬을 발견했**는지도 모른다. 그래서인지** 그는 "성덕대왕신종을 만든 장인은 아름다운 소리를 구현하기 위해 자식도 바쳤는데 눈 하나쯤은 아무것도 아니지."라며 하얀 이를 드러낸다.	也许正是从此时起他发现了自己作为一名铸钟匠的命运, 也发现了自己与圣德大王神钟的不解之缘。对此他好像**不以为然**: "铸造圣德大王神钟的匠人为了实现美丽的声音甚至奉献了自己的子孙, 我的一只眼睛又能算得了什么呢?"说着, 露出了洁白的牙齿。
		그러나 이것이 김 박사에겐 **통하지 않았다.**	但是, 金博士**不以为然**。
		사람들은 다급할 때만 애걸복걸 신과 무당에게 매달릴 뿐 돌아서면 **그만이란다.**	人们只有在急迫的时候才会苦苦地向神和巫堂寻求帮助, 而转过身就会**不以为然**。
		그러나 그는 한 번도 하기 싫은 것을 억지로 한 적이 없다.	然而, 他却**不以为然**, 认为从来没有勉强自己去做不喜欢的事情。

NO	成语	韩语句子/不对应之词或词组	汉语句子/*汉语成语
		즉 한국인들은 세부적인 데에는 무관심해 작업 과정에 생긴 작은 흠을 그리 **대수롭지 않게 생각한다**.	韩国匠人不在意微小细节，对制作过程中出现的小瑕疵**不以为然**。
		사진전이, 그것도 한 사진가의 '회고전'(당사자는 극구 **부인한다**)이 영화제처럼 떠들썩할 리 만무한데, 강운구(姜運求, Kang Woon-gu)의 대형 사진전 '오래된 풍경'은 '뉴스'가 되기에 충분했다.	而一场摄影展，况且是一位摄影师的"回顾展"(摄影师本人却**不以为然**)，绝无电影节那般热闹非凡之理。不过，姜运求的大型摄影展 "久远的风景" 却足以成为一则"新闻"。
50	背井离乡	중고교 시절을 **가족과 떨어져 지냈고**, 다시 14년 동안 미국에서 혼자 지낸 그녀로서는 아마도 어린 시절에 접했던 한국 문화의 원형질에 대한 잠재적인 집착이 있었던 것 같다.	早在中学期间辛仙姬就**背井离乡**，后来又在美国独自生活十四年，也许是这长年的游子生活使她对小时候接触过的韩国文化原形质具有一种潜在的执着。
		해마루촌은 정부의 **실향민** 정착촌 계획에 따라 조성된 마을이다.	阳坡村是政府专门为安置**背井离乡**的平民建立的。
		그 뒤로 무나카타는 일약 세계적인 미술가로 떠올랐으나, 최영림은 한국전쟁이 터지면서 가족을 북에 두고 **단신 남하하**는 쓰라린 경험을 겪었다.	而崔荣林却在"六二五"战争(1950~1953)爆发后经受了抛妻弃子，**背井离乡**。
		어쩌면 **가족을 북에 두고** 온 최영림에게 사상성과 사회성을 배제한 채 이상향을 표현한 이러한 그림은 일종의 도피처였을지도 모른다.	也许，对**背井离乡**、子然一身的崔荣林来说，排除任何思想性与社会性，表现理想天堂的图画是一种对现实的逃避。
		선사시대 이래로 오랜 세월 인간의 정주지였던 이 일대 20개 마을이 지난 서너 해 사이에 물에 잠겼고 2,200명이 집을 버리고 **고향을 떠나야 했다**.	这一带曾有二十多个村庄，从史前时代开始便一直有人类聚居，但在过去的三四年中却被淹没在水底，造成了两千二百多人的**背井离乡**。
		게다가 **실향민**들은 생존 및 보다 나은 삶의 기회를 위해 이동을 선택한 사람들이다.	而且，人们**背井离乡**为的是求得生存和更好的生活机会
51	拔地而起	주왕산은 882미터의 '가메봉'을 중심으로 연화봉, 병풍바위, 시루봉, 학소대, 급수대등 크고 작은 **봉우리들이 산재해 있다**.	周王山上四处都是大大小小的山峰，其中位于大典寺后面的旗岩犹如岩石从平地**拔地而起**。
		이곳의 바위 절벽들은 강물과 맞닿아 **곧바로 치솟아 오르면서** 마을을 온통 그늘로 가려 버린다.	这里的岩壁在与江水交界处**拔地而起**，将整个村子笼罩在阴影之下。
		구름도 아름다운 경관에 반하여 쉬어	之所以得此名，是因为人们说连云朵

NO	成语	韩语句子/不对应之词或词组	汉语句子/*汉语成语
		갔다고 하는 몰운대 절벽 아래에는 수백 명이 쉴 수 있는 넓은 반석이 펼쳐져 있으며, 수백 척의 암석을 **깎아 세운 듯한** 절벽 위에는 수명을 다한 노송이 계곡을 굽어보고 있다.	都醉心于此处的景观而驻足休息。没云台的绝壁下有一块可供数百人同时休息的磐石，**拔地而起**的百尺石壁之上，一棵暮年古松正俯视着身下的溪谷。
		수백 척의 **암석을 깎아 세운 듯한** 절벽 위에서 벼락 맞아 죽은 노송은 처연한 산천을 굽어본다.	在云朵驻足休息的地方，**拔地而起**的百尺石壁之上，一株被雷电夺去性命的古松凄然俯望着脚下的山川。
		지하철 노선 안내 지도는 해마다 새로운 노선을 추가하고, 몇 해 만에 거대한 새 아파트 단지가 **모습을 드러낸다고.**	地铁路线图每年都会增加新的线路；几年间一个巨大的新住宅小区就会**拔地而起**。
		평지에 **불룩 솟아오른** 이 출렁이는 야산들을 사람들은 오름이라 했다.	人们称这些**拔地而起**的火山丘为"岳"。
52	不解之缘	주종장으로서 자신의 운명을, 그리고 성덕대왕신종과의 질긴 **인연의 사슬을 발견**했는지도 모른다.	也许正是从此时起他发现了自己作为一名铸钟匠的命运，也发现了自己与圣德大王神钟的**不解之缘**。
		그런 그가 옥새와 질긴 **인연의 끈을 맺게 된** 건 서예를 하셨던 조부의 손에 이끌려 찾은 스승 석불(石佛) 정기호(1899-1989) 선생을 만나고서부터다.	他与玉玺的缘分源于喜好书法的祖父，是从祖父牵着他的手去见师傅"石佛"郑基浩(1899-1989)先生那一刻起，他与玉玺结下了**不解之缘**。
		그렇게 갓과의 **질긴 인연을 맺은** 정춘모 선생이 만드는 갓은 예로부터 으뜸으로 쳐주던 통영갓이다.	与纱帽结下**不解之缘**的郑春模先生制作的统营纱帽自古便是纱帽中的上品。
		전라북도 장수에서 나고 자란 그는 나이 스물아홉 살에 전주에서 태극선과 **연을 맺으면서** 방구부채를 만들기 시작했다.	他出生于全罗北道长水郡，二十九岁时在全州与太极扇结下**不解之缘**，从此开始了他的制扇生涯。
		인간을 뜻하는 세(世), 돌을 뜻하는 돌(乭).	他的名字与围棋有着**不解之缘**，"世"意为人间，"乭"喻为石。
		열아홉 살에 이매방의 승무를 관람한 것이 계기가 되어 전통 춤에 **입문하였다.**	十九岁那年，林洱调偶然观看了李梅芳先生的僧舞表演，从此便与传统舞蹈结下了**不解之缘**。
		머리맡에 몇 개월이고 몇 년이고 두고는 어떤 작품을 만들지 궁리한다.	他把玉石放在枕头边几个月、几年，苦苦思索如何创作一件**不同凡响**的作品。
53	不同凡响	이와 아울러 감은사지 삼층석탑은 탑 자체로서 갖추어야 할 건축학적 구조 비율이나 조형적인 비례도 **뛰어나지만,**	此外，从建筑学角度来讲，感恩寺址三层石塔不仅以其结构比例合理而不同凡响，更以双塔所具有的均衡与和

NO	成语	韩语句子/不对应之词或词组	汉语句子/*汉语成语
		쌍탑으로서의 균형과 조화도 잘 이루어진 것으로 평가되고 있다.	谐而备受称道。
		텔레비전이라는 막강한 권력의 매체, 상업적 매체를 찬양하기보다는 그것을 공격하고, 그것이 갖는 대중적 우상의 지위를 박탈하려는 제스처에서 백남준의 예술은 **빛을 발하기** 시작한 것이다.	白南准的艺术**不同凡响**之处在于不寻求颂扬通常与电视联系在一起的权力和商业媒介，而是试图削弱其他艺术的形式来表达他的决心。
		실로 대관령국제음악제를 장식하는 교수진의 면모는 **화려하다**.	大关岭国际音乐节的确人才济济，**不同凡响**。
		한국에서 태어난 그는 미국으로 가서 영어를 배워 영어로 직접 소설을 썼다.	他出生在韩国，远赴美国学习英语并用英语进行小说创作着实**不同凡响**。
54	表里如一	**속이 더 아름다운** 옻칠	孙大铉，追求**表里如一**的漆艺匠人
		보이는 것과 보이지 않는 것을 일치시키기	追求"**表里如一**"
		그래서 보이는 것과 보이지 않는 것이 일치하도록 작업합니다."	所以，我在工作的时候力求**表里如一**。
		모두 '보이는 디자인과 보이지 않는 디자인을 **하나로 만든**' 성과물들이다.	这些都是他追求"**表里如一**的设计"的成果。
55	别具一格	그는 현실에 대한 비판정신과 언어의 개념성 등 공존시키기 어려운 요소들을 성공적으로 결합하여 **독자적인** 예술 세계를 구축해왔다.	他成功地将现实批判和语言的概念性等难以共存的元素组合在一起，构筑起**别具一格**的艺术世界。
		떡을 누에고치 모양으로 만들어 정성도 많이 들지만 작고 쫄깃쫄깃하여 모양도 맛도 **별미**이다.	将年糕制成蚕茧模样虽然需要下很大功夫，但由于其短小而富有韧性，外型和味道都**别具一格**。
		슈투트가르트발레단은 "존 크랭코 안무의 대표적인 작품에서 **특별한** 해석과 뛰어난 예술성으로 작품을 빛낸 강수진 씨에게 경의를 표한다"고 수상 이유를 밝혔다.	斯图加特芭蕾舞团授予其奖项的理由是："姜秀珍在约翰克兰科编舞的代表作中，以**别具一格**的诠释和出类拔萃的艺术性令作品大放华彩，谨致敬意。
		특히 대표적인 청정지역이자 동계올림픽 후보도시인 평창군은 지역의 폐교 시설들을 적극 매입하고 민간 전문가들에게 위탁경영을 맡겨 미술관, 연극극장, 레지던스 등 지역 여건에 맞는 **독특한** 문화공간으로 활용하고 있는데 감자꽃스튜디오, 무이예술관(Mooee Arts Center), 달빛극장(Moonlight Theater), 수하산문	其中，最具有代表性的是环境幽静的冬季奥运会候选城市平昌郡。郡里积极收购本地废弃的教舍设施，委托民间专家经营管理，请他们因地制宜，打造成美术馆、话剧场和艺术家之家这样**别具一格**的文化空间。土豆花工作室、武夷艺术馆、月光剧场、水下山文化学校等均在此落户。

NO	成语	韩语句子/不对应之词或词组	汉语句子/*汉语成语
		화학교(Suhasan Culture Areana) 등이 그 사례들이다.	
		두 마을은 한국의 성리학과 양반 제도, 그리고 조선 풍수의 영향을 받아 형성된 씨족마을로, 한국 내의 다른 마을들은 물론 국외의 비슷한 유산과 비교해도 건물들과 마을 공간구조의 **독특함** 등에서 탁월한 정체성을 가진 유산으로 평가받는다.	两个村受到韩国性理学和两班制度以及朝鲜风水的影响，形成了氏族村落，与韩国国内其他村落和国外类似的遗产相比，其建筑与村子的空间构造显然**别具一格**，被认为具有出色的正统性。
56	不由自主	얼음으로 만든 마오의 얼굴이 조금 녹아내린 사진, 반은 녹아서 홀쭉해진 사진, 간신히 목을 지탱하고 있는 아슬아슬한 사진, 그리고 마침내 가늘어진 목이 뎅겅 부러지는 순간의 사진을 보면 우리는 전율하**지 않을 수 없다**.	四张照片分别记录下冰雕头像刚刚开始融化，冰雕融化一半后变得瘦长，脖颈勉强支撑，细长的脖颈折断的四个瞬间。看着这些照片，我们会**不由自主**地战栗。
		음악이 연주되는 동안 쇼스타코비치의 애절함에 가슴이 아팠지만, 공연장을 나서자마자 봄날의 달콤한 저녁 공기에 **절로** 발걸음이 경쾌해졌다.	音乐奏响期间我们为肖斯塔科维奇的悲怆而心痛，但一走出演出现场，脚步却又在春天傍晚甘甜的空气中**不由自主**地轻快起来。
		그는 "산에 하도 많이 다니다 보니 나무 밑에 가면 **나도 모르게** 고개가 숙여진다."	他说："由于经常进山的缘故，一到树底下我就会**不由自主**地肃然起敬。
		이 결정은 아주 즉흥적으로, 겨우 몇 달 전에 이루어졌다.	这个决定是那么**不由自主**，而且只是短短几个月前的事情，
		리처드 암스트롱(Richard Armstrong) 관장조차 우리의 공간은 독특하기 때문에 웬만한 작가로서는 공간을 장악하기가 어렵다.	对此，就连博物馆馆长理查德阿姆斯特朗也**不由自主**地感叹："我们博物馆的内部空间非常独特，一般艺术家很难掌控。
57	不可多得	또한 생애 전반에 걸친 작품들이 출품된 회고전의 형식을 갖는 이 전시는 한국과 일본의 두 미술가의 작품들을 서로 비교, 대조하면서 각각의 독자적인 세계들을 볼 수 있는 **보기 드문** 전시다.	并且，本次二人展以回顾展形式进行，分别收集了两位艺术家毕生各个阶段的作品，是对韩日两国艺术家的作品进行对照比较并发现各自特点的**不可多得**的好机会。
		미륵사지석탑에서 나온 사리장엄구에는 이처럼 다양한 정치적 사회적 문화적 의미가 함축되어 있으니 백제사 연구에 **매우** 귀중한 사료가 아닐 수 없다.	弥勒寺址石塔出土的舍利庄严具蕴含多种政治、社会、文化的含意，因此它成为研究百济史**不可多得**的珍贵历史资料。
		박완서는 오랫동안 남성작가들에 의해	长期以来，有关描写"六二五"战争和

NO	成语	韩语句子/不对应之词或词组	汉语句子/*汉语成语
		독점돼오다시피 했던 6.25전쟁과 남북 분단 등의 역사적 소재를 여성의 시선과 감수성으로 재현해냄으로써 역사에 대한 소설적 접근의 새로운 장을 열어보여준 한국문학사의 **독보적인** 작가이다.	南北分裂的历史题材几乎被男性作家"垄断"，而惟独朴婉绪另辟蹊径，以女性特有的视角和感受再现这段历史，开辟了韩国历史小说的新篇章，是韩国文学史上**不可多得**的存在。
		시인 김삿갓이 유랑한 지역을 방문하고 문화센터에서 소장된 원고와 미술품, 그리고 옛 건물과 이 유랑 시인의 무덤을 통해 역사가 말 그대로 "살아나는" 현장을 목격하는 일은 **드물게 얻을 수 있는** 특별한 체험이었다.	亲身游历金斗笠曾经流浪过的地方，在文化中心阅读手稿，欣赏相关美术作品，在久经风雨的老建筑和流浪诗人的墓地见证活生生的历史……这些绝对是**不可多得**的特殊经历。
		김삿갓이 유랑한 지역을 방문하고 문화센터에서 소장된 원고와 미술품, 그리고 옛 건물과 이 유랑 시인의 무덤을 통해 역사가 말 그대로 "살아나는" 현장을 목격하는 일은 **드물게 얻을 수 있는** 특별한 체험이었다.	亲身游历金斗笠曾经流浪过的地方，在文化中心阅读手稿，欣赏相关美术作品，在久经风雨的老建筑和流浪诗人的墓地见证活生生的历史……这些绝对是**不可多得**的特殊经历。
58	格物致知	흔히 많이 이야기하는 '수신제가치국평천하(修身齊家治國平天下)'라는 말 앞에 붙은 4가지 조목이 바로 '**격물치지**格物致知'와 '성의정심誠意正心'이다.	我们经常说的"修身齐家治国平天下"前面还有四条目，即"**格物致知**"和"诚意正心"。
		침전에서 성의정심을 한다면, **격물치지**를 해야 하는 장소가 바로 편전인 사정전이었다.	如果说在寝殿要"诚意正心"，那么要"**格物致知**"的地方就应该是偏殿思政殿。
		'**격물치지**'는 사물에 대하여 끊임없이 생각하고 공부하여 앎에 이르는 것을 이른다.	"**格物致知**"意为不断对事物进行思考、学习以达到知晓。
		"군주가 **격물치지**를 하는 방법이 바로 경연이고, 그 경연의 장소가 편전인 사정전이었던 것이다."	君主"**格物致知**"的方法就是与大臣一起研读诗书，谈经论道，而这样的场所就是偏殿思政殿。
		"강녕전에서 성의정심을, 사정전에서 **격물치지**를 한다면 임금이 수신을 하게 될 것이다."	如果说国王在康宁殿"诚意正心"，在思政殿"**格物致知**"，那么他就做到了"修身"。
59	层出不穷	1990년대는 다채로운 행사와 외국과의 교류가 **활발히 진행되고**, 30대 젊은 안무가들의 등장과 개인 무용단의 창단이 두드러진다.	到了90年代，许多丰富多彩的活动**层出不穷**，与外国的交流也逐渐频繁起来，更重要的是这段时期涌现出一批三十出头的年轻编舞，而且不少个体舞蹈团也相继问世。
		겉으로는 지역 시민들의 문화향수를	从表面上看，建立演出剧场是为了满

NO	成语	韩语句子/不对应之词或词组	汉语句子/*汉语成语
		달래주기 위해 공연장을 건립한다지만 부실한 공연 프로그램도 **적지 않다**.	足地方市民的文化需求，但是名不副实的演出节目却**层出不穷**。
		넘쳐나는 솔리스트에 비해 세계 메이저 오케스트라 단원으로 활동하고 있는 음악가의 수가 **적은 점**, 한국의 교향악단이 또한 그들이 낳은 솔리스트에 비해 수준이 못 미친다는 점이 바로 이 점을 증명한다.	有一些例子可为证明，独唱音乐家**层出不穷**，但活跃在世界主要乐团的音乐家却人数很少；韩国交响乐团的音乐水平还远远比不上世界其他地区的同行。
		글판의 명성이 높아지면서 다양한 에피소드도 **생겨났다**.	随着广告牌的名声日益高涨，各种逸闻趣事也**层出不穷**。
		나의 한국문학 탐험은 계속되고 있고 새로운 발견은 **끊임없이** 날 놀라게 만든다.	我的韩国文学探险仍在继续，**层出不穷**的新发现让我备感新奇。
60	根深蒂固	여기에서 말하는 〈한국화〉란 대체로 주요무용가의 상상적 기저에 **지역 환경에서 배태된** 풍습, 관습 혹은 예로부터 계승되어온 한국인의 전통적 정신을 표현하고자 하는 민족의식이 존재하고 있는바, 이와 함께 〈한국양식〉이 문제되는 것은 현대무용이 구미에서 태어난 무용예술이기 때문에 한국인이라는 자의식에 따라 한국의 독자적인 현대무용의 완성을 지향할 필요성이 제기되기 때문이다.	所谓韩国化，是指舞蹈家的想像根底上存在着的一种**根深蒂固**的民族意识，表现了在特定地域环境中萌生出来的风俗和传统，以及从古至今传承下来的韩国传统精神。那么为什么它会成为问题？那是因为现代舞蹈来自欧洲和美国，韩国人必须靠自己去发展和演绎韩国的现代舞蹈。由于这个原因，我们不时地看到舞蹈界的一些新的尝试：
		왕실의 장례를 보고 싶어하면서도 그저 전주 이씨라는 한 가문의 장례식으로 치부하려는 모순된 의식이 사람들의 **마음 속에 자리잡고** 있었던 것이다.	人们虽然想亲眼目睹皇室的葬礼，但同时认为那只是全州李氏一个家族的事情而已，这种矛盾心理已在人们心中**根深蒂固**。
		한국에는 다른 나라에서 찾아보기 힘든 '고시(考試)문화'가 **뿌리를 내리고** 있다.	与其他国家相比，韩国的考试文化更加**根深蒂固**。
		그간 한국사회에서는 '한 번 직장은 평생직장'이라는 개념이 **강했**지만, 외환위기 속에서 구조조정을 겪으면서 평생직장이라는 개념이 붕괴됐다.	虽然一直以来在韩国社会有一种**根深蒂固**的观念，即"一朝中榜，终身不愁"，但是在外汇危机中伴随体制改革和结构调整，这种"终身不愁"的观念已经被打破。
		그가 윤도 만드는 일을 시작할 때만 해도 **뿌리 깊은** 윤도의 명성은 흔들림이 없었다.	金钟台先生开始制作罗盘的时候，**根深蒂固**的罗盘名声依然不可撼动。
61	耳濡目染	대나무 생산지이자 온갖 죽제품의 집	**耳濡目染**，在这里竹子产地和竹器集

NO	成语	韩语句子/不对应之词或词组	汉语句子/*汉语成语
		산지인 담양에서 자란 사람들은 **자연스럽게** 죽세공품 제작 기술을 익혔다.	散地生长的人们很自然地就会掌握各种竹器加工技术。
		백부님 **어깨너머로 배우다가** 1962년부터 본격적으로 시작했고 여적까정 윤도를 맹글고 있지만 이 안에 담긴 참말로 깊디깊은 우주와 세상의 이치는 놀랍제.	最初我是在伯父的**耳濡目染**下学习罗盘制作，1962年我开始自己制作罗盘并直至今日。至今我仍然为罗盘中蕴藏的那些宇宙和世间深奥的道理而感到惊讶。
		우연히 구경 간 공방에서 본 옻칠작품에 푹 빠져 틈만 나면 심부름을 하면서 **어깨너머** 공부를 시작했다.	一次偶然的机会，他看到了工房里的漆艺作品，并被深深地吸引。一有空他就来这里打杂，**耳濡目染**偷学漆艺。
		견문은 말 그대로 보고 듣는 것으로, 아동이 성인의 행동을 보고 들음으로써 학습하는 것이다.	所见所闻就是看到和听到的。儿童对成人的言行**耳濡目染**，从中进行学习。
		어려서부터 **자연스레** 보고 들은 환경이 고풍스러웠지만 그때는 특별히 좋은 줄을 몰랐죠.	从小**耳濡目染**的环境其实是带有浓厚的传统气息的，只是当时并没有特别感觉到有多么好。
62	沉默寡言	그러나 지난해에 비해 그렇단 얘기일 뿐, 여전히 **말수가 적다**.	然而，这只是与上一年相比而言，他依然**沉默寡言**。
		묵묵이 일하는 것 밖에 모르는 할아버지와 달리 할머니는 시종 욕설이 섞인 사투리로 지청구를 늘어놓는다.	爷爷**沉默寡言**，只知道干活。奶奶却截然相反，整天用骂人语调的方言叨叨絮絮，怨声不断。
		선생님은 **말이 없고** 좀 괴팍한 분이셨어요.	金先生**沉默寡言**，性格有点怪僻。
		산비탈 정상부근에 위치한 아틀리에의 한적함, 작가의 **과묵한** 성격, 그리고 찰흙을 조금씩 붙이며 형상을 만들어가는 작가의 조각방법론 자체가 소음과는 거리가 멀다.	这间简朴的工作室坐落在山坡项上，远离城市的喧闹，很符合艺术家**沉默寡言**的性格和雕塑手法。在这里，权镇圭一点一点用黏土潜心塑造作品。
		권진규 개인은 **과묵하고** 사교성이 없었지만, 한국미술계에서는 그의 예술성을 인정하고 있었음을 짐작할 수 있다.	权镇圭个人**沉默寡言**，不善交际。这也从另一方面说明，他作品的艺术性得到了韩国美术界的认可。
63	全神贯注	정선은 **온 정신을 집중하여** 빠른 필치로 그려낸 그림으로 그가 평생 갈고 닦아 온 모든 기량을 이곳에 쏟아 부었다.	《仁王霁色图》是郑善在短时间内**全神贯注**完成的，它凝聚了郑善毕生的艺术修养和技巧。
		열심히 추었다.	**全神贯注**。
		먼저 마음을 비우고 천천히 **집중을 해**	只有消除心中杂念，**全神贯注**才能完

NO	成语	韩语句子/不对应之词或词组	汉语句子/*汉语成语
		야 누비를 만들 수 있어요.	成。
		작가는 선을 긋는 단순한 행위를 통해 현실을 초월하고 **집중력 높**은 몰입의 상태를 체험한다.	艺术家通过划线这一简单动作表现忘却现实、**全神贯注**投入创作的状态。
		여러 신께서 앞에서 옆에서 보고 있다는 걸 알기에 **정신을 집중해** 공손함을 다해 절을 올릴 때 어깨에 스르르 얹히는 그분들의 무게를 실감합니다.	我们知道众神都在瞩目，因此必须**全神贯注**、毕恭毕敬，行礼时能够感觉到他们的份量，令人肃然起敬。
64	司空见惯	고시촌에서는 5년에서 10년 이상씩 고시 준비를 하는 경우를 **흔히 볼 수 있는** 데, 고령자가 결국 합격을 이뤄내는 성공사례도 있기는 하지만, 많은 경우 고시의 늪에서 헤어나오지 못한다.	在考试村考过五年或十年以上者已是**司空见惯**，虽然也有老考生获得通过的成功事例，但大部分不能从考试的泥潭中爬出来。
		증권 업계에서는 30대 여성 고객이 최근 가장 늘어난 고객층이며 특히 최근 주식 수익률 대회에서 예전과 달리 30대 여성이 선두를 꿰차**는 경우가 흔하다**.	在证券领域，增长最多的顾客群就是三十岁左右的女性，特别是在最近举办的股利受益率活动中，与以往不同，三十多岁女性摘得头筹的现象**司空见惯**。
		섹스나 성매매라야 **새삼스러울 것도 없** 는데 그의 소설에서 섹스는 왜 이런 가장을 필요로 했던 것일까.	如今，谈论性已**司空见惯**，并不稀奇，那么为什么在小说里做爱的描写需要如此复杂的掩饰呢？
		그리고 거기에는 소설의 캐릭터도 크게 한몫을 보태는바, 권여선의 소설에서 우리는 **통상**의 인물들과는 다소 다른 특이한 인물들과, 그들의 종잡을 수 없이 기묘한 심리적 풍경들을 어렵지 않게 맞닥뜨린다.	小说人物也是加重这种不适应的原因之一。在权汝宣的小说里，我们经常遇到与我们**司空见惯**的人物有所不同的特殊人物，以及这些人物们捉摸不透的、奇妙的心理风景。
		여기 다 열거하기는 힘들지만, 아시아의 다른 인디 록 밴드들이 한국을 찾는 일도 이제는 **자연스럽게 되었**다.	亚洲各地的独立摇滚乐团去韩国演出的情况也已经变得**司空见惯**，由于篇幅关系在此无法一一列举。
65	叹为观止	십일면이 조각된 관을 쓰고, 연꽃 위에 서있는 관음보살상은 보는 이를 **황홀하게 한다**.	头戴石冠、立于莲花之上的十一面观音菩萨像让每一个游客**叹为观止**。
		사각형의 모니터와 본체의 지루함을 견디지 못하는 이들은 스포츠 카, 오디오 세트, 항공모함, 거북선 등의 모양으로 컴퓨터의 외관을 장식하는데 그냥 봐서는 컴퓨터라는 사실을 알 수 없을 정도로 **감쪽같이** 변신시킨다.	他们不能忍受显示器和主机永远不变的四方形外观，因而将其改装成跑车、音响设备、航空母舰、龟船等模样，让人一眼看去根本瞧不出是计算机，水平之高令人**叹为观止**。

NO	成语	韩语句子/不对应之词或词组	汉语句子/*汉语成语
		백양사의 가을 단풍은 **사람들의 혼을 빼앗기에 충분한데**, 쌍계루야말로 그것을 제대로 즐기기에 제격이다.	白羊寺的金秋红叶让人**叹为观止**，而双溪楼则是观其美景的最佳位置。
		두개골 표면에 있는 작은 구멍들까지 섬세하게 모사한 걸 보고 **탄식을 내뱉는** 작가들이 적잖았어요.	连头盖骨表面的小孔都细致入微地表现出来了，令很多艺术家**叹为观止**。
		500년 전에 나온 〈악학궤범〉을 보면 선조들의 악기에 대한 근본적인 이해와 재료를 다루는 탁월한 방식**에 탄복하게 됩니다**.	看到编于五百年前的《乐学轨范》时，祖先对乐器的基本理解和使用材料的卓越方式令人**叹为观止**。
66	恰到好处	윤다영, 장지아를 비롯한 연기진의 안정된 연기, **적절한** 무대장치를 통해 작품이 지닌 사회비판적 관점을 무리 없이 이끌어낸 연출의 솜씨가 호감을 자아낸다.	演员演技的稳定发挥、**恰到好处**的舞台设计不露痕迹地引出了作品的批判意识，导演的功力令人青睐。
		800여 채의 한옥이 밀집한 이 마을은 천 년 고도 전주를 전주**답게** 만든다.	八百余幢韩式房屋密集分布在村庄各地，将全州这座千年古都渲染得**恰到好处**。
		그래서 그 결과는 마치 면밀하게 구도를 잡고 계산하여 인물을 배치한 듯하다.	整个构图似乎经过精密计算，人物位置**恰到好处**。
		지방성분이 **알맞게** 박혀 있어서 담백하고 부드러운 편육을 만들 수 있다.	因为这部分肉中含有的脂肪成分**恰到好处**，制成的白切肉柔嫩不腻。
		알맞게 삶아내는 데에도 갖은 지혜가 동원되는데 **적당한** 시간에 젓가락으로 찔러 확인해보는 방법이 가장 정확하다.	要把肉煮得**恰到好处**也需要窍门儿，最好的方法就是在适当的时候用筷子扎一下来确认肉是否煮熟。
67	土生土长	이틀 동안 나와 함께 다닌 택시 운전수에게 고성에서 가장 가볼 만한 곳이 어디냐고 물었다.	当我向连续两天与我同行的出租车司机询问固城最值得一去的景点时，这位**土生土长**的固城人选择了介川面莲花山的玉泉寺。
		북촌과 궁궐 같은 역사성을 띤 공간에서부터 골목길에 이르기까지, 서울 **토박이**들도 미처 몰랐던 서울 이야기를 들려준다.	这些书内容十分丰富，涉及的范围从历史悠久的北村、宫殿到一些老旧的街巷，讲述了一些连**土生土长**的首尔人都不知道的首尔故事。
		전우용 역시 서울**토박이**조차 미처 모르는 서울의 공간과 사람들에 대한 이야기를 통해 서울 구석구석의 잊혀진 역사를 복원한다.	全遇容也是通过一些连**土生土长**的首尔人都不知道的有关首尔的空间和人的故事，复原出首尔每一个角落里被遗忘的历史。

NO	成语	韩语句子/不对应之词或词组	汉语句子/*汉语成语
		겨우 10여 년 산 나도 벌써 물이 들고 나는 것에 익숙해졌으니, **이곳에서 나고 자란** 사람들은 오죽하겠는가.	就连我这个在江华岛生活了仅仅十年的人都已经习惯了潮起潮落，更何况是**土生土长**的江华岛人呢！
		겨우 10여 년 산 나도 벌써 물이 들고 나는 것에 익숙해졌으니, **이곳에서 나고 자란** 사람들은 오죽하겠는가.	就连我这个在江华岛生活了仅仅十年的人都已经习惯了潮起潮落，更何况是**土生土长**的江华岛人呢！
68	**争先恐后**	대만 GTV등 주요 방송사에서 **앞다투어** 한국 드라마를 수입해 방영하면서 드라마가 수출품으로 변모했다.	以台湾GTV(全球电视)八大电视台为代表的各家电视台**争先恐后**买进韩国电视剧并在电视节目中播放，由此电视剧蜕变成了一种出口商品。
		여기에 눈을 뜬 공연 기획사들이 **앞다퉈** 결합하면서 6~7개의 비보이 넌버벌 퍼포먼스를 선보일 예정이라고 한다.	据悉，看好这一形式的演出策划公司**争先恐后**地与他们合作，计划推出六至七个街舞男孩无对白表演。
		1995년 지방자치제도가 시작된 이래 광역권 도시들과 수도권 도시들은 **앞다투어** 문화재단을 설립하고 복합문화 공연장을 건립해왔다.	自1995年开始实施地方自治制度以来，地方广域圈城市和首都圈城市都**争先恐后**地成立了文化财团，建立起综合文化演出剧场。
		이 녹음의 여름이 한껏 치달았다 한 풀 꺾일 때쯤이면 온몸에 가시를 매단 가시연꽃이 피고, 물옥잠 역시 **뒤질세라** 쭉쭉 꽃대를 올려 해맑은 보라색 웃음과 향기를 늪 구석구석에 퍼트려 놓을 것이다.	鸭舌草也会**争先恐后**地抽出花蕾，将笑盈盈的紫色花朵和馨香洒满湿地的每个角落。
		이렇듯 휴가철이면 **너나없이** 물을 찾으니 해수욕장과 계곡은 인산인해를 이루기 일쑤다.	每到假期，人们**争先恐后**到有水的方，海水浴场和溪谷自然是人满为患了。
69	**一目了然**	서울의 역사와 지리와 인문을 모으고 서울의 도시 원리를 **일목요연하게** 하는 논리를 정립해야 한다.	同时汇集首尔的历史、地理和人文，建立一个使首尔的城市原理**一目了然**的逻辑体系。
		말하자면, 화자는 우리가 상식적으로 **일목요연하며** 논리적이라고 생각하는 악기분류라는 것이 실은 자의적이며 임의적인 것임을 역설하고 있는 것이다.	也就是说，话者对我们按常理认为**一目了然**，合乎逻辑的对乐器的分类法提出异议，说它实际上是非常武断和随意的。
		이번 전시는 그의 작품 자체를 **일목요연하게** 감상할 수 있는 절호의 기회였을 뿐 아니라, 자료조사를 토대로 한 평전이 실린 전시 도록은 앞으로 권진규 연구자들에게 귀중한 자료가 될 것이다.	这次展览可以使人**一目了然**地欣赏权镇圭的作品，而且其所附的关于权镇圭研究的论文目录，将成为研究权镇圭的学者们重要的资料。

NO	成语	韩语句子/不对应之词或词组	汉语句子/*汉语成语
		특히 〈관음보살도〉는 전 세계에 24점이 존재하고 있는 것으로 알려져 있는데 이번 전시에 13점이 출품되어 고려시대 〈관음보살도〉의 형식 및 양식적 흐름을 **한 눈에 비교할 수 있도록** 전시하였다.	尤其值得一提的是，全世界现存的《观音菩萨图》共二十四幅，而本次共展示了十三幅，可以**一目了然**地对高丽王朝时代《观音菩萨图》的形式与特征的变化趋势进行比较。
		선정과정에서는 후보작들이 시대의 관심사를 얼마나 반영하고 있는지, 계절과는 잘 어울리는지, 의미가 **쉽게** 전달되는지 등을 종합적으로 검토한다.	在选定过程中，委员们会对参选作品进行综合讨论，例如多大程度上反映了时代关注的问题、是否与季节相适应、是否能**一目了然**地传递信息等。
70	一干二净	하지만 작업을 시작하면 그런 시름조차 **금세** 잊어버린다.	然而，只要开始工作，他就会将这些忧虑忘得**一干二净**。
		깨끗한 공기의 상쾌한 향기는 몸과 마음을 깨우고, 쌓인 노폐물을 **깨끗이** 씻어준다.	清新的空气能够唤醒人们的身体和精神，同时将体内沉积的废物清理得**一干二净**。
		그러나 정상에 이르면 상쾌한 공기와 산봉우리들 사이에 아늑하게 자리잡은 서울의 전망이 피로를 **싹** 가시게 한다.	然而一旦登上山顶，便能呼吸到清爽的空气，欣赏到山峰之间那安静平和的首尔远景，之前的疲劳顿时消失得**一干二净**。
		갑자기 안개가 짙어지며 섬에 솟은 산을 지우고 부표들을 지웠다.	没多久，雾突然浓了起来，把海岛上的山和海面上的浮标遮盖得**一干二净**。
71	一无所知	님이 없이는 **알 수가 없습니다**.	没有你，我**一无所知**!
		산에 대해 **아무 것도 모르는** 사람들 앞에서 괜히 폼잡고, 또 엉뚱한 식으로 자신의 탐험을 꾸미게 되지 않을까 하는 염려도 생기고, 적잖은 대가가 주어지는 강연에 재미를 들이다 보면 편안한 생활에 안주하지 않을까 하는 두려움 때문이다.	因为他担心在对山**一无所知**的人面前对登山侃侃而谈有种故意显耀自己之嫌。还有他担心如果对付出不少代价的演讲产生了兴趣就会安于舒适的生活。
		'물때(바닷물이 들어오고 나가는 때, 즉 밀물과 썰물)'를 **알리 없는** 도시의 다 큰 촌놈이 순천만에 도착했으니, '사리(spring tide 조수간만(潮水干滿)의 차가 가장 클 때)'와 '조금(neap tide 조수 차가 가장 적어지는 때)'이 어떤 것인지 생각이나 했겠는가? 선착장 한 귀퉁이에 마련된 허름한 간이 매표소에 들어가니 달력에 물때가 표시되어 있다.	对 "潮汐(潮涨潮落)" **一无所知**的都市人来到顺天湾，哪里会想到还有什么 "大潮(潮水涨落水位差最大的时期)" 和 "小潮(潮水涨落水位差最小的时期)" 的名堂呢!在埠头角落略显寒酸的简易售票处，我看到涨潮落潮的时间在日历上都有标记。
		서울에서 오랫동안 살아 온 외국인 친	我在首尔生活了多年的很多外国朋友

NO	成语	韩语句子/不对应之词或词组	汉语句子/*汉语成语
		구들 중에도 북촌을 **모르는** 사람이 많 아요.	仍然对北村**一无所知**。
		아무것도 모르던 제게 그분들은 아낌없 이 도움을 주셨어요.	很长一段时间以来, 我**一无所知**, 是他 们热情地帮助了我。
		비록 전체 규모가 3,000명 선으로 축 소되기는 했지만, 완성될 경우 **전무후 무한** 문학적 도전과 성의취 증거로 남 을 것이 틀림없다.	《万人谱》系列计划于2009年全部出 版完毕, 共三十卷。尽管内容由万人 故事缩减为三千人上下, 但《万人谱》 全部出版后, 仍然会作为**空前绝后**的 文学挑战和功绩的证据而名垂史册。
		특히 불교를 숭상한 고려 시대에 들어 와서 향로와 함께 중요한 불교 공양구 의 하나로 **가장 많은 수가 만들어지**게 되 었다.	在崇尚佛教的高丽王朝时期, 作为与 香炉同等重要的一种佛教法器, 净瓶 的制造数量达到**空前绝后**的程度。
		그 전에도, 그 뒤로도 그처럼 많은 군중 이 이 지역 안에서 한 자리에 모인 **일은 없었다**.	长兴境内一下聚集起如此大规模的群 众, 在历史上也是**空前绝后**的。
		전주의 저명한 향토사학자 고 조병희 (趙炳喜) 선생은 그에게 두 번 글을 주 었는데 **전무후무한** 일이었고 아끼던 작 품을 그에게 유품으로 남겼다.	全州的著名乡土史学家赵炳喜先生曾 两次为他题字, 堪称**空前绝后**。 赵先 生去世后, 这两件珍贵的作品已成遗 物。
73	毛骨悚然	그녀의 소설이 우리로 하여금 인간 존 재의 심연과 마주하게 함으로써 **"섬뜩 한 아름다움"**, "전율과 사랑"을 느끼게 한다고 할 때, 그것은 많은 부분 일상 적 사건이나 인물의 의식을 언어화하 는 단단한 묘사의 힘에서 비롯된다.	我们之所以能够通过她的小说面对存 在的深渊, 并感受到"令人**毛骨悚然** 的崇高"或"令人颤栗的爱", 在很大 程度上是由于她那种把普通的事件或 人物的意识语言化的出色描写能力。
		이 소설은 우리의 일상이 광기와 죽음, 폭력의 용인 아래에서 혹은 은폐 속에 서 진행되고 있는 것임을 다시금 **섬뜩 하게** 확인시킨다.	小说再次使我们**毛骨悚然**地认识到, 我们的日常生活是在疯狂与死亡、暴 力的容忍下或掩盖下度过的。
		작가는 결말부에 이르기까지 뚜렷한 판정을 내리지 않고 있지만, 이런 애매 모호한 서술을 통해 도시의 소외된 삶 과 현대인의 정체성 상실, 그리고 소통 에 대한 열망과 좌절이 더욱 **섬뜩하게** 부각된다.	一直到小说的结尾, 作者仍没有给出 一个明确的答案, 但是通过这种模糊 的叙述表现都市里被遗忘的生活与现 代人身份认同的丧失, 以及对沟通的 热切希望与挫折, 让人读后感到一种 **毛骨悚然**的真实性。
		너무 귀여운데 살짝 **소름도 돋는다**.	特别可爱, 可也有点令人**毛骨悚然**
		이따금 멀리서 총성이 들려와 **가슴을**	不时从远处传来枪声, 令人**毛骨悚然**,

NO	成语	韩语句子/不对应之词或词组	汉语句子/*汉语成语
		뛰게 했다.	
74	近在咫尺	"당시 이들을 사로잡았던 한국만화 역사상 최고의 베스트셀러가 이원복(1946~) 교수의 〈먼나라 **이웃**나라(Far Land, Neighbor Countries)〉다."	"当时，他们被李元馥教授的《远在天边，**近在咫尺**的国家》所深深吸引，这部作品是韩国第一部成为畅销书的漫画书，创造了韩国漫画史的奇迹。"
		1981년 한 어린이신문에 연재를 시작한 〈먼나라 **이웃**나라〉는 지금처럼 세계 여러 나라를 돌아다니는 것이 어려웠던 시절 한국에서 가장 먼 나라들인 유럽 국가들의 문화와 역사를 재미있고 깊이 있게 보여줘 폭발적인 인기를 얻었다.	1981年开始在一家少儿报纸上连载的《远在天边，**近在咫尺**的国家》，在当时还不能像现在这样随意游历世界各国的情况下，有趣而深入地介绍离韩国最远的欧洲国家的文化与历史而深受欢迎。
		그 작품이 바로 〈먼나라 **이웃**나라〉였다.	那就是《远在天边，**近在咫尺**的国家》。
		유학을 마치고 돌아와 교수가 된 이원복은 〈먼나라 **이웃**나라〉 이후로도 줄줄이 히트 만화를 발표하며 한국 만화사에 여러 가지 기록을 세웠다.	李元馥留学归来后在大学任教，继出版《远在天边，**近在咫尺**的国家》之后，接连出版了深受欢迎的漫作品，在韩国漫史上创造了多项新纪录。"
		한국인들 중 상당수가 〈먼나라 **이웃**나라〉를 통해 먼 유럽 나라들의 문화적 특징과 역사를 배웠다고 해도 과언이 아닐 정도다.	说很多韩国人就是通过《远在天边，**近在咫尺**的国家》了解了遥远的欧洲国家文化的特点和历史，并不夸张。
75	活灵活现	과연 이문구는 지방 토속어를 능수능란하게 구사해 작품 속에서 한국어 특유의 가락과 **맛을 살리는데 성공한** 독특한 문체의 작가로 알려져 있다.	李文求对于方言土语的运用可谓驾轻就熟，在作品里将韩国语言特有的节奏和品味表现得**活灵活现**，形成了独特的文体风格。
		〈카멜리아 레이디〉(The Lady of the Camelias 춘희)에서는 이뤄질 수 없는 사랑에 애태우는 고급 매춘부 마그리트(Margaret)의 캐릭터를 자신의 개성을 입혀 **되살려냈으며**, 〈오네긴〉(Onegin)에서는 정숙하고 애정이 넘치는 타치아나(Tatiana)로 자연스럽게 변신했다.	《茶花女》中的交际花玛格丽特因爱不成而焦急不安，姜秀珍为这一角色注入个人风格，演得**活灵活现**；在《奥涅金》中，她则自然地变身为娴良贞淑充满爱情的塔吉亚娜。
		신문기자가 되고 싶으나 번번이 입사시험에 떨어지기만 하는 백수 '나'를 중심으로, 트랜스젠더가 되고 싶은 친구 '민' 및 '이대갈비'를 운영하는 할아버지, 할머니, 아버지, 어머니 등 가족들과의 일상을 **맛깔나게** 그려내고 있는 이 소설은 기본적으로 '좌절'에 관한	小说以立志成为新闻记者、却每次都在就职考试上落榜的"我"为中心，把与想做变性人的朋友"敏"及经营"梨大排骨店"的爷爷、奶奶、爸爸和妈妈等家人之间的平凡生活描写得**活灵活现**。小说基本上是一部描写挫折的故事。

		이야기다.	
		돌부처의 표정이 **가장 잘 살아나는** 햇빛의 양과 각도를 기다렸다.	等待着阳光的充足与角度, 直到它们能够**活灵活现**地勾勒出石佛像的表情。
		이 소설은 수동적으로 존재하는(being) 엄마가 아니라 능동적으로 행동하는 (doing), **살아있는** '생물'로서의 엄마를 여러 겹의 복합적인 모습으로 보여준다.	小说呈现了多层次的、复杂的母亲形象作为**活灵活现**的 "生物", 不是一种被动的存在, 而是在能动地行动着。
76	络绎不绝	그래서 관광객들의 **발길이 끊이질 않는다.**	游人**络绎不绝**。
		자식을 얻고자 하는 사람들이 이 바위에 기도를 올리면 옥동자를 얻는다는 이야기 덕분에 사람들이 찾아들고, 이제는 유명한 관광지가 돼 국내외 여행객들이 **줄을 잇고** 있으니 '좋은 일'은 지금도 현재진행형이다.	人们因为听说在 "弥勒石" 面前许愿会如愿得子, 纷纷慕名前来。如今, 这里已经成了游览胜地, 国内外游客**络绎不绝**, "好事" 还在进行中。
		이곳은 성지 순례를 다니는 신자들과 관광객들의 발길이 끊이지 않는다.	到这里朝拜的天主教徒和游客总是**络绎不绝**。
		여름에 해수욕을 즐기는 사람들은 물론이고, 계절을 막론하고 시원하게 탁 트인 바다 풍경을 보며 정서적인 여유를 찾으려는 여행객이 일 년 내내 끊이지 않는다.	对海水浴爱好者、对喜欢在开阔的海景中寻找心灵的平静的游客来说, 这里是一种绝好的选择。而事实上, 三陟一年四季游人也总是**络绎不绝**。
		오늘날 유가(儒家)의 방법대로 제례를 올리는 나라는 동양에서도 우리나라가 유일해, 유교문화 국가들의 **발길이 끊이지 않고 있다.**	韩国是如今惟一仍按儒家规范举行祭礼的东方国家, 因此前来参观的儒家文化圈国家的游客**络绎不绝**。
77	马不停蹄	1996년 [악어]로 데뷔한 이래 10년, **잠시도 쉬지 않고** 12편의 영화를 만들어 세상 사람들을 충격과 분노, 슬픔 그리고 경탄에 빠트렸던 반항아가 쉬고 있었다."	1996年, 以影片《鳄鱼》步入影坛的他, 近十年的时间**马不停蹄**陆续拍摄十二部电影, 并个个引起轰动, 招来世人的愤怒、悲伤以及惊叹, 而这样一位忙碌的叛逆导演最近却过着悠闲的生活。
		"100m 달리기 선수가 매일 0.001초를 줄이려는 노력을 하는 마음가짐으로 장고를 두드린다"는 김덕수는 세계 60여 개국에서 모두 4,000회 이상의 공연을 통해 한국을 알린 해외공연도 **쉴이 없었다.**	金德洙说自己 "怀着百米短跑运动员每天努力缩短0.001秒的决心敲打长鼓", 他**马不停蹄**地在国外演出, 通过在世界六十多个国家的四千多场演出宣传着韩国。
		그 세월 동안 강효는 얼마나 **숨가쁘게**	之后, 姜孝**马不停蹄**地走过来。

NO	成语	韩语句子/不对应之词或词组	汉语句子/*汉语成语
		달려왔는가?	
		거침없는 행보는 여기서 끝나지 않았다.	他**马不停蹄**, 不想止步于此。
		이후 공사 부인으로 워싱턴에 머물던 시기에도 전 박사의 한국 문화 알리기 노력은 **멈추지 않았다**.	此后, 全博士作为公使夫人生活在华盛顿的期间, 依然**马不停蹄**, 积极利用使馆宴会活动, 致力于弘扬韩国文化。
78	座无虚席	50여 석을 **가득 메운** 실내는 연말 송년 분위기에 음악적 흥취와 참석자들의 열기가 더해져 한겨울 추위가 무색하게 후끈 달아올랐다.	容量达五十余人的酒吧**座无虚席**, 在辞旧迎新的氛围当中, 音乐的热度与听众的热情不断升温, 驱走深冬的严寒。
		쌀쌀한 날씨에도 불구, 특유의 주황색 쓰레기 봉투로 상투를 틀고 이 야구단의 홈 구장인 부산 동래구의 사직구장 (社稷球場)을 **메운다**.	就算天气再冷, 乐天巨人的主场也总是**座无虚席**。釜山海鸥们总会在头顶系上标志性的橙色塑料袋, 赶到位于釜山市东莱区的社稷球场去为球队加油。
		흥행성과 면에서 볼 때, 예컨대 대구오페라하우스에서 공연된 〈프로듀서스〉 공연 나흘째를 맞은 3월 15일 오후 7시, 1,500석 규모의 극장에 입장한 관객이 1,400여 명으로서, 극장은 **관객으로 가득 찼다**.	从观众的热情来看, 演出效果很是不错。3月15日晚七时是《制作人》一剧在大邱歌剧院上演的第四天, 规模为一千五百座的剧场内几乎**座无虚席**, 共有一千四百名观众入场。
		그날 공연 이후 김주원의 춤은 관객들의 입 소문을 통해 빠르게 번졌고 이후 공연도 **모든 객석이 가득 찰** 정도로 관객몰이를 했다.	随后的演出吸引了大量的观众, 剧场**座无虚席**。
		독일이 자랑하는 슈투트가르트발레단 (Stuttgart Ballet)의 〈로미오와 줄리엣〉 (Romeo and Juliet) 공연이었는데, 공연이 끝나고 커튼 콜이 시작되어 줄리엣 역을 맡은 프리마 발레리나가 무대에 등장하자 **객석을 가득 메운** 1500여 명의 관객들은 너나 할 것 없이 일어나 기립박수를 보냈다.	演出结束后, 主演朱丽叶的芭蕾女演员返台谢幕。此时, 在**座无虚席**的剧院里, 近一千五百名观众不约而同地起立鼓掌。
79	记忆犹新	회의에 참석해 한국어 교육에 대한 내 생각을 발언하며 느꼈던 그 찌릿한 흥분은 **아직도 기억한다**.	我还在学术会议上发表了自己对韩语教学的看法, 当时的激动与兴奋至今仍**记忆犹新**。
		좀처럼 감동을 주지 못하는 가요들이 한복을 곱게 차려 입은 어린 국악 명인들의 입을 통해 울려 퍼질 때, 관객들은 **새삼스런** 가요의 힘에 놀랐다.	这些并不能轻易打动人心的传统歌曲, 从这些身着美丽韩服的年轻国乐名人的嘴里唱出来时, 观众为这些**记忆犹新**的歌曲所具有的力量所震惊。

NO	成语	韩语句子/不对应之词或词组	汉语句子/*汉语成语
		역사 영화와 드라마 속 여성들의 한복이 파격적인 화려함으로 **기억된다면** 한류스타 배용준과 영화 〈밀양〉으로 칸 영화제 여우주연상을 수상한 전도연 주연의 영화 〈스캔들〉의 남자주인공 배용준의 도포는 어떠한 꾸밈도 없는 백색 그 자체의 매력을 잘 표현하고 있다.	如果说在历史题材电影和电视剧中, 女性的韩服以大胆的华丽让人**记忆犹新**的话, 那么在由韩流明星裴勇浚和凭借电影《密阳》荣获嘎纳电影节最佳女主角奖的全度妍主演的电影《丑闻》中, 男主人公扮演者裴勇浚的白色长袍虽然没有任何装饰, 却很好地表现出白色本身的魅力。
		이제 그때 맛본 한국 음식이 정통 한국 음식과는 다른 현지화된 음식이라는 것을 알게 되었지만, 그 맛의 **기억은 아직도 생생하다.**	如今他已经知道当时吃的韩国料理是按照当地人的口味改良过的, 与正宗的韩国饮食不同。尽管如此, 他对当时的那个味道依然**记忆犹新**。
80	历历在目	스코트 니어링과 헬렌 니어링을 흠모하던 시절, 그 때를 지금도 **잊지 못한다.**	年轻时, 我一度十分崇拜聂耳宁夫妇, 那段日子至今仍然**历历在目**。
		모두 **생생해요.**	这些往事至今**历历在目**。
		그는 당시 김포공항의 풍경을 아직도 생생하게 기억하고 있다.	金浦机场当时的景象至今还历历在目:
		돌아보니, 2007년, 국립극장이 '제1회 세계 국립극장 페스티벌'을 준비할 때 그리스 국립극장(The National Theatre of Greece)이 한국 공연 결정을 알리며 보내왔던 다음과 같은 메시지가 **새삼 떠오른다.**	回顾2007年韩国国家剧院筹备"第一届世界国家剧院节"时的情形, 希腊国家剧院发来的参演确认函依旧**历历在目**。
81	梦寐以求	"무용을 너무 사랑했기 때문에 결코 포기할 수가 없었던" 그는 2002년 극적으로 재기에 성공했을 뿐만 아니라, **그토록 바랐던** 슈투트가르트발레단의 종신회원이 되었고, 툰치 소크만과 결혼했다.	就这样, 她于2002年奇迹般地重返舞台, 不仅如此, 还成为**梦寐以求**的斯图加特芭蕾舞团终身演员, 并与通基肖克曼结为百年之好。
		그것은 많은 작곡가들**이 꿈꾸는** 세계 주요 음악제의 거듭되는 수상과 위촉으로 이어졌고 지금에 이른다.	此后, 她又不断在世界各大音乐节上获得作曲家们都**梦寐以求**的各种奖项和委约。
		나라에서도 이런 공로를 인정해 1987년에 그를 죽물세공을 하는 사람이면 **누구나 선망하는** 중요무형문화재 53호 (重要無形文化財 Important Intangible Cultural Properties No. 53) 채상장으로 지정했다.	他的贡献得到了国家的肯定。 1987年, 他被政府指定为重要无形文化遗产第五十三号彩箱匠人。这是所有竹编匠人**梦寐以求**的称号。

NO	成语	韩语句子/不对应之词或词组	汉语句子/*汉语成语
		오페라 가수**라면 누구나** 그 무대에 서**고 싶어하는** 이탈리아 밀라노 라 스칼라 극장에서 푸치니의 〈라 보엠〉 무제타 역으로 무대를 휘저으면서 당당한 자태와 가창력을 뽐내고 있는 홍혜경의 모습이 담긴 오페라 공연 실황 DVD이다.	位于意大利米兰的斯卡拉歌剧院是每一位歌剧演员梦寐以求的舞台，而洪惠卿凭着普奇尼歌剧《波希米亚人》中的穆塞塔一角在这个舞台上挥洒自如，而歌剧演出实况DVD则盛载了她那气宇轩昂的姿态和超凡脱俗的唱功。
82	豁然开朗	학교에서 배운 시간은 짧지만 글을 가까이 하셨던 아버님의 영향인지 책을 보면 답답하던 세상사도 **길이 보이지**요.	在学校学习的时间虽短，但可能是受有学识的父亲的影响，我只要一看书，世上的烦心事就**豁然开朗**了。
		이 때 관람객은 줄지어 늘어선 기둥들에 의해 시야가 좁아졌다가 다시 확장되어 **확 트이는** 느낌을 가지게 된다.	此时，游客先前因成排林立的柱子而缩小的视野会骤然开阔起来，让人有一种**豁然开朗**的感觉。
		광화문의 어두운 아치형 입구를 지나 드넓게 펼쳐진 뜰로 들어가는 것은 마치 울창한 숲을 헤치고 산 정상에 올라 눈 앞에 펼쳐진 장관을 만나는 느낌과도 같아서 잠시 숨을 가다듬고 이 장관을 마음껏 감상하고픈 충동을 느낀다.	经过光化门昏暗的虹霓门入口，真是**豁然开朗**，望着广阔的院落，仿佛是穿越茂盛的森林后登临山顶，眺望脚下的壮观景色一般。在此稍歇片刻，不觉涌起冲动，想把此处光景尽收眼底。
83	难能可贵	이 행사에서도 그와 같은 문제의식이 읽혀지는바, 그 점에서도 이 행사의 의의는 **충분히** 인정받을 만하다고 평가받을 수 있으리라 본다.	**难能可贵**的是在本次活动中我们能感觉到韩国舞蹈界的这种问题意识。仅凭这一点，本次现代舞蹈节也应该得到肯定。
		여러 난점에도 불구하고, 제1회 스프링웨이브 페스티벌은 생색내기용 국제 행사가 잘 보여주지 못하는 힘을 보여줬다는 점에서 소중하다.	尽管第一届"春之波"艺术节遇到各种困难，但其所显示出的力量是一些颇有名声的国际活动都难以呈现的，这一点非常**难能可贵**。
		물론 주말에도 등산을 다니지만 주중에는 인파도 훨씬 적고 업무로부터 반가운 휴식을 즐길 수 있어서 주중에 하는 등산이 **더 좋다**고 한다.	虽然周末也会去登山，但他更喜欢周中登山的感觉，因为这时游人会少很多，繁忙工作中的休息则显得更加**难能可贵**。
		이것은 나이 어린(경험이 부족한) 기사가 가지기 힘든 소질입니다.	这对于缺乏经验的年轻棋手来说是极其**难能可贵**的。
84	相映成趣	삼척 산, 바다, 동굴이 **어우러진** 천연의 도시	三陟: 山、海、洞窟**相映成趣**的天然城市
		하지만 삼척의 어느 곳을 가더라도 자연에 순응하며 자연 속에서 **함께 살아온** 그들의 소박하고 겸허한 삶의 양식을 만날 수 있다.	在海洋、山脉和洞窟等自然环境**相映成趣**的三陟，

NO	成语	韩语句子/*不对应之词或词组*	汉语句子/*汉语成语*
		상리면(上里面) 무이산(武夷山)의 문수암(文殊菴) 또한 계승사 못지않게 가파른 산비탈에 자리 잡은 절로서 험난한 지형**을 잘 살려** 지은 전각들이 눈길을 끈다.	上里面武夷山的文殊庵也和桂承寺一样建在陡峭的山坡上，寺内建筑与险峻的地形**相映成趣**，十分引人注目。
		연록색 나뭇잎과 붉고 흰 꽃들이 **흐드러지는** 봄에서 시작하여 녹음이 짙은 여름, 단풍이 울긋불긋 물드는 가을, 그리고 앙상한 나뭇가지들이 서로 몸을 부비는 겨울마저도 여기에서는 모두 아름답다.	无论是嫩绿的树叶和红白相间的花朵**相映成趣**的春天，绿茵苍翠欲滴的夏天，红叶斑驳陆离的秋天，还是光秃秃的树枝交错纵横的冬天，山上的景色总是十分优美。
85	五体投地	법당에 이르기 전에 안내자한테서 예배에 대한 설명을 들으며 두 손을 가슴 앞에 모아 합장(合掌)하여 반배(半拜)하는 법과 **오체투지**하는 법을 배워둔 터였다.	进入法堂之前，我们已经听了导游讲解礼佛的规则，学习合掌、半拜和**五体投地**的要领。
		이마와 두 팔꿈치와 두 무릎을 바닥에 대고 온몸을 기울여 하는 큰 절이 **오체투지**이다.	所谓**五体投地**，就是全身伏地，将前额、两肘和两膝同时着地的行礼方法。
		그렇다면 그가 **그토록 존경해마지** 않는 성덕대왕신종의 비밀은 어디에 숨겨져 있는 것일까?	让他如此尊敬得**五体投地**的圣德大王神钟其秘密隐藏在何处呢？
		정말이지 이 대목에선 **두 손 두 발 다 들** 수밖에 없다.	此时我简直不能不对他佩服得**五体投地**。
86	五彩缤纷	여름에는 벚나무들이 펼치는 푸른 잎들을, 가을에는 낙엽을, 겨울에는 수도승 같은 나목(裸木)들을 만날 수 있을 테니.	夏天的叶子郁郁葱葱，秋天的落叶**五彩缤纷**，冬天的树干则如伫立的僧人。
		춘천에서 하룻밤 묵을 경우에는 형형색색의 빛과 물이 **화려하게** 어우러진 야경을 놓칠 수 없다.	如果在春川小住一晚，一定不能错过**五彩缤纷**的灯光与湖水交相辉映的绚丽夜景。
		다채로운 작품 세계를 펼치다	展现**五彩缤纷**的作品世界
		사찰의 정문인 일주문 가까이 가자 **무지개 빛깔**의 공작용 점토로 만들어진 여러 개의 만다라(mandalas)가 일주문을 받치고 있는 돌기단에 바로 붙어있다.	当你走近寺刹正门处的一柱门时，会看到多个用**五彩缤纷**的工艺粘土制成的曼陀罗，它们与支撑一柱门的石基紧密地贴合在一起。
87	赞不绝口	차가운 롤 삼계탕은 특히나 다보스 VIP들의 **입을 즐겁게 했다**.	特别是其中的冷卷参鸡汤令参加论坛的贵宾们**赞不绝口**。

NO	成语	韩语句子/不对应之词或词组	汉语句子/*汉语成语
		전라북도 전주시의 한옥마을에 아이들과 함께 방문한 부부는 "사실 이곳에서는 참 할 것이 많습니다.	有一对夫妇曾领着孩子专门找到全罗北道全州市的传统住宅村，他们对传统住宅村举办的各种培训活动和体验活动**赞不绝口**："在这里能做很多事。
		이를 본 오끼나와의 사신(使臣)이 돌기둥에 새긴 용이 연못에 비치는 광경을 당시 서울의 3가지 장관(壯觀) 중의 하나로 손꼽았다고 한다.	当时来自冲绳的使臣看到石柱上雕刻的龙倒映在池中的景象**赞不绝口**，称之为当时首尔三大"壮观"之一。
		공기업 과장인 40대의 신용훈(41)씨는 스크린 골프 **예찬론자**다.	年过不惑的韩国某国企课长申容勋(41岁)对屏幕高尔夫**赞不绝口**。
88	心潮澎湃	지난해 8월 해병대 복무를 마치고 전역한 가수 이정(30, 해병대 1080기)도 지난 1월 한 언론과의 인터뷰에서 "해병대 훈련의 백미인 '천자봉' 행군을 마치고 해병대의 상징인 빨간 명찰을 달 때 "**가슴이 뛰었다**"고 말했다.	2010年8月结束海军陆战队服役退伍的歌手李正(三十岁，海军陆战队第1080期)在今年1月接受一家媒体的采访时曾经说道："海军陆战队训练的最后一关'天子峰行军'结束后，戴上象征海军陆战队红色名签的那一刹那令人**心潮澎湃**。
		게다가 석가모니의 가르침을 한데 모은 불교 경전 총서이자 세상에 존재하는 모든 불교지식의 총람이라는 대장경의 1천 년 전 인출본이라는 점을 떠올리는 순간 주체할 수 없는 감격 때문에 **가슴이 쿵쾅거렸다**.	大藏经是记载释迦牟尼教诲的佛教典籍，汇集了世上所有佛教知识。一想到它是在千年前刻印的，就抑制不住**心潮澎湃**。
		해인사 보존국장 성안스님도 "그 스님을 생각하면 가슴이 설렌다."고 했다.	海印寺保存局长性安法师说："每当想起守其大师都会**心潮澎湃**。
		공부를 할수록 자신이 하는 일이 아름다운 전통을 지키는 값진 일이라는 깨달음을 얻었고 **가슴이 뜨거웠다**고 한다.	他说自己在学习过程中，越发领悟到自己所做的是守护美好传统的宝贵事业，感到**心潮澎湃**。
89	雄心勃勃	1993년부터 **의욕적이고** 젊은 디자이너들과 함께 'New Wave in Seoul'이라는 이름으로 패션쇼를 해 왔지만 유럽에서는 전혀 인정받지 못했다.	自1993年起，她与**雄心勃勃**的新生代设计师们一道举办名为"首尔新浪潮"的时装发布会。
		특히 이명박 정부는 우포늪을 DMZ(비무장지대)와 함께 우리나라를 대표하는 세계적인 생태관광 명소로 만들겠다는 **야심 찬** 계획을 세워놓고 있다.	特别值得一提的是，李明博政府已经制定了一个**雄心勃勃**的计划，要将牛浦沼和南北间"非军事区"建设成为世界级的生态旅游胜地。
		"대구시가 옛 담배인삼공사의 연초제조창 건물과 부지를 활용한 가칭 '대구창창(大邱創倉, 대구창조제조창)' 프로젝	"大邱市制定了摆脱地域特征，创建世界级文化艺术都市的战略。作为该战略**雄心勃勃**的一环，大邱市准备盘活

NO	成语	韩语句子/不对应之词或词组	汉语句子/*汉语成语
		트는 지방도시 대구가 탈지역화하여 세계적인 예술문화도시로 성장하기 위한 전략의 일환으로 펼치는 **야심찬** 계획이다."	当年烟草人参公社的烟草厂厂房, 暂名为"'大邱创仓(又名: 大邱创造制造仓)。'"
90	无与伦比	하지만 천연염료는 화학염료로는 나타낼 수 없는 자연의 색으로 그 색상의 청아함과 아름다움은 **비교할 데가 없다.**	但是, 天然染料可以产生化学染料无法产生的自然色, 其色调之清雅与美丽是无与伦比的, 而且它又是能够解决化学染料对人体有害、公害及污水等问题的染料。
		올림픽 챔피언이 된 것도 기쁘지만 동시에 모두 끝났다는 게 **너무** 기분 좋아요."	成为奥运冠军是很高兴, 同时也因为一切都结束了, 心情更是无与伦比。
		미니멀리즘 그리고 포스트 미니멀리즘에서 그의 작품과 글은 **매우 독보적이다.**	他的作品和文章在极简主义和后极简主义领域是无与伦比的。
		백두대간은 세계 어디 내놓아도 손색 없는 아름다운 산이자 **훌륭한** 문화공간입니다.	白头山脉是丝毫不逊色于世界任何其他名山的美丽山脉, 同时又是无与伦比的文化载体。
91	无声无息	그녀의 소설은 **이름 없이** 사라지는 것들과 주변부의 미미한 존재들을 기억하는 목소리로 가득하다.	她的小说里充满了一种声音, 记录着正在无声无息中消失的东西和处于边缘的微不足道的存在。
		상징적 자궁으로서의 소설 속에서 **이름 없이** 사라져간 존재들과 말하여질 수 없었던 것들은 '영원한 현재' 속에 자신의 무덤을 마련한다.	在象征子宫的小说里, 那些无声无息消失的存在和无法用语言表现的东西在"永恒的现在"中营造自己的坟墓。
		그녀의 평범하고 지루한 일상의 틈새로 간간이 끼어들어 오는 고딕체 활자들은 강남의 한가운데에 있는 상품백화점의 붕괴가 아무도 모르는 사이에 **소리 없이** 진행되는 과정을 불길하게 예고한다.	在关于她平凡而无聊的生活的叙述中偶尔穿插的黑体字, 不详地追述着位于江南正中间的三丰百货店如何不知不觉地、**无声无息**地走向垮塌。
		우리 무대에서 창작극은 초연무대로 끝나는 경우가 많다.	在韩国戏剧舞台上, 原创剧往往难逃首演后便无声无息的命运。
92	远近闻名	이곳은 군자마을로 더 **잘 알려진** 오천유적지이다.	"这里就是远近闻名被誉为"君子村""的乌川遗址。"
		북촌의 기와집 동네가 관광지처럼 **알려지면서** 이곳을 찾는 사람들은 안국동지나 삼청동 끝까지 걸치는 길에서 서울의 정수라 할 전통의 모습을 느껴보려고 한다.	如今, 北村的传统韩屋村如同旅游胜地一样变得远近闻名, 慕名而来的人们都想在穿过安国洞并一直延伸到三清洞尽头的路上感受堪称首尔精髓的传统风貌。

NO	成语	韩语句子/不对应之词或词组	汉语句子/*汉语成语
		발을 잘 엮**기로 소문났던** 부친, 조부의 솜씨를 그대로 이어받은 조대용 선생이 어렸을 적부터 항상 봐오던 대나무를 다른 눈으로 보기 시작한 것은 1971년, 막 20살이 되던 해였다.	父亲和祖父编制竹帘的手艺**远近闻名**, 赵大用先生完全继承了他们的手艺。从小就习以为常的竹子突然有一天开始让他另眼相看。那是1971年, 他刚满二十岁,
		당시 지현리에는 모시 잘 짜**기로 이름난** 문정옥 선생이 중요무형문화재 기능보유자로 활동하고 있었다.	后来, 她因为制得一手好布而**远近闻名**, 被指定为重要无形文化遗产传人。
93	轩然大波	방송 독립 PD출신 이충렬(Chung-ryoul Lee) 감독의 첫 극장영화 〈워낭소리〉가 역대 독립영화 최고 흥행기록을 세우며 극장가에 **파란을 일으켰다.**	导演李忠烈以前是电视剧导演兼制片人, 《牛铃声》是他的第一部电影, 结果创造了小制作电影有史以来的最高票房记录, 在电影界引起**轩然大波**。
		이미 세계정점에 올라있는 기사의 휴직 선언에 한국바둑계가 **소용돌이에 휩싸인** 것은 당연했다.	已经登临世界冠军至尊宝座的棋手宣布休职, 自然在韩国围棋界引起**轩然大波**。
		2005년 쓰시마에 있던 대장경 일부가 국내로 반입돼 학계를 **놀라게 한** 적이 있다.	2005年, 对马岛收藏的部分大藏经也被带回韩国国内, 在学界引起**轩然大波**。
		1978년 농악의 네 개의 타악기를 무대음악으로 만든 사물놀이의 등장만큼 일파만파의 **충격을 제공한** 것은 없다.	1978年, 四物游艺将农乐的四种打击乐器改变为舞台音乐, 这不能不是一次巨大的冲击, 在当时引起了**轩然大波**。
94	应有尽有	홍라희(Ra Hee Hong) 관장은 "물질적으로는 **풍요롭지만** 자기를 성찰할 시간은 갈수록 부족해지는 요즘, 여백은 적극적으로 다시 음미해야 할 정신적 가치"라고 지적했다.	洪罗 喜馆长指出: "在物质上**应有尽有**, 自我反省时间却越来越少的当今社会, 空白是一种应该积极地重新进行品味的精神价值。
		스크린 골프장엔 클럽이나 장갑, 신발이 **모두 비치돼 있기** 때문에 다른 준비물이 필요없다"며 "얼마 전까지만 해도 골프는 TV에서만 '보는' 스포츠였지만 스크린 골프가 등장한 이후엔 직접 '즐기는' 운동이 됐다.	屏幕高尔夫球场里球杆、手套和球鞋**应有尽有**, 什么都不用准备。"直到不久以前, 高尔夫对我来说还只是能在电视上看到的项目。可自从有了屏幕高尔夫, 就成了一种可以亲身体验和享受的运动。
		이 강변마을은 감성적이고 도전적인 젊은이들이 좋아할 조건을 **두루 갖추고** 있다.	这个江边村落备受感性而又富有挑战性的年轻人们的喜爱, 他们想要的**应有尽有**。
		하우스, 힙합, 레게, 일렉트로닉, 록, **무엇이라도 가능하다.**	豪室、嘻哈、雷鬼、电音乐及摇滚等, **应有尽有**。
95	息息相关	청계천 사업에는 도성 안 특별 도시 구	在清溪川工程中, 都城内特别城市区

NO	成语	韩语句子/不对应之词或词组	汉语句子/*汉语成语
		역과 강북 마스터플랜과 한강을 중심으로 한 서울구조 개혁사업 모두가 **깊이 얽혀 있다**.	域的划分、江北地区的总体规划和以汉江为中心的首尔结构改革工程都是**息息相关**的。
		한국인의 일생과 **함께하던** 소반이 세월이 흘러가면서 모습을 감추고 있다.	曾经和韩国人日常生活**息息相关**的小饭桌，随着岁月的流逝，如今正在隐姓埋名。
		그러나 재봉틀의 등장 이후 한국인의 삶과 **밀접한 관련을 맺어** 온 전통 누비는 거의 자취를 감추게 되었다.	自从缝纫机问世，千百年来与韩国人的生活**息息相关**的传统绗缝工艺几近于绝迹。
		그런데 그중에서도 유독 한국인들의 배달업은 '신속'함에 **생명을 걸고 있다**.	然而，这其中，惟独韩国人的配送业与"神速"**息息相关**。
96	悠然自得	빠르게 달려가는 세상과 문명의 속도전을 거부하고 **느릿느릿** 자기만의 삶을 고수하는 생태주의, 반문명주의를 상징하기도 한다.	同时，也象征着生态主义和反文明主义，他们拒绝快速飞跃的世界和文明的速度战，坚守着**悠然自得**的生活。
		초연무대에서 선배 배우로 나왔다가 이번 무대에서 연출가역을 맡은 이호재(Lee Ho-jae 李豪宰)와 이번 무대에서 선배 배우로 새로 등장한 김인태의 **느긋한** 계산이 배우들에게 안정감을 준 듯하다.	李豪宰首演时扮演前辈演员，改编后出演导演；金仁泰没有参加首演，此次在剧中扮演前辈演员。两人**悠然自得**的表演给其他演员带来了极大的信心。
		소년이 "누렁아 왜 숨니"하면서 달려나가고 멋진 여성이 커다란 개를 끌고 산책시킨다.	一个少年一边喊着"小黄狗，干吗藏起来啊"一边从巷子里跑出来，一位漂亮的女士牵着一条大狗**悠然自得**地散着步。
		멀리 가서 고생하느니, 가까운 곳에서 **쾌적하게** 여름을 나는 게 더 좋다고 생각해요."라고 말한다.	去远处免不了受旅途之苦，不妨在近处**悠然自得**地消夏，也不失为好的选择。
97	油然而生	끝까지 저항하는 정신을 표상하는 왕의 곤룡포나 화살에 뚫리고 핏자국이 묻은 가죽옷 등 우리가 본 많은 유물을 생각해 볼 때 그의 말이 **큰 감동으로 다가온다**.	"这时，我想起了在这里看到的许多文物，那件国王为表彰南以兴将军英勇抵抗清军的精神而赐给他的滚龙袍，还有那件被箭射穿，上面还沾有血迹的皮衣。想到这些，一种巨大的感动**油然而生**。"
		고된 훈련의 '아픔'과 함께, 소수 정예라는 '자부심'을 **공유하는** 해병대의 유별난 끈끈함은 여기서 시작된다.	伴随着艰苦的训练**油然而生**的是被称做"少数精锐"部队的自豪感，海军陆战队超凡的坚毅便从这里开始。
		하지만 여전히 소문을 듣고 찾아오는	但是，每当看到有慕名而来的游客找

NO	成语	韩语句子/不对应之词或词组	汉语句子/*汉语成语
		관광객들, 특히 많은 외국인들을 볼 때마다 전통에 대한 자신감이 **생긴다며** 미소 지었다.	上门来，特别是那么多的外国人来求购莞草织品时，他对传统的自信不禁**油然而生**。
		둔병(작은 연못)에서 물방개와 장구애비, 물땡땡이를 잡던 유년의 추억이 주마등처럼 스쳐 지나간다.	于是儿时在池塘里捉龙虱、蝎蜻、水龟虫的记忆就会像走马灯似地掠过，幸福之感**油然而生**。
98	习以为常	굿구경을 하던 김정자(金正子)씨는 **익숙한 듯** 평했다.	观众金正子**习以为常**地评论说：
		발을 잘 엮기로 소문났던 부친, 조부의 솜씨를 그대로 이어받은 조대용 선생이 어렸을 적부터 **항상 봐오던** 대나무를 다른 눈으로 보기 시작한 것은 1971년, 막 20살이 되던 해였다.	父亲和祖父编制竹帘的手艺远近闻名，赵大用先生完全继承了他们的手艺。从小就**习以为常**的竹子突然有一天开始让他另眼相看。那是1971年，他刚满二十岁，
		그 외에도 서울 남산 타워를 중첩적인 프레임 구성 속에 단순화시켜 감각적으로 표현해낸 토마스 휩커, 한국의 도시를 어두운 빛 속에서 희미하게 나타나는 인물이나 형태를 통해 최소한의 지각으로 감지하도록 흐릿한 사진을 보여주는 게오르기 핀카소프, 인물과 풍경 사진을 병치하는 방식으로 초현실주의적 느낌이 묻어나는 한국의 풍경을 보여준 알렉스 바욜리의 사진들은 뛰어난 영상미를 바탕으로 한국인들조차 **익숙함** 속에서 잊고 살던 한국의 숨겨진 모습과 이미지를 잘 구현해냈다.	此外，托马斯赫普克尔将首尔南山塔固定在重叠的框架之内，影像单纯且极富现场感。格平卡哈索夫则运用最小的曝光来感知韩国的城市，在模糊的画面中表现昏暗光线下隐约可见的人物和形态。亚历克斯马约利的作品中人物与风景并置，描绘出带有超现实主义色彩的韩国风光，形象地勾勒出韩国人早已**习以为常**以至于熟视无睹的、隐藏于另一面的韩国面貌与形象。
		이젠 병에도 좀 **익숙해졌다**.	我现在对病痛已经**习以为常**了。
99	众说纷纭	그 후 이 탑과 사리장엄구의 연대를 놓고 **의견이 분분했다**.	此后，关于石塔和舍利庄严具的历史年代，**众说纷纭**。
		다양한 의견이 나오고 이를 토대로 전문가들의 토론이 이뤄졌다.	各种意见**众说纷纭**。专家们又进行了讨论。
		2008년 봄 정권 교체기에는 시 구절을 놓고 정치적 **해석이 분분했다**.	2008年春，在政权交替之际，围绕智利诗人聂鲁达诗句的政治性解读也**众说纷纭**。
		여러 설 중이 있지만, 『만국사물기원역사(萬國事物紀原歷史)』에서는 상고시대에 군사들이 머리에 쓰는 전립(戰笠 병거지)를 철로 만들어 쓰고 진중에서 기	对此**众说纷纭**，《万国事物纪原历史》中认为，上古时代士兵戴在头上的战笠是用铁制作的，由于阵中没什么像样的器具，只好摘下头上戴的铁冠，

NO	成语	韩语句子/不对应之词或词组	汉语句子/*汉语成语
		구도 변변치 못했던 까닭에 썼던 철관을 벗어 고기나 생선 채소 같은 식품들을 끓여 먹은 것에서 유래했다고 본다.	用其炖制鱼肉蔬菜等，因此得名。
100	喜怒哀乐	부엌이나 가족의 일상에서 벌어지는 인생의 **희로애락**을 코믹 드라마로 표현했다.	而是将厨房或家庭日常生活中的人生**喜怒哀乐**用喜剧的形式表现出来。
		그녀의 소설은 늘 일상에 깃든 삶의 **애환**과 그늘진 삶의 구석을 응시한다.	她的小说常关注普通人日常生活中的**喜怒哀乐**及被边缘化的人生。
		온갖 세상사와 인간 군상들이, 풍경과 **희로애락**이 쉴 틈 없이 그의 소설의 시선을 통과해 새롭게 되살아났으니, 그렇게 내내 그는 소설의 눈만으로 세상을 보아 왔고 또 세상이 온통 그에겐 소설만의 육체였던 것이다.	世间的各种现象和人物群像、风景和**喜怒哀乐**，不断地透过他的视线重获生命。如此这般，他始终以小说的目光注视着世界，同时，这个世界对他来说就是小说本身。
		그의 작품에는 언제나 서민들의 **삶과 애환**이 스며들어 있는 구어체 토속어가 현란하게 등장해, 근대화에 밀려 지금은 사라진 옛 것들에 대한 강렬한 향수를 불러일으킨다.	他的每一篇作品都充满着普通百姓淳朴的口语，丰富多彩地表现了他们的**喜怒哀乐**，唤起人们强烈的怀旧情怀。
101	瞬息万变	그는 한편으로 **급변하는** 한국에 대해 아쉬움을 토로하기도 한다.	然而对于**瞬息万变**的韩国，他也表现出了一丝惋惜。
		모든 것이 순식간에 변하는 세상에서 사실상 시골의 변화는 불가피하다.	在这个**瞬息万变**的世界，乡村的变化自然也不可避免。
		이 시절을 되돌아보면 그 당시 날 매료시켰던 것은 일상에서 경험하는 즉흥성과 **급변하는** 사회의 역동성이었다.	回顾这段时期，当时最吸引我的是日常生活中那些即兴的经历和韩国社会那**瞬息万变**的活力。
		넓게 펼쳐진 수평선과 **끊임없이 움직이는** 바다는 기운을 북돋아준다.	无限延伸的地平线和**瞬息万变**的海面总能让人倍感精神。
102	千篇一律	한마디로 '사랑 이야기' 그 이상은 **없다**, '미드'(한국인들이 미국 드라마를 줄여 부르는 말)와 비교된다는 것이다.	他们认为，韩剧全都是**千篇一律**的爱情故事，和美剧形成对比。
		한국인들이 **배경만 달리 한 거듭된** 사랑 타령에 불평하면서도 빠져들듯이, 그들 또한 미남 미녀 연기자의 절절한 사랑 타령에 마음을 빼앗기고 있는 것이다.	如同韩国观众一边抱怨着爱情故事的**千篇一律**，一边又欲罢不能一样，日本观众也被韩剧中青春靓丽的男女主角和曲折动人的爱情故事所深深吸引。
		그런 **천편일률**적인 도심 가운데 색다른 공간이 있다.	在这样的**千篇一律**的城市中心，有一处与众不同的空间。

NO	成语	韩语句子/不对应之词或词组	汉语句子/*汉语成语
		그는 제자들에게 **일률적인** 가르침을 전수하기보다는 제자들이 가진 개성과 장점을 하나하나 발굴해 저마다 다른 모습으로 성장하도록 도와주는 열정적인 교육자였다.	罗夫罗伊特是一位充满热情的教育家，从不采用**千篇一律**的教学方法，而是一一发掘各位学生的个性和长处，引导他们走上不同的成长道路。
103	深思熟虑	햅쌀막걸리가 보졸레누보와 출시일을 맞춘 것은 다분히 **의도된** 것이었다.	新米浊酒将上市日期选在博若莱新酒的同一天，多半是经过了**深思熟虑**。
		굽이 휜 정도와 굵기에 따라 지금 베는 게 원하는 용도에 얼마나 적합한지, 아니면 나중에 대들보 등 다른 용도에 쓰도록 아껴둬야 할지 등을 **심사숙고해야** 합니다.	要根据树干的弯曲度、粗细度**深思熟虑**，想好是现在伐了用于目前所需用途合适，还是等以后用作大梁等其他用途。
		한편 사정전은 "**깊이 생각하며** 다스리는 집"이라는 뜻을 가지고 있는데 왕에게 그의 책임이 엄중함을 일깨워주는 역할을 한다.	而思政殿是"**深思熟虑**、谨慎治国之屋"的意思，时刻提醒着国王所肩负的重任。
		그는 거의 모든 것에 관한 질문에 기꺼이 대답해 주었고, 사려 깊고 친절하게 응해 주었다.	对于我提出的问题，他都**深思熟虑**后尽量给予回答，而且态度和蔼可亲。
104	清一色	예를 들어 레안드로 엘리히(Leandro Erlich)의 〈"이클레티카" 유리상점〉(2005)은 **순전히** 일상적 사물들로만 이루어진 작품이지만, 마치 '유리상점'의 거울에 비친 이미지를 재현한 설치작업의 기술적 수준은 실제의 거울을 능가하는 가상현실감을 만들어낸다.	例如，莱安德罗埃利希的作品《"总览"玻璃商店》(2005) 采用了**清一色**的日常物品，这一装置作品再现了"玻璃商店"的反射镜像，通过技术手段营造出一种虚拟现实感，效果远胜于实际的镜子。
		대표적으로 금녀(禁女) 구역으로 일컬어졌던 공군 사관학교, 경찰대에서도 여성들이 수석 졸업을 **휩쓸고** 있다.	还有代表性的例子就是，曾经是女性禁区的空军军官学校和警官大学的优秀毕业生**清一色**全部是女生。
		무나카타의 작품이 **거의** 목판화인데 비해서 최영림은 유화를 더 많이 제작했다.	栋方志功的作品几乎是**清一色**的木版画，与之相对照，崔荣林的作品油画居多。
		하나같이 수의사로 일하면 평생 안락한 삶이 보장될 텐데도 이를 마다하고 자발적으로 복제연구에 뛰어든 열성파들이다.	**清一色**兽医出身的研究人员都很敬业，作为兽医他们本可以一生过着安逸的生活，然而他们却将安逸生活抛置一旁投身于克隆研究。
105	随心所欲	어디든 자리를 잡고 앉아 **그냥** 음악에 귀 기울이면 된다.	**随心所欲**，席地而坐，就可欣赏音乐。

NO	成语	韩语句子/不对应之词或词组	汉语句子/*汉语成语
		그리고 보니 어느 순간부터 화자인 나는 고객인 노인의 기호나 입장은 물론 반응도 신경 쓰지 않고 내 **마음대로** 이런저런 이야기를 골라서 하고 있더라고.	也不知从什么时候起，我这个讲书人对老人这个顾客的喜好或立场甚至于反应都已经不在乎了，只是**随心所欲**地自己挑一些这样那样的故事来讲。
		이윤신은 유명 작가의 작품이라고 찬장에 모셔두지 말고 **원하는 대로** 사용하라고 조언한다.	李仑信有句名言："不要把著名陶艺家的作品尊放在柜中，而应该拿出来，**随心所欲**地去使用"。
		여기서 개인은 세계를 **자기 마음대로** 재단하는 강력한 주체는 아니지만, 자율성의 최소공간을 스스로 만들어낸다.	在这里，虽然个体不是具有强大能量的主体，也并不能**随心所欲**地左右着世界，但却自己营造出最小的自律空间。
106	顺理成章	이렇게 해서 이원씨가 상주를 맡게 된 것이다.	这样一来，李源就**顺理成章**地成为丧主。
		한국은 선수 층이 엷기 때문에 태극 마크를 다는 것은 **당연했다**.	因为在该项目上韩国出色的选手不多，所以金妍儿戴上太极徽章也是顺**理成章**的。
		여기에 전주는 조선 왕가의 본향이자 양반의 고장이어서 음식 문화가 발달할 **수밖에 없었다**.	此外，全州又是朝鲜王室和两班的故乡，饮食文化的发达可以说是**顺理成章**。
		홍상수 감독은 당연한 듯 중앙대학교 연극영화과에 입학한다.	洪尚秀**顺理成章**地进入了中央大学戏剧电影系。
107	如出一辙	할아버지를 **빼다 박은** 늙은 소는 최후의 순간까지 일하다 세상을 등진다.	老牛的命运与爷爷**如出一辙**，生命的最后一刻还在干活。
		"식당이나 술집 가면 맨 처음으로 하는 것이 휴대폰 꺼내 테이블 위에 놓는 거예요! **똑같아요**! 그리고 학생들이 수업 중에 전화 받는 것 보고 너무 놀랐는데, 교수님들도 수업 중에 전화 받는 거예요."	"人们到达饭馆或酒吧后的第一个动作就是掏出手机，放在桌上！**如出一辙**!看到学生在上课的时候接电话，让我非常吃惊。而教授在教课时也接电话。"
		박지성의 성장 과정, 아무도 거들떠 보지 않던 무명의 선수가 맨체스터 유나이티드의 상시 전력 요원으로 성장하는 기막힌 반전 드라마, 이 매혹적인 성장사는 경제 성장과 민주화를 동시에 이룩한 한국의 현대사와도 **오버랩된다**.	朴智星从一名无人在意的无名小卒成长为一名曼联队的主力队员，这一过程就像是一部令人惊叹的逆转剧。朴智星迷人的成长史与同时实现经济增长和民主化的韩国现代史**如出一辙**。
		조선 시대 왕릉의 구조와 석물의 배치는 고려시대 말기의 왕릉 구조를 이어받았으며 현재 남아 있는 예로는 개성에 있는 공민왕(고려의 제31대 왕)과 그	朝鲜时期王陵的格局和石像生的排列继承了高丽王朝末期王陵的形式。比如现存于开城的恭愍王(高丽第三十一代国王)及其妃子鲁国大长公主的玄定

NO	成语	韩语句子/不对应之词或词组	汉语句子/*汉语成语
		의 비 노국대장공주의 현정릉(玄定陵)의 구조와 가장 **유사하다.**	陵，朝鲜时期王陵格局与之相比，简直**如出一辙**。
108	屈指可数	백건우(1946~)는 왕년의 최고 여배우 중 한 사람이었던 그의 아내보다도 **더 많은 사랑을 받는** 피아니스트다.	白建宇(1946~)比他的夫人更受关注和欢迎，他的夫人曾是韩国**屈指可数**的著名影星。
		백건우는 세계 **굴지**의 음반사 그룹인 유니버설 그룹 산하의 데카 레코드사와 전속계약을 맺고, 2000년 6월에 데카와의 첫 레코딩을 마쳤다.	白建宇和全球**屈指可数**的环球音乐集团旗下的笛卡唱片公司签订专卖协议后，2000年6月推出第一张专辑巴赫钢琴作品集(布索尼编)。
		어느 날부터 사람들은 그를 **몇 손가락 안에 드는** 해외 홍보 전문가, 불교 전문 번역가, 문화인으로 부르기 시작했다.	不知不觉之间，人们已开始将他称为**屈指可数**的海外宣传专家、佛教专业翻译家和文化人士。
		한국 문학의 영문 번역자가 **손에 꼽을 만큼** 적은 현실에서 케빈 오록 교수의 작업은 연륜에서 다른 번역자들보다 앞서 있으며, 특히 저자의 감성과 언어의 함축성에 대한 완벽한 이해가 전제되는 시 번역 분야에 있어서는 영국 런던의 '시회(Poetry Society)'로부터 최우수 번역작품상을 받을 만큼 인정을 받았다.	韩国文学的英文翻译家至今仍**屈指可数**，而凯文奥罗克教授不但起步早于其他同行，更是在诗歌翻译这个必须充分领会作者情感和语言艺术的领域当中，获得了英国伦敦诗歌协会的最佳翻译作品奖等殊荣。
109	如火如荼	**이러한** 높은 교육열로 한국의 인력의 질이 높아져 세계 9위의 경제와 민주적 사회발전을 이루어 온 것이다.	**如火如荼**的教育热提高了韩国的劳动力素质，成为韩国社会发展的动力，将韩国打造成了民主、发展的世界第九经济强国。
		신진 예술가에게는 창작공간을 지원해주고 지역 주민에게는 생생한 문화현장을 공유케 해주는 지방자치단체들의 프로젝트가 **한창** 가동중이다.	为新晋艺术家提供创作空间，让居民们共享生动的文化现场!地方自治团体的各项有关项目开展得**如火如荼**。
		한국의 김연아 붐**이 고조되면서** 팬들의 관심이 김연아를 힘들게 하는 일도 발생했다.	韩国的"金妍儿热"**如火如荼**，但"粉丝"们的关心有时也会困扰她。
		한국의 뮤지컬이 **지금 같았다**면, 그녀는 재즈 보컬리스트가 아니라 뮤지컬 스타의 자리에 올라섰을지도 모를 일이었다.	如果当年的音乐剧能像现在一样**如火如荼**，罗王允宣也许会成为一位音乐剧明星，而不是现在的爵士乐歌手。
110	完好无损	2009년 1월 14일에는 가장 아래쪽 심주석 사리공 내에서 사리를 담는 항아리형의 사리기 등 수많은 유물이 **고스**	2009年1月14日，在最下端的心柱石舍利孔内发现了装有舍利的缸形舍利器等众多**完好无损**的文物，这些文物

NO	成语	韩语句子/不对应之词或词组	汉语句子/*汉语成语
		란히 발견되어 미륵사 창건 시기 등과 관련한 궁금점을 해결해 주는 성과를 올렸다.	揭开了弥勒寺的创建时间等相关疑点，成果显著。
		거대한 규모의 경회루가 연못 한편의 인공대지 위에 건립되었으나 수백 년이 흐른 오늘까지 **흐트러짐이 없는 것으로** 당시 토목기술 수준의 우수함을 엿볼 수 있다.	规模巨大的庆会楼建立在一块人工池塘的地基上，经历了数百年的风雨，直至今日仍然**完好无损**，这也从一个侧面反映出当时土木建筑技术水平的高超。
		"특히 합의 뚜껑과 꼭지와 뚜껑의 일부를 도려내어 숟가락을 꽂게 한 것, 대접과 그릇 받침이 한 세트로 **살아있다**는 것이 거의 기적에 가까운 일이다."	"尤其是钵盖和盖顶，以及盖上用来插汤匙的凹陷部分十分特殊。钵和底托整套**完好无损**地保存下来，近乎奇迹。"
		고려청자는 선적(船積)했던 당시 모습을 **고스란히** 간직한 채 매장돼 있었다.	船上装载的高丽青瓷器埋在海底，仍**完好无损**地保持着原貌。
111	全力以赴	어제보다 더 좋은 공연을 하는 일에만 **전력하는** 거예요. '강철나비'의 힘찬 비행은 계속된다.	就是说，只是**全力以赴**地去做，争取演得比昨天更精彩。
		어떤 때든지 **전력 투구**.	任何时候都**全力以赴**。
		1970~80년대에는 현역 화가로서는 최초로 동국대학 대학원에서 비교 미학과 동양 철학을 연구하여 박사학위를 취득한 뒤, 오늘에 이르기까지 한국 미술의 자생성 탐구로 한국화의 현대화 작업에 **진력해** 오고 있다.	上世纪七八十年代，他进入东国大学研究生院研究比较美学和东方哲学并作为现役画家率先取得博士学位。时至今日，他孜孜不倦地探索着韩国美术的自生，**全力以赴**地埋头于韩国画的现代化创作。
		그때 어른들을 위한 만화를 **본격적으로** 그려야겠다고 결심했다.	于是下定决心，一定要**全力以赴**为老年人画漫画。
112	日复一日	'떠나라 낯선 곳으로 /그대 **하루하루**의 /낡은 반복으로부터'.	"去吧，去那陌生的地方/离开你**日复一日**的俗务"。
		이후 하루하루가 힘겨운 상황을 맞은 한국인의 시름과 걱정을 덜어주는 내용이 지속적으로 글판에 오른다.	此后，广告牌上陆续刊登了抚慰**日复一日**面临困境的国人以及舒缓他们焦虑和担心的内容。
		갓난아이의 죽음/죽임과 엄마의 실성, 기도원에 보내져서 매를 맞았던 엄마, 오빠의 가출, 그리고 그 사건들보다 먼저 있었을 아버지의 문란한 생활, 엄마와 아버지의 불화, '나'와 아버지의 화투놀이는 이 죽음과 폭력의 이야기들을 침묵 속에 묻은 채 진행되고 있는	"我"和爸爸**日复一日**的花斗牌游戏，在沉默中隐藏着诸如婴儿的死亡和妈妈的神经错乱、被送到祈祷院时挨了打的妈妈、哥哥的离家出走以及在此之前就已经发生的爸爸糜烂的生活、妈妈和爸爸的不和等死亡和暴力的故事。

NO	成语	韩语句子/不对应之词或词组	汉语句子/*汉语成语
		일상의 풍경이다.	
		백건우의 전작주의(全作主義)는 세심한 준비가 있었기에 가능했다.	白建宇坚持演奏完整的作品，是以**日复一日**的精心准备作为基础。
113	全心全意	옛날 한국의 시골에는 동네마다 무당이 한 명씩은 있었는데, 이들은 마을 사람들이 찾아와 고민을 털어놓고 상담을 구할 때 **정성을 다해** 그들 입장에서 같이 눈물 흘리고 위로하는 역할을 수행했다.	过去，在韩国的乡下每个村子都有一名巫堂，通常村子里的人有苦楚时都会去找她们吐露苦衷，寻求解脱的方法，而巫堂们则**全心全意**站在他们的立场上和他们一起流泪，安慰他们。
		섹스광인 수림을 한없이 혐오하면서도 **온 정력을 다해** 질투한 나.	我极度嫌恶做爱狂秀琳，一边却又**全心全意**地嫉妒她。
		"미국 굴지의 플라스틱 제품 생산 기업인 플램보(Flambeau)의 회장 윌리엄 사우이(William Sauey) 씨였는데, 그는 내게 '보아하니 꽤 크리에이티브한 젊은 디자이너 같은데 생산과 판매는 내게 맡기고, 당신은 디자인에 **전념하는** 게 어때?'라는 제안을 해주셨어요."	"他就是美国塑料制品生产企业弗莱姆比公司的董事长威廉索伊先生。他对我提议说，'看起来，你是一位很有创意的年轻设计师，就把生产和销售交给我，你**全心全意**做设计，如何？'"
114	出人头地	이후 지지부진한 생활로 산에서도 두드러지지 못하고, 사회에서도 **별 볼 일 없는** 자신의 초라한 모습을 깨닫고, 두 아들에게 부끄럽다는 생각이 들었다.	然而，在此之后，他在生活上一直不如意，不仅在登山界没有**出人头地**，在社会上也无所成就。因此，自觉有些寒碜，在两个儿子面前感到有些惭愧。
		성공과 **출세**를 위해 교육에 몰입하고 모든 것을 거는 한국인들의 교육열은 '입신양명' 파트에서 다뤄졌는데, 토마스 홉퍼는 민족사관고등학교나 서울대학교 학생들의 진지한 모습을 그대로 포착해 내었다.	"成功与名声"部分记录了为追求成功和**出人头地**而不惜一切的韩国教育热。托马斯赫普克尔将镜头瞄准了民族史观高中和首尔大学的学生。
		책과 생활 교육을 통해 유학정신과 선비선비 정신을 갖춘 선비는 학문을 통해 **출세하여** 정신적 명예와 현실적 부를 동시에 소유할 수 있었다.	儒士通过书本和生活的教育培养儒学精神和儒士精神，通过做学问**出人头地**，获得精神性的名誉和实际财富。
		과거시험에 급제한 개인은 **출세**의 길에 들어서 사회적 지위에 따른 명예와 실리를 보장받았다.	科举及第的人能够**出人头地**，获得社会地位和名誉，并获得实利保障。
115	当之无愧	이렇듯 '한국 걸 그룹 붐'은 2010년 한 해 동안 일본 대중음악계 전체 뉴스들 가운데서도 몇 손가락에 꼽힌다.	综观2010年的日本媒体，"韩国少女组合热潮"甚至进入了流行音乐新闻排行榜的前列，成了**当之无愧**的年度热门。

NO	成语	韩语句子/不对应之词或词组	汉语句子/*汉语成语
		세계적인 문인들이 한 자리에 모였으니 문학올림픽이라고 불러**도 손색이 없는** 행사였다.	世界文学英才齐聚一堂，即使称作文学界的奥林匹克也**当之无愧**。
		155번까지 번호가 매겨진 고분들이 밀집된 경주는 작은 룩소르**라고 할 만하다**.	庆州古墓编号止于一一五号，被称为小卢克索**当之无愧**。
		왕복달리기를 하다 발을 접질려 자칫 포기할 뻔한 박영춘 한동대 교수는 나머지 두 종목에서 기준보다 30개 이상이나 초과해 **당당히** 통과하는 기쁨을 누렸다.	在往返跑中扭伤脚差点放弃的韩东大学教授朴宁春，在剩下两个项目中以超过标准次数三十个以上的成绩**当之无愧**地通过测试，品尝到胜利的喜悦。
116	比比皆是	여타 문제에 대한 접근 방식과 마찬가지로 결혼 시기나 상대는 물론, 결혼 여부에 대해서도 어떤 속박이나 제약도 느끼지 않는다.	在婚龄、配偶、婚否等问题上不会受到任何束缚和约束，并在具备了各种才能、抱负和自信的基础上选择非婚一族，这样的女性**比比皆是**。
		풍경을 찍은 사람은 **많았지만** 국내외에서 배병우의 풍경이 사람들에게 울림을 주는 이유는 고요와 침묵이 주는 아름다움과 깊이에 있다는 것이다.	拍风景的摄影家**比比皆是**，惟有裴炳雨的风景能够同时拨动东西方观众的心弦，其原因正在于安静和沉默产生的美丽和深度。
		약속 시간과 장소는 수시로 변경되고 만나기 직전에 취소되는 일도 **비일비재하다**.	临时变更约定的时间和场所，会面临近却通知取消等等，这些事情**比比皆是**。
		어디 그뿐인가? 그와 함께 밤샘을 마다않고 책을 만들던 편집부에는 황현산(黃鉉産 Hwang Hyeon-san) 현 고려대 교수와 소설가 김원우(金源祦 Kim Won-u) 씨 등이 포진해 있었으니, 그야말로 당대의 내로라하는 문사들이 즐비했던 막강 진용이 아니었겠는가? 그렇게 오역본이 **허다하던** 때에 단 한 권의 충실한 번역본을 위해 노력을 아끼지 않았던 그는 과감하게 번역료 인상을 시도해 번역의 질을 한 단계 높이는 데에도 앞장섰던 뛰어난 에디터였다.	不仅如此，与他一起熬夜编书的编辑部人员还有高丽大学现任教授黄铉产、小说家金源G等，聚集了一批当代首屈一指的文人墨客，真可谓阵容强大。当时翻译质量很差，误译滥译**比比皆是**，为了译出忠实于原著的译本他不遗余力，果断尝试提高翻译稿酬，在提高翻译质量方面起到了带头作用。
117	不胜枚举	국내외 많은 음악가들과 협연했으며, 해외공연 횟수는 **헤아릴 수 없이 많다**.	还与国内外众多音乐家联袂演出，国外演出场次**不胜枚举**。
		해인사(海印寺) 인도네시아 포교당의 후불탱화(불상 뒤에 모시는 탱화), 미국 캘리포니아 고불사 후불탱화, 보스톤 문수사의 백의관음도(白衣觀音圖)와 지	海印寺、印度尼西亚布道堂的后佛帧画(佛像背后供奉的帧画)、美国加利福尼亚州古佛寺的后佛帧画、波士顿文殊寺的白衣观音图和地藏十王帧、俄

NO	成语	韩语句子/不对应之词或词组	汉语句子/*汉语成语
		장시왕탱(地藏十王幀), 러시아의 달마사의 달마도 등 **이루 헤아릴 수 없다**.	罗斯达摩寺的达摩图等，巴里的作品已经多得**不胜枚举**。
		재즈나 힙합 등 다른 장르까지 고려한다면 그 예들은 **더 많다**.	如果算上爵士、嘻哈等其他音乐类型，类似的情况也**不胜枚举**。
118	不同寻常	한편 이 상설 시장과는 별도로 매달 4일부터 5일 간격으로 열리는 '오일장'이 온양온천역 옆 노천에 선다.	"此外，除了这个常设市场外，还有一个**不同寻常**的市场。它从每月的4日起，每隔五天开放一次，这就是有名的"五日市场"。
		인천국제공항에 도착한 순간부터 뭔가 **심상치 않은** 일이 벌어질 거라는 예감이 들었다.	一到仁川国际机场，我就预感到要有什么**不同寻常**的事情发生。
		지나가던 고물장사가 장독대 위 **예사롭지 않은** 소래기(접시처럼 굽이 없는 넓은 질그릇)를 보고 팔라고 문을 두드린 기억도 있다.	她记得，有一回一个古董商偶然路过她家，看到放在酱缸上的一个**不同寻常**的浅盆(外形类似于盘子，没有底托)，敲门劝她家人把那东西卖给他。
		하필이면 한국이 세계에 알려지기 시작한 계기가 한국전쟁이었다는 사실은 한국인의 이미지 형성에 매우 **특별한** 영향을 미쳤을 것이다.	韩国开始受到世人瞩目恰恰是因为这场战争，这必然会对韩国人的国际形象造成**不同寻常**的影响。
119	白发苍苍	지난 봄, DMZ의 서부지역 임진각 부근 철조망 경계선에서 **백발이 성성하고** 주름이 가득한 한 노인이 철조망에 손을 얹은 채 하염없이 북녘의 산천을 응시하고 있었다.	那是春季里的一天，在非军事区西部地区临津阁附近的铁丝网警戒线前，一位**白发苍苍**、满脸皱纹的老人手扶着铁丝网呆呆地凝视着北边的山川大地。
		이 곳 망배단 근처의 철조망 경계선에 백발이 성성하고 주름이 가득한 한 노인이 철조망에 손을 얹은 채 하염없이 북녘의 산천을 응시하고 있었다.	在望拜坛附近的铁丝网警戒线前，一位**白发苍苍**、满脸皱纹的老人手扶着铁丝网呆呆地凝视着北边的山川大地。
		그의 작품 중 가장 분방한 상상력을 구사한 작품으로 알려진 〈페르귄트(Peer Gynt)〉는 근대인이 허황된 부와 권력을 추구하며 얼마나 정신이 황폐해지는지, 그 부질없는 야망의 덧없음을 보여주는 이야기로, 주인공 페르귄트는 백발이 된 자신의 옛 애인 솔베이지(Solveig)의 팔에 안기어 마지막을 맞이한다.	在易卜生的作品当中，《培尔金特》以最具想像力而著称。作品展现了现代人在追求虚幻财富和权力的过程中所经历的精神颓废，揭示出无稽的欲望和野心不过是一场虚无，主人公培尔金特最终在**白发苍苍**的昔日恋人索尔维格的怀抱中度过了人生最后的瞬间。
120	不辞劳苦	번역의 질이 낙후되었던 당시, 그는 편집직원들과 함께 꼼꼼히 원서를 대조하는 **수고를 아끼지 않았으며**, 그와 함께 일	当时翻译质量亟待提高，他**不辞劳苦**与其他编辑们一起仔细对照原书，同他一起工作的几位译者也足以提高书

NO	成语	韩语句子/不对应之词或词组	汉语句子/*汉语成语
		한 번역진의 면면 역시 책의 무게감과 신뢰도를 높이기에 충분한 것이었다.	的份量和可信度。
		깊은 산을 찾아 치성을 드렸다면 그만큼 아프거나 한이 맺히거나 삶이 불안했다는 소리이다.	人们**不辞劳苦**, 登峰祈愿, 可见其苦痛之深、生活之艰险。
		달시 파켓이 한국 영화를 알리기 위해 **종횡무진 뛰어다니는** 이유도 거기에 있다.	达西帕凯为推介韩国电影**不辞劳苦**的原因也正在于此。
121	卑躬屈膝	그러나 절박한 생계를 위해서건 미래의 헛된 희망을 위해서건 미군 앞에서 한없이 비굴해질 수밖에 없었던 당시의 한국인들에게 PX의 미제물건들은 선망의 대상이었던 것만큼이나 그들의 남루하고 **비루한** 처지를 일깨우는 강한 열등감의 대상이기도 했을 것이다.	然而, 不管是为了眼前的生计, 还是为了未来虚无缥缈的希冀, 韩国人不得不在美军面前卑躬屈膝, 当然对这时的韩国人而言, 免税店里的美国货是羡慕和憧憬的对象, 同时也是认识自己的衣衫褴褛和**卑躬屈膝**以及低人一等的对象。
		「공항에서 만난 사람」에서 '쌍놈의 베치'라는 국적불명의 욕을 입에 달고 사는 무대소 아줌마는 이처럼 미군 앞에서 **머리를 조아리는 굴종의 습관이 몸에 밴** 사람들 사이에서 터무니없이 당당한 전사의 모습으로·등장한다.	在《机场遇见的人》里, "无大小"口里脏话不断, 其骂人的话 "婊子养的杂种" 也不知是哪国的脏话, 而她却在对美军**卑躬屈膝**的人们面前堂堂正正, 犹如战士一般。
		그러나 절박한 생계를 위해서건 미래의 헛된 희망을 위해서건 미군 앞에서 **한없이 비굴해질** 수밖에 없었던 당시의 한국인들에게 PX의 미제물건들은 선망의 대상이었던 것만큼이나 그들의 남루하고 비루한 처지를 일깨우는 강한 열등감의 대상이기도 했을 것이다.	然而, 不管是为了眼前的生计, 还是为了未来虚无缥缈的希冀, 韩国人不得不在美军面前**卑躬屈膝**, 当然对这时的韩国人而言, 免税店里的美国货是羡慕和憧憬的对象, 同时也是认识自己的衣衫褴褛和**卑躬屈膝**以及低人一等的对象。
122	踌躇满志	지금까지 수많은 한국무용가들이 '한국 춤의 세계화'를 공언하며 **야심 차게** 해외무대에 도전해 왔다.	众多韩国舞蹈艺术家都宣称要促进韩国舞蹈的国际化, 并**踌躇满志**地向海外舞台发起挑战,
		이종상에게는 자신의 예술 세계를 성취하면서 한국의 현대 미술이 안고 있는 문제들을 스스로 **떠맡으려는 의지가** 넘쳤다.	李钟祥在开拓自身艺术世界的同时, 还**踌躇满志**地主动应对韩国现代美术所面临的问题。
		그러나 제자가 되**겠다고** 찾아간 진은숙의 음악을 듣고 20세기의 가장 위대한 고전음악 작곡가로 알려진 죄르지 리게티는 이렇게 말했다.	**踌躇满志**的她准备师从20世纪最伟大的作曲家捷尔吉利盖蒂。
123	得天独厚	이런 자연자원을 밑거름 삼아 해마루	在**得天独厚**的自然资源基础上, 阳坡

NO	成语	韩语句子/*不对应之词或词组	汉语句子/*汉语成语
		촌은 관광 마을, 농촌 체험 마을로 변신을 시도하고 있다.	村正积极向生态旅游地、农村生活体验基地发展。
		바다와 강, 그리고 산을 모두 아우르는 **천혜의** 자연조건을 가진 이 아름다운 도시는 한국의 미래적 도시의 모델이라고 말했다.	他认为，江陵大海、江河、山相和谐，这个具有**得天独厚**自然条件的美丽城市是韩国未来城市的范本。
		제주도는 **천혜의** 자연환경을 가진 세계적인 관광 휴양지이다.	济州岛拥有**得天独厚**的自然环境，是国际性旅游休闲胜地。
124	**春意盎然**	그는 "그 꽃 향기를 맡으며 집으로 돌아오는 길 내내 내 마음은 **봄이었다.**	她说，"走在回家的路上，闻着那花香，我的心中**春意盎然**。
		서울의 겉모습 대신 그 속에 숨은 진짜 매력을 느끼고 싶다면 **봄기운 완연한 5** 월, 서울에 머물기를 권한다.	要想透过表面，感受首尔内部隐藏着的真正魅力，不妨在**春意盎然**的5月在首尔停留一段时间。
		그래야 왜 **봄볕 가득한** 날 샛노란 유채꽃의 섬이 황홀한지, 왜 이 땅의 동백꽃이 용암보다 더 붉은 빛을 띠는지 알게 되리.	只有这样，我们才能知道，为什么在**春意盎然**的日子，整座岛会被金黄灿烂的油菜花包围，为什么这片土地上的山茶花有着比熔岩更热烈的火红颜色。
125	**从头至尾**	미카는 지난 9월 20일의 세 번째 내한 공연 직전 기자와 한 이메일 인터뷰에서 "한국 공연은 **처음부터 마지막까지** 파티 같았다.	在2011年9月20日的第三场演唱会前夕，他在一次邮件采访中表示："在韩国的演出**从头到尾**都像一场狂欢，
		머리부터 꼬리까지 생김새가 반듯하고 비늘이 뚜렷하니 생선 중 가장 잘 생겼다고 하며 특별한 때에 토막 내지 않고 생긴 모양 그대로 살려 요리한다.	鲷鱼**从头到尾**都很漂亮，鱼鳞色彩鲜明，被誉为最美的鱼。在特殊的日子里，人们做鲷鱼菜肴是整尾，而不是切段烹制，或清蒸或烤制。
		미카는 지난 9월 20일의 세 번째 내한 공연 직전 기자와 한 이메일 인터뷰에서 "한국 공연은 **처음부터 마지막까지** 파티 같았다.	在2011年9月20日的第三场演唱会前夕，他在一次邮件采访中表示："在韩国的演出**从头到尾**都像一场狂欢，
126	**此起彼伏**	지하1층, 지상3층에 객석 1천5백, 특별석 1백30석 규모이다, 특별석에는 박스마다 화장실, 다과 서비스 룸이 곁들여지고, 4백 평의 무대엔 회전·승강·수평장치가 갖춰지며, 1백 여 명이 연주할 수 있는 오케스트라 피트, TV 중계 장치들이 마련된다."는 계획이 과연 연극계 실정에 어울린다는 것인가 하는 회의와 함께, 겨우 자리를 잡아가는 전망이 보이는 때 이와 같은 조치로	新剧场的"规模为地下一层，地上三层，共有1500个席位和130个特别包厢，每个包厢里都有卫生间和提供茶点服务的休息室。舞台面积达四百坪，配备回转、升降和水平移动装置以及可容纳一百多名演奏员的乐池，还有电视直播装置等。新计划果真符合戏剧界的现状吗？戏剧界人士就此召开了会议并认为，当韩国戏剧的地位逐渐巩固之时采取上述措施，反而

NO	成语	韩语句子/不对应之词或词组	汉语句子/*汉语成语
		인해 오히려 연극 활동은 완전 정지 상태로 들어설 수밖에 없지 않느냐는 항의가 **빗발쳤다**.	会导致戏剧活动陷入完全停止的状态。抗议之声**此起彼伏**。
		초단(初段)이 9단을 이기는 격변하는 시대 흐름을 인정하자는 그의 주장에 당시에는 '건방지다'는 반발이 **많았지만** 결과적으로 그의 의지는 승단 규정을 바꾸어놓았다.	但在当时，反对声**此起彼伏**，认为他"太放肆无礼"。然而从结果上看，在他的影响下，升段赛终于被颠覆。
		상황이 이렇게 급변하자 "소중한 문화 유산은 점점 훼손되어 가고 있는데 정부가 경제성만 따져 타당성이 없다고 결론 내린 것은 무책임한 일"이라는 비판이 **나오고 있다**.	面对突然发生的变故，责难声**此起彼伏**："珍贵的文化遗产正在受损，而政府只考虑经济性，否定此项工程。这是不负责任的行为。
127	挥洒自如	오페라 가수라면 누구나 그 무대에 서고 싶어하는 이탈리아 밀라노 라 스칼라 극장에서 푸치니의 〈라 보엠〉 무제타 역으로 무대를 **휘저으면서** 당당한 자태와 가창력을 뽐내고 있는 홍혜경의 모습이 담긴 오페라 공연 실황 DVD이다.	位于意大利米兰的斯卡拉歌剧院是每一位歌剧演员梦寐以求的舞台，而洪惠卿凭着普奇尼歌剧《波希米亚人》中的穆塞塔一角在这个舞台上**挥洒自如**，而歌剧演出实况DVD则盛载了她那气宇轩昂的姿态和超凡脱俗的唱功。
		선은 **자유롭게 움직이는** 붓질의 리듬 그 자체에 맡겨 처리된 듯하다.	线条宛如追随**挥洒自如**的画笔节奏而成，
128	哗众取宠	이것은 말의 **사치스러운 향연**이 아닌 그의 진심임을 나는 믿는다.	"我知道这是他的真心表白，不是在用语言**哗众取宠**。
		이애주가 1987년 대통령 선거에 백기완을 후보로 내세우는 민중 후보 추대위원장이 되었을 때, 많은 사람들이 그녀의 행동을 '돌출적'이라고 보고 정치적 야망을 의심하기도 했다.	1987年，民众推选白基玩参加总统竞选，李爱珠出任推选委员会委员长。很多人怀疑她在政治上怀有野心，指责她的行动"**哗众取宠**"。
		이 같은 '**돌출 행동**' 이후 이애주는 한동안 공적인 자리에 얼굴을 내밀지 않아왔다.	那次"**哗众取宠**"事件之后，李爱珠很长时间没有在公众场合露面，
129	堆积如山	사실 신문에 실어 달라며 보내온 만화 원고가 **쌓여 있다**.	他说，向我们报纸投稿的漫画原创早已**堆积如山**，
		한 가지 사업 계획서를 마친 그들 앞에는 이미 다른 일들이 **산더미처럼 쌓여 있다**.	他们在完成一份企划书后，其他的事情已经**堆积如山**。
		국장 기간 동안 마른 미역이 **산더미처**	国葬期间使用的干裙带菜**堆积如山**，

NO	成语	韩语句子/不对应之词或词组	汉语句子/*汉语成语
		럼 동원됐고 한 번 사용한 미역은 버려졌는데 암암리에 시중으로 흘러 들어가 가난한 이들에게 헐값에 팔리기도 했다.	用完的裙带菜都会被扔掉。有时，这些裙带菜也会悄悄流入市场，廉价出售给穷人。
130	成千上万	전쟁은 **수많은** 인명을 희생시키고 물리적 기반을 파괴한 것으로 끝나지 않았다.	战争使**成千上万**人丧生，使基础设施遭到严重破坏。然而，战争的后果并不仅仅是这些。
		햇볕을 받아 눈부시게 반짝거리는 이들 식물을 보고 있노라면, **수천 수만** 필의 초록 비단을 물 위에 깔아놓은 것 같다.	它们轻轻晃动，在阳光下发出耀眼的光芒，水面上仿佛铺满**成千上万**匹绿色的绸缎。
		파리는 물론, 리옹에도 '무용의 집'이라 불리는 춤 전용 극장이 자리하고 있을 뿐 아니라, 세계적인 권위의 '몽펠리에 댄스 페스티벌(Montpellier Dance Festival)'은 매년 여름 전 세계 무용 관객들을 불러 모은다.	巴黎自不必说，里昂更有享有"舞蹈之家"美誉的舞蹈专用剧场，全球最具权威的"蒙彼利埃舞蹈节"每年夏季都会吸引**成千上万**来自世界各地的舞蹈爱好者。
133	独树一帜	이후 여러 집단과 잡지에 의해 계승된 다큐멘터리 사진의 전통을 이어받은 매그넘 사진가들은 **특유의** 비평적이고 독립적인 다큐멘터리 사진으로 국제적인 명성을 강화, 계승해 나갔다.	此后，纪实摄影依靠一些团体和杂志得以不断传承。马格南摄影师们继承纪实摄影的传统，推出**独树一帜**的批判性及独立性的纪实摄影作品，在国际上声名大噪，发展至今。
		이렇게 나전과 채화칠을 토대로 **새로운 영역의** 한국 칠회화를 시도하는 등 그는 독창적인 작품세계를 펼쳐 보이기 위해 치열하게 자신과 싸웠다.	如此，为开创**独树一帜**的作品世界，他不断同自我进行激烈斗争，在螺钿和彩画漆基础上为开辟韩国漆画新天地进行种种尝试。
		저 스스로의 방식으로 **일가를 이루기에** 앞서 겸손한 마음가짐으로 선현들의 작품을 재현하고자 하는 게 제 작업의 가장 큰 원칙입니다.	我创作作品的最大原则是在以自己的方式**独树一帜**之前，首先以一颗谦逊的心去再现先贤们的作品。
134	虎视眈眈	그 앞의 계단을 오르니 돌난간 위에 올라앉은 십이지신(十二支神) 돌상이 우리를 지켜본다.	登上前面的台阶，坐在石栏杆上的十二支神正对我们**虎视眈眈**。
		호시탐탐 선배에게 가랑이짓을 한 나.	我**虎视眈眈**地勾引着学长;
		국경 바깥에서 **진을 치고 있는** 초국적 자본에게 문을 여느냐, 마느냐.	面对在国境之外**虎视眈眈**的跨国资本，韩国是否应打开国门?
135	风土人情	각별한 애정과 예리한 기자의 시선으로 포착한 한국의 **속살을** 그는 지면과	凯勒把自己凭借诚挚的感情和敏锐的记者眼光所捕捉到的韩国**风土人情**发

NO	成语	韩语句子/不对应之词或词组	汉语句子/*汉语成语
		시간의 제한이 없는 인터넷 블로그 (www.rjkoehler.com)에서 보여준다.	布到不受纸面和时间限制的个人博客 (www.rjkoehler.com)上。
		사실상 정선의 **토속적인 생활과 정서**를 이해하는 가장 좋은 방법은 두메 마을을 여행하는 것이다.	要想了解旌善的**风土人情**，最好的方法就是去这些山村走一走。
		또한 폴 자쿨레는 나비를 채집하러 미크로네시아를 방문하여 원주민들을 관찰할 기회를 가졌는데, 그곳에서 그는 같은 동양이지만 일본이나 한국, 중국과는 다른 **풍토**와 인종을 보았다.	此外，保罗雅库莱曾为了采集蝴蝶标本而远赴密克罗尼西亚，得以有机会观察当地原住民。在那里，他看到了同为东方地域却与日本、韩国以及中国迥然不同的**风土人情**以及人种。
136	纷至沓来	강수진은 수상 이후 외국의 발레단으로부터 갈라 공연은 물론이고 전막 공연의 초청 등 러브 콜이 **쇄도했다.**	姜秀珍获奖之后，外国芭蕾舞团的特别演出和整场演出等各种邀请**纷至沓来**，演出费也一涨再涨。
		오랜 세월 이 지역의 주민들에게 생필품을 공급해온 지상의 전통 시장이 쇠퇴하고 있는 데에 비해 지하상가는 새로운 패션과 새로 나온 모바일폰 같은 전자 기기를 보러 나온 젊은이들로 밤 늦게까지 **붐빈다.**	长期以来为当地居民供应生活用品的地上传统市场日渐式微，而这里的很多地下商铺正在出售新潮时尚用品和新款手机等电子产品，吸引着年轻人**纷至沓来**，深夜里依旧人头攒动。
		미국 뉴욕의 브로드웨이나 영국 런던의 웨스트엔드가 자국에 오는 관광객을 공연장으로 **끌어들여** 연간 수조 원의 매출을 올리고 있다.	美国纽约百老汇和英国伦敦西区吸引着本国观众**纷至沓来**，每年创下数十亿美元的票房收入。
137	风风雨雨	지각변동에 이어 **바람과 비가** 육억오천만년 된 타임캡슐에서 이것들을 밖으로 끄집어내어 행진을 시켰다.	无数次的地壳运动和**风风雨雨**穿越六亿五千万年的时光机器，将这些脚印重新排列在了一起。
		특히 석탑들과 석등은 야외에서 오랜 세월 **비바람 맞으며** 지내온 돌들만이 지닐 수 있는 묵직한 아름다움을 간직하고 있다.	过多年**风风雨雨**的洗礼，石塔和石灯都带有一种特殊的美感，流露出历史的厚重。
		물론 기본적으로 수천 년의 **오랜 세월이 흐르고** 바위 표면이 약해지면서 자연 풍화가 있어 왔지만, 주변 환경의 변화에 따라 훼손이 가속화하고 있다는 점이 큰 문제이다.	当然，毕竟几千年的**风风雨雨**使岩石产生了风化现象。但令人担心的是，随着周边环境的变化，这种损坏程度在加快。
138	高楼大厦	다만 고아한 옛집 대신 번잡한 **빌딩**과 상업용 건물이 길에 가득하다.	只是画中典雅的古屋已不复存在，取而代之的是满街眼花缭乱的**高楼大厦**和商业建筑。

NO	成语	韩语句子/不对应之词或词组	汉语句子/*汉语成语
		날렵한 지붕의 선들이 맞닿아 있는 낮은 지대의 한옥들, 야트막한 앞산이 근거리 풍경을 이루고, 조금만 고개를 돌리면 **거대한 초고층 빌딩숲** 같은 현대적인 서울이 대비를 이루고 있다.	位于低处的一座座韩屋, 那灵巧优美的屋脊线彼此相接, 与前方的小山形成了近处的风景。这与稍转过头来就可以看见的、**高楼大厦**林立的现代首尔形成鲜明的对比,
		파괴되었던 도시가 **재건되고** 고도경제성장으로 가난에서 벗어났어도 장기간 지속된 위기와 끔찍한 전쟁으로 한국인들이 입은 마음의 상처는 치유에 오랜 시간이 필요했다.	停战后, 尽管遭到严重破坏的城市迅速建起一座座**高楼大厦**, 高速经济增长使韩国脱贫致富, 压在心头多年的危机感和残酷的战争给韩国人的心灵造成的创伤却需要太长的时间才能慢慢愈合。
139	后起之秀	**유망한** 주니어 선수들도 등장하기 시작했다.	一些**后起之秀**也开始崭露头角。
		판매 성과도 중요하지만 더 큰 성과는 한국의 **젊은** 작가들의 가능성을 검증받았다는 것이다.	更重要的是, 韩国画坛的**后起之秀**在这次国际性艺博会上得到肯定。
		원로작가부터 청년작가까지 63명이 참여한 〈신호탄〉전이 **관람객**에게 건네는 메시지는 무엇일까.	共有六十三位艺术家参与了这次"信号弹"展览, 其中既有元老级大师, 又有**后起之秀**。
140	反反复复	나뭇가지들이 이리저리로 쏠렸고 노랑꽃 빨강꽃 작은 꽃을 단 풀들이 일제히 누웠다 일어서기를 **반복했다**.	树枝左右摇摆, 顶着黄色、红色小花的草儿一齐倒下, 又一齐起来, **反反复复**。
		특히 겨울철에는 암각화 바위 틈새로 들어간 물이 얼었다 녹는 일이 **빈번하게 발생하면서** 훼손을 부채질하고 있는 상황이다.	特别是冬季, 渗入岩画岩石隙缝间的水结冰后膨胀, 春天冰融化成水。**反反复复**, 加快了岩画的损毁速度。
		"한반도가 갈라진 이후부터 최근까지를 돌이켜보면 철조망을 사이에 두고 대치하고 있는 남북은 화해와 긴장을 **반복해왔다**."	"回顾一下朝鲜半岛从分裂到最近的这一段岁月, 铁丝网两边的南与北之间的关系由紧张到缓和, 又由缓和到紧张, **反反复复**。"
141	更胜一筹	둘 다 깨를 이용한 음식이지만 임자수탕이 맛과 영양, 모양도 **훨씬 뛰어났다**.	这两种饮食虽然都使用芝麻, 但荏子鸡汤的味道、营养和视觉效果**更胜一筹**。
		국가 권력의 억압은 여전했지만, 그보다도 그 억압이 사라지기를 원하는 시민들의 열망이 **더 강했던 셈이다**.	虽然国家权力的压迫仍然很严酷, 然而国民们摆脱其强权的热望**更胜一筹**。
		삼성전자 등 국내 휴대폰 기업들은 기술적으로 **앞선** 디지털 휴대폰을 앞세워 빠르게 내수 시장을 장악해 갔다.	三星电子等本土手机企业通过技术**更胜一筹**的数字手机, 迅速占领了内需市场。

NO	成语	韩语句子/不对应之词或词组	汉语句子/*汉语成语
142	轰动一时	지난 7월, 32개국이 참가한 불가리아 바르나(Varna) 국제 발레 콩쿨에는 무려 5명의 한국인 무용수들이 입상, **세계인들을 놀라게 했다.**	2006年7月，在有四十二个国家参加的保加利亚瓦尔纳国际芭蕾舞比赛上，竟然有五位韩国演员获奖，**轰动一时**。
		센세이션했다.	真是**轰动一时**啊。
		2007년 겨울 뉴욕에서 열린 아트페어에서 그의 작품이 억대에 거래되어 **뉴스가 되기도 했다.**	他的作品在2007年冬天的纽约艺术拍卖会上以上亿韩元的高价成交，**轰动一时**。
143	翻天覆地	흔히 세계인들이 '한강의 기적'이라고 언급할 정도로 완전히 새로운 발전의 모습을 **현실로** 이룩해낸 것이다.	正如世人所说的"汉江奇迹"那样，韩国完全实现了新的发展，发生了**翻天覆地**的变化。
		전후 60년 한국의 성장사를 경제, 사회, 문화, 인구, 생활의 변화를 다양한 통계 자료를 중심으로 알아본다.	战后六十年，韩国在经济、社会、文化、人口和生活等各个方面发生了**翻天覆地**的变化，我们不妨从各种统计资料来了解一下战后韩国的发展史。
		경제성장과 경제구조의 변화는 대한민국 사회의 **엄청난** 변화를 동반했다.	伴随着经济增长和经济结构的变化，韩国的社会也发生了**翻天覆地**的变化。
144	耳熟能详	우리에게 **익숙한** 재즈 보컬리스트들은 세월의 힘을 느낄 수 있는 텁텁함이나 깊이를 가졌다.	我们**耳熟能详**的爵士乐歌手都有一幅浑厚而有共鸣的嗓音，从中能感受到岁月的力量。
		우리의 귀에 익숙한 솔베이지의 노래(Solveig's Lied)가 들려올 때는 눈을 지그시 감으며 그녀의 목소리에 끝없는 감상에 젖어든다.	听到《索尔维格之歌》那**耳熟能详**的旋律，现场所有人都轻轻闭上了眼睛，沉浸于歌声带来的无尽感怀。
		"뿐만아니라 한국인들**에게 익숙한** 6.25전쟁 때의 노래들이 색소폰 독주로 연주되었고, 판소리계의 스타 명창인 안숙선이 비극조의 노래로 숙연한 분위기를 고조시켰다."	活动中还进行了萨克斯独奏表演，演奏的都是韩国人**耳熟能详**的战争时期的歌曲。最后，盘瑟俚表演界的著名表演艺术家安淑善以悲剧唱腔的演唱将活动肃然的气氛推向高潮。
145	顺流而下	산에서 시작된 물길이 계곡**을 따라** 수려한 암석들과 어울려 있어 많은 이들이 이곳을 그림 그리고 찾아 다니며 놀고 시를 쓰고 청풍계(淸楓溪) 같은 계곡에 집을 지었다.	源山之水依溪谷**顺流而下**，与秀丽岩石相互衬托。很多人用画笔画下了这里的美景；很多人来这里游玩，用诗歌描绘了这里的秀色；很多人在清枫溪这样的溪谷安宅而居。
		타래가 풀리듯 물 위에 시가 **흐른다.**	我笔下的诗句就像从线团抽出的线**顺流而下**。
		또한 계곡을 **흐르다가** 다리 아래 잠시	溪水**顺流而下**，在桥下迂回，形成龙

NO	成语	韩语句子/不对应之词或词组	汉语句子/*汉语成语
		머무는 물이 용소(龍沼)를 이루어, 그 모습이 돌다리와 어울려 전체적으로 조형의 아름다움을 더해준다.	沼, 潭水与石桥交相辉映, 更添造型之美。
146	日新月异	다른 모든 것과 마찬가지로 한국에서 일어나는 **빠른 변화**는 옛 것과 새 것을 조화와 긴장 속에 공존하도록 만들었다.	韩国**日新月异**的变化使传统和现代在协调与张力中共存。
		서울은 **역동적인** 변화의 도시입니다.	首尔是一座**日新月异**的城市。
		빠르게 변화하는 대도시에서 화려하지 않고서는 눈에 띄기 힘들다.	在变化**日新月异**的大都市中, 能够越过宏大场面的狂欢去品味不那么张扬的体验的微妙与精致者, 已为数不多。
147	人才济济	현대무용단으로도 진출해	现代舞蹈团同样**人才济济**
		당시만 해도 한국이 비보이 강국이 될지는 아무도 예상치 못했다.	当初, 谁也不会料想到韩国会成为街舞男孩**人才济济**的国家。
		실로 대관령국제음악제를 장식하는 교수진의 면모는 화려하다.	大关岭国际音乐节的确**人才济济**, 不同凡响。
148	煞费苦心	그 여성은 친구들과 함께 그것들을 **애써** 찾아내었고, 끊어진 길을 이었고, 길과 길 사이에 새로운 통로를 만들어 둘을 연결하였다.	这位女性与朋友们一起**煞费苦心**找到了它们, 并将断开的路连接起来, 还在路与路之间修建了新的通路将两条路连接起来。
		조선의 목가구는 중국이나 일본 것들처럼 현란한 장식을 두지 않아 단순하지만 동시에 나무에 있는 나이테 등을 그대로 살려 자연스럽게 보이려고 **애쓴** 것을 알 수 있다.	朝鲜木制家具非常简约, 不像中国和日本那样带有复杂华美的装饰, 却在保留和突显年轮等木材天然纹理方面**煞费苦心**。
		제작뿐만 아니라 관리까지 세심하게 **신경을 쓰는** 이재만 씨이니 옻나무를 직접 키워 옻칠을 만든다는 은이 별반 특이할 일도 아니리라.	李在万先生从牛角画的制作到保管可谓无微不至、**煞费苦心**。
149	若隐若现	분홍 빛의 도원에서 아씨들은 숨바꼭질을 하면서 아름다운 몸매, 살짝 웃은 매혹적 입술 등을 인화지에 남기면서 또 어디론가 사라진다.	在粉红花瓣漫天飞舞的桃花园中, 少女们捉着迷藏。相纸上**若隐若现**出她们苗条的身材、露出微笑的樱桃小嘴, 过一会儿又消失得无影无踪。
		공간에 깊이를 주기 위해 새벽에 촬영된 이 작품은 안개로 인해 희미해진 하늘과 산, 들이 여백의 공간과 비슷한 역할을 하고 있다.	为突出空间的深度, 作品拍摄于清晨, 天空和山野在雾气笼罩下**若隐若现**, 起到类似于空白的效果。

NO	成语	韩语句子/不对应之词或词组	汉语句子/*汉语成语
		군부대들이 **보일 듯 말듯** 산 속에 숨어 있었다.	部队都**若隐若现**地隐藏在山里,
150	赏心悦目	예를 들어, 하얀 거품을 물고 해변으로 다가와 부딪히고, 뒤쫓는 물결에 삼켜져 버리는 파도와 바다를 바라보는 것은 언제나 **매혹적이다**.	举例来说, 观赏海景在任何时候都是一件**赏心悦目**的事情。海浪夹杂着白色泡沫涌向岸边, 与海岸发生剧烈的碰撞, 随后又被下一波浪潮吞噬得无影无踪,
		방망이를 두들기는 도깨비처럼 종횡무진 전세계 **사람들의 눈과 귀를 즐겁게 하는** 대한민국타악의 일인자 김덕수.	金德洙是韩国打击乐的头号人物, 他像敲打着木棒的土人魔一样纵横驰骋, 令全世界的人**赏心悦目**。
		눈을 즐겁게 하는 조랭이떡국	**赏心悦目**的茧状年糕汤
151	山清水秀	동서고금을 막론하고 사람들은 온화한 기후와 쾌적한 공간에서 살기 위해 **산수가 좋은** 자리에 터를 잡아 살아가며, 사후에도 영면하기 위해 길지(吉地)를 찾아 많은 노력을 기울인다.	古往今来, 不管在哪个国家, 人们都喜欢生活在温暖、舒适的地方, 喜欢在**山清水秀**的地方居住。为了死后永远安息, 人们还努力寻找吉地安葬。
		하회마을의 류씨들은 원래 안동부 풍산현에 살았었는데, 지금부터 600여 년 전인 고려 말에 류종혜(柳從惠)가 지금 하회마을이 있는 곳의 **산수가 수려하고** 터가 좋아 새로 집을 짓고 입향한 후 그의 후손들이 지금까지 대대로 살고 있다.	河回村的柳氏原居安东府丰山县。在距今约六百年前的高丽王朝末期, 柳从惠认为现今河回村的所在地**山清水秀**, 人杰地灵, 便兴建新舍, 移居过来。此后, 柳氏后裔便在这里生根落户。
		숲과 계곡이 아름다운 포천은 예로부터 시인묵객들이 즐겨 찾던 곳이다.	抱川**山清水秀**, 自古就吸引了无数的文人墨客。
152	突飞猛进	한국의 어린이책들이 **부쩍 수준이 높아지면서** 일러스트레이션도 자연스럽게 함께 발전하고 있다.	随着韩国少儿读物水平的**突飞猛进**, 插图也随之迅速发展起来。
		공교롭게도 아버지의 죽음은 잠자던 이세돌의 야성을 일깨우더니 곧이어 기량의 **만개를 가져오게 된다**.	无巧不成书, 父亲的去世唤醒了李世石沉睡的野性, 他的棋艺**突飞猛进**。
		특히 최근 몇 년 동안 **급성장한** 한국의 디지털 산업은 젊은 세대에게 무한한 창의의 공간이 된 셈인데 플래시몹은 이에 기반한 측면도 크다.	尤其是最近几年, **突飞猛进**的韩国数字化产业给年轻人带来了无限的创造空间, 快闪行动的流行很大程度上依赖于此。
153	突如其来	6.25전쟁을 소재로 한 박완서의 작품들에서 전쟁은 여자들에게 아들을 비롯한 집안의 남자들이 어느 날 **갑자기**	在朴婉绪的以"六二五"战争为题材的作品里, 战争对女人来说是一种无法理解的、**突如其来**的横祸, 一种某

NO	成语	韩语句子/不对应之词或词组	汉语句子/*汉语成语
		무참하게 죽임을 당하는 납득할 수 없는 횡액일 뿐이다.	一天家里包括儿子在内的男人们惨遭杀害的悲剧。
		그녀들이 도저히 받아들일 수도, 용서할 수도 없는 이데올로기란 괴물이 남자들을 삼켜버린 자리에서 **졸지에** 가족의 생계를 떠맡게 된 여자들에게 삶이란 어떻게든 살아가야 하는 생존의 과제일 뿐이다.	意识形态这个怪物吞噬了她们的男人，对此她们当然不能接受，也不能原谅。但是，她们不得不承担这一**突如其来**的家庭生计责任，对于此时的她们来说生活只能是一个如何生存的问题。
		어리둥절한 행인들과 **긴급** 사태(?)에 놀란 경비원들.	面对这**突如其来**的场面，行人目瞪口呆，到场的警察也不知所措。
154	五颜六色	4개의 붉은 기둥과 **형형색색의** 지붕으로 이뤄진 폭 17m, 높이 11m의 패루 상단에는 '중화가(中華街)'라고 적혀 있다.	牌楼由四根红柱、**五颜六色**的楼顶构成，长十七米，高十一米，牌楼匾额上写有"中国城"三个字。
		이즈음 한산에서는 백모시에 이른바 천연염색으로 물을 들인 **색색의** 모시를 선보이고 있다.	最近，韩山地区推出各种天然染色夏布，用天然染料把白夏布染成**五颜六色**。
		이곳 천장에 매달려 있는 조각작품들에는 **색색의** 종이 쪽지가 수천 장 달려 있다.	展厅天花板上悬吊着雕塑作品，上面粘贴着数千张**五颜六色**的纸条，
155	停滞不前	〈워낭소리〉의 흥행은, 또 2000년대 초 '한국영화 르네상스' 이후 국내 영화산업의 '거품'이 빠지며 **침체일로를 걷고 있는** 가운데 나온 것이라, 더욱 주목 받고 있다.	《牛铃声》的成功是在2000年初韩国电影复兴后，国内电影产业陷入泡Ä，出现**停滞不前**的背景下取得的，因而更加引人注目。
		하지만 불과 10여년 전까지만 해도 북촌은 화려한 강남이 활기차고 주류의 신문물이 유입돼 번성하는데 비해 구식 한옥과 **폐쇄된** 대궐, 조선시대 유물이 모여있는 침체된 동네로 비하돼 왔다.	然而，就在十几年前，北村总是被拿来与主流新事物涌入、充满活力、繁荣华丽的首尔江南地区比较，被贬低为旧式韩屋和闭锁的宫殿以及朝鲜王朝时期的遗迹聚集的**停滞不前**的地方。
156	泰然自若	그가 자신의 작품인 '광학 투구(optical helmet)'를 쓰고 뉴욕 거리를 **천연덕스레** 쏘다니는 영상 기록을 보면, 머리가 네 배 정도는 더 커 보인다.	当他戴着自己的作品"光学头盔"**泰然自若**地走在纽约街头的影像镜头中，他的头看起来大了四倍。
		그는 사진은 기존의 사진 문법에서 벗어나 다만 그가 말하고자 하는 철학을 자신의 방법대로 **태연하게** 풀어내고 있을 뿐이다.	他背离既有的摄影语法，却用自己特有的方式**泰然自若**地证明了自己想要强调的哲学。
		빗속에 철벅거리는 목장에서 말들은 느	牧场上噼里啪啦下起了雨，马在雨中

NO	成语	韩语句子/不对应之词或词组	汉语句子/*汉语成语
		릿느릿 움직이며 비속에 **끄떡도 안했다**.	慢慢地移动着，**泰然自若**。
157	翘首以待	흥행성과 작품성을 함께 인정받은 작품이라고 **기대를 키우고 있는데**, 한국에서 100여 억 원의 제작비가 들어간 이 초대형 뮤지컬에는 브로드웨이 오리지널 무대와 스텝들이 동원되었다.	这部作品集流行和艺术性于一身，深受肯定，也更令人**翘首以待**。
		신념과 깊이로 살아온 구도자의 올곧은 길 위에 베토벤 예술의 강렬함이 펼쳐질 이번 콘서트가 **기대된다**.	在这位求道者执着漫长的求道之路上，贝多芬音乐将留下怎样的印迹？我们**翘首以待**。
		말들은 주인의 차 소리를 듣고 알아보며 **머리를 세우고 기다린다**.	马儿听到主人汽车的声音，便知道有吃的东西来了，个个**翘首以待**。
158	生生不息	이 큰 울타리 속에서 1억 4천만 년 장구한 세월을 생태계의 수레바퀴는 **녹슬지 않고** 굴러왔고, 또 굴러간다.	一亿四千万年以来，各种生物在这一大片地域上世代繁衍，**生生不息**。
		자주적이며 자립적인 한국 미술의 형성론을 주장한 그는 앞 시대의 전통이 오늘날 한국화로 이어져 왔고 앞으로도 **이어져 나가리라** 보았다.	他主张独立自主的韩国美术流派，并认为以往的传统衍生了现今的韩国画，未来仍将**生生不息**。
		그들에게는 신화 속 여신들이 갖췄던 기품의 한 자락이 **유장하게** 흐르고 있다.	然而在她们的身体和内心深处，却依然保存着某些神话当中女神的气度，这种气度在**生生不息**地默默流淌。
159	声名鹊起	한국의 전통을 대표하는 누비는 국제무대에서도 **진가를 발휘하기도 했다**.	作为韩国传统文化的代表，绗缝在国际舞台上也**声名鹊起**。
		김종대 선생의 백부 고 김정의 선생은 빼어난 품질의 윤도를 만든다고 **소문이 자자해**, 평안도함경도에 이르기까지 팔도에서 사람들이 찾아와서 사랑방에 진을 치고 윤도를 사갔다고 한다.	金钟台先生的伯父金正义先生手艺精湛，制作的罗盘因质量上乘而**声名鹊起**。人们纷纷从全国各地前来登门求购他制作的罗盘，有的甚至从遥远的平安道、咸镜道等地赶来，等着购买罗盘的人们甚至在他家里安营扎寨。
		이후 전승공예대전에서만도 8회에 걸쳐 각종 상을 수상한 그는 1992년 전승공예대전에서 국무총리상을 수상하면서 **유명해**지기 시작했다.	此后，他的作品在八次传承工艺大展上获得了各种奖项。1992年，他在传承工艺大展上获得国务总理奖，从此**声名鹊起**。
160	图文并茂	그뿐만 아니라 백두대간의 역사적, 문화적, 생태학적 중요성을 소개하는 한편, 종주 코스 곳곳에 산재해 있는 흥미로운 종교적 유물 및 절경을 자랑하는 **명소** 사진 200여장도 담았다.	不但如此，这本书还对白头山脉在历史、文化、生态上的重要性进行了说明，同时收录了二百多张照片，**图文并茂**地介绍了分布在各段线路上的宗教遗址和美景。

NO	成语	韩语句子/不对应之词或词组	汉语句子/*汉语成语
		이렇게 **이미지와 텍스트를 같이 결합시키는** 무나카타의 작업은 사실 동양의 문인적인 전통이었다.	其实，栋方志功所采用的这种**图文并茂**的创作方式是东方的文人画传统。
		1960년대 이후 무나카타는 세계를 여행하면서 주제도 에드가 알렌 포우(Edgar Allan Poe) 소설의 삽화에서부터 뉴욕의 맨하탄, 루브르 박물관의 니케 상으로까지 넓혀 갔고 기법도 복잡하면서도 훨씬 정교하게 변했으나 기본적으로 **이미지와 텍스트가 같이 가는** 동양의 문인화적인 미술의 전통을 고수하고 있었다.	60年代以后，栋方志功开始周游世界，创作主题逐渐扩展到爱伦?坡小说插图、纽约曼哈顿和卢浮宫博物馆的《萨莫色雷斯的胜利女神》，技法也日渐精巧复杂。但他基本上仍然固守东方**图文并茂**的文人画美术传统。
161	所见所闻	종가의 사회화는 집단사회화이며, 이의 주된 심리기제는 **견문**과 집단풍토조성으로 집약될 수 있다.	宗家的社会化是一种集体主义的社会化，其主要形成机制是孩子从儿时起的**所见所闻**和集体主义生活环境。
		견문은 말 그대로 보고 듣는 것으로, 아동이 성인의 행동을 보고 들음으로써 학습하는 것이다.	**所见所闻**就是看到和听到的。儿童对成人的言行耳濡目染，从中进行学习。
		견문은 세 가지 심리적 기제를 포함한다.	**所见所闻**包括三个心理机制，
162	恰如其分	〈신호탄〉이란 전시회 제목은 그런 점에서 **적절한 뉘앙스를 풍긴다.**	"从这一点看，"信号弹"这一名称真是**恰如其分**。"
		다른 두 축제가 실험적 작품들을 집중적으로 선택하는 반면 이 축제는 예술성과 대중성을 **적절히** 조화시키며 무용의 고유한 영역을 붕괴시키지 않는 부류의 작품들을 선택해 폭넓은 관객층을 확보했다.	与集中选择实验性作品的两个艺术节相比，首尔世界舞蹈节**恰如其分**地融合了艺术性和大众性，通过选择不打破舞蹈界陈规的作品来确保广泛的观众群。
		그것이 곧 혼령들의 세계와 다름없다고 파악된 '문제적 인간, 연산'을 위해 **가장 어울리는** 공간을 만들어낸 것이다.	这一难忘的印象造就了**恰如其分**的舞台设计，为被称为魂灵世界的《有争议的人物，燕山》提供了极为完美的空间。
163	数不胜数	해발 1,561미터 가리왕산을 비롯해 해발 1,000미터가 넘는 산들이 정선에는 **가득하다.**	以海拔一千五百六十一米的加里王山为代表，海拔一千米以上的山峰**数不胜数**。
		고철 덩어리가 되어 잡초에 덮인 기차와 철로, 녹슨 탱크와 탄피들, 구멍 난 철모, 전쟁 당시 매설된 지뢰 경고판, 부서져 교각만 남은 다리, 마을의 흔적, 학교터 등 전쟁의 잔해물들이 **이루**	废弃的火车和铁路早已成为一堆烂铁被杂草覆盖；锈迹斑驳的坦克和弹壳、千疮百孔的钢盔、战争当时埋设的地雷警告牌、早已损毁只剩下桥墩的大桥、村庄的痕迹、学校的遗址等

NO	成语	韩语句子/不对应之词或词组	汉语句子/*汉语成语
		헤아릴 수 없을 만큼 많았다.	战争的残留物**数不胜数**。
		최근 들어 유행하고 있는 1인 미디어, 즉 **수많은** 미니 홈피와 블로그도 이와 같은 관점의 해석이 필요하다.	最近流行一时的**数不胜数**的个人媒体博客与小网页也可以从这样的观点来理解。
164	随波逐流	다수가 선호하는 소비 패턴**에 맹목적으로 동조하기보다는** 각자의 감식안과 주관에 따라 소비하려는 경향이 강하기 때문이다.	她们不会**随波逐流**，盲目地去跟从多数人喜好的消费模式，而会根据自己的感觉和主观判断来消费，这种倾向非常明显。
		세상의 트렌드를 따라가지 않고 꾸준히 자기의 작품을 추구하다 보면 세상의 사이클과 일치점을 갖는 순간이 찾아올 수 있다는 것.	也就是说，只要不**随波逐流**，坚持追求自己的风格，与外界Ň环合流的那一刻终究会到来。
		세태를 거스르며 **유행을 거부하는** 그의 작품이 우리 시대 최고의 명품이 된 것은 정직과 성실이란 소박하지만 지키기 어려운 가치를 끝까지 지키기 때문일 것이다.	"他的作品不媚俗，不**随波逐流**，却成为当今时代的最高产品。这是因为，正直和诚实虽然朴素，但要坚守如一，确实不易。"
165	惟妙惟肖	이 덕분에 그는 이매방의 맛깔스러운 춤태**를 빼어 닮은** 무용가로 알려지게 되었다.	其间林洱调将李梅芳的舞姿学习得**惟妙惟肖**，并以此享誉韩国舞蹈界。
		하층기단에는 한 면에 3구씩의 천인상이 **매우 생동감 있게 표현되었다.**	第一层基座上每面各雕刻有三个天人像，**惟妙惟肖**;
		정말로 뼈처럼 보여서 꽤 **실감이 나던**데.	看起来**惟妙惟肖**，
166	拭目以待	그가 자기 자신마저 넘어선 그 이후가 **궁금하다.**	他超越自我之后的景象又将如何呢？令人**拭目以待**。
		앞으로 어떤 작품으로 지치고 상처받은 우리의 영혼을 춤추게 **할지 기대된다.**	今后，她会以怎样的作品触动我们疲惫不堪、伤痕累累的灵魂呢？让我们**拭目以待**。
		공식 참가공연들의 평균수준은 예년을 웃돈다는 평가를 받아 서울연극제의 앞날을 **기대할 수** 있게 했다.	评论认为今年正式参选作品的平均水准高于往年，因此首尔戏剧节的未来也令人**拭目以待**。
167	游刃有余	중국의 경극(Peking Opera)과 그림자극 등 다양한 볼거리와 70인조의 라이브 연주는 객석을 충분히 장악하**고도 남았다.**	剧中融合了京剧、皮影戏等多种艺术形式，再加上七十多位乐手的现场演奏，对舞台的掌控可谓**游刃有余**。
		충분한 시간을 두고 **차분하게** 계획하여 추진하기보다는 일단 판을 벌이고 보	韩国人性子急，不愿**游刃有余**地按部就班，而是先下手为强，并能在推进

NO	成语	韩语句子/不对应之词或词组	汉语句子/*汉语成语
		는 성급함, 일을 추진하면서 생기는 착오들은 그때 그때 민첩하게 수정하고 땜질하는 탁월한 임기응변에 휴대 전화는 (인터넷과 함께) 안성맞춤이다.	过程中，随时敏捷地修正或补充出现的错误。这种随机应变的性格与手机(还包括互联网)堪称绝配。
		허정무 감독에 따르면, 박지성은 투지와 노력도 미더웠지만, 무엇보다 천부적인 공간 파악 능력을 갖고 있어 공격형 미드필드의 어느 곳이라도 **너끈히 소화할 수 있는** 선수였다고 한다.	许丁茂教练说，朴智星的斗志和竞争力是毋庸置疑的，而他与生俱来的穿透力使他在攻击型中场的任何位置上都能**游刃有余**。
168	鲜为人知	오랫동안 자신을 사로잡아온 자연의 색을 찾아나선 지 20년, 김정화 씨는 쪽풀, 잇꽃, 감처럼 자연염색 재료로 잘 알려진 식물로부터 운지버섯, 쥐똥나무 열매, 사과나무 잎, 포도껍질, 쥐눈이콩 등 **잘 알려지지 않은 것**에 이르기까지 자그마치 204종류를 써서 염색했다.	二十年来，金贞花一直致力于寻找那些使自己沉醉多年的大自然的色彩。从蓼蓝、红花、柿子这些常用原料，到云芝、水蜡树果实、苹果树叶、葡萄皮、鹿藿等**鲜为人知**的原料，她用来提取染料的植物多达二百零四种。
		세계적으로 **알려져 있지 않은** 가사(歌辭) 문학을 연구해서 알릴 생각입니다.	歌辞文学至今在国际上**鲜为人知**，我想好好研究一下，让更多的人了解这种文学形式。
		이름난 명승지보다 **숨겨진** 자연의 아름다움을 찾았으며 한국인의 전통 주거문화와 정신세계를 모두 엿볼 수 있는 사찰, 서원 등을 샅샅이 찾아다녔다.	他不去观光胜地，只关注**鲜为人知**的自然风景，一一寻访能够同时反映出韩国传统住宅文化和精神世界的庙宇、书院等。
169	与日俱增	뿐만아니라 한국 비보이들의 춤 동작은 해외에서도 교과서처럼 인식되고 있고, 그들의 기술을 배우기 위해 한국을 찾는 외국 젊은이들도 **증가하고 있다**.	不仅如此，韩国街舞男孩的舞蹈动作还在海外被视为教科书，前来韩国学习他们舞技的外国年轻人**与日俱增**。
		만들수록 **깊어지는** 열정	制作热情**与日俱增**
		특히 외국인 이주 노동자와 국제결혼의 수가 **증가하고 있는** 오늘날 이 같은 문화교류 프로그램의 의미는 더욱 크다.	在外籍劳工和跨国婚姻数量**与日俱增**的今天，这种文化交流尤为重要，中心的工作也就更具意义了。
170	跃然纸上	1960년대 작으로 알려진 〈빈 수레〉는 마티에르는 없으나 한적한 그의 작품의 기운은 **무엇보다도 풍부하게 전해 온다.**	他的广为人知的画作《空荡荡的畜力车》创作于上个世纪60年代，虽未使用任何色调，悠闲恬静的气氛却**跃然纸上**。
		그는 관념을 버리고 공사장의 작업 풍경이나 산, 바다, 기암절벽을 두루 관찰한 바를 화선지에 수묵 담채에 의해	他不拘定法，无论工地施工场面，还是山川湖海，或是奇岩峭壁，凡目力观察之处，均可化为写实主义的水墨

NO	成语	韩语句子/不对应之词或词组	汉语句子/*汉语成语
		사실적으로 옮겼다.	淡彩，跃然纸上。
		당대를 살아가는 사람들의 사랑을 그린 이 작품에서 초가집, 야트막한 돌담, 좁은 논두렁, 마을 어귀의 소나무 숲이 만화 **안에 들어왔다**.	茅草屋、低矮的围墙、窄窄的田埂以及村口的松树林都**跃然纸上**，表现对当代人的爱。
171	自我陶醉	그렇게 권여선 인물들의 내면은 다시는 만나고 싶지 않은 여자의 "치명적인 덫"의 귀환에 불쾌해하면서도 차라리 그 덫에 치이기를 욕망하거나, 내용이 상실되고 형식만 남은 삶의 내부에서 썩어 "부글부글 독을 괴어 올리는 나쁜 체액"에 나르시시즘적 **애착을 느끼는** 등 자기파괴적인 심리로 가득 차 있다.	权汝宣小说里的人物就是这样充满自我破坏的心理。在心里，对女人的"致命枷锁"感到厌恶，但同时又希望被那一枷锁锁住，或者对已失去内容而只剩下形式的生活深处，因为腐烂而"分泌出毒性的坏体液"感到**自我陶醉**。
		삶의 나르시시즘적 **자기기만을 그리는** 권여선의 「분홍리본의 시절」은 이런 맥락에 있는 소설이다.	描写人生的**自我陶醉**和自我欺骗的作品《粉红蝴蝶结时节》就是属于这一类的小说。
		그러나 동양적 사유와 명상의 상징인 부처가 과학기술인 비디오카메라에 나포되어 모니터에 나타난 **자신의 나르시즘을 즐기는 듯한** 묘한 분위기는 그야말로 압권이라고 할 수 있다.	但佛作为东方思维和冥想的象征，被科学技术的摄像机所捕获，似乎**自我陶醉**于显示器中出现的自身形象，这种出人意料的效果极具思想性。
172	应运而生	대한민국이 건국된 이듬해인 1949년 5월 새로운 국새가 **마련되었다**.	大韩民国建国的第二年即1949年5月，新的国玺**应运而生**。
		그들이 못다 한 젊은 시절의 꿈을 현실에서 펼쳐 보이면서 직장인 밴드 문화 열풍을 **이끌고 있다**.	近年来，这代人开始尝试重拾年轻时未尽的梦想，上班族乐队的风潮**应运而生**。
		식품학자 이성우(李盛雨)는 탕반이 "개화기에 접어들면서 우리나라도 사회발전에 따라 외식이나 단체급식의 필요성이 높아지고, 복잡한 가정요리법으로는 급한 대로 대응할 수 없어서 **나타난 것**"이라고 분석했다.	食品学家李盛雨认为："随着现代化的推进和韩国社会的发展，人们在外就餐和团体聚餐的需求越来越大，而过去复杂的家庭烹饪法无法满足这种急切的需要，于是汤饭**应运而生**。
173	自得其乐	홍대 앞 클럽의 가장 큰 매력은 **남의 눈을 의식하지 않는** 자유로움이다.	弘大前的俱乐部最大的魅力就是可以自由地**自得其乐**，而不必在乎别人。
		외벽을 따라 내려온 빗물은 연못을 이루고 그 속에 작은 생명체가 **숨 쉰다**.	村子外墙边有一处水塘，由雨水汇集而成，塘里各种生命**自得其乐**。
		장응복은 선조들이 자연을 차경해서 **즐긴 것처럼** 한국 고유의 전통적 이미	古人借用自然风景装饰园林并**自得其乐**，同理，张应福借用具有韩国特色

NO	成语	韩语句子/不对应之词或词组	汉语句子/*汉语成语
		지들을 디자인에 '차경' 한다.	的传统事物进行设计。
174	因人而异	음식 하나만 보더라도 주문 후 음식이 나오는 시간, 영양, 맛, 데코레이션, 색다른 시도 등에 대해 **개인마다 상이한** 가중치를 부여한다.	就拿饮食来说，点菜后，对于上菜时间、营养、味道、色泽及样式等等大家的看重点不同，**因人而异**。
		그러나 모든 사람은 독특하므로 각자마다 산에 오르는 이유와 등산으로부터 얻는 것이 **다를 것이다**.	每个人都具有独特性，登山的理由和登山后的收获也会**因人而异**。
		박물관에 대해 떠올리는 이미지는 **사람들마다 다르다**.	对于博物馆的印象总是**因人而异**。
175	相去甚远	쪽빛에서 청옥빛, 깊은 블루, 검은색까지.	从这个村到那个村为何就**相去甚远**? 从靛蓝到宝石蓝、深蓝，再到纯黑。
		요컨대 근대적 의미의 천문대와는 거리가 있다는 생각이 여러 가지 제기되었다.	总而言之，所提出的几种观点都认为瞻星台与现代意义的天文台**相去甚远**。
		경주의 무덤에서 출토되는 금관과 허리띠는 과연 어디에서 기원하였을까? 시간과 공간적으로 너무 멀기는 하지만 기원후 1세기경 흑해 연안에 발달했던 사르마티안(Sarmatian) 문화의 금관에서 유사한 의장(意匠)을 엿볼 수 있다.	从庆州古坟中出土的金冠和腰带到底起源于何处呢? 公元1世纪左右，黑海沿岸的萨尔马特文化十分发达。虽然在时间和空间上**相去甚远**，但是从萨尔马特文化的金冠中，我们似乎可以看到与新罗金冠类似的装饰。
176	引人入胜	이 소설이 **흥미로운 것은** 이 지점부터다.	小说从此更加**引人入胜**。
		사랑 이야기를 **엮어내는** 솜씨	**引人入胜**的爱情故事
		여행은 사람에게 풍경을 **보여준다**.	旅行是观赏风景的良机，风景之所以**引人入胜**，
177	欣喜若狂	이곳에서 나온 종자는 강원도에서 엄청난 수확을 얻어내는 품종이 되어 농민들을 **기쁘게 했다**.	这些玉米品种使江原道获得了巨大的丰收，这让农民们**欣喜若狂**。
		그런 그가 아시아 지역의 유물을 중점적으로 소장하고 있는 프랑스 기메동양박물관에서 화각 1점을 찾아냈으니, 얼마나 **반가웠으랴**.	他在重点收藏亚洲地区文物的法国吉梅亚洲艺术博物馆中找到了一件牛角画文物，当时他简直是**欣喜若狂**。
		춘천 여행을 하면서는 김유정 문학관을 우연히 방문하게 되었는데 그건 **아주 즐거운 일이었다**.	我在春川旅行的时候偶然看到金裕贞文学馆，这令我**欣喜若狂**。
178	兴致勃勃	외국 시인들은 전통 공연의 정확한 뜻	外国诗人们虽然还不能很准确地理解

NO	成语	韩语句子/不对应之词或词组	汉语句子/*汉语成语
		을 알 수는 없었을 테지만 리듬과 가락, 그리고 느낌을 통해 매우 고조된 **흥겨움과** 신바람을 공유했다.	传统表演的意思, 但借助节奏、曲调和个人的感觉, 所有人对表演都**兴致勃勃**, 气氛一度达到了高潮。
		한 동호회 회원들은 안동의 군자(君子)마을에서 고택에 숙박하는 동안 한국전통음악과 무용 공연을 예약하여 관람하기도 했다.	有一次, 某同好会会员在安东君子村古宅住宿, 他们预约了韩国传统音乐和舞蹈表演并**兴致勃勃**地观看了演出。
		흥겨운 가면놀이에 서우젯소리를 부르고 춤췄다.	**兴致勃勃**地进行假面游戏, 边唱七头堂神本歌边跳舞。
179	心旷神怡	운전 중인 차 안에서 듣는다면 복잡한 교통상황에 짜증을 느끼지 않아도 좋을 만큼 은은하게 영혼을 **어루만져 줄 것**이다.	开车的时候听《松广寺清晨佛事》CD, 即使身处繁杂的交通路况中也不会生气发火, 那声音缓缓抚慰着人的灵魂, 令人**心旷神怡**。
		진료실에 들어서자 **기분 좋은** 향기가 코끝을 스친다.	一走进诊室, 一股让人**心旷神怡**的香气迎面扑来。
		지난해 초여름 샛노란 꾀꼬리가 늪가에서 자지러지게 울어 댔을 때 내 **의식이 몽롱해진 적이 있었다.**	去年初夏, 当我听到嫩黄色的黄莺在沼边清脆地鸣叫, **心旷神怡**。
180	小心翼翼	발굴단은 크레인을 이용해 심초석의 윗돌을 **조심스럽게** 들어 올렸다.	考古队用起重机**小心翼翼**地吊起心柱石上面的石块。
		(웃음) 한편, 이번 전시에서 이형구 작가가 한국관에 다시 특별상을 받은 영예를 되찾아주지 않을까 하는 기대를 **조심스레** 내비치는 사람들도 적지 않은데요?	(笑)同时, 也有不少人**小心翼翼**地流露出一种期待, 希望在这次展示中, 艺术家李炯玖能为韩国馆再次获得特别奖的殊荣。
		브라이언 베리는 단청과 탱화에 빼앗긴 넋을 **주섬주섬** 챙겨서 길을 떠났다.	巴里**小心翼翼**地收回被壁画和帧画夺走的魂魄, 离开了寺院。
181	原封不动	현대 서울에서 골목길은 바로 우리 삶의 지난날을 **고스란히** 간직하고 있는, 그러나 거의 소멸 직전에 이른 추억의 대상이다.	在现代首尔, 街巷**原封不动**地保存了我们过去的生活面貌, 但行将消失的街巷也将成为我们回忆的对象。
		언제부턴가 토종 한국인들로만 아이돌 그룹을 만들어서 이를 **그대로** 외국시장에 론칭(launching)하는 일은 점차 시대에 뒤떨어져 보이게 되었다.	不知从何时开始, 组建偶像组合时全部选用本土成员, 再**原封不动**地推向国际市场, 似乎已经成了过时的做法。
		다음날 다시 방문해 전단지가 뜯겨 있으면 사람이 사는 집이고 **그대로** 있으	如果第二天传单没了, 说明这间房子有人住, 如果还**原封不动**地插着, 就说

NO	成语	韩语句子/不对应之词或词组	汉语句子/*汉语成语
		면 빈 집이다'의 논리가 구성되고 이것이 '어느 날 들어간 빈 집에 한 불행한 여자가 인질로 붙잡혀 있다'라는 멋진 영화적 상황으로 발전된다.	明这间房子是空房子。沿着这条线索故事继续发展，"有一天他溜进一个空房子里，却发现屋里有个女人，还是个人质"，
182	无可挑剔	하지만 **탄탄한** 시나리오와 높은 기술력과 작화 실력, 그리고 애니메이션 제작사와 실사영화사의 공동기획이 가져온 획기적 시너지 효과는 아동용 애니메이션 제작에 머물렀던 한국 애니메이션 산업의 새로운 시작을 알리기에 부족함이 없어 보인다.	但是，**无可挑剔**的脚本、高超的技术能力、炉火纯青的绘画实力、动画公司和电影制作公司共同策划带来的前所未有的扩大效应，都在毫无保留地宣告着：韩国动画产业结束了只有儿童动画的时代，站在了新的起点之上。
183	一扫而光	부른 배를 다독이며 금화당을 내려오는데 가을바람이 머릿속의 잡념을 **훑고 지나간다**.	当我吃饱后拍拍肚子走出金花堂时，一阵秋风吹过，把脑子里的杂念**一扫而光**。
		이때 불쾌한 생각과 느낌 모두 **한 번에 날아가 버린다**.	所有的不痛快都会在瞬间**一扫而光**。
184	一帆风顺	그와 동행할 한국 영화가 앞으로 어떻게 **변모**해 갈지 기대해 본다.	我们期待着他以及与他同行的韩国电影在未来的发展**一帆风顺**。
		물론 그의 미국 생활은 **순탄**치만은 않았다고 한다.	他在美国的生活并非**一帆风顺**。
		몇몇 곳에서의 공연이 취소되는 등 그의 투어가 항상 **순조로운** 것은 아니었지만 한국인 가수가 공식적으로 '월드투어'라는 이름을 걸고 공연을 가진 것은 이 경우가 처음으로 보인다.	虽然他的巡演并非一直**一帆风顺**，中间也有几场演出因故取消，但却开创了韩国歌星正式举办全球巡回演出的先河。
185	一以贯之	수십 년 세월 **관행으로 이어져왔고**, 모든 선배기사들이 순응해온 제도를 없애자며 '승단대회 무용론'을 설파했다.	升段制度数十年来**一以贯之**，前辈棋手均顺应这一制度，而他却认为这一制度没有用处，道出'升段赛无用论'，向围棋界旧的权威发起挑战。
		우선 한국이라는 나라의 "브랜드" 이미지가 좀 더 **일관성 있는**, 외국인이 제대로 이해할 수 있는 수준이 되어야 하고, 그 이미지는 지속적으로 세계인들의 머릿속에 각인되어야 한다.	首先，韩国这一国家"品牌"的形象应该**一以贯之**，能让外国人真正领略其韵味的水平，并在外国人心中打下经久不褪的烙印。
		강운구가 한국의 젊은 다큐멘터리 사진가들로부터 존경을 받는 까닭은 우선 그의 뚜렷하고 **일관된** 작품세계 때문이다.	姜运求之所以获得韩国年轻纪实摄影师们的尊敬，原因在于他的作品世界**一以贯之**地贯彻他的这种理念。

NO	成语	韩语句子/不对应之词或词组	汉语句子/*汉语成语
186	源远流长	경주(慶州) 남강(南江) 유역에서 신석기 시대 옥공예 터가 발견되었을 만큼 한국 옥공예의 역사는 **오래됐습니다**.	在庆州南江流域发现了新石器时期的玉工艺遗址，这说明韩国玉工艺的历史**源远流长**。
		자연 지형의 활용이라는 측면에서 보면 한국의 씨족마을은 한국에서 **오랜 옛날부터 형성된** 풍수 원리를 적용해, 산줄기와 물줄기 등의 자연 지형을 상징화해서 의미를 부여하고, 이를 마을의 공간구조에 반영했다.	在利用自然地型方面，韩国氏族村利用了韩国**源远流长**的风水原理，赋予山势和水流等自然地型以象征意义，并将其反映在村庄的空间营造之中。
		한국의 전통 예술에 나타나는 미의식은 한국의 **역사가 긴 만큼** 다양해 그것을 다 보는 것은 처음부터 불가능한 일이다.	韩国历史**源远流长**，传统艺术所体现的审美意识因此而复杂多样，要全面深入剖析这些审美意识根本就是不可能的。
187	嗤之以鼻	정말 나쁜 놈들은 욕하지 않고 **냉소하기** 때문이다.	因为真正的坏蛋不值得一骂，只须**嗤之以鼻**。
		블랙 유머로 무장한 젊은 예술가의 돌출 행위에 **쌀쌀맞은** 대도시 사람들의 표정도 잠시나마 무장 해제 된다.	这些对于用黑色幽默武装起来的年轻艺术家的另类行为**嗤之以鼻**的大都市人也暂时解除了表情武装。
		물론 이 같은 편리함을 **경멸하는** 모험주의자들이 한국인 중에도 많다.	当然，也有许多韩国的冒险主义者对这种便利**嗤之以鼻**，
188	因地制宜	하지만 한국인은 이에 **도전하여** 석불을 만들어냈다.	但是，韩国人**因地制宜**，因材施艺，雕刻出了石佛。
		이러한 선진도시의 경향을 근래 우리나라의 대도시와 중소도시 심지어는 농촌 마을에서조차 **적극적으로 받아들여** 지역 상황에 활발히 접목시키고 있다.	近来，韩国的大都市、中小城市甚至农村都在**因地制宜**，积极顺应发达城市带起的这股热潮。
		특히 대표적인 청정지역이자 동계올림픽 후보도시인 평창군은 지역의 폐교 시설들을 적극 매입하고 민간 전문가들에게 위탁경영을 맡겨 미술관, 연극극장, 레지던스 등 **지역 여건에 맞는** 독특한 문화공간으로 활용하고 있는데 감자꽃스튜디오, 무이예술관(Mooee Arts Center), 달빛극장(Moonlight Theater), 수하산문화학교(Suhasan Culture Areana) 등이 그 사례들이다.	其中，最具有代表性的是环境幽静的冬季奥运会候选城市平昌郡。郡里积极收购本地废弃的教舍设施，委托民间专家经营管理，请他们**因地制宜**，打造成美术馆、话剧场和艺术家之家这样别具一格的文化空间。土豆花工作室、武夷艺术馆、月光剧场、水下山文化学校等均在此落户。
189	意味深长	그녀는 고독은 태도가 아닌 생의 현실이라는 것을 드러내면서 **매우 의미심장한** 청춘의 존재미학을 구축한다.	她认为孤独不是态度，而是一种生活的现实，并通过这一过程构筑起**意味深长**的青春存在美学。

NO	成语	韩语句子/不对应之词或词组	汉语句子/*汉语成语
		대화가 끝나갈 무렵 그는 **매우 흥미로운** 말을 던진다.	谈话结束时，他**意味深长**地说了一句：
		특히 아프리카 토착종교를 통한 가톨릭적 가치에 대한 도전이 **의미롭게** 보인다.	非洲土著宗教对天主教提出的挑战，尤其**意味深长**。
192	美不胜收	특히 기암괴석들로 이뤄진 38경이 **일품이다**.	尤其是锦山三十八景，奇岩怪石，**美不胜收**。
		단순히 도시의 겉모습을 아름답게 꾸미는 것이 아니라 안전하고 편리하고 쾌적하면서 **멋과 아름다움이 더해지는** 서울을 디자인하는 작업이다.	设计首尔的工程不光指美化城市的外观景象，还要把首尔装饰成为安全、便利、舒畅，并且富有情趣、**美不胜收**的城市。
		특히 곳곳마다 공원과 산책로가 조성돼 있는 의암호 호반의 밤 풍경이 **아름답다**.	尤其是几乎处处都有公园和林荫路的衣岩湖湖畔，夜景更是**美不胜收**。
193	莫名其妙	그러나 실상 우리의 주목을 끄는 것은 이러한 일상의 이면에 자리한 **알 수 없는** 어둠, 아버지와 딸 사이의 어긋나는 말, 뒷면만 보아도 무슨 패인지 훤히 알 수 있으면서도 계속되는 화투놀이, 그 사이에 끊임없이 위층에서 들려오는 아이 칭얼대는 소리와 그것을 달래는 여자의 자장가 소리, 부엌창 밖으로 보이는 소년원생들의 모습, 영아원의 화재 등 이야기 뒤편에 자리한 풍경들이다.	但是，实际上更引人注目的是隐藏在这些日常生活深处的场景：**莫名其妙**的黑暗、父女之间对话的错位、只要看背面就知道对方的牌却玩个不停的花斗牌、从楼上不间断传来的小孩的哭闹声和女人哄孩子的摇篮曲、从厨房窗外看到的少年感化院的少年以及婴儿院的火灾等。
		그러나 동시대 여성 작곡가에 대한 경외심 아래엔 '웬만큼 독하지 않고서야 저만큼 성공할 수 없었으려니' '현대음악을 닮아 성격도 복잡하고 어렵겠거니' 하는, **엉뚱한** 추측이 깔려 있었다.	而她却能一步一步走上颠峰，难道不能称之为"了不起"吗？但是当时，我在对同时代女作曲家的敬畏之下，有一种**莫名其妙**的臆测：她会不会争强斗狠，要不怎么会那么成功？她的性格是不是就像现代音乐一样，颇有点复杂、乖僻？
		샤워실에서는 금방 사령관이 튀어나올 듯 물이 흘러내리고, 화장실에서는 **이상하게도** 고문의 악몽이 되살아난다.	淋浴室还在滴水，好像司令官立刻就会从里面冲出来一般；卫生间则会**莫名其妙**地唤起关于审讯的噩梦般的回忆；
194	默默无闻	나의 한국문학에 대학 지식이 축적되면서 동시에 한국문학이 국제적으로 **제대**	随着我在韩国文学领域的修养逐渐深厚，我越来越认识到韩国文学在国际

NO	成语	韩语句子/不对应之词或词组	汉语句子/*汉语成语
		로 알려져 있지 않음을 알게 되었다.	上仍然**默默无闻**，尽管它有足够的资格受到关注。
		그러나 이 디자인은 다 아는 것처럼 조선의 **이름 없는** 여성들이 만든 것이다.	但是，众所周知，传统拼缀布都是由朝鲜王朝时期**默默无闻**的家庭妇女设计和缝制的。
		별로 알려지지 않았던 이 무명의 음악제는 음악감독 백건우와 6명에 불과한 조직위원회 멤버가 열성적으로 꾸린 덕에 지금은 유럽 최고 수준의 음악제로 자리잡았다.	在白建宇和六名组委会成员的不懈努力下，曾经**默默无闻**的迪纳尔音乐节已经发展为欧洲最高水平的音乐节之一。
195	破天荒	2007년 12월 환경재단은 '세상을 밝게 만든 100인'을 선정하면서 **처음으로** 사람이 아닌 이 글판을 꼽았다.	2007年12月，环境财团评选"光照世间一百人"时，**破天荒**地选定了这一广告牌，尽管它不属于人的范畴。
		하지만 선생님처럼 연세도 있고 이름난 만화가가 이렇게 직접 정성스럽게 만화를 그려서 직접 가져온 건 **처음이다**라고 하더라."	而像我这样德高望重的漫画家，认真创作并亲自登门送稿的还真是**破天荒**头一遭。
		모든 디자인 제작공정을 비밀에 부치고 있는 프라다는 본사 공개도 극히 제한적인 경우에만 진행하지만 올해 초 LG전자와 협업을 통해 '프라다폰'을 위해 프라다 본사 내부를 국내 기자들에게 **극히 이례적으로** 개방할 정도로 프라다폰에 애정을 보였다.	普拉达公司向来对其所有设计制作工艺严格保密，公司的对外开放也极其有限。然而，今年年初普拉达公司为了与LG电子公司开展"普拉达手机"项目合作，首次向韩国记者全面开放，这是**破天荒**的事情，显示出普拉达公司对普拉达手机的偏爱。
196	井然有序	작업대 위와 벽면에는 수백 가지 연장과 도구가 **켜켜이** 놓여있었다.	数百件工具摆放在作业台上，或挂在墙壁上，一切**井然有序**。
		중국이나 일본이라면 그다지 이상하지 않았을 것이나 조선이나 고려의 다른 궁궐에 비할 때 경복궁은 매우 **정연한** 구성을 지니고 있었다.	景福宫的结构很规整，如果在中国和日本这并没什么奇怪，但与朝鲜王朝和高丽王朝的其他宫殿相比，景福宫的结构确实可以称得上非常**井然有序**,
		이는 중국의 마을이 **질서 정연한** 가로 체계를 중심으로 각각의 집이 밀집해 **빽빽이** 들어차고, 각각의 길은 건물의 벽에 의해 형성되는 점과 차이를 보인다.	韩国根据建筑物的围墙形成各自道路，中国的村庄则是以**井然有序**的纵横体系为中心，分别建起密集的住宅群，二者的方式有所不同。
197	呕心沥血	강효가 음악감독을 맡아 **금이야 옥이야** 키워온 세종솔로이스츠는 2005년 창립 10주년을 맞이했다.	世宗独奏家合奏团是由姜孝亲任音乐总监并**呕心沥血**、一手扶植的乐团。

NO	成语	韩语句子/不对应之词或词组	汉语句子/*汉语成语
		백제 제30대 왕인 무왕(武王 재위 600-641)대에 세워진 미륵사는 무왕이 **심혈을 기울여** 창건한 국가적인 사찰이다.	弥勒寺建于百济第三代王武王(600~641年在位)时代，是武王**呕心沥血**创建的一座国家级寺院。
		미륵사는 무왕이 **심혈을 기울여** 건립한 호국사찰이며 국가적인 사찰이었다.	弥勒寺是百济武王**呕心沥血**建立的护国寺院，也是一座国家级寺院。
198	恋恋不舍	영국의 해군 교관들은 **아쉽게** 중도에 본국으로 돌아가야 했지만 그들과 같은 시기에 이 섬에 들어온 영국 성공회는 다행히 자리를 잘 잡았다.	英国海军教官们**恋恋不舍**地返回了英国，但与他们一起进驻江华岛的圣公会教堂却幸运地保留了下来。
		월하정인(月下情人) 규범을 넘어선 **애틋한** 사랑과 이별	《月下情人》超越规范的爱情和**恋恋不舍**的离别
		그 시조의 내용은 연인이 서로 만나 하룻밤을 함께 보낸 후에도 **아직 아쉬움이 남았지만**, 새벽이 밝아오니 남자는 떠나야만 하고, 여자는 언제 다시 재회할 수 있을지를 묻는다는 것이다.	时调的内容是一对恋人相见，一起度过了一个晚上后仍然**恋恋不舍**，此时天色快亮，男子要走了，女子问他何时还能相见。
199	炉火纯青	발레리나로는 '환갑'일 수 있는 불혹을 훌쩍 넘긴 나이에도 오히려 **절정의** 기량을 뽐내고 있는 것이다.	作为芭蕾舞女演员来说，年愈不惑算得上是"花甲"高龄了，她却仍在挥洒着**炉火纯青**的技艺。
		하지만 탄탄한 시나리오와 높은 **기술력**과 작화 실력, 그리고 애니메이션 제작사와 실사영화사의 공동기획이 가져온 획기적 시너지 효과는 아동용 애니메이션 제작에 머물렀던 한국 애니메이션 산업의 새로운 시작을 알리기에 부족함이 없어 보인다.	但是，无可挑剔的脚本、高超的技术能力、**炉火纯青**的绘画实力、动画公司和电影制作公司共同策划带来的前所未有的扩大效应，都在毫无保留地宣告着：韩国动画产业结束了只有儿童动画的时代，站在了新的起点之上。
		등을 보이고 앉아있는 두 명의 인물을 그린 전형적인 박수근식 인물 표현 기법을 보여 주는 것으로 조밀한 마티에르는 박수근의 특유의 기법이 **절정에 이르렀음을** 알 수 있게 한다.	只能看到画中两个人物的背影，这是典型的朴寿根式的人物表现手法，色调层次细密，足见其特别的绘画技法已经达到**炉火纯青**的地步。
200	鳞次栉比	그러니 장동 너른 동네에 **무수한** 집들이 있었겠으나 정선과 이병연에게는 북악산 아래에 있는 이병연의 집과 그 건너 인왕산 아래 정선의 집만 있으면 되었다.	对李秉渊和郑善来说，无论壮洞宽广开阔的地界上有多少**鳞次栉比**的房屋，只要有北岳山下李家和仁王山下郑家两处足矣。
		백양사의 역사만큼이나 오래된 나무들이 길 양쪽으로 **즐비하게 이어지고**, 왼쪽으로는 맑은 물줄기가 끊임없이 흘	路边的古木**鳞次栉比**，这些古木的历史和白羊寺几乎一样久远。山路左侧一条清溪潺潺流动，终年不绝。

NO	成语	韩语句子/不对应之词或词组	汉语句子/*汉语成语
		러내린다.	
		다랭이논은 가파른 산을 따라 **촘촘히** 들어선 계단식 논을 말한다.	这种梯田是沿陡坡开垦的阶梯式水田，**鳞次栉比**。
201	家喻户晓	팝 앨범이라고 선언하고 한국인**이라면 누구나 알고 있는** 명곡들을 불렀지만, 여전히 재즈에 가까웠다.	虽然专辑灌录了韩国人**家喻户晓**的韩语金曲，但曲风依然更接近于爵士乐。
		춘천은 한국사람이면 **누구나 좋아하는** 닭갈비(鷄肋)와 막국수의 본고장으로도 유명하다.	春川作为韩国人特别钟爱的烤鸡排和荞麦面的原产地而家喻户晓。
		올해 내한한 외국의 무용 단체들 중 가장 많은 관심을 끌었던 독일 슈투트가르트 발레단의 주역 무용수 강수진은 한국뿐 아니라 세계 무대에서도 그 **이름이 잘 알려져 있다.**	今年来韩公演的国外舞蹈团中最引人注目的要数德国斯图加特芭蕾舞团。该舞蹈团首席芭蕾舞演员姜秀珍不但在韩国**家喻户晓**，而且蜚声世界舞坛。
202	家家户户	한국에서는 **집집마다** 대대로 물려받아 지니고 있는 떡살이 있다.	在韩国，**家家户户**都有世代相传的打糕模子，
		집집마다 입맛대로 갓김치를 담가 먹고 농협협동조합이나 판매 회사에서 대량으로 담가 팔기도 한다.	丽水人**家家户户**腌制酸辣芥菜供自家食用；也有农协协同组合或私人企业大量腌制，对外销售。
		중국의 큰 명절인 춘절(春節 음력 1월 1일)과 원소절(元宵節 음력 1월 15일) 사이의 15일 동안 차이나타운은 온통 축제 분위기였으며, **집집마다** 복을 기원하는 글을 빨간 종이에 써서 붙이고 색 등을 내걸었다.	在中国最盛大的节日春节和元宵节这十五天内，中国城到处都洋溢着节日的气氛，**家家户户**都贴上了祈福的春联，挂上了彩灯。
203	明争暗斗	며칠 동안의 **실랑이** 끝에 드디어 여자가 몸을 허락하겠다는 신호를 보내왔다.	经过几天的"**明争暗斗**"，女子终于发出一个信号将身体许给男子，
		아내와 장인에게 무진이 휴식을 뜻하는 곳이라면, 서울은 **투쟁**으로 얼룩진 피로의 공간임을 암시한다.	对妻子和岳父来说，如果雾津是一个意味着休息的地方，那么汉城则是充满**明争暗斗**、令人疲于应对的空间。
204	乐此不疲	그래도 그때는 지칠 줄 모르고 좋은 재료 찾기를 **게을리 하지 않았죠.**	尽管如此，那时候根本不知道什么是累，整天为寻找好材料而**乐此不疲**。
		새 글판이 내걸리면 네티즌들은 블로그를 통해 **부지런히** 세상 속으로 퍼 나르고, 신문 칼럼의 주제로 심심치 않게 등장했다.	一有新的广告文案出现，网民们就会**乐此不疲**地通过博客与世界分享，而且它有时还会成为报纸专栏的主题。

NO	成语	韩语句子/不对应之词或词组	汉语句子/*汉语成语
205	其乐无穷	그러다 스토리가 풀리는 순간, 그 **느낌은 말로 다할 수 없다**.	有时截止时间快到了也编不成故事，这时创意一来，**其乐无穷**。
		만화 창작이란 그렇게 **재미난 거다**.	漫画创作就是这样**其乐无穷**。
206	千变万化	기법에 따라 표현 영역도 **한계가 없죠**.	其艺术表现范围也没有局限，因技法而**千变万化**。
		앞서간 모든 이들과 우리 자신을 위한 진혼무인 이 춤은 즉흥성을 가장 많이 살려내면서 때와 곳에 따라 **천변만화하는** 진정한 자아의 존재를 그대로 느끼게 해주기 때문이다.	因为作为一种镇魂舞，解煞舞针对的不单单是先赴黄泉的一部分灵魂，而是包括我们这些未亡人在内的所有灵魂。这种舞即兴成分很大，因时间和场所的不同而**千变万化**，能使人真正感觉到自我的存在。
207	千丝万缕	현재 우리가 걷고 있는 길과 무심코 지나쳤던 구석의 작은 공간이 우리의 역사와 **결코 동떨어져 있지 않음**을 이야기해 주고 있다.	书中告诉我们，现在我们正在走的道路和我们不经意经过的一个小小的空间都与我们的历史有着**千丝万缕**的联系。
		저를 두고 한국적인 디자인을 한다고들 하는데, 그건 저의 성장과정과도 **적잖은** 연관이 있어요.	很多人都说我进行的是具有韩国特色的设计，这和我的成长经历有着**千丝万缕**的联系。
208	来龙去脉	석탑의 사리봉안 **내력**을 적은 봉안기가 발견되었고 여기에서 기해년(639년)의 명문이 발견되어 7세기 미륵사 창건설이 사실로 입증되었다.	记载石塔舍利奉安**来龙去脉**的奉安记被发现，上面写有己亥年(639年)的铭文，弥勒寺7世纪创建说因而得到了验证。
		보물들이 보존되는 것은 다행스러운 일이지만 대형 박물관에서 이들은 그저 이야기가 결여된, 다른 것들과 다름없는 유물일 뿐이다.	虽说这样做使宝物得到了妥善保管，也是一件好事，但是在大型博物馆里这些宝物就成了没有**来龙去脉**的、和其他文物没什么不同的文物了。
209	寥寥无几	그러나 성공은 **드물었다**.	但迄今为止，成功的例子**寥寥无几**。
		즉 역사적 사실의 측면에서는 1930년도 이후 최승희, 조택원, 송범, 그리고 박외선 같은 이들에 의한 서구 현대춤(독일 노이에탄즈 계열)의 수용이 있었으나 그것에 근원적인 가치를 두고 조직적인 활동을 전재한 이들은 **드물었고**, 동시에 일제 식민문화의 지배, 동족상쟁과 같은 어려운 역사적 시기의 경험, 그리고 사회의 전체적인 현대화 기운의 부족으로 인해 현대춤이 공인될 예술 장르와 제도로 정착될 형편은 못되었다는 것이다.	他谈到，从历史的角度看，30年代以后西方现代舞蹈通过崔承喜、赵泽元、宋范以及朴外仙等人介绍到韩国，但真正以此为基础有组织地开展活动的人却**寥寥无几**，而且当时日本帝国主义的殖民文化统治整个韩国，"六二五"战争(1950-1953)又带来同族相残的痛苦，因此整个社会缺乏现代化气息。在这样的环境下，现代舞蹈所需的艺术题材以及制度很难在韩国扎根。

NO	成语	韩语句子/不对应之词或词组	汉语句子/*汉语成语
210	**了如指掌**	30여 년간 도편수로서 경복궁 외에도 덕수궁(德壽宮) 창덕궁(昌德宮) 창경궁(昌慶宮) 등 조선 궁궐들을 제집 드나들 듯해 궁궐을 그만큼 속속들이 **알고 있는** 사람은 드물다.	作为有三十多年工作资历的木工工长，除景福宫外，他对德寿宫、昌德宫、昌庆宫等朝鲜王宫的各个角落无不**了如指掌**。
		팔십까지 물질을 한 그녀의 눈엔 바다의 전복 소라 미역의 집들이 **다 보인다.** "제주도 고향 동복리, 일본 남쪽 가고시마, 쓰시마, 에히메, 미에 등 일본 열도를 누빈 왕년의 상군 해녀이므로."	当年作为资深海女，她不但对故乡济州岛东福里的海域**了如指掌**，还遍游过日本列岛，先后在日本南部的鹿儿岛、对马岛、爱媛和三重等地工作。
211	**令人神往**	동강이나 아우라지에 비해서는 덜 알려졌지만, 정선 사람들에게는 오히려 화암굴과 화암약수, 몰운대가 더 **유명하다.**	虽然不像东江和阿乌拉吉那样声名远播，但对于旌善本地人来说，画岩窟、画岩药水和没云台才是**令人神往**的去处。
		'땅끝'이라는 그 드라마틱한 위상에 **마음이 끌리기** 때문인 것 같다.	也许是因为"地末"这个戏剧性的概念**令人神往**。
212	**前无古人**	가네다 투수의 400승 기록 또한 **지금까지는** 물론이고 앞으로도 깨기 어렵다고 일컬어지는 **대기록이다.**	他还打出过五百零四个本垒打，是一名能力极强的击球手。投手金田正一的四百场胜利记录更称得上是"**前无古人，后无来者**"。
		그 해에 이창호도 국내의 작은 기전에서 우승했는데 14세 때 프로기전에서 우승한 이 **기록**은 앞으로도 영영 깨지기 힘든 것이다.	同年，十四岁的李昌镐也在国内获得了一项职业棋赛冠军，创造了**前无古人**、难有来者的记录。
213	**立足之地**	그런데 우리의 주거문화가 단독주택에서 아파트로 바뀌면서 천연 재료만으로 만든 화각이 **설 자리도** 점점 **없어진다**고 한다.	然而，随着韩国的住宅文化从单独住宅向公寓楼转变，完全采用天然材料制作的牛角画也渐渐变得没有**立足之地**。
		그러나 화학염료가 외부로부터 도입되면서 생산성의 향상에 초점을 맞춰 육성시킴에 따라 과거 염료의 무독성과 색상의 화려함을 자랑했던 천연염색은 **설자리를 잃고** 표류하게 되었다.	但是，随着盲目引进的化学染料在我们生活中落脚，以无毒和华丽色彩而自豪的天然染色逐渐失去了**立足之地**，受到冷落。
214	**经久不衰**	한국 문화가 '한류'라는 이름으로 외국, 특히 아시아권에서 인기를 **계속해 이어가고 있다.**	韩国文化化身"韩流"，在以亚洲国家为代表的海外地区享有**经久不衰**的人气。
		이원복의 만화가 높은 인기를 누리며 **장수하는** 것은 재미도 있지만 독자들이 만화를 읽는 것만으로 쉽게 교양과 정	"李元馥的漫""之所以如此吸引人并且**经久不衰**，究其原因，除了漫""的趣味性之外，还有他的漫""可使读者

NO	成语	韩语句子/不对应之词或词组	汉语句子/*汉语成语
		보를 배울 수 있기 때문이다.	受到教育，学到知识。"
215	屡见不鲜	서울의 잠실(蠶室)이나 인천(仁川)의 문학구장(文鶴球場)에서도 **자주 목격된다**.	在首尔的蚕室球场和仁川的文鹤球场里也**屡见不鲜**;
		그 다음이 명문 귀족이지만 제 아무리 현재 높은 지위에 있다 할지라도, 왕릉 택지로 결정되면 수십 기나 수백 기에 이르는 조상 묘를 하루아침에 이장해야 하는 경우도 **허다했다**.	但是不管名门贵族的地位有多高，一旦家里的墓地被选为王陵的择地，一天的工夫数十座甚至数百座先祖的坟墓都要移葬，这种情况**屡见不鲜**。
216	精疲力尽	아니면 오랜 비행시간과 시차로 인한 **피로** 때문일 수도 있다.	又或许是因为长时间飞行和时差让我**精疲力尽**。
217	精雕细琢	옥석을 가려낸다는 말이 있지만 저는 돌도 **잘 다듬으면** 보석이 될 수 있다고 생각해요.	玉不琢，不成器。我觉得，只要**精雕细琢**，顽石也能变成宝。
		거친 표면은 다이아몬드로 **다듬어낸다**.	他在粗糙的表面用金刚石砂纸**精雕细琢**。
218	名目繁多	종가에서 이렇게 가짓수 많은 술을 빚어야 했던 건 **수많은** 제사와 찾아오는 손님 때문이다.	宗家之所以要酿这么多种类的酒，是因为他们要举行各种**名目繁多**的祭祀活动、招待大批客人。
219	惊涛骇浪	역사의 고비마다 **험난한 파도**에 부대끼며 단련된 강화 사람들의 정신세계가 그러하기 때문이리라.	江华人经历了每一个历史关口的**惊涛骇浪**，磨炼出了如此的精神世界。
220	津津乐道	한국에서 그녀의 다큐멘터리가 방영됐을 때 공개된 문드러진 발가락 사진은, 성공한 예술가의 상징으로 지금도 많은 사람들의 **이름에 오르내리고 있다.**	韩国国内放映的有关她艺术生涯的专题片中有她的双脚照片，照片上那双伤痕累累的脚从此成为成功艺术家的象征，直到现在都为很多人**津津乐道**。
		이 과정에서 역사관에 혼동을 준다는 논란도 있었으나, 시청자들은 극의 재미에 **쉽게 빠져들었다**.	尽管有争论认为这会造成历史真实性的扭曲，观众却为该剧的趣味性而**津津乐道**。
221	每况愈下	아버지가 돌아가신 후 가정 형편이 **어려워지자** 그녀의 어머니는 식구들을 이끌고 서울에 올라왔다.	父亲去世后，家境**每况愈下**，母亲万般无奈，带领儿女辗转来到首尔。
		토지개혁 이후 집안 형편이 **기울게 되었고**, 권씨는 공부를 위해 어린 나이에 서울로 올라갔다.	土地改革以后，权家**每况愈下**，权先生小小年纪就到首尔去读书。
222	漠不关心	3월말 귀임하는 오사와 츠토무 주한일본대사관 공보문화원장은 문화원에서	日本驻韩大使馆新闻文化中心主任大泽勉在该院发行的《日本新闻》3月

NO	成语	韩语句子/*不对应之词或词组*	汉语句子/**汉语成语*
		발간하는 '일본의 새소식' 3월호에서 "한국에 **별로 관심을 보이지 않던** 중장년층 일본 여성들이 한국에 눈길을 돌린 것은 매우 의미가 크다"면서도 "한국의 유명 남자배우의 방일 때 마다 수천명의 중장년 여성들이 공항에 몰려드는 광경은 그리 오래가지 않을 것이다.	号上表示，"过去对韩国**漠不关心**的日本中年妇女将注意力转向韩国的现象，具有重要意义。但是，韩国男演员访问日本时有数千名中年妇女涌向机场的场景不会持续很久。
		안무 및 연출자 고이케 히로시는 전문적 무용기교에 대해서 **무관심하게** 보이지만 특별한 활력적 동작을 찾아내는 방식에서 일본의 부토(Butoh) 무용가들을 계승했다.	小池博史任编舞兼导演，虽然表面上对专业性舞蹈技巧显得**漠不关心**，但其极具活力的动作方式却继承着日本"舞踏"艺术家的传统。
223	名闻遐迩	11개의 낮은 산에 둘러싸여 있고 유성온천으로도 **유명하지만** 오늘날은 교육과 연구 도시로서의 이미지가 더 강하다.	大田四周环绕着十一座低矮的山，并因儒城温泉而**名闻遐迩**。不过时至今日，大田更为突出的功能定位是教育和研究之城。
		한국 제2의 도시이자, 한국 제1의 항구 도시 부산은 21세기로 접어들며 '영화의 도시'로 **알려졌다**.	釜山是韩国的第二大城市，第一大港口城市。跨入21世纪之后，这座城市以"电影之都"**名闻遐迩**。
224	另眼相看	발을 잘 엮기로 소문났던 부친, 조부의 솜씨를 그대로 이어받은 조대용 선생이 어렸을 적부터 항상 봐오던 대나무를 **다른 눈으로 보기** 시작한 것은 1971년, 막 20살이 되던 해였다.	父亲和祖父编制竹帘的手艺远近闻名，赵大用先生完全继承了他们的手艺。从小就习以为常的竹子突然有一天开始让他**另眼相看**。那是1971年，他刚满二十岁，
		제자들의 작품에 칭찬은커녕 추상같은 호령으로 혹평해서 오금이 저리게 했던 김재환 장인은 막내제자 김영희를 **눈 여겨 보기** 시작했고 어느 날부터인가 끊임없이 숙제를 냈다고 한다.	金在焕对其弟子要求极严，很少表扬弟子的作品，经常严如秋霜，弟子们也总是战战兢兢。有一天，金在焕对其关门弟子**另眼相看**，加大了他的作业量。
225	鞠躬尽瘁	그는 자서전 《비단꽃 넘세》에서 "평생 **뼈가 빠지고 몸이 해지게** 남의 일을 돌보고 다른 이의 복을 빌어 주어도 정작 변변히 인정받지 못하는 것이 무당의 운명"이라고 했다.	她在自传《超越绸缎花》中如此写道："一生**鞠躬尽瘁**拼命地为别人的事情操劳，为别人祈福，而自己却没有被众人接受和肯定，这就是巫堂的命运。
		그는 뇌물을 받지 않고 백성의 고통을 덜어주기 위해 **자신의 최선을 다한** 청백리로 잘 알려져 있다.	他从不收受贿赂，为减少百姓疾苦**鞠躬尽瘁**，是韩国历史上一位著名的清官。
226	墨守成规	가끔 기성품의 형태를 빌려오기도 하지만, 거기에 **손길을 묻혀서** 희귀한 예	偶而也会借用现成品的形态，但无意**墨守成规**，仅仅制成稀贵的艺术品，

NO	成语	韩语句子/不对应之词或词组	汉语句子/*汉语成语
		술품을 만드는 것엔 관심이 없습니다.	
		암암리는 중국의 공맹 정신과 주자학에 근거한 자연관과 **묵수주의를** 여과 없이 받아들여 한국의 산수화에 접목했기 때문입니다."	原因在于，对于中国基于孔孟之道和朱子哲学的自然观及**墨守成规**，韩国不加过滤，全盘吸收，并将其运用于山水画技法。
227	绝无仅有	소설가 박종화(朴鍾和)는 무교탕반의 맛에 대해 "이 집의 장국밥은 양지머리만 삶아도 맛이 좋은데, 유통(젖통이고기)을 넣어주고 갖가지 양념으로 고명을 한 산적을 뜨끈뜨끈하게 구워서 넣어주니 유통과 산적 맛이 서로 어울려 천하진미가 **따로 없다.**"고 회고했다.	小说家朴钟和在回忆"武桥汤饭"的味道时说："这家的酱汤饭即使只有煮牛胸骨肉味道就已经很好了，另外在汤饭中还要放入乳部肉，再把用各种调料腌制好的肉串烤好后放进去，那乳部肉和肉串的味道融合在一起相得益彰，简直就是天下**绝无仅有**的美味。
		현대에도 책 표지에 금박을 입히는 경우는 가끔 있지만, 책의 내용까지 금과 은으로 이루어진 책은 **세상에 거의 없다.**	现代虽然也有为书的封面镶嵌金箔的，但是内容也用金银书写的书却是**绝无仅有**的。
228	情投意合	가까이 있는 사람과 마음이 통하지 않을수록 멀리 있는 사람과의 **교감이 애틋해진다.**	越是无法与近在眼前的人心意相通，就越是与远方的人**情投意合**。
		그 틈을 피해가며 절묘한 작품을 만들어 낼 땐, 옥과 나의 **호흡이 착착 맞아떨어지는 게** 느껴져요.	避开裂缝，创作出绝妙的作品时，就会有种玉石和我**情投意合**的快感。
229	举足轻重	그녀가 1975년에 창단한 컨템퍼러리 무용단의 역할은 **괄목할 만한데,** 1990년의 창단 15주년기념사는 스스로를 다음과 같이 평가한다.	1975年，陆完顺一手创办了韩国现代舞蹈团，为韩国现代舞蹈的发展起到了**举足轻重**的作用。1990年，在建团十五周年的纪念讲话中，她如此评价自己的舞蹈团：
		서울연극제가 신작 창작극만을 대상으로 했던 것이나 지원예산 항목에 늘 극작가의 작품료 지원 항목이 **우선이었던** 것들은 모두 이러한 창작극 개발과 지원이라는 이 연극제의 설립목적이 있었기 때문이다.	最早几届首尔戏剧节只上演新编戏剧，并且，剧作家的稿费在各项扶助预算中一直占有**举足轻重**的地位。出现这种现象的原因是戏剧节的举办目的在于创作和扶持原创戏剧。
230	刻不容缓	보존 상황	保护**刻不容缓**
		2010년 공주대 산학협력단이 발표한 연구 결과를 보면 반구대 암각화 표면의 24%가 훼손되었으며 최대 깊이 3~4㎜까지 풍화가 진행된 것으로 나타나 보존이 **시급한 상황이다.**	2010年，公州大学产学协力团发表的研究报告表明，盘龟台岩画表面24%已遭损毁。最严重的地方出现了三至四毫米深的风化现象，保护问题**刻不容缓**！

NO	成语	韩语句子/不对应之词或词组	汉语句子/*汉语成语
231	趋之若鹜	그의 명성을 듣고 화살을 구하고자 하는 사람들이 전국에 **넘쳐났다**.	全国上下慕名而来购箭的人**趋之若鹜**。
		순천만은 조간대 염습지(Intertidal marshes), 갈대밭 이외에도 순천만자연생태관, 시민천문대, 철새관찰용 CCTV, 갈대밭탐방로, 용산전망대, 갯벌관찰대 등 볼거리와 편의시설이 제공되고 있어 생태관광지로 매우 각광받고 있다.	顺天湾以生态观光闻名，人们**趋之若鹜**。顺天湾有潮间带盐湿地和芦苇，还有顺天湾自然生态馆、市民天文台、候鸟监视设备、芦苇探访小道、龙山观景台、海滩观察区等景点和服务设施。
232	难以言表	이들의 기쁨은 **대단했다**.	他们的喜悦**难以言表**。
		하찮은 풀이 뭔가로 만들어졌을 때의 감흥은 **이루 말할 수가 없어**."	用不起眼的莞草编织出东西的时候，那种兴奋**难以言表**。
233	全军覆没	몇몇 나라에서 시도를 했지만 **모두 실패했다**고 한다.	韩国人也曾试图在其他几个国家推广，却**全军覆没**了。
		실제로 강화도 방어군은 거의 **전멸하였으며** 진지들은 초토화되었다.	事实上江华岛守军几乎**全军覆没**，所有军事要塞均化为焦土。
234	义不容辞	그녀가 일본인 관광객들에게 일제 침략이 남긴 부끄러운 역사를 잊지 않고 들려주는 까닭이다.	正因如此，她才觉得对日本游客客观讲述这段不堪回首的侵略历史真相是**义不容辞**的责任。
		게다가 이제 그러한 노년의 삶이 예외적인 개인적 삶이 아니라 우리 시대의 보편적인 삶의 위상을 확보하게 되었다는 현실까지를 감안하면 노년에 대한 탐구, 그 중에서도 인간학을 지향하는 문학적 탐구의 의미는 더욱 각별하다고 **하지 않을 수 없다**.	而如今，这种老年人的生活已不再是和我们无关的个别现象，而是我们这个时代普遍的生活景象，因此对老年生活的探索和研究，特别是被称为人学的文学对这一现象加以关注更是**义不容辞**的责任。
235	专心致志	예술 자기는 단 한 점을 건져내기 위해 몇 달이고 작업**에 집중하지만**, 생활 자기는 대량생산을 염두에 두어야 하기 때문에 작품을 완성한 뒤에도 여러 가지 고려해야 할 점이 많아요.	为了制作一件艺术陶瓷，可以**专心致志**地花上几个月。但生活陶瓷则必须考虑到大量生产。因此，作品在完成之后仍要顾及各种问题。
		누비옷을 만들려면 마음을 비우고 **하나하나에 정성을 들여야 하니** 정서함양에 많은 도움이 되지요.	制作绗缝衣，首先要摒弃杂念，**专心致志**，不放过任何细节。
236	惴惴不安	나는 **두려운 마음을 안고**, 서울로《올라갔다》.	我怀着**惴惴不安**的心情去了首尔。
		어쩌다 그 물건을 집에 두고 나오면 하	要是不小心把手机忘在了家里，机主

NO	成语	韩语句子/不对应之词或词组	汉语句子/*汉语成语
		루 종일 **불안하고**, 때로 업무에 중대한 차질이 생기기도 한다.	整天都会**惴惴不安**, 有时还会对工作造成重大失误。
237	议论纷纷	부산갈매기들이 **와글와글하기** 시작한다.	釜山海鸥们已经开始议论纷纷。
		만봉 스님은 느닷없이 찾아온 노랑 머리, 파란 눈의 사내를 제자로 받아 주었다.	万奉大师同意收这个金发碧眼的年轻人为徒, 然而大师门下的几名弟子却是**议论纷纷**
238	震撼人心	전쟁의 소용돌이 속에서 군중들이 죽어간다고 쓰러지며 노래하는 '비처럼 내리는 불길(Raining Fire)'이나 전선으로 향하는 주인공이 등장인물들과 함께 부르는 1막의 마지막 노래인 '들리나요?(Can you hear me?)'는 음악 때문에 더욱 **뭉클해지는 감동적인** 장면들을 만들어냈다.	在激烈的战争中, 行将死去的人们一边倒下, 一边高歌一曲《火雨》；主人公准备奔赴战场, 与在场人物一道吟唱第一幕最后一曲《你听得到我吗?》。 正是因为这些音乐, 才营造出更为**震撼人心**的动人场面。
239	衣食住行	천연염료는 섬유 염색뿐 아니라 사람의 생활과 관련된 **의**(衣), **식**(食), **주**(住) 등 여러 곳에 활용이 가능하다.	天然染料不仅可以用于纺织品染色, 还可以用于与人们生活相关的**衣食住行**及医疗各方面。
		옛 사람들의 **의식주**, 풍속, 신앙, 직업, 공예와 예술 활동 등을 소상하게 엿볼 수 있다.	在这里人们可以详细了解古代人的**衣食住行**、风俗、信仰、职业、工艺和艺术活动等情况。
240	依然如故	사법시험 전문학원이 몰려 있는 신림동은 동네 전체가 사법시험 수험생을 위주로 돌아가는 반면, 노량진은 학원부터 서점, 고시원 등 주변 상권이 모두 공무원시험을 준비하는 수험생들의 사이클에 맞춰진다.	虽然最近新林洞考试村正在尝试扩大其领域, 将公务员考试及其他考试也吸纳进来, 但两处考试村各自的特色**依然如故**。
		20년이 지난 오늘날에도 자동차의 왕래가 늘어난 것 말고는 이곳의 풍경이 **그때와 다르지 않았다**.	二十年后的今天, 除了来往车流量增加外, 风景**依然如故**。
241	依山傍水	**산과 강을 모두 아우르고 있어서** 자연풍광이 아름답고, 교통이 편리하며, 근사한 카페와 숙박업소, 음식점 등의 편의시설이 잘 갖춰져 있다.	这里**依山傍水**, 景色宜人, 交通便利, 还有各种餐饮、住宿、咖啡屋及其他服务设施一应俱全。
		전라남도의 동남쪽, 소백산맥(小白山脉)의 끝자락에 자리잡은 순천은 바다를 끼고 있어 삼면이 산으로 둘러싸인 형세를 하고 있다.	它南面邻海, 三面环山, **依山傍水**。
242	婀娜多姿	피겨 스케이팅 선수로서는 체격이 큰	作为一名花样滑冰运动员, 她的身材

NO	成语	韩语句子/不对应之词或词组	汉语句子/*汉语成语
		편이지만 그녀의 동작은 **우아한** 날갯짓을 하는 한 마리의 종달새다.	略微偏高，但她的动作却如同一只挥动翅膀的云雀**婀娜多姿**。
		몸체 전면에는 둔덕 진 섬 위에 **굴곡을 이루며** 서 있는 버드나무를 좌, 우면 대칭되게 한 그루씩 배치하였다.	表面绘有一座地势起伏的小岛，两棵垂柳一左一右立在岛上，**婀娜多姿**。
243	一望无际	"바다에서 육지로 깊숙이 들어와 있는 내만의 갈대밭 위로 겨울철이면 흑두루미를 비롯한 수많은 철새가 군무를 펼치고 있어 순천만을 '갈대의 낙원', '흑두루미의 고향'이라고 부른다."	"裸露的黑色滩涂延伸海边，**一望无际**。一到秋天，黑仙鹤等众多候鸟在顺天湾翩翩起舞。因此，顺天湾也被称为"芦苇的家园"、"黑仙鹤的故乡"。
		모래밭에 펼쳐진 비치 파라솔이 도무지 **끝이 안 보이더라고요**.	支在沙滩上的遮阳伞**一望无际**。
244	一丝不苟	사경이 부처님 말씀을 옮기는 행위이기 때문에 사경 제작에도 **흐트러짐이 없는** 엄격한 신앙 의식이 따랐다.	誊写经文是传达佛祖的教诲，因此写经的制作过程带有**一丝不苟**的严谨的宗教仪式意识，
		이런 기록에 나타나는 그는 자신의 임무 수행에 있어 **한 치의 빈틈도 없는** 책임감 강하고 스스로에 엄격한 군인이었다.	这些记录显示了他是一名具有高度的责任感、对完成自己的任务**一丝不苟**、对自身要求严格的军人。
245	杂乱无章	정오를 "크레파스를 마구 분질러놓은 것처럼 빛들이 화사하게 튀며 **서로 엉킨다**"라고 표현하는 감각적인 언어는 그러한 발견을 눈부시게 한다.	把正午的光线描写成"光线如同折断的一堆蜡笔灿烂而**杂乱无章**"，类似这样的感性化语言使作家的发现更显耀眼。
		나야 **오만 가지** 소스에서 열어놓고 뭐든 쓰는 사람이니까.	我嘛，总是从**杂乱无章**的素材中挑出点什么来写，
246	一应俱全	산과 강을 모두 아우르고 있어서 자연 풍광이 아름답고, 교통이 편리하며, 근사한 카페와 숙박업소, 음식점 등의 편의시설이 **잘 갖춰져 있다.**	这里依山傍水，景色宜人，交通便利，还有各种餐饮、住宿、咖啡屋及其他服务设施**一应俱全**。
		한국에서는 유일하게 내국인 출입이 가능한 카지노 단지인 이곳은 카지노뿐만 아니라 골프장과 스키장, 호텔도 **갖추고 있어** 가족형 종합 휴양지 노릇을 톡톡히 하고 있다.	这里是韩国惟一允许本国人出入的赌场区，此外，高尔夫球场、滑雪场、酒店**一应俱全**，已成为名副其实的综合型家庭休闲场所。
247	杞人忧天	김연아의 걱정은 **기우에 불과했다**.	金妍儿的担心不过是**杞人忧天**。
		밀레니엄을 맞으면서 시작됐던 '8888577'은 부산갈매기들의 **한낮 기우일까**	担心新千年伊始时"8、8、8、8、5、7、7"的恶梦会再次上演。这究竟是

NO	成语	韩语句子/不对应之词或词组	汉语句子/*汉语成语
		아니면 트라우마일까.	釜山海鸥们的**杞人忧天**，还是他们心头无法治愈的永久创伤？
248	**桀骜不驯**	이처럼 더 이상 줄일 수 없는 최소한의 간략한 필치와 난폭할 정도로 변화가 심하고 **분방한** 필세는 기교를 부릴 여유도 없이 눈 깜짝할 사이에 그려낸 것 같으면서도 형상과 작가의 뜻이 하나가 되어 있어 더욱 깊은 감동을 준다.	这种疏简章略的笔法和变化莫测、**桀骜不驯**的画法看似未使用任何技巧瞬间完成，而形象却与作家的意志浑然一体，给人的感动更加深远。
		제주도가 좋아 아내와 함께 제주도로 이사해와 한림읍 저지문화예술인마을에 갤러리 노리(gallery Nori)를 연 화가 이명복(李明福) 씨의 '제주마'는 **길들여지지 않는 사나운** 사람의 초상화처럼 보였다.	画家李明福因为喜欢济州岛，和妻子一起把家也搬到了这里，他们在翰林邑楮旨文化艺术人村开了一家"露里画廊"。李明福画的"济州马"看起来像一个**桀骜不驯**的人的肖像画。
249	**一决雌雄**	수입 명품과의 진검승부	"誓与进口家具**一决雌雄**"
		2007년 말, 해외 명품 가게가 즐비한 서울 청담동 고급 상점 거리에 '내촌목공소 갤러리'를 연 것은 '**제대로 진검승부하자**'는 생각에서였다.	2007年底，出于与国际品牌**一决雌雄**的考虑，在世界名牌商店林立的首尔特别市清潭洞商业街开设了《内村木工坊》。
250	**一举两得**	그러니 대신들도 풍수에 대해 남다르게 열심히 공부해 자신의 입신양명과 후손 발복, **두 마리 토끼를 함께 잡았다.**	因此，大臣们也都特别认真地学习风水，他们希望能够**一举两得**，一方面使自己立身扬名，一方面为子孙纳福。
		칼집을 넣어주면 오징어 요리를 더 화려하게 만들어주는 **부수** 효과도 얻을 수 있다.	这样做出的鱿鱼料理看起来更加美观、华丽，会收到**一举两得**的效果。
251	**一来二去**	**그러다 보니** 그림 그리는 친구들과 어울리게 됐고 그리는 흥내도 내게 됐다.	**一来二去**，我就和一些画画的朋友走到了一起，自己也开始学着画。
		어느새 사람들은 그를 '한국 여행광'으로 불렀다.	**一来二去**，人们送给他"韩国旅游狂"的绰号。
252	**一飞冲天**	**하늘을 날고** 우주를 넘나들며 지구를 침략한 우주인들을 멋지게 물리쳤던 사이보그가 다쳤다고 사라져야 한다는 것일까.	变型金刚曾经**一飞冲天**、翱翔宇宙、漂亮击退侵略地球的外星人，受伤后是否就应被抛弃？
		그 중 일명 '퐁퐁퐁 댄스' 동영상은 최근인기가 **하늘을 치솟은** 것 중에 하나다.	其中，有一个叫做《嘭嘭嘭!跳舞!》的视频作品就是最近人气**一飞冲天**的用户创建内容之一。
253	**一分为二**	불상을 **반으로 갈라** 둘로 나누고 그 사이	佛像从中间**一分为二**，留出空间，观众

NO	成语	韩语句子/不对应之词或词组	汉语句子/*汉语成语
		에 공간을 두어 관람객이 작품에 참여하여 내면에 감추어진 불성을 발견하고 온전하게 되는 경험을 하게 해 준다.	们可以置身于作品之中，找到隐藏在里面的佛性，从而实现作品的完整。
		한반도를 아직도 **완강하게 둘로 나누고 있는** 휴전선.	停战线至今仍把朝鲜半岛**一分为二**。
254	一模一样	인터넷에서 본 것과 **동일하게** 포장된 꽃바구니는 그때로부터 한 시간 안에 B씨의 고향집에 정확하게 도착한다.	于是，与网上看到的**一模一样**包装的花篮在他订货起一小时内便准确地送到了他父母家。
		축구공 대신 풍선을 터뜨리는 것이 달랐을 뿐, 그들의 복장과 구호는 월드컵 열기를 **고스란히 재연한 것이었다**.	除了用爆破气球代替足球之外，他们的穿戴和口号与世界杯时的情形**一模一样**，再现了举办世界杯时的狂热场面。
255	一气呵成	특히 달마의 응축된 정신세계를 온화한듯하면서 극명하게 나타낸 얼굴은 **한번에 휘갈긴 필선의** 동세를 보여주며, 동양회화의 정수인 먹그림의 초절한 힘과 함축된 조형미를 유감없이 보여 준다.	尤其是达摩的面孔看似温和而又鲜明地表现出其凝练的精神境界，体现出**一气呵成**的恢宏气势，淋漓尽致地展现出东方画的精髓、水墨画峭绝的力量和含蓄的造型美。
		한여름 폭염 속에 열이레 동안 **집중해서 그렸다**는 37점의 아크릴화와 붓글씨 및 선화(禪畵) 계열의 그림들은 아마추어의 여기(餘技)를 넘어서는 솜씨로 보는 이들의 탄성을 자아낸다.	他的三十七幅合成树脂画和毛笔书法作品、禅画系列据说是在十七天的时间里**一气呵成**的，当时正值三伏酷暑。这些作品手法娴熟，已超越了作为一个业余爱好者的水平，受到观众交口称赞。
256	昙花一现	그러나 이는 **일시적인 현**상에 불과했던 것이, 1966년도 예산이 청구액의 절반 수준으로 깎인 채, 문화예술계의 항의에도 불구하고, 추경예산에도 반영되지 않아 연간 80일 공연일자가 30일로 줄어들 수밖에 없게 되는 상황에 이르렀다.	然而，盛况犹如**昙花一现**。1966年，政府完全不顾文化艺术界的抗议，削减了预算申请额的一半，追加预算也无剧场的份。最终，国立剧场一年的演出时间不得不由八十天缩减至三十天。
		신경숙 소설이 **단발적인** 유행상품이 아니라 지속적인 예술작품으로 수용되리라는 예측을 가능하게 한다.	可以预测，申京淑的小说不是**昙花一现**的流行商品，而很可能是一部持续的艺术作品。
257	一臂之力	개인적으로 두렵기만 하던 〈탈〉 시리즈를 살펴보게 된 것이, **그의 작업을 도와준** 계기가 되었다.	从我个人的角度讲，也想助他**一臂之力**。
		또한 그는 영화진흥위원회의 영어 에디터로 활동하면서 한국 영화의 해외	此外，他还担任韩国电影振兴委员会的英语编辑，为韩国电影的海外宣传

NO	成语	韩语句子/不对应之词或词组	汉语句子/*汉语成语
		홍보를 **돕기도 한다**.	助上**一臂之力**。
258	野心勃勃	통제영학당은 사관 50명, 수병 300명을 정원으로 하고 영국의 해군 장교와 하사관을 교관으로 초빙하여 **의욕적으로** 출범했으나 이후 조선의 불안한 정정 때문에 4년 만에 문을 닫아야 했다.	统治营学堂有士官生五十名、水兵学员三百名，聘请了英国海军军官和士官担任教官。一开始，朝鲜政府**野心勃勃**，但由于朝鲜内部政治斗争和动荡，四年后学堂就关门了。
		서울에서 열리는 기존의 국제 예술제들이 대개 장르별로 나뉘어 있거나 아니면 이미 검증된 해외의 작품들을 수입, 소개하는 수준에 만족했던 사실을 상기하자면, 이는 확실히 **야심 찬** 기획이다.	以往，在首尔举行的各种国际艺术节大都按照艺术门类进行分类，或者引进、介绍一些已经得到认可的海外作品。考虑到这一点，不能不说此次艺术节确实是一次**野心勃勃**的策划。
259	质量上乘	김종대 선생의 백부 고 김정의 선생은 **빼어난 품질의** 윤도를 만든다고 소문이 자자해, 평안도함경도에 이르기까지 팔도에서 사람들이 찾아와서 사랑방에 진을 치고 윤도를 사갔다고 한다.	金钟台先生的伯父金正义先生手艺精湛，制作的罗盘因**质量上乘**而声名鹊起。人们纷纷从全国各地前来登门求购他制作的罗盘，有的甚至从遥远的平安道、咸镜道等地赶来，等着购买罗盘的人们甚至在他家里安营扎寨。
		종이 **못지않게** 인쇄에 사용한 먹에도 빼놓을 수 없는 비밀이 숨어 있었다.	由于高丽纸**质量上乘**，目前揭秘其保存千年秘诀的意义不大。
260	遥相呼应	이 계곡과 **쌍벽을 이루는** 계곡이 백운동 계곡이다.	与此**遥相呼应**的还有白云洞溪谷，它因拥有一百平方米"苦前石"而著名。
		그것은 소설의 서두에서 했던 "신호등의 적색등 녹색등이 모두 켜져 있다면 어떻게 해야 할까?"라는 질문과 **호응한다**.	这与小说开头所说的"如果红灯和绿灯同时亮着，该怎么办？"**遥相呼应**。
261	铿锵有力	중대장 교대식에 참가한 해병들은 다소 놀란 듯한 반응을 보였지만, 김 대위의 절도 있는 행동과 **힘 있는** 목소리에 압도당하고 말았다.	当时参加连长交接仪式的陆战队员多少表现出一些吃惊的反应，但最终还是被金上尉有礼有节的行为和**铿锵有力**的声音所折服。
		장인은 "힘 좋은 옹기장이의 물레는 팽팽 돌고 수레질 소리도 **빵빵 기운이 넘치는데** 나이가 들고 보니 물레가 핑그르르 돌고 수레질 소리도 터브덕 터브덕해요.	金一万说："力气好的瓮器匠轮车转得十分有力，修坯的声音也是**铿锵有力**，我的年纪大了，轮车咕噜咕噜转得没什么力气，修坯的声音也变得软弱无力。
		오봉산(779m) 자락의 아담한 계곡을 따라가는 **오솔길**의 운치가 아주 그윽하다.	**羊肠小道**顺着五峰山(七百七十九米)山麓的峡谷延伸开去，别有一番韵致。
262	羊肠小道	산 속의 **오솔길**이 두세 사람이 나란히 걸을 정도로 넓으면 마주 오는 사람들	一般来说，山上**羊肠小道**有两三个人并肩走那么宽时，就需要留意是否会

NO	成语	韩语句子/不对应之词或词组	汉语句子/*汉语成语
		과 부딪힐까 신경이 쓰일 때가 있다.	撞上对面的人。
263	载歌载舞	굿하는 내력을 보고하고, 손님 신인 영등할망을 맞아들여 제상의 음식과 **춤과 노래로** 극진히 대접합니다.	然后, 迎接灵登婆婆, 献上祭品, **载歌载舞**盛情款待。
		겨울에는 기러기와 고니, 청둥오리, 원앙 등이 화려한 자태를 뽐내며 **노래 자랑을 벌인다.**	冬天, 大雁、天鹅、绿头鸭、鸳鸯就会秀着美妙的身姿**载歌载舞**。
264	卓尔不群	강수진은 **탁월한** 호소력과 표현력으로 관객을 사로잡는 발레리나로 손꼽힌다.	姜秀珍能用**卓尔不群**的号召力和表现力牢牢抓住观众。
265	针锋相对	**다른 한 쪽에서는** "쓰라린 역사, 패배와 치욕의 역사도 우리의 소중한 역사이기에 무조건 철거할 것이 아니라 다른 곳을 옮겨 복원해 해야 한다"는 의견이 맞섰다.	也有人**针锋相对**地提出:"痛苦、屈辱的历史仍是韩国历史的重要部分, 因此不能无条件拆除它, 而应该把它移到别处再进行复原。
		그 사이 의견은 점점 제1안으로 좁혀졌지만 울산시는 물 부족 문제를 먼저 해결해 주지 않으면 댐 수위를 낮출 수 없다고 **맞섰다.**	这期间, 大家意见逐渐倾向于第一方案。但是, 蔚山市**针锋相对**地提出, 如果要降低水库的水位, 首先必须解决蔚山市的缺水问题。
266	翩翩起舞	"바다에서 육지로 깊숙이 들어와 있는 내만의 갈대밭 위로 겨울철이면 흑두루미를 비롯한 수많은 철새가 **군무를 펼치고 있어** 순천만을 '갈대의 낙원', '흑두루미의 고향'이라고 부른다."	"裸露的黑色滩涂延伸海边, 一望无际。一到秋天, 黑仙鹤等众多候鸟在顺天湾**翩翩起舞**。因此, 顺天湾也被称为""芦苇的家园"、"黑仙鹤的故乡"。
267	兴高采烈	봄이면 진달래를 꺾어 들고 **좋아하며** 집으로 돌아왔다.	春天, 我会手捧着采来的杜鹃花**兴高采烈**地回到家。
		그 뒤로는 어린 아이들이 따르는데 모두들 등에 목판을 지고 가는 것에 **신이 났다.**	再后面跟着一群年幼的孩子, 身背经版, **兴高采烈**地一路前行。
268	形形色色	해마루촌의 집들은 특색 있게 **형형색색** 이국적으로 꾸며져 있긴 하지만, 늪에서 날개짓을 하는 물새들, 벼를 베기 위해 한적한 마을 길을 오가는 주민들, 깔끔하게 정리된 길이나 목조 건물로 지어 올린 마을회관에서 영락없이 평범하고 고요한 시골 마을 풍경이 읽힌다.	这里的建筑虽然**形形色色**, 但装点得很是精巧别致, 湿地上空振翅高飞的鸟雀、来往于乡间小路上的收割水稻的村民、打扫得干干净净的街道、木结构的村民会馆……完全是一幅平凡和宁静的乡村生活景象。
		형형색색의 인공 미끼를 그린 '플래스틱 피쉬'에는 자연을 모방한 짝퉁이 진짜 자연을 잡는데 쓰이는 현실에 대한	作品《塑料鱼》呈现了**形形色色**的人工诱饵, 对现实中利用自然的仿制品去捕捉自然的现象进行了辛辣的讽

NO	成语	韩语句子/*不对应之词或词组	汉语句子/*汉语成语
		날선 비유를 담았다.	喻。
269	行云流水	산이나 바위 등의 지형, **구름과 강물**, 각종 나무들의 다양한 모습, 건물, 인물 등의 요소들이 치밀한 각선으로 장엄하게 구사된 고려 초기의 뛰어난 불교 판화다.	在这些高丽王朝初期杰出的佛教版画当中, 有奇山俊岩、**行云流水**、绿树婆娑、屋舍寺庙、风情人物等, 画面结构合理, 庄重有度。
		장인 민홍규는 이런 일련의 과정을 **한 치의 오차도 없이** 잠시의 머뭇거림 없이 일사천리로 진행해 대한민국 국새를 완성했다.	闵弘圭的所有工序稔熟于心, 整个制作过程如**行云流水**, 无一丝误差, 最终完成了大韩民国国玺的制作。
270	原汁原味	그러나 이런 자동번역기의 문장 해독 기술을 통해 한국 문학이 외국인들에게 **본래의 의미와 느낌을 유지한 채** 전달되고, 감동을 줄 수 있을까?	然而, 借助这种自动翻译机的解读技术, 真的能把韩国文学**原汁原味**地传达给外国读者, 带给他们感动吗?
		〈풍속도첩〉에 실린 25폭의 그림들에는 이 시기를 살아갔던 서민들의 소박한 가지가지 일상생활이 **고스란히** 들어 있다.	作品**原汁原味**地反映了当时平民们简朴的生活点滴。
271	眼花缭乱	다만 고아한 옛집 대신 **번잡한** 빌딩과 상업용 건물이 길에 가득하다.	只是画中典雅的古屋已不复存在, 取而代之的是满街**眼花缭乱**的高楼大厦和商业建筑。
		반복적인 일상과 허위에 길들여진 '나'가 그 완강한 껍질에 균열을 내어 삶의 심연을 들여다보는 일은 고통스럽고도 **황홀하다**.	"我"已习惯于反反复复和虚伪的日常生活, 因此在那牢不可破的外壳上敲打出裂缝, 通过裂缝窥视生活的虚空是痛苦的, 同时又是令人**眼花缭乱**的。
272	言外之意	그만큼 좋은 작품을 만나기가 쉽지 않**다는 말이다**.	**言外之意**是遇见好作品并不容易。
273	尊老爱幼	다음은 '**조상 숭배**'다.	接下来是"**尊老爱幼**"。
		이런 과정을 거쳐 '한국의 역사와 생활'이라는 기획 아래 한국 전시관은 '한국의 아름다운 자연', '한국의 전통 도예', '**조상 숭배**', '한국의 전통 혼례', '한글은 한국 문화의 자랑', '국경을 넘은 저편의 한국', '한국의 현대 미술' 등 총 7개의 주제로 구성됐다.	经过上述程序, 名为"韩国的历史与生活"的企划方案启动。韩国馆总共由七个主题构成, 包括"韩国的美丽风光"、"韩国的传统陶艺"、"**尊老爱幼**"、"韩国的传统婚礼"、"韩文: 韩国文化的骄傲"、"边境那边的韩国"、"韩国的现代美术"等。
274	置之不理	나중에 그릇을 본 친척이 신고를 했지만, 당시 담당자는 바다에서 이런 최고급의 도자기가 인양될 수가 없다며 **거**	后来, 有人看到了这些器物, 向有关部门申报。但当时的负责人认为不可能从海中打捞出珍贵瓷器, 便**置之不**

NO	成语	韩语句子/不对应之词或词组	汉语句子/*汉语成语
		들떠보지도 않았다.	理了。
		이 그릇은 인간의 인위적인 손길(touch)을 가능한 한 배제해 그릇을 구울 때 유약이 흘러내리면 흘러내리는 대로 놔두고, **옆이 터지면 그런 대로 놓아 두어** 세부적인 데에 대해 관심이 없는 한국 예술 정신을 극적으로 나타냈다.	这种粗碗把韩国匠人的艺术精神发挥到了极致，它不拘小节，最大限度地抵制人为干预，烤制过程中任由釉料流下，有破损也**置之不理**。
275	引人瞩目	합작 혹은 합동 공연에는 멕시코 세르반티노 국제예술제(Festival International Cervantino), 일본 댄스 셀렉션, 그리고 싱가포르일본타이완한국홍콩 팀이 참가한 '리틀 아시아 댄스 익스체인지 네트워크' 등이 **눈길을 끌었다**.	说到2005年的合作或联合演出，墨西哥塞万提诺国际艺术节、日本舞蹈汇演，以及由新加坡、日本、中国台湾、中国香港等团体参加的"小型亚洲舞蹈交流网络"等颇为**引人瞩目**。
		이종상은 1938년 충청남도 예산에서 태어나 서울대학교 미술대학 회화과에서 동양화를 전공하고 대한민국미술전람회 최연소 추천 작가로 화단의 **주목을 한 몸에 받으며** 화려하게 등단했다.	1938年，李钟祥出生于忠清南道礼山。1960年，他在首尔大学美术学院绘画系学习东方画。在大韩民国美术展览（这是由韩国美术协会为选拔画坛新人所主办的美术展览）上，以最年轻画家的身份入围而**引人瞩目**，由此闪亮登场于韩国画坛。
276	约定俗成	타인에 의해 주입된 방식을 거부하고 자기표현이 분명한 이들의 특성을 감안할 때, **예컨대** 남자는 파란색, 여자는 분홍색 일색이던 유아용품 색깔에도 향후 변화가 필요하며, 스포츠를 사랑하는 여성 소비자를 만족시키려면 근육질의 남성미에 초점을 맞춘 기존 스포츠용품 상업 광고도 새로운 전략이 뒷받침되어야 할 것이다.	她们拒绝接受基于他人意志的注入方式，明确表达自己的主张。考虑到这样的特点，过去那种**约定俗成**的男孩是蓝色、女孩是粉红色的婴儿用品颜色，今后也需要进行改进和变化。如果要满足喜爱运动的女性消费者的需求，过去那些针对强壮男性制作的体育用品商业广告，也需要重新制定新的战略。
		무리를 일컫는 우리말 '떼'와 노래한다는 뜻의 한자 '창(唱)'을 더한 말인 '떼창'은 **사전에는 없는 은어다**.	"齐唱"这个词在韩国的词典里并无收录，只是一个**约定俗成**的说法。
277	原原本本	아름답고 길게 여운을 남기는 조선의 수묵화나 기와와 초가지붕, 창틀, 얇고 가늘게 채를 쓰는 음식, 삼베나 무명의 결, 비단결에서 선은 **그대로** 드러난다.	无论是留下细长而美丽余韵的朝鲜水墨画，还是朝鲜传统房屋上的瓦、草屋屋顶、窗棂、使用切得薄而细的菜丝的韩国饮食，以及麻布和棉布的纹理、绸缎纹理，线条都**原原本本**地显露出来。

NO	成语	韩语句子/不对应之词或词组	汉语句子/*汉语成语
		이 CD는 새벽 산사의 예불 소리를 여러분의 거실로 청아한 원음 **그대로** 옮겨다 줄 것이다.	这张唱盘将清晨在深山寺庙里进行的佛事清雅的声音**原原本本**搬到了听者的家中。
278	足不出户	삿세 교수는 강의가 없는 날이면 **바깥출입을 하지 않고** 공부에 매진한다고 한다.	扎赛教授说自己在不上课的日子**足不出户**，潜心学问。
		수업 중에 살짝 문자를 보낼 수 있고, 집에서도 **자기 방에 앉아서** '완벽한 침묵' 속에서 친구들과 무한정 대화를 나눌 수 있다.	上课时，可以悄悄地发一个短信；在家，一边**足**不出户地保持"完美的沉默"，一边与朋友们无拘无束地谈天说地。
279	走马观花	'도시를 산책하는 가장 아름다운 방법'이라는 부제에는, 관광 명소 위주의 **겉핥기만으로는** 느낄 수 없는 숨은 아름다움을 찾아 지구 구석구석의 골목을 누벼온 저자의 취향이 드러나 있다.	该书的副标走马观花题是"在城市中散步的最美方法"，这也正表现出作者为寻找隐藏的美丽穿行于地球各处街巷的趣向，而这些隐藏的美丽是无法通过对旅游名胜**走马观花**式的观赏感受到的。
		"지금까지는 **그 껍데기만 봤지만** 이제는 좀 더 들어가 이 집에 어떠한 삶이 녹아 있는가, 그 문화를 이해하려고 할 겁니다."라고 했다.	他认为："直到今天，人们还停留在**走马观花**的阶段。从现在开始，人们将更进一步，希望了解古宅里融入了怎样的生活，了解其文化。
280	欲罢不能	한국인들이 배경만 달리 한 거듭된 사랑 타령에 불평하면서도 **빠져들듯이**, 그들 또한 미남 미녀 연기자의 절절한 사랑 타령에 마음을 빼앗기고 있는 것이다.	如同韩国观众一边抱怨着爱情故事的千篇一律，一边又**欲罢不能**一样，日本观众也被韩剧中青春靓丽的男女主角和曲折动人的爱情故事所深深吸引。
		그런데 그렇게 돌아서면 얼마 지나지 않아 시왕초가 눈에 아른거려 **견딜 수가 없었다.**	然而每次过不了多久，十王草的影子便时时在眼前晃动，令他**欲罢不能**。
281	志同道合	이곳에서 나는 **마음 맞는** 동료 교수와 훌륭한 학생들을 만나게 되었다.	在这里，我遇到了许多**志同道合**的同事和优秀学生。
		마음이 통하며 학문의 즐거움을 함께 나누는 친구가 있는 곳이라면 앞을 가로막고 있는 산과 강도 장애가 되지 않을 터이다.	只要**志同道合**，纵然千山万水也不会成为障碍。
282	众口一词	50% 할증이 붙는 응급실 치료비를 기꺼이 지불하며 병원을 찾는 이유를 물으면 **하나같이** "가족인데 당연한 일 아니냐"고 대답한다.	当问到为什么即使在多支付50%急诊费的情况下还要来医院给宠物看病时，大家**众口一词**地答道："因为是家人，理所当然啊。
		총회 참가자들은 자원봉사자들의 친절	与会代表们**众口一词**地说，他们被志

NO	成语	韩语句子/不对应之词或词组	汉语句子/*汉语成语
		과 열정에 감동했다며 총회 기간 동안의 자원봉사자들의 노력과 수고에 감사를 전했다.	愿者的亲切和热情所感动，并转达了他们对志愿者的谢意。
283	游手好闲	그렇지만 그것은 길 위에서 **빈둥거리는** 것과는 다른 행위이다.	这与在街边**游手好闲**不同，
		입장료가 매우 싼 편이라 **할 일 없이 지내는** 동네 건달이 들락거리기 일쑤였다.	由于门票很便宜，小区里**游手好闲**的人就经常前来光顾。
284	有识之士	그를 많이 도와준 **식자** 중 한 사람이 철학자이자 한의사인 도올 김용옥이다.	哲学家兼韩医的金容沃是给过她巨大帮助的**有识之士**之一。
		그래서 그는 전문적인 종 연구자들을 찾아 나섰고 몇몇 **뜻있는 분**들과 함께 1976년에 범종연구회를 발족시킬 수 있었다.	于是，他开始寻觅专业的钟研究者，并于1976年和几个**有识之士**一同创建了梵钟研究会。
285	只身一人	베르너 삿세 교수는 전라남도 담양의 한 고택에서 **혼자** 살고 있다.	维尔纳扎赛**只身一人**住在全罗南道潭阳的一座古宅里。
		베토벤의 저 유명한 〈합창교향곡〉의 가사처럼, 음악이라는 날개 아래 모두가 하나가 될 수 있는 그날을 꿈꾸며, 성시연은 오늘도 **외롭지만** 당당하게 포디엄 위에서 오케스트라와 마주하고 있다.	每当成妍站在指挥台上，虽然**只身一人**却充满自信的她，梦想有一天音乐会像贝多芬《合唱交响乐》中唱道的："在有你温柔翅膀舞动的地方，所有的人都会结为兄弟"。
286	曾几何时	발 손상이 너무 심해 피부와 비슷한 생고기를 토슈즈 안에 넣은 채 공연을 **한 적도 있다.**	**曾几何时**，她由于脚部伤势极为严重，只能把生肉塞进舞鞋后再上台演出。
		젊은 시절 뜨겁고 순수했던 음악에 대한 열정을 가슴에 묻은 채 사회로 나와 직장인이자 한 가정의 가장 혹은 아내이자 엄마로 치열하게 살다 보니 어느덧 중년의 나이에 이른 사람들.	**曾几何时**青春已逝，他们不得不把对音乐的纯真热爱埋在心底，进入社会开始为现实打拼。作为一个上班族、一家之长，或是妻子和母亲，他们为了家庭而奋力地工作着，转眼已经人到中年。
287	所作所为	물론 그가 **한 행위들**은 예술의 이름으로 행해진 것들이며 사회운동은 아니다.	当然，他的**所作所为**是以艺术之名进行的，并不是社会运动，
		그런 그를 독일 사람들이 눈여겨보았다.	德国人对他的**所作所为**十分欣赏。
288	贪官污吏	이 때문에 집을 나와 의적으로 활동하며 **탐관오리**에게서 재산을 빼앗아 가난한 이들에게 나누어준다.	"后来他愤而离家，成为义贼，专门打劫**贪官污吏**，把他们的不义之财分发给穷人，

NO	成语	韩语句子/不对应之词或词组	汉语句子/*汉语成语
		그리고 또한 이웃 지역에 비해서 특히 **탐관오리**의 횡포가 컸다.	**贪官污吏**的剥削也异常严酷。
289	微乎其微	그러나 남아 있는 종가의 수에 비해 종가박물관의 **수는 매우 적다**.	然而, 与韩国现存的宗家数量相比, 宗家博物馆的数量还是微**乎其微**。
		세계 무대에서 한국 발레계의 영향력이란 **미미하기 그지없고** 한국 국립발레단의 해외 공연 역시 자주 있는 것이 아니어서, 김주원이란 이름을 세계 무대에서 알릴 수 있는 기회가 거의 없다시피 했기 때문이다.	因为韩国芭蕾舞在国际舞台上的影响力**微乎其微**, 国立芭蕾舞团也不经常在国外举办演出, 所以普遍认为金珠沅几乎没有在世界舞台上扬名的机会。
290	始料不及	느린 사람들의 도시 대전에서, 어쩌면 그 변화는 한번도 **느린 적이 없었는지도 모른다**.	慢性子人的城市大田, 变化之快、之广让人**始料不及**。
		그런데 **뜻밖에도** 현대 한국인들이 전통적이라고 생각하는 한국의 전통 예술은 먼 과거의 것이 아니라 대부분 조선 후기의 것이다.	令我**始料不及**的是, 我发现现代韩国人所认为的传统艺术其年代几乎全部集中在朝鲜王朝后期, 而不是更为久远的远古或中古时期。
291	素不相识	**모르는** 사람이 살고 있다 해도 그 생활 반경이 익숙하게 느껴지고, 아는 사람이라 해도 서울사람 특유의 거리감이 유지된다.	在传统韩屋村, 即使这里生活的是一些**素不相识**的人, 也会让你感觉周围的生活半径很熟悉, 而在住宅楼小区, 即使是认识的人, 也会保持一种首尔人特有的距离感。
292	洗耳恭听	죽어서도 평안히 잠들지 못하고 떠돌고 있는 영혼에서 악령을 쫓아내줌으로써 평안히 잠들게 하는 것은 억울하게 죽은 영혼들의 이야기를 **들어주는** 것이라고 작가는 말한다.	作家还说, 驱赶死而不能安息的魂灵, 以使得它们找到平安, 最好的办法就是要**洗耳恭听**那些冤魂的故事。
		미국과 영국에 있는 내 문학 친구들에게서도 이걸 확인할 수 있었다.	当我向他们谈起我正投入其中的韩国文学时, 他们往往**洗耳恭听**。
293	喜笑颜开	본디 **활짝 웃는다**는 의미의 파안(破顔)이었지만 철학자 도올 김용옥으로부터 '책상 옆의 비파'라는, 음은 같으나 의미는 다른 한자 조합을 선물로 지어 받은 뒤로는 그 한자를 사용한다.	本来她的艺名是"破颜", 取**喜笑颜开**之意。后来哲学家木寿机金容沃赠送给她"琶案"的名字。"琶案"韩语发音与"破颜"相同, 只是换了不同的汉字, 意为书桌旁的琵琶。
		그러나 자신이 지었던 예명의 의미와는 달리, 박영희의 얼굴에서 **활짝 웃는** 표정을 보기란 쉽지 않았다.	虽然她给自己起的艺名意为**喜笑颜开**, 但实际上却相反, 人们很难看到她的笑容。
294	先入为主	때문에 〈말의 유희〉는 초연 후 10년 만	所以, 直到《语言的游戏》首演十年

NO	成语	韩语句子/不对应之词或词组	汉语句子/*汉语成语
		에, '창조자'에 대한 필자의 시샘 어린 **선입견**을 한 방에 날려버릴 수 있었다.	之后, 我才改变了对这位"创造者"**先入为主**的看法, 把怀疑抛诸脑后。
		'재즈'라는 단어가 주는 묘한 중압감, 또는 어려운 음악이라는 **선입견** 때문이었다.	究其原因, 他们有点**先入为主**, 认为"爵士乐"一词带有一种微妙的陌生感, 让人觉得是一种很难懂的音乐。
295	食不果腹	착취 당하며 헐벗고 **굶주리는** 피지배층의 모습은 숨겨지고, 웃음을 띠며 건강한 농민을 부각시켜 당시 사회를 이상적인 모습으로 미화시켰다.	这种风俗画把受剥削的**食不果腹**、 衣不蔽体的被统治阶层的真实面貌隐藏起来, 取而代之的是面带笑容、健康的农民形象, 从而把当时的社会美化成理想的社会。
		그는 가난한 소작농들이 **양식이 부족해 고생할** 때 그의 증조부가 가족들에게 하루에 두 끼만 먹으라고 하면서 창고의 음식을 굶주리는 농민들에게 베푼 것에 대해 자부심을 느끼고 있다.	当年, 贫苦的佃农曾一度**食不果腹**, 权先生的曾祖父命令全家一天只吃两餐, 把仓库里的粮食分给饥饿的农民。权先生为此而感到自豪。
296	十全十美	그러나 주인공도, 또 J도, 불안이 언젠가는 사위어갈 것이라 믿으며, 그것을 삶이 **완전할** 수는 없다는 하나의 증거로 겸허히 수용할 수는 있을 것입니다.	然而, 他们相信总有一天会与焦虑达成和解, 并把它当做一种人生不能**十全十美**的证据来接受。
		인간이 결코 **완벽한** 존재일 수 없으며 반대로 바로 그렇기 때문에 삶은 아름다울 수 있다는 성찰이 이 소설에는 있습니다.	人是一种不可能**十全十美**的存在, 正因为如此, 人生才更加美丽, 这是小说让人反省的一个问题。
297	天衣无缝	정교하게 조율된 앙상블, 특히 **빈틈없이** 일치된 현악기의 호흡이 인상적이다.	特别是**天衣无缝**、 协调一致的弦乐的配合令人印象深刻。
		천상의 옷에는 바느질 자국이 없다(天衣無縫)는 고사성어처럼 우리 옷은 꼼꼼하게 바느질을 하되 그 흔적을 보이지 않는 것이 미덕인 것이다.	如同成语 "**天衣无缝**", 韩服所追求的美便是精细而不露针脚。
298	望尘莫及	전통 칠피 기법은 오늘날에도 **따라가기 힘들만큼** 발달된 예술적기술적 경지에 있기 때문이다.	已经发展到一种艺术境界的传统漆皮技法, 即使在各种技术都十分发达的今天也令人**望尘莫及**。
		만일 한국의 장인이 기술이 좋지 않은데 대충 하면 하치의 물건이 나오지만 높은 기술을 갖고 대충 한다면 일본이나 중국의 예술가들이 **따라올 수 없는** 작품을 만들어내기도 한다.	假如韩国匠人技术差而又粗制滥造, 自然只能做出粗劣的东西。但是, 如果他们技术精湛, 即使制作过程中不足够精雕细刻, 也能创造出令中日匠人**望尘莫及**的作品。
299	熟视无睹	불행 앞에서 맞서 싸우는 의지의 인간	她并没有展现人们在不幸面前与之抗

NO	成语	韩语句子/不对应之词或词组	汉语句子/*汉语成语
		형을 제시하는 것이 아니라, **무심함**과 초연함의 방식으로 최소한의 내적 자율성을 확보하려는 개인의 투쟁을 보여준다.	争的意志，而是表现某个个体通过**熟视无睹**或超然的方式争取最小范围内心自律的斗争。
		그 외에도 서울 남산 타워를 중첩적인 프레임 구성 속에 단순화시켜 감각적으로 표현해 낸 토마스 휩커, 한국의 도시를 어두운 빛 속에서 희미하게 나타나는 인물이나 형태를 통해 최소한의 지각으로 감지하도록 흐릿한 사진을 보여주는 게오르기 핀카소프, 인물과 풍경 사진을 병치하는 방식으로 초현실주의적 느낌이 묻어나는 한국의 풍경을 보여준 알렉스 바욜리의 사진들은 뛰어난 영상미를 바탕으로 한국인들조차 익숙함 속에서 **잊고 살던** 한국의 숨겨진 모습과 이미지를 잘 구현해 냈다.	此外，托马斯赫普克尔将首尔南山塔固定在重叠的框架之内，影像单纯且极富现场感。格平卡哈索夫则运用最小的曝光来感知韩国的城市，在模糊的画面中表现昏暗光线下隐约可见的人物和形态。亚历克斯马约利的作品中人物与风景并置，描绘出带有超现实主义色彩的韩国风光，形象地勾勒出韩国人早已习以为常以至于**熟视无睹**的、隐藏于另一面的韩国面貌与形象。
300	所剩无几	순발력은 비참한 전쟁의 경험과 **아무것도 남지 않은** 땅에서 어떻게든 성공하고 살아남아야 한다는 절박한 심리 속에서 만들어진 것이었다.	这种爆发力正是从悲惨的战争经历和在**所剩无几**的土地上必须成功和生存下去的迫切心态中产生的。
		생명의 시간은 **얼마 남지 않았는데**, 오매불망하던 핏줄을 만나볼 날은 아득하기만 하다.	生命的时间已**所剩无几**，而与朝思暮想的骨肉相见的日子却依然渺茫，
301	相辅相成	역학, 의학, 수학, 천문, 지리에 해박하였으며, 농업과 상업의 **상호 보완관계를** 강조하고 광산 개발과 해외 통상을 주장한, 그 시대로서는 매우 진보적이고 개방적인 인물이었다.	他通晓易学、医学、数学、天文、地理，强调农业与商业**相辅相成**的关系，主张进行矿山开发和海外通商，在当时而言，他是一个非常进步和开放的人物。
		전면에 덮인 푸른 녹 속에 **간간히 입사된** 문양은 화려하다기보다는 단정하면서도 깔끔한 이 정병의 정제미를 오히려 돋보이게 한다.	银丝与青锈**相辅相成**，整幅构图并不华丽，但净瓶反而因此更显素雅与精练。
302	首当其冲	이 사업의 결과로, 서교동(홍대앞)의 옛 동사무소 건물을 활용한 예술실험센터를 **필두로** 연희동의 옛 시사편찬위원회 공간을 활용한 문학창작촌, 독산동의 인쇄공장을 활용한 국제문화예술교류센터, 신당동의 옛 지하상가를 개조한 신당창작아케이드(공예공방촌) 등이 이	坐落于西桥洞(弘益大学前)的原洞事务所**首当其冲**改作艺术实验中心，地处延熙洞的原市史编撰委员会被改建为文化创作村，秃山洞的印刷厂改成了国际艺术交流中心，新堂洞旧地下商街变身为新堂创意街区(工艺工房村)等，而且均已开张。

NO	成语	韩语句子/不对应之词或词组	汉语句子/*汉语成语
		미 문 열었다.	
		그 선두에 비보이 문화가 **확고하게 자리를 잡고 있다.**	这其中,"街舞男孩"文化可谓**首当其冲**。
303	手舞足蹈	성기를 드러내놓고 **춤을 추는** 남자, 고래를 잡고있는 사람, 함정에 빠진 호랑이, 교미하는 멧돼지, 작살이 꽂혀 있는 고래, 물을 뿜고 있는 고래 등 당시 일상을 사실적 역동적이면서 익살스럽게 담아냈다.	裸露下体**手舞足蹈**的男子、捕鲸的人、掉入陷阱的老虎、正在交配的野猪、被鱼叉刺中的鲸鱼、正在喷水的鲸鱼等等,生动地展现了当时的生活情景,画面诙谐,充满动感。
		그 어떤 악기보다 단순한 네 가지 악기들이 휘몰아치는 사물놀이 장단 앞에서는 누구든 **어깨를 들썩인다.**	在用这四种再简单不过的乐器敲打出的四物游艺节拍面前,每个人都会情不自禁地**手舞足蹈**,
304	相提并论	그러나 도자기의 형태와 문양도 절정에 이른 12세기의 유려함과 유연함에는 **미치지 못하였지만,** 13세기 후반 충렬왕 때부터 본격적으로 새로운 도자기 형태가 도입되고 상감 문양에서도 새로운 문양과 문양 구성을 보이고 있다.	虽然与12世纪鼎盛时期陶瓷的风韵和花纹的柔美不能**相提并论**,但从13世纪后期的忠烈王时期开始,出现了大批新的陶瓷样式;同时在花纹镶嵌中,也出现了新的纹案和构图。
		나윤선이 한국어로 된 앨범을 발표하기 위해 한국에 머물던 2007년 초, 프랑스의 신문 〈레제코(Les Echoes)〉는 나윤선을 아이슬란드 출신의 세계적인 팝 아티스트 비요크(Bjork)와 **비교하며 이렇게 이야기했다.**	2007年初,当罗J宣为了筹备韩语专辑而在韩国逗留期间,法国《回声报》将罗J宣与冰岛出生的世界流行乐歌手比约克**相提并论**。
305	身临其境	김홍도는 모르는 사이에 독자로 하여금 **그림 속에 빠져들며,** 함께 공감하도록 면밀하게 구도를 잡은 것이다.	金弘道的画构图细密,让鉴赏者不知不觉间**身临其境**,产生共鸣。
		눈을 감고 들으면 **마치 예불의 현장 한가운데 있다**는 착각이 들 정도다.	闭上眼睛聆听这张唱盘,有种**身临其境**的感觉。
306	随机应变	미리 계산된 연기가 아니라 **상황에 따라 변하는** 연기를 원하기 때문이다."	这是因为我不希望看到设计好的表演,我要的是那种**随机应变**的表演。
		충분한 시간을 두고 차분하게 계획하여 추진하기 보다는 일단 판을 벌이고 보는 성급함, 일을 추진하면서 생기는 착오들은 그 때 그 때 민첩하게 수정하고 땜질하는 **탁월한 임기응변**에 휴대 전화는 (인터넷과 함께) 안성맞춤이다.	韩国人性子急,不愿游刃有余地按部就班,而是先下手为强,并能在推进过程中,随时敏捷地修正或补充出现的错误。这种**随机应变**的性格与手机(还包括互联网)堪称绝配。
307	深信不疑	그는 자신이 **굳게 믿고 있는** 것을 굽히	为了自己**深信不疑**的东西,他从不屈

NO	成语	韩语句子/不对应之词或词组	汉语句子/*汉语成语
		지 않는다.	服。
		하지만 그가 **그렇게 믿기까지** 많은 관찰과 생각과 공부를 거친 것이어서, 거의 틀림이 없다.	但是，这种**深信不疑**，是他经过了许多观察、思考和学习之后才得到的，几乎无懈可击"。
308	神来之笔	기존 조각에서 버려지는 거푸집을 활용한 점에서 '**천재적**'이란 평가도 들었는데요.	模具一般创造完了就被弃掉，您这次把它用在作品里，被很多人誉为是**神来之笔**。
		파도와 바람이 빚어낸 **신의 걸작들이다**.	而这些也是海浪和风共同铸就的**神来之笔**。
309	挺身而出	그저 다른 나라에서 제작된 양질의 작품을 수입하는 데 만족하지 않고, 새로운 창작을 진작하는 문화적 기반을 구축하는 **일에 나선 것이다**.	他们不再满足引进其他国家制作的优秀作品，而开始**挺身而出**，构建振作新创作的文化基础。
		그 외에도 많은 스타들이 **얼굴을 가리고** 팬클럽과 함께 직접 방재 작업에 참여하거나 성금을 기부했다.	还有很多明星**挺身而出**， 与自己的歌迷或影迷共同参与救灾工作或进行捐款。
310	想方设法	"누군가에 의해 말해지지 않으면 도무지 알 길이 없는, 길고 어둡고 놀랍고 뜨거운 이야기들이 우리의 삶의 지표면 아래로 흐르고 있다는 사실을 잊으면 안 돼." 말해지지 않으면 알 수 없는 이야기들, 그러므로 **어떻게든 말해지려고 하는** 이야기들은 주인공의 삶에도, 노인의 삶에도, 그리고 우리 모두의 삶에도 조금씩 감추어져 있을 것이며, 이야기한다는 것은, 또 소설을 쓴다는 것은 그런 이야기들을 드러내는 작업일 것이다.	"别忘了，这些故事如果不被人讲出来，就不可能为人所知，漫长、黑暗、惊险而激情的故事就在我们生活的地面下上演着。如果没有讲出来就不会知道的， 因此要**想方设法**讲出来的故事， 在主人公的生活里， 在老人的生活里， 还有在我们大家的生活里仍有所隐藏着， 所以， 讲故事或者写小说就意味着把这些故事讲出来。
		다른 곳으로 향하는 사람들의 발걸음을 되돌려야 하기 때문이다.	它们**想方设法**要把转到别的地方的游客重新拉回来。
311	熙熙攘攘	놀러 나온 가족들과 쪽빛 바다가 내려다보이는 정상에 오르려는 등산객들로 늘 이 일대가 **술렁인다**.	因此这里总是少不了**熙熙攘攘**的人流，大部分是结伴郊游的家人和想到山顶俯看海景的登山爱好者。
		전망대는 어딜 가나 이산가족을 비롯해서 각계각층의 **사람들로 북적거렸다**.	不管来到哪一个瞭望台， 那里都是一片**熙熙攘攘**的景象，
312	天马行空	길을 갈 때 사람의 생각도 그 길을 닮는지, 나들길을 걷다 보면 **구불구불** 많은 생각이 떠오르고 그 생각들이 환하	似乎人在路上走，想法也会和脚下的路相似。当我在散步路上漫步时，脑海里总是**天马行空**地浮现出许许多多

NO	成语	韩语句子/不对应之词或词组	汉语句子/*汉语成语
		게 가셔지기도 한다.	的想法，这些想法有时也会像泡沫般灿烂地消散。
		길을 갈 때 사람의 생각도 그 길을 닮는지, 나들길을 걷다 보면 **구불구불** 많은 생각이 떠오르고 그 생각들이 환하게 가셔지기도 한다.	似乎人在路上走，想法也会和脚下的路相似。当我在散步路上漫步时，脑海里总是**天马行空**地浮现出许许多多的想法，这些想法有时也会像泡沫般灿烂地消散。
313	太平盛世	손잡이는 인문(印文)의 가로, 세로 규격과 똑같이 높이 99mm입니다.	印钮的造型是一只象征**太平盛世**的吉祥鸟凤凰，它的高与印章的长宽规格一致，均为九十九毫米。
		그 날개는 또한 작은 꼬리 날개를 감싸 안고 있는 모습을 하고 있는데 두 날개 사이의 작은 꼬리 날개는 국민, 즉 봉황이라는 **태평성세**를 상징하는 새가 대한민국 국민을 포근하게 품고 있는 모습을 구현한 것이다.	这种造型体现出象征**太平盛世**的凤凰鸟温暖地拥抱着韩国国民的形象。
314	脱颖而出	이 감독은 방송 쪽에서 잔뼈가 굵은, 독립영화계의 **신인이었다.**	李导演虽在广播电视界败走麦城，但在独立电影界**脱颖而出**。
		그러나 프로에 입단했다고 해서 쟁쟁한 선배들과 경쟁해서 단박에 **두각을 나타낼** 수는 없는 일.	但是，即使入段后成为职业棋手，也要与前辈高手竞争，在短时间内难以**脱颖而出**。
315	五花八门	서양에서는 건열 조리법이 발달한 데 비하여 한국에서는 습열 조리법이 다양하게 발달하였고, 그중 대표적인 음식이 바로 국이다.	西方的烹饪干热法发达，而韩国则温热法发达，且丰富多样，其中代表性的饮食就是**五花八门**的汤。
		이 개념이 지금까지 문화도시(Cultural City) 등 **다양한** 이름으로 불려온 개념들과 다른 점은, 과거에는 슬로건에 치우친 감이 있었으나 최근에는 구체적인 정책의 형태로 나타난다는 점이다.	这一概念与先前一些**五花八门**的概念有所不同。以往概念给人的感觉是偏重于口号，近来则表现为具体的政策形态。
316	小巧玲珑	그 **앙증맞고** 화려한 옷들에 눈을 빼앗긴 채 한동안 구경을 하고 있노라면 '사람보다 낫다'는 요즘 애완동물들의 위상이 절실히 느껴진다.	这些**小巧玲珑**、花样繁多的服装吸引着你的目光，让你越看越发体会到"比人还金贵"这句话确实反映了宠物现在的地位。
		물 위에서는 **앙증맞은** 노랑어리연(Water-fringe, アサザ)이 고개를 들어 봄이 왔음을 알린다.	水面上还有**小巧玲珑**的荇菜抬头报春。
317	如痴如醉	때로는 먹고 자고 배설하는 인간의 본	他对玉如此地**如痴如醉**，有时甚至忘

NO	成语	韩语句子/不对应之词或词组	汉语句子/*汉语成语
		능도 잊고 옥에 **미친 듯 빠져들었다.**	记了吃喝拉撒睡等人类的本能活动。
		〈운동장애(AtaXia)〉라는 작품명과 모순된 활력적 느낌이 객석의 **호기심과 집중도를 배가시켰는데,** 운동장애로 인해 만들어진 운동이 매우 독특한 춤 언어로 탄생된 성공적 실험작이다.	作品的名称Ataxia是一种破坏人体协调能力的神经系统疾病，与其名称恰恰相反，作品给人活力四射之感，让观众**如痴如醉**。这部实验剧目成功地表达了一种独特的、通过快速动作的动力进行交流的舞蹈语言。
318	如饥似渴	새로움에 대한 **끊임없는 목마름**	对创新**如饥似渴**
		항상 무엇인가를 창조해 사람들에게 박수를 받고 싶어하는 '**목마름**'이 새로운 아이디어를 던져준다는 것이다.	通过创造获得人们的掌声，这种**如饥似渴**会激发出新的思路。
319	完美无缺	제이콥스는 스톡홀름을 방문한 적이 없지만 그곳은 그녀가 말한 '네 가지 다양성의 원동력'에 **완벽하게** 부합되는 곳이다.	虽然简雅各布斯没有到过斯德哥尔摩，但她提到的"四种多样性原动力"却在此**完美无缺**地结合在一起，
		모든 것이 **완벽할 것** 같았지만 경기 전 부담감이 없었다면 거짓말일 것이다.	虽说所有的一切似乎**完美无缺**，但要说赛前没有负担，也是假话。
320	谢天谢地	이러한 상황에서 휴대폰은 **고마운** 출구가 되어 준다.	**谢天谢地**，在此情况下，手机打开了一个出口。
		컨템퍼러리 예술 작품을 보러 다닐 때, 평론가들은 '10타수 1안타'만 쳐 줘도 **고맙다고** 말하곤 한다.	说到当代艺术作品时，评论家们总是会说，"十个击球打出一个安打"就**谢天谢地**了，
321	无微不至	낯선 이방인을 막내아들로 삼고 음식부터 옷, 익숙하지 않은 한국 생활 전반에 걸쳐 **자상하게** 챙겨 주던 시골 할머니가 바로 그 분이다.	这位出身农村的老人对他视如己出，从日常饮食到生活中不大适应的方方面面，都给了他**无微不至**的关怀。
		제작뿐만 아니라 관리까지 **세심하게** 신경을 쓰는 이재만 씨이니 옻나무를 직접 키워 옻칠을 만든다는 은이 별반 특이할 일도 아니리라.	李在万先生从牛角画的制作到保管可谓**无微不至**、煞费苦心。
322	新陈代谢	인삼에 들어 있는 30여 종의 사포닌 성분은 **신진대사를** 촉진하고 영양흡수와 소화기능을 높여 원기를 돋운다.	人参含有三十余种皂苷，能够促进**新陈代谢**，促进营养的吸收，提高消化能力，因此有助于元气的恢复。
		세 번째는 비 오는 날은 기온이 낮아서 체온을 유지하기 위해 **대사 작용이** 활발해지고 공복감을 빨리 느끼기 때문에 부침개 같은 기름진 음식을 찾게 된	第三种解释是，雨天人体的体温偏低，为了维持体温，人体的**新陈代谢**加快，所以更容易有空腹感，这时人们更喜欢食用煎饼等油腻的食物。

NO	成语	韩语句子/不对应之词或词组	汉语句子/*汉语成语
		다는 해설이다.	
323	无人问津	이미 삶이 찌그러져버렸거나, **아무도 알아주지 않는** 익명의 존재들에게 생기를 불어넣어주고 싶은 욕망, 도처에 어른거리는 죽음의 그림자나, 시간 앞에 무력하기만 한 사랑, 불가능한 것에 대한 매달림, 여기 없는 것에 대한 그리움… 이 말해질 수 없는 것들을 내 글쓰기로 재현해내고 싶은 꿈.	想对已经受到伤害的人们, 对已**无人问津**的小生命注入生气和欲望, 到处隐藏的死亡的影子或在时间面前软弱无力的爱情, 执着于不可能实现的希望, 思念这里已不存在的世界……想用我的写作再现这些不能被说出来的东西的梦想,
		그래서 이렇게 대충 만드는 정신은 가장 자연스러운 미를 창출해 인위적인 미에 익숙한 일본인들 사이에서 큰 인기를 끈 것이었다(그런데 이런 그릇은 중국에서는 **거의 인기가 없다**!).	这种 "潦草" 制作的态度创造出了最自然的美, 粗碗因此而深受已经习惯人工美的日本人的喜爱。(不过, 这类陶瓷器在中国几乎**无人问津**!)
324	色彩斑斓	화강암 입자는 **여러 색깔을 띠고 있어서** 인상파 화법인 점묘법의 효과를 일으킨다.	花岗岩粒子**色彩斑斓**, 可以雕刻出印象派点彩法的效果。
		홍례문으로 향하자 빨강, 파랑, 노랑 등 **알록달록한 색깔들이** 눈에 들어온다.	抬眼向兴礼门望去, 远处花花绿绿, **色彩斑斓**。
325	无穷无尽	옥은 내 도전을 **한도 끝도 없이** 받아줍니다.	玉总是毫无保留地接受我**无穷无尽**的挑战。
		교과서와 공책은 기본이며 台, 가방, 운동화, 체육복, 버스카드 등 10대들의 튜닝은 **경계가 없다.**	教科书和作业本是基本, 其他还有笔、书包、运动鞋、运动服、交通卡等。十几岁少年的改装点子**无穷无尽**。
326	无拘无束	금간 것들, 결별한 것들, 아름답지 못한 것들, 부당한 대우를 받는 것들, 소멸의 운명에 처해 있는 것들, 한쪽으로 쏠린 눈을 가진 남루한 것들을 **포용한** 야성적인 어머니 되기.	也就是说, 要成为一个包容种种存在露出裂缝的东西、已经绝别的东西、不美的东西、受不公正待遇的东西、行将消灭的东西及具有偏见的破烂东西**无拘无束**的母亲。
		수업 중에 살짝 문자를 보낼 수 있고, 집에서도 자기 방에 앉아서 '완벽한 침묵' 속에서 친구들과 **무한정** 대화를 나눌 수 있다.	上课时, 可以悄悄地发一个短信; 在家, 一边足不出户地保持 "完美的沉默", 一边与朋友们**无拘无束**地谈天说地。
327	人山人海	영화제 때면 시내에 있는 '영화의 거리'는 영화를 사랑하는 젊은이들로 **인산인해를 이룬다.**	电影节期间市内的 "电影街" 总会人**山人海**, 挤满热爱电影的年轻人。
		그러나 첫 방송이 나가자마자 이산가족들의 문의전화가 쇄도했고 방송국을	原本这只是一个播放一次的特别节目, 然而, 该节目一经播出, 韩国的离

NO	成语	韩语句子/不对应之词或词组	汉语句子/*汉语成语
		찾아오는 이산가족들이 **인산인해를 이뤘다**.	散家属们纷纷打来咨询电话，找到广播电视台的离散家属甚至可以用人山人海来形容。
328	人满为患	이렇듯 휴가철이면 너나없이 물을 찾으니 해수욕장과 계곡은 **인산인해를 이루기 일쑤다**.	每到假期，人们争先恐后到有水的地方，海水浴场和溪谷自然是人满为患了。
		그들은 비슷한 시기에 대단위로 이동하며 겪어야 하는 피서지의 **번잡함을** 감수하고 싶지 않다고 말한다.	在他们看来，在大致同一时期内大量人群出行，避暑地人满为患，太闹得慌，不想去遭那份罪。
329	心甘情愿	경제적으로 어렵던 시기에도 전업의 갈등 없이 **기껍게** 칠에 집중했다고 한다.	即使在经济困难时期，他仍然没有改行的想法，心甘情愿潜心于漆艺制作。
		돈벌이도 안 되고 그렇다고 누가 알아주지도 않는 이 고된 일을 누군들 **달게** 할까 싶어서다.	既赚不到钱，又没有人关心的苦事，谁会心甘情愿去做啊。
330	心灵手巧	내친 김에 근방에 **솜씨 좋은** 이가 문양도 넣어 보았다.	心灵手巧的人会在上面添加花纹。
		공무원이셨던 아버지와 **손재주가 좋았던** 어머니 밑에서 무척 검박한 생활을 했고요.	我父亲是公务员，母亲心灵手巧，一家人过着特别俭朴的生活。
331	心想事成	그리고 청평사 안에는 투전못(投錢池)이 있는데, 연못 안에 놓인 병으로 동전을 던져서 한번에 들어가면 **소원이 이뤄진다는** 이야기도 전해온다.	清平寺内有一个投币池，据说往池中的罐子里投掷钱币，如果一投即中，就会心想事成。
		또 프랑스로 가긴 하겠지만, 정말 하고 싶은 작업을 했다는 점에서 **만족해요.**	我还会再去法国，但在这里做了一件事感到很满足，终于心想事成了。
332	索然无味	어쩌면 이렇게 매연도 심하고, 사람도 많고, 일상은 **무미건조한** 것인지.	我都会无一例外地感到失望因为那厚重的煤烟，那拥挤的人群，也因为日常生活的索然无味。
		그 지진계는 비(非)본래적이고도 **무미건조한** 도심의 삶에 지친 인물들에게 이따금씩 강렬하게 찾아 드는 초월적이고도 시적인 계시에 매우 민감하게 반응한다.	这种测震仪对被非本质、又索然无味的城市生活搞得筋疲力尽的人物们偶尔遇到的强烈而具有诗意和超验性的启示反应敏感。
333	废寝忘食	화자가 **침식을 잊은 채** 악기들의 소리를 녹음하는 데 매달리게 되는 것도 그 때문이다.	话者废寝忘食地、执着地录制各种乐器的声音也是出于这种原因。

NO	成语	韩语句子/不对应之词或词组	汉语句子/*汉语成语
		재능 있는 자를 이기는 자는 즐기는 자라고 했듯이 나무에 반한 소년은 **밤잠도 잊은 채** 소목장의 기초과정을 밟고 장롱이며 책상 만들기에 몰두했다.	俗话说，兴趣是最好的老师，这个痴迷于木工的少年在学习时几乎到了**废寝忘食**的地步。他在这里出徒之后就埋头制作衣柜和书桌等小家具。
334	极乐世界	'재물은 타 털어버려 빈손이 되어도 마음 하나만 잘 간수하면 되지.'하고 되뇌며, 브라이언 베리는 오늘도 쭈그리고 앉아 붓을 잡고 **극락으로의** 여행을 떠난다.	千金散去，两手空空，又有何妨？我只求问心无愧。反复吟诵着这几句话，今天的布赖恩巴里依旧蹲坐在地上，手握画笔，继续着他通向**极乐世界**的旅程。
		"삼성미술관 Leeum 소장 〈아미타삼존도〉는 고려불화의 전형적인 모습을 보여주는 작품으로, 아미타불이 죽은 자를 **극락으로** 맞이하기 위해 다가가는 모습을 그렸다."	三星李氏美术馆收藏的《阿弥陀三尊图》展现了高丽佛画的典型形象，描绘了阿弥陀佛前来迎接逝者去往**极乐世界**的情景，
335	方兴未艾	**빠르게 성장한** 뮤지컬 시장	**方兴未艾**的音乐剧市场
		하지만 대부분 글로벌리즘이 **시작된** 1990년대 이후의 현대미술에 대해서만 관심이 집중되었을 뿐, 그 이전의 미술에 대해서는 일반적으로도 학술적으로도 충분히 다루어지지 못했다.	但是，人们对亚洲美术的关注大多集中于20世纪90年代(当时正是全球化方兴未艾的时期)以后的当代美术。至于90年代以前，无论是普通人，还是专业人士，都没有给予足够关注。
336	发扬光大	민종태 선생의 나전칠기 솜씨는 그대로 제자에게 **이어져 빛을 더했다**.	闵钟泰先生的螺钿漆器制作技艺被弟子继承并**发扬光大**。
		오늘에 전하는 그의 시 75수로 그는 한국어의 예술적 가치를 **드러낸** 시인이라는 평가를 받는다.	他有七十五首诗作流传至今，被后人评为将韩文的艺术价值**发扬光大**的重要诗人。
337	繁荣昌盛	'월인천강지곡'과 같은 해에 간행된 '용비어천가'는 한글로 엮어진 최초의 책으로서 조선왕조의 **번영을** 기린 노래이다.	《龙飞御天歌》是一首歌颂朝鲜王朝**繁荣昌盛**的歌曲，与《月印千江之曲》刊行于同一年，是第一本采用韩文编撰的书。
		그리고 조상들이 그 보답으로 후손을 지켜주고 **번성하도록** 도와준다고 믿었다.	人们相信这样做会得到祖先的回报，即后代会得到祖先的庇护，祖先会帮助后代**繁荣昌盛**。
338	高高在上	예술은 사람들 **위에 군림하는** 것이 아니라 사람을 어루만져야 한다.	艺术不能再脱离人而**高高在上**，艺术必须要抚慰人。
		21세기 정보산업화 시대, 디지털 시대에서 예술은 **군림하는** 것이 아니라 감상자를 치유할 수 있는 역할을 해야 한다.	在21世纪这个信息化、数字化时代，艺术不应该再**高高在上**，它应该起到治愈观众的作用。

NO	成语	韩语句子/不对应之词或词组	汉语句子/*汉语成语
339	更上一层楼	김희진은 이제 '타고난 무용수'라는 정의에서 **한 걸음 더 나아가** 자신만의 빛깔과 향기를 담은 안무 작품을 관객들에게 선보이며 보다 성숙된 모습으로 변신하는 데 성공했다.	如今, 金希珍已经从"天才舞者"的典范**更上一层楼**, 成功转变为一位更加成熟的编舞家, 将独具特色和情感的作品呈现给观众。
		단 16년 만에 원본보다 더욱 정확하고 **더 발전된** 기술이 담긴 새로운 대장경이 승려들의 헌신으로 완성된다.	众僧侣以献身的精神, 在短短的十六年间重新制作完成了新的大藏经。这一版较先前更为准确, 印刷技术也**更上一层楼**。
340	反其道而行之	**이에 반해** 명동예술극장은 '연극을 전문으로 하는 대관 없는 공연장'으로서, 대부분의 작품을 독자 제작하는 공연제작극장(프로듀싱 씨어터)으로 운영하게 된다는 것이다.	明洞艺术剧场**反其道而行之**, 成为"非出租戏剧演出专用场地", 采用"演出制作剧场(制作人剧场)"的运营方式, 独立制作大部分演出作品。
		꽃은 현대미술을 하는 사람들이 가장 금기시하는 소재인데 저는 **이를 역으로 활용했죠**.	花是搞现代美术的人最忌讳的素材, 我却有意地**反其道而行之**。
341	孤立无援	물론 M16과 장갑차로 무장하고, 조직적인 살상 훈련을 받은 군대를, **다른 지역과 완전히 고립된 상태였**던 광주시민들이 이길 수는 없었다.	当然, **孤立无援**的光州市民不可能打败用M16步枪和装甲车武装起来的、受过全面作战训练的军队。
		'한국의 사회상'에서는 산업화 사회로 나아가며 커져 버린 빈부 격차 속에서 더욱 더 **고립되어 가는** 소외계층의 모습을 종군 사진가로 잘 알려진 브루노 바르베이가 날카롭게 담아냈다.	在"韩国社会万象"中, 以战地记者著称的布鲁诺巴尔贝敏锐地捕捉到了工业化社会发展导致贫富差距拉大、弱势群体更加**孤立无援**的情况。
342	故弄玄虚	바보라서 어머니로부터 버림받은 한 청년이 천재가 되면 어머니를 되찾을 수 있다는 희망으로 천재 프로젝트에 협조했다가 여전히 어머니로부터 받아들여지지 않음으로 인해 좌절을 겪는다는 설정이 지나치게 단순함에 반해, 작가 자신의 발언임을 감추지 않는 **현학적** 대사들이 부조화를 이루는 것이 그 원인일 듯 싶다.	一位青年因天资愚钝而遭到母亲遗弃, 他怀着一旦成为天才就能重获母爱的希望, 求助于"天才工程", 却仍然备受母亲冷落, 遭遇挫折。剧情安排流于简单, 而与此相反, 对白倒是**故弄玄虚**, 毫不掩饰作者的本色语言, 两者之间极不和谐。
		수십 년 전에는 무조건 새로운 것만 추구하려는 경향이 있었고, 그러한 **현학적인** 태도가 현대음악과 청중 사이에 괴리감을 만들었지요.	几十年前的倾向是一窝蜂地追求新潮。这种**故弄玄虚**的态度导致现代音乐偏离了听众。

NO	成语	韩语句子/不对应之词或词组	汉语句子/*汉语成语
343	国泰民安	1층 탑신에는 이 탑을 세우는 목적을 "원나라 황실과 고려 왕실의 안녕을 기원하고 바람과 비가 순조롭고 **국태민안**과 불법(佛法)이 날로 널리 퍼져 나아가 모든 중생들이 깨달음을 이루기 바란다"는 내용이다.	在塔一层的塔身上记载着建造该塔的目的，大意是：祈愿元朝皇室和高丽王室安宁，希望风调雨顺，**国泰民安**，佛法日益广布，所有众生醒悟。
		지금은 빌딩 숲이지만 잠시 조선 시대로 돌아가서 **백성들의 무사태평**을 기원하며 풍경을 바라봤을 임금님의 마음을 헤아려 보세요."	虽然现在外面高楼林立，当时可不是这幅情景。国王一边登楼远望民间街市，一边祈求**国泰民安**。请大家想像一下当时国王的心境吧。
344	付之一炬	그러나 150년도 채 지나지 않은 1232년, 고려를 침략한 몽골군에 의해 대장경이 **불타 없어지는** 비극을 맞는다.	然而，仅仅过了不到一百五十年，悲剧便降临了。1232年，高丽遭到蒙古军队的侵略，大藏经被付之一炬。
		하지만 황룡사와 9층탑은 1238년 몽골의 침입으로 **불탔다**.	可惜，黄龙寺和九层塔在1238年蒙古入侵时被**付之一炬**。
345	付之东流	제 아무리 솜씨 좋은 번와공이라 하더라도 좋은 목수를 만나려는 노력을 기울이지 않고 또 그와 호흡을 맞추지 못한다면 모든 일이 **물거품으로 돌아갈** 수 있다는 사실은 겸손을 깨우치게 했다.	无论手艺多么好的铺瓦匠，如果他没有在寻找好木匠上下功夫或者与木匠配合不好，那么，铺瓦匠的所有努力都将**付之东流**，这个事实让他明白了做人要谦虚的道理。
		10년 공덕이 **헛되지** 않았던 것이다.	十年的功德没有**付之东流**。
346	风水宝地	밀랍 만들기, 조각과 전각, 내화력과 결속력이 강한 오합토(五合土: 전국 명당에서 채취한 다섯 가지 흙) 밀랍제작, 손잡이 조각 및 글자체 전각, 거푸집 제작, 다섯 가지 금속으로 만든 모합금(母合金), 대왕가마의 신비한 구조, 구성성분이 다른 손잡이와 인문의 금(金) 접합과 같은 모든 과정에 숨겨진 비밀스런 기술을 꿰뚫고 있어야만 비로서 온전한 옥새전각장이 되는 것이다.	要成为一名完美的国玺制作工匠，必须将制作国玺的各种秘密技术融会贯通，如蜡模制作、雕刻和篆刻、使用强耐火和高粘合度高的五合土(从全国各**风水宝地**采掘的五种泥土)制作铸模、印钮雕刻及印文篆刻、用五种金属制作的母合金、官窑的神奇结构、构成成份迥异的印钮和黄金印文间的焊接，等等。
		삼국 시대부터 **풍수택지**와 군사용 등에 두루 사용돼 왔으며 천문학이 활발히 연구되었던 고려시대에 널리 사용되었을 것으로 추측되는데 조선시대에는 천문학을 담당하던 관상감에서 제작했다.	从三国时期开始罗盘就被应用于军事、选择**风水宝地**等方面。据推测，在天文学研究活跃的高丽王朝时期，罗盘也曾被广泛使用。朝鲜王朝时期，由负责天文学研究的观象监制作罗盘。
347	风靡一时	1960~70년대, 플라스틱**의 시대였던** 그 시절 그녀의 집안에는 그 흔한 플라스틱 바가지 하나 없었다.	20世纪六七十时代塑料**风靡一时**，然而她家连最常见的塑料水瓢都找不到一个。

NO	成语	韩语句子/不对应之词或词组	汉语句子/*汉语成语
		아울러 점점 늘어가고 있는 스노우보드 이용객들을 위한 하이파이브, 테이블 탑, 라운드 쿼터, 레일 등이 설치된 스누우보드 파크가 마련되어 있다.	同时，公园内还有滑雪板区域，是专为日益增多的滑雪板爱好者设立的，近年来滑雪板运动在韩国**风靡一时**。
348	古稀之年	**정년퇴임**을 얼마 안 남긴 그녀의 작곡 행보가 지금껏 몰두했던 바와는 완전히 다른 빛의 세계로 향한 것은 그 누구도 예측하지 못한 일이었고, 작곡가 스스로도 참으로 기뻐하는 일이다.	朴泳姬将近**古稀之年**了。也许她将不再埋头作曲，而是走向另一种色彩的世界。对此谁都无法预测。她自己对此也十分的喜悦。
		이 지역에서 동학교도의 아들로 태어나 **70년을 살아온** 소설가 한승원(Han Seung-won 韓勝源) 씨는 자신의 문학이 이 고장의 그같이 고단하고 험준한 역사에 뿌리를 대고 있다고 말한다.	**古稀之年**的小说家韩胜源是当地东学教徒的后代，他认为自己文学作品的根基就在于长兴那悲壮而险恶的历史。
349	风行一时	1960년대와 1970년대 구로사와 아키라와 미조구지 겐지의 일본 영화가 세계를 **주름 잡을** 때도, 1980년대 허우샤오시엔과 에드워드 양의 대만 영화가 세상의 존경을 받을 때도, 한국 영화는 변방에 머물러 있었다.	上世纪60年代至70年代，黑泽明和沟口分健二导演的日本电影曾在全球**风行一时**，80年代侯孝贤和杨德昌执导的台湾电影获得了世界性的广泛尊敬，而此时的韩国电影仍处于边缘化状态。
		막걸리를 통해서 한국문화를 이해하고, 다양한 맛을 찾아내려는 사람들의 등장은 막걸리 바람이 **한때 유행이** 아니라는 것을 보여주는 사례가 되었다.	很多人希望通过浊酒理解韩国文化，开发出更丰富的口味，这预示着浊酒热不会只是风行一时。
350	风云变幻	**격동의** 19세기에는 조선의 문호 개방을 강요하는 제국의 함대들이 강화도 앞바다에서 무력을 행사했다.	到了**风云变幻**的19世纪，帝国主义列强的舰队来到江华岛海面耀武扬威，强迫朝鲜开放门户。
		19세기에 세계의 대부분 국가들이 **격동의 시기를 보냈다**.	进入19世纪，世界各地风云变幻，战乱不断。
351	凤毛麟角	1990년대 말에는 한국 영화를 아는 외국인도 **드물었고**, 한국에서도 적극적으로 해외에 홍보를 하지 못하고 있었다.	上世纪90年代末期，能够了解韩国电影的外国人算是**凤毛麟角**，当时韩国也未能积极开展海外宣传。
		비단 한국이 아니더라도 세계적으로 여성 지휘자는 **극히 소수에 불과하기 때문이다**.	不光是韩国，全世界的女指挥家也是**凤毛麟角**。
352	敷衍了事	물자의 절대적 부족과 궁핍은 **새치기**나 편법 등을 조장하였다.	物资的绝对匮乏和生活的极度穷困大大助长了**敷衍了事**、投机取巧等风气的盛行。

NO	成语	韩语句子/不对应之词或词组	汉语句子/*汉语成语
353	价值连城	경찰이 도굴꾼들을 수사하는 과정에서 **값을 따질 수 없는** 도자기 수백 점을 가지고 있는 것을 확인한 뒤에야 본격적인 수중 발굴 조사가 이루어지게 되었다.	直到警方在调查中确认他们盗捞了上百件**价值连城**的瓷器后，大规模的水下发掘才正式启动。
		이 시대의 최고의 명장, 중요무형문화재 보유자들은 혼을 담아 최상의 가치와 예술적인 아름다움을 지닌 함들이 만들어진 것이다.	这些宝盒凝聚了当时最优秀的工匠和重要无形文化遗产传承人的心血，融入了他们的灵魂，宝盒**价值连城**。
354	驾轻就熟	그러나 붉은 동백꽃과 흰매화, 분홍빛 진달래가 손을 흔드는 해안선 길을 **능숙하게** 달려서 나를 구학포에 무사히 데려다 주었다.	尽管嘴上没闲着，司机应付起海岸公路依然**驾轻就熟**，在红山茶、白梅花和粉红色金达莱的夹道欢迎中我平安来到了九鹤浦，
		과연 이문구는 지방 토속어를 **능수능란하게** 구사해 작품 속에서 한국어 특유의 가락과 맛을 살리는데 성공한 독특한 문체의 작가로 알려져 있다.	李文求对于方言土语的运用可谓**驾轻就熟**，在作品里将韩国语言特有的节奏和品味表现得活灵活现，形成了独特的文体风格。
355	坚定不移	구효서는 이 소설에서 공적인 폭력(이데올로기 전쟁)과 사적인 폭력(남편의 구타)에 휘둘리면서도 인간적 삶의 존엄을 **꿋꿋하게** 지키며 생을 마감한 어머니의 모습을 통해 한국소설사에 남을 또 하나의 개성적인 캐릭터를 창조해내는 데 성공했다.	具孝书在这篇小说里，通过一生深受社会暴力(意识形态战争)和个人暴力(丈夫的殴打)的摧残，却**坚定不移**地保持人的尊严的母亲形象，成功地塑造出能够记录在韩国小说史的又一个个性鲜明的人物形象。
		옹기의 전통 제조방식을 그대로 잇는 김일만 선생의 **흔들림 없는** 믿음은 작업실이 나란히 있는 그의 집 입구에서부터 드러난다.	金一万先生完全继承了瓷器的传统制作方式。他的工作室就在家门口，这里并排建造有三座传统窑，他对传统方式**坚定不移**的执着由此可见一斑。
356	绘声绘色	동해안으로 신혼여행을 다녀온 아랫집 동생에게 신혼여행 소감을 묻자 동해 바다를 처음 본 소감을 이렇게 **실감나게** 들려주었다.	一个住在我家楼下的小伙子去东海岸蜜月旅行回来，我问他感受如何，他**绘声绘色**地用上面这段话表述出自己对东海的第一印象。
		동해안으로 신혼여행을 다녀온 아랫집 동생에게 신혼여행 소감을 묻자 동해 바다를 처음 본 소감을 이렇게 **실감나게** 들려주었다.	一个住在我家楼下的小伙子去东海岸蜜月旅行回来，我问他感受如何，他**绘声绘色**地用上面这段话表述出自己对东海的第一印象。
357	独立自主	그들은 또 생산을 위해 몸을 던지고 **자주적이고 독립적으로 거침없이** 자신의 삶을 개척해 나간다.	有的为了生产活动舍身取义，还有的**独立自主**地开拓自己的人生。
		자주적이며 자립적인 한국 미술의 형성	他主张**独立自主**的韩国美术流派，并

NO	成语	韩语句子/不对应之词或词组	汉语句子/*汉语成语
		론을 주장한 그는 앞 시대의 전통이 오늘날 한국화로 이어져 왔고 앞으로도 이어져 나가리라 보았다.	认为以往的传统衍生了现今的韩国画, 未来仍将生生不息。
358	海市蜃楼	강은 **신기루**처럼 사라지기 전 거대한 늪지대를 만들었다.	奥卡万戈河在像**海市蜃楼**一样消失之前, 形成了巨大的湿地。
		아무리 멋있는 환상이더라도 지루한 일상과 길항(拮抗)하지 못한다면 **신기루**에 불과할 따름이다.	如果不能跟无聊的生活对抗, 即使再美妙的幻想, 充其量也只是一个**海市蜃楼**。
359	赫赫有名	상품화되어 유명해진 경주의 경주 법주도 12대 만석꾼 집의 제사에 올렸던 제주로서 **그 명성이 자자하던** 술이다.	已经商品化的庆州名酒庆州法酒, 原先是十二代富豪家族**赫赫有名**的祭酒。
		지난 12년간 상하이국제아트페스티벌의 메인 공연에 초대받았던 단체로는 러시아의 키로프발레단, 영국의 로열발레단, 대만의 클라우드 게이트무용단, 프랑스 국립교향악단, 주빈메타와 이스라엘 필하모닉 오케스트라 등이 있다.	在过去的十二年中, 应邀在上海国际艺术节上担此重任的都是国际上**赫赫有名**的艺术团体, 例如俄罗斯的基洛夫芭蕾舞团、英国的皇家芭蕾舞团、中国台湾的云门舞集、法国国立交响乐团以及祖宾·梅塔和以色列爱乐乐团等。
360	刮目相看	인기영합주의라고까지 할 수는 없다 해도 예술적 수준에서 **과히 괄목할 수** 없는 공연들이 이어졌는데, 거기에는 〈빌헬름 텔〉이나 〈죄와 벌〉 같은 공연이 들어있다.	不能说这完全为了迎合大众喜好, 但就艺术水平而言, 有些演出确实不那么令人**刮目相看**, 如《威尔海姆泰尔》和《罪与罚》等。
		1년에 불과한 짧은 시간에 그의 기력에는 **괄목상대**(刮目相對)**할만한** 발전이 있었습니다.	在不到一年的时间里, 他的棋力令人**刮目相看**。
361	错落有致	당시의 문양을 총망라하여 그릇 안팎을 꽉 채웠으며 문양 구성이 **단으로 되어** 조금 인위적이고 복잡한 감이 있다.	器皿内外汇集了当时所有的饰纹, 构图**错落有致**, 层次分明, 略有人为复杂之感。
		몸체 상부에는 멀리 보이는 나지막한 토산(土山)과 하늘을 나는 기러기의 모습까지 **아기자기하게** 묘사하였다.	画面上方一座矮山隐约可见, 天空中飞着大雁。 整幅画**错落有致**, 别有情趣。
362	交口称赞	로맨스 만화로 **최고의 인기를 구가하던** 어느 날, 김동화는 당시 크게 인기를 끌던 월간 어린이 만화 잡지 〈보물섬〉에 낯선 만화 한 편을 발표한다.	当浪漫爱情漫画受到**交口称赞**之时, 金童话却在当时极为抢手的儿童漫画杂志《宝岛》上发表了一部面貌全新的漫画作品。
		한여름 폭염 속에 열이레 동안 집중해서 그렸다는 37점의 아크릴화와 붓글	他的三十七幅合成树脂画和毛笔书法作品、禅画系列据说是在十七天的时

NO	成语	韩语句子/不对应之词或词组	汉语句子/*汉语成语
		씨 및 선화(禪畵) 계열의 그림들은 아마 추어의 여기(餘技)를 넘어서는 솜씨로 보는 이들의 **탄성을 자아낸다**.	间里一气呵成的，当时正值三伏酷暑。 这些作品手法娴熟，已超越了作为一个业余爱好者的水平，受到观众**交口称赞**。
363	从头到尾	**머리부터 꼬리까지** 생김새가 반듯하고 비늘이 뚜렷하니 생선 중 가장 잘 생겼다고 하며 특별한 때에 토막 내지 않고 생긴 모양 그대로 살려 요리한다.	鲷鱼**从头到尾**都很漂亮，鱼鳞色彩鲜明，被誉为最美的鱼。 在特殊的日子里，人们做鲷鱼菜肴是整尾，而不是切段烹制，或清蒸或烤制。
		미카는 지난 9월 20일의 세 번째 내한 공연 직전 기자와 한 이메일 인터뷰에서 "한국 공연은 **처음부터 마지막까지** 파티 같았다.	在2011年9月20日的第三场演唱会前夕，他在一次邮件采访中表示："在韩国的演出**从头到尾**都像一场狂欢，
364	从天而降	수로왕은 **하늘에서 내린** 알에서 태어난 신비스러운 인물이다.	首露王是一位传奇人物，据传诞生于**从天而降**的神卵。
		강 준위가 가장 기억에 남는 일은 1988년 88서울올림픽 개막식 때 잠실 올림픽 주경기장으로 **뛰어내린 것이다**.	姜准尉最难忘的是1988年首尔奥运会开幕式时在首尔蚕室奥运会主会场**从天而降**的经历。
365	从容不迫	그리고 그것이 **느린** 사람들의 진짜 힘인지도 모른다.	但是，仍有许多人面对变化还是**从容不迫**。
		브노아 드 라 당스 수상 이후 처음 선 국립발레단의 〈돈키호테〉 공연 때 그가 춤춘 키트리 역은 최고였다.	她**从容不迫**，挥洒自如地用身体和心灵演绎了基特里亚的感情。
366	粗制滥造	'처음에 장인(匠人)이 **거칠게 물건을 만들자** 백성들이 (물건을 함부로 대하며) 거칠게 일했다.	起初，工匠们**粗制滥造**，百姓们使用时也不知爱惜。
		만일 한국의 장인이 기술이 좋지 않은데 대충 하면 하치의 물건이 나오지만 높은 기술을 갖고 **대충 한다면** 일본이나 중국의 예술가들이 따라올 수 없는 작품을 만들어내기도 한다.	假如韩国匠人技术差而又**粗制滥造**，自然只能做出粗劣的东西。 但是，如果他们技术精湛，即使制作过程中不足够精雕细刻，也能创造出令中日匠人望尘莫及的作品
367	绞尽脑汁	때문에 영화 제작자들은 **골머리를 썩이겠지만**, 한국 영화의 미래를 위해 아주 긍정적이라고 한다.	所以电影制作者必须**绞尽脑汁**。 这对韩国电影的未来具有积极意义。
		여느 감독들이 어떤 이미지를 만드느냐를 고민할 때 홍상수 감독은 살면서 마주한 수많은 경험의 조각들을 어떻게 배열해 어떤 의미를 만들지를 **고민한다**.	当其他导演为塑造何种形象而**绞尽脑汁**时，洪尚秀导演却在苦心思索如何将曾经历过的生活碎片进行组合排列，然后赋予其某种意义。

NO	成语	韩语句子/不对应之词或词组	汉语句子/*汉语成语
368	传为佳话	왜 에베레스트산에 오르고 싶으냐는 질문에 영국의 탐험가 조지 말로리(George Mallory)가 "거기에 있으니까(Because it's there.)"라고 대답했다는 **유명한 일화가 있다.**	"当被问及攀登珠穆朗玛峰的原因时,英国探险家乔治马洛里回答说""只因为它在那里","后来被世人**传为佳话**。"
		공간에 대한 이러한 이해가 극작과 연출을 겸했던 이윤택과의 호흡을 고르게 하면서 희곡과 무대가 거의 동시에 만들어지는 **새로운 감회를 낳게도 한다.**	由于辛仙姬对空间有着这般深刻的理解,于是跟剧作家兼导演李润泽合作时一拍即合,做到剧情与舞台同时展开,此事至今**传为佳话**。
369	合而为一	삶과 죽음, 평화와 전쟁이 이들 천사 군인의 몸에서 **하나로 피어난다.**	生与死、和平与战争在这些天使士兵的身上**合而为一**。
		그만큼 갓은 쓰는 사람의 태도와 함께 만드는 사람의 정성이 **하나로 묶여** 완성되었던 것이다.	"这种纱帽是戴帽子人的态度和制作帽子人的精诚**合而为一**完成的。"
370	焕然一新	그러나 아름다운 음악을 듣고 마음이 펴졌을 때, 밖으로 나오면 세상이 **달라져 있습니다.**	可是,听到美妙的音乐,身心舒展开来,出了门也会感到天地**焕然一新**。
		천 몇 장만으로도 큰 돈을 들이거나 공간을 부수지 않고 **다른 공간을 연출할** 수 있는 것이 바로 소프트 인테리어의 힘이다.	区区几块布料既不花很多钱,又不使房间"伤筋动骨"将其装扮得**焕然一新**这就是软装饰的力量。
371	得心应手	제 몸에는 좋은 도자기를 만들어온 조선 도공의 유전자가 들어있습니다.	我的身体中有朝鲜陶艺工匠的遗传基因,这使我对制作陶瓷精品**得心应手**。
372	德高望重	하지만 선생님처럼 **연세도 있고 이름난** 만화가가 이렇게 직접 정성스럽게 만화를 그려서 직접 가져온 건 처음이다라고 하더라.	而像我这样**德高望重**的漫画家,认真创作并亲自登门送稿的还真是破天荒头一遭。
		"경연은 임금이 **학식과 덕망이 높은** 신하를 불러 강론하게 하는 자리로, 여기에 참관한 사관이 그 내용을 기록한 것이 경연일기이다."	"所谓""经筵""就是在朝鲜王朝时期,国王叫来**德高望重**、学识渊博的大臣讲经论道,这个时候,史官也要参加,并记录下经筵的内容。"
373	大街小巷	이제는 한국의 **길거리를** 제대로 돌아다니지 못할 정도다.	现在,几乎到了没办法逛韩国的**大街小巷**的程度。
		우선 그는 많이 읽고 보고 걸어 다닌다(특별한 일이 없으면 그는 도서관에서 잡지를 읽거나 하릴 없이 도시의 **이곳저곳을** 돌아다니기를 좋아한다).	读万卷书行万里路是金基德创作电影的一种方式。平时没有特别的事情,他就到图书馆翻阅各种杂志,或者穿梭于城市的**大街小巷**,

NO	成语	韩语句子/不对应之词或词组	汉语句子/*汉语成语
374	大兴土木	때마침 그 해 11월 7일에 시민회관이 별도로 개관됨으로써 국립극장은 4년간의 셋방살이를 면하게 되었고, 이를 계기로 15년간 거의 보수를 하지 않고 써온지라 낡고 불편해진 극장 건물은 객석, 무대, 냉난방시설, 화장실, 로비 등에 대한 **일대 보수공사를 거쳐** "깨끗하고, 춥지 않고, 덥지 않은" 국립극장으로 탈바꿈되었다.	恰好, 同年11月7日, 市民会馆另择新所。 于是, 国立剧场总算结束了四年的租房生活。 过去十五年里, 这幢建筑因几无修缮而变得陈旧和不方便, 正好利用这个机会**大兴土木**, 对观众席、 舞台、 冷暖气设备、 卫生间和大厅等进行新。 国立剧场旧貌换新颜, 变得 "干净、 不冷也不热"。 国立剧团也由此获得动力, 重新扬帆启航。
		특히 **대규모 신축시설의 조성보다는** 유휴시설이나 역사적 가치를 가지고 있는 건물들을 재활용하여 새로운 문화공간으로 탈바꿈시키는 것이 도시 활성화의 주요한 수단으로 각광받고 있는 것이다.	特别是, 它不是**大兴土木**新建设施, 而是对那些闲置设施或具有历史价值的建筑物进行改造, 使其变成新的文化空间。 这已成为增加城市活力的主要手段, 各地在纷纷效仿。
375	大相径庭	그것은 이들의 행위가 한국 사회의 오래된 문화 전통에서 그 유례를 찾아보기 힘든 것이며 각 시대마다 있었던 젊은 세대 문화 중에서도 **가장 독특하다는** 점이다.	事实上, 快闪党心态的根源在传统文化中是很难找到的, 而且与不同时代出现过的青年文化也**大相径庭**。
		그릇 안과 밖을 모두 문양으로 가득 채웠으며 문양은 주문과 종속문이 있으며 뚜껑에는 종속문이 4단이고 대접에는 3단이다.	花纹本身和纹案均与以前**大相径庭**。 花纹又有主次之分。 顶盖有次花纹四层, 钵体上有三层。
376	参差不齐	건원릉의 봉분 위에는 잘 깎여진 잔디풀이 아니라 **거치른** 억새풀이 자라고 있는데 이는 고향 함흥에 묻히기를 원했던 태조를 동구릉에 모시게 되자 고향의 억새풀을 봉분에 얹었기 때문이다.	健元陵坟冢上种的不是修剪整齐的草皮, 而是**参差不齐**的毛草。 这是因为太祖本人希望身后回故乡咸兴安葬, 后来他被安葬于东九陵, 于是就在他的坟冢上种了家乡咸兴的毛草。
		전주 태극선은 단오 때 진상되었던 귀한 것인디 태극이 **들쭉날쭉헌** 거지요.	全州太极扇曾是端午贡品, 但太极图案却画得**参差不齐**。
377	不知去向	검은 색 등산용 상의를 똑같이 입고 왼쪽 팔에 태극기 마크를 또한 똑같이 붙이고 있었던 30명 남짓한 중년의 일행도 어느새 **사라지고 없었다**.	"就连其中格外显眼的一队中年男子也已然**不知去向**。 他们共有三十多人, 穿着统一的黑色登山服, 左臂上都贴着太极旗标志,"
		백화점의 붕괴와 함께 R은 **실종되고**, 그녀에게는 어느 날 R이 주었던 R의 방 열쇠가 남겨진다.	百货店垮塌, R**不知去向**, 留给她的是某一天R递给她的R房间的钥匙。
378	不可开交	그의 손은 **쉴 새 없이** 바쁘게 움직였다.	巴里经常忙碌得**不可开交**。

NO	成语	韩语句子/不对应之词或词组	汉语句子/*汉语成语
		사고 이후 환경운동연합 시민대책단 현장상황실은 **쉴 틈 없이** 바쁘게 움직였다.	事发以后，环境运动联盟市民对策团现场状况室忙得**不可开交**。
379	包罗万象	방위뿐만 아니라 **삼라만상** 우주의 이치를 밝혀주는 우리네 전통 나침반, 윤도(輪圖)를 만들며 외길인생을 걸어온 윤도장 김종대(중요무형문화재 제110호) 선생이다.	罗盘是我们的传统指南针，它不仅为我们指示方位，更指明了**包罗万象**的宇宙原理。罗盘制作匠人金钟台先生（第一一0号重要无形文化遗产传人）一生从事罗盘制作。
		삼라만상(森羅萬象) 우주를 거시적으로 바라보면 자신은 그저 신의 창조물을 모방하는 것에 지나지 않을 뿐이라 믿기 때문이다.	因为他坚信，放眼**包罗万象**的宇宙，自己只是在模仿神的创造而已。
380	毕恭毕敬	여러 신께서 앞에서 옆에서 보고 있다는 걸 알기에 정신을 집중해 **공손함을** 다해 절을 올릴 때 어깨에 스르르 얹히는 그분들의 무게를 실감합니다.	我们知道众神都在瞩目，因此必须全神贯注、**毕恭毕敬**，行礼时能够感觉到他们的份量，令人肃然起敬。
		이 여자의 말씨와 몸가짐은 수줍게도 **공손했고**, 여성적인 섬세함으로 잘게 무늬 잡혀 있었다.	这个女人的口气和举止腼腆而**毕恭毕敬**，散发出女性特有的纤细。
381	不择手段	둘째로 전쟁에 참여한 사람들은 전쟁에 **수단과 방법을 가리지 않고** 이겨야 하기 때문에 무자비하고 잔혹한 야수성을 드러냄으로써 인간의 존엄성을 상실하게 된다.	其次，参与战争的人为了胜利会**不择手段**，暴露出残酷的野性，丧失了人的尊严
		일본은 대장경 간행자체는 실패했으나 조선에 와서 **온갖 강짜를 부려** 초조본을 얻어가고 중국 한국의 인출본과 필사본 등을 종합해 한 벌의 대장경으로 보존해왔습니다.	"当时，日本在大藏经的印刷方面没有成功。但是，到了朝鲜王朝时期，日本**不择手段**获得了高丽初雕大藏经刻印本，又将中国和韩国的印刷本和手写本大藏经进行综合，保存了一套大藏经。"
382	不足为奇	따라서 이 지역에 상당수의 종가 박물관이 있는 것은 **놀라운 일이 아니다**.	因此，在这里有许多宗家博物馆也**不足为奇**。
		한국의 대도시 주위에 산이 많다는 사실을 생각해 보면 등산이 전국민적인 취미가 되는 것이 **이상한 일이 아니다**.	考虑到韩国大城市周围多山的事实，登山会成为全体国民的爱好也就**不足为奇**了。
383	不堪回首	그녀가 일본인 관광객들에게 일제 침략이 남긴 **부끄러운** 역사를 잊지 않고 들려주는 까닭이다.	正因如此，她才觉得对日本游客客观讲述这段**不堪回首**的侵略历史真相是义不容辞的责任。
		특히 과거에 대한 기억이 고통스러운 것이기에 잃는 것이 나쁘지 않다고 여	人们甚至认为过去是一段**不堪回首**的痛苦回忆，因此失去这段记忆未尝不

NO	成语	韩语句子/不对应之词或词组	汉语句子/*汉语成语
		겨 왔다.	是一件好事。
384	不约而同	**누가 먼저랄 것 없이** 일제히 '떼창'을 시작했다.	音乐传出，全场观众**不约而同**地开始了大合唱。
		독일이 자랑하는 슈투트가르트발레단(Stuttgart Ballet)의 〈로미오와 줄리엣〉(Romeo and Juliet) 공연이었는데, 공연이 끝나고 커튼 콜이 시작되어 줄리엣 역을 맡은 프리마 발레리나가 무대에 등장하자 객석을 가득 메운 1500여 명의 관객들은 **너나 할 것 없이** 일어나 기립박수를 보냈다.	演出结束后，主演朱丽叶的芭蕾女演员返台谢幕。此时，在座无虚席的剧院里，近一千五百名观众**不约而同**地起立鼓掌。
385	百花齐放	게다가 **온갖 꽃이 만개(滿開)하는** 봄의 한 가운데에 그런 죽음의 풍경을 배치함으로써 얻어지는 장면의 힘 또한 소설적으로 강력하다.	加上在**百花齐放**的春天里，展现死亡的风景，从小说美学的角度而言，其效果不言而喻。
		매년 여름 앞산에 **야생화들이 흐드러지게 필 때는** 사진가들이 단체로 이곳을 찾아와 비경을 담아가기도 한다.	一到夏天，这里**百花齐放**，成群结队的摄影家们聚集到这里用镜头记录这一美景。
386	比肩而立	특히 2006년부터 파리의 봉 마르쉐(Le Bon Marche) 백화점 1층 남성복 매장에서 미우미우(Miu Miu), 헬무트 랭(Helmut Lang), 마르니(Marni), 닐 바렛(Neil Barrett) 등 세계적인 브랜드와 **나란히 팔리고 있고**, 현재까지 아주 성과가 좋다는 점은 주목할 만하다.	特别是在巴黎玻玛榭百货一层男装销售部里，"禹英美"从2006年起与缪缪、赫尔穆特朗、玛尼、尼尔巴雷特等国际品牌**比肩而立**，迄今已取得很不错的销售业绩。
		프랑코 제피렐리가 연출하고 브루노 바르톨레티가 지휘한 이 앨범에서 테너 마르셀로 알바레스 바리톤 로베르토 세르빌레 등과 때론 각축하고 화합하면서 화려한 성격을 지닌 무제타 역을 열연하고 있는 홍혜경의 모습을 보고 있노라면, 새삼 세계 최고의 가수들과 **어깨를 나란히 하며** 열연하고 있는 그녀가 무척 자랑스럽게 느껴진다.	在这场由佛朗哥泽菲雷利导演，布鲁诺巴托雷蒂指挥的演出中，洪惠卿饰演的穆塞塔与男高音马塞洛阿尔瓦雷斯、男中音罗伯托塞维尔时而交锋，时而融和，呈现出华丽饱满的性格。当你看到她与世界顶级歌手**比肩而立**，热情表演时，会感到无比地自豪。
387	惨绝人寰	남과 북 그리고 지원국들의 희생을 합쳐 4백만 명 이상의 사상자를 낸 그 **끔찍한** 전쟁은 온 나라가 같이 겪은 참사이기에 따로 얘기하지 않아도 좋을 법하다.	半岛南北对决三年，双方及各自支援国的伤亡人数合计超过四百万。对于这场整个国家经历的**惨绝人寰**的战争就不必多说了。

NO	成语	韩语句子/不对应之词或词组	汉语句子/*汉语成语
		"62년 전, 현대사의 **대참극** 제주 4.3 (1948-1954)의 회오리가 몰아쳤다."	六十二年前, 济州 "四三"(1948~1954年)旋风席卷全岛, 那是现代史上一场**惨绝人寰**的悲剧。
388	别有风味	비빔밥이나 한정식이 관광객에게 인기 있는 메뉴라면 토박이에게 사랑받는 실속 **별미는 따로 있다**.	如果说拌饭和韩式传统套餐在游客当中受欢迎的话, 那么深受本地人喜爱的则是**别有风味**的实惠饮食,
		파산적은 주요 재료인 파와 소고기에 다른 재료를 추가하여 **다양한 색과 맛을 지닌** 산적으로 다시 태어나기도 한다.	牛肉葱烤串的主要材料是葱和牛肉, 在此基础上再加入其他材料, 又增添了一种色彩多样、**别有风味**的烤串。
389	不能自拔	가구회사에 다니면서 도료를 알게 되고 옻칠에 **빠지게 되었으니** 칠예가는 어쩌면 그의 운명이었는지도 모른다.	在家具公司上班使他有机会接触到涂料, 从此醉心于漆艺而**不能自拔**, 或许, 漆艺家正是他的宿命。
		패배주의에 **사로잡힌** 선수들에게 'NO FEAR'(두려움은 없다)를 주입시켜 '자신감 야구'를 이끈 로이스터는 구세주였다.	面对陷入挫败感而**不能自拔**的乐天巨人, 罗伊斯特成功地引导球员们战胜恐惧, 树立自信, 堪称是球队的救世主。
390	不遗余力	어디 그뿐인가? 그와 함께 밤샘을 마다 않고 책을 만들던 편집부에는 황현산(黃鉉産 Hwang Hyeon-san) 현 고려대 교수와 소설가 김원우(金源禑 Kim Won-u) 씨 등이 포진해 있었으니, 그야말로 당대의 내로라하는 문사들이 즐비했던 막강 진용이 아니었겠는가? 그렇게 오역본이 허다하던 때에 단 한 권의 충실한 번역본을 위해 **노력을 아끼지 않았던** 그는 과감하게 번역료 인상을 시도해 번역의 질을 한 단계 높이는 데에도 앞장섰던 뛰어난 에디터였다.	不仅如此, 与他一起熬夜编书的编辑部人员还有高丽大学现任教授黄铉产、小说家金源G等, 聚集了一批当代首屈一指的文人墨客, 真可谓阵容强大。当时翻译质量很差, 误译滥译比比皆是, 为了译出忠实于原著的译本他**不遗余力**, 果断尝试提高翻译稿酬, 在提高翻译质量方面起到了带头作用。
		따라서 나는, 그 동안 그래왔던 것처럼, 앞으로도 한국과 프랑스라는 두 나라가 더욱 더 가까워지고, 서로를 더 잘 이해할 수 있도록, **노력을 아끼지 않는**, 수 많은 모래알 중의 하나가 되기로 결심했다.	所以今后我会一如既往, 继续**不遗余力**地致力于拉近韩法两国关系, 增进两国间的相互理解。
391	不厌其烦	동네 꼬마가 도자기를 만들고 싶다고 찾아오면 **질릴 때까지** 가르쳤다.	小区里的孩子们来找他学习制作陶瓷, 他也**不厌其烦**地教他们。
		그는 "625전쟁의 경험이 없었으면 내가 소설가가 되지 않았을지도 모를 정도로 나는 전쟁 경험을 **줄기차게** 우려먹었고, 앞으로도 할 말이 얼마든지 더	她本人曾这样说过: "我**不厌其烦**地描述了自己的战争经历, 如果没有'六二五'战争, 我恐怕无法成为小说家, 而且我总觉得今后也永远写不完。

NO	成语	韩语句子/不对应之词或词组	汉语句子/*汉语成语
		남아 있는 것처럼 느끼곤 한다."고 고백한다.	
392	不屈不挠	축구를 직업으로 하는 거의 모든 선수들의 발이 아마도 이와 같은 상태이겠지만, 그러나 다름 아닌 박지성의 발이라는 점에서, 한국인들은 피나는 노력과 **몸을 사리지 않는** 투지를 연상하며 박지성의 성취를 다시 한번 깊이 생각한다.	也许职业足球运动员的脚都是这样吧，但当我们想到这是朴智星的脚的时候，我们不禁会联想到韩国人努力拼搏的精神和**不屈不挠**的斗志，从而让我们再一次深深地感悟朴智星的成功。
		어둡고 고된 삶의 그늘 속에서도 **굴하지 않고** 자식들을 보듬으며 보이지 않는 눈물을 술하게 흘렸을지도 모를 어머니의 삶이 꼭 그와 같은 것이다.	在阴暗艰苦的生活阴影下**不屈不挠**，为了孩子们心里留下无数眼泪，这就是母亲的人生。
393	变化多端	가급적 직선을 버리고 곡선을 택한 길, 길 속에 많은 길이 담겨 있어 이들이 **살아 수시로 변화하는** 길이 나들길인 것 같다.	尽量避开直线，选择曲线；路中有路，**变化多端**这就是散步路。
394	安然无恙	이어서 1950년의 한국전쟁 때는 해인사에 있던 빨치산을 폭격하도록 명령받았지만 한 공군대령의 슬기로운 판단으로 다른 곳에다 기관총 사격만 하여 **위기를 넘겼다.**	第二次危机出现在1950年"六·二五"战争时期，上级命令空军轰炸当时驻扎在海印寺的游击队，其中的一位空军大校灵机一动，只在其周围进行了扫射，经版**安然无恙**。
		그러나 이 산골의 자연이 겉보기만큼 **안전하다**고 말하기는 어렵다.	然而，山谷中的自然也并不像表面看起来那样**安然无恙**。
395	不言而喻	게다가 온갖 꽃이 만개(滿開)하는 봄의 한 가운데에 그런 죽음의 풍경을 배치함으로써 얻어지는 장면의 힘 또한 소설적으로 **강력하다.**	加上在百花齐放的春天里，展现死亡的风景，从小说美学的角度而言，其效果**不言而喻**。
		이 교수는 일러스트레이션은 그림책을 보는 어린이들이 최초로 접하는 이미지이므로 중요성이 **크다고 강조한다.**	"李教授强调，插图""是阅读""册的儿童接触的第一种形象媒体，其重要性是**不言而喻**的。"
396	闭关锁国	따라서 **쇄국을** 고집하는 '은둔의 왕국'의 의지를 시험하기 위한 제국주의 국가들의 모험이 감행되었다.	为了试探这个顽固坚持**闭关锁国**政策的"隐者之国"的意志，帝国主义列强们开始了冒险行动。
		조선 정부의 **쇄국** 의지가 워낙 강했기 때문이었다.	因为朝鲜政府**闭关锁国**的意志实在太坚定了，他们只好作罢回国。
397	不计其数	6백년간 **무수한** 인물들이 이 터에서 살고 활동했다.	六百年间，有**不计其数**的人物在这里生活过。

NO	成语	韩语句子/不对应之词或词组	汉语句子/*汉语成语
		아침에 일어나 잠자리에 들 때까지 **수많은** 브랜드에 노출되고 이를 소비하면서 살아간다.	从清晨起床到夜晚入睡，人们要面对**不计其数**的品牌，并要消费它们。
398	不相上下	한편 한국 여성이 국제사회에서 차지하는 지위는 63위인데 반해 여군 지위는 **세계 최고 수준이라는 주장이 제기되었다.**	按照联合国发展计划署发布的性别赋权指数，韩国女性地位在全世界仅仅排名第六十三位，而女兵的地位却与世界发达国家**不相上下**。
		장흥에서 키우는 소의 수와 주민의 수가 **같아졌다.**	与当地饲养的牛的数量**不相上下**。
399	安营扎寨	김종대 선생의 백부 고 김정의 선생은 빼어난 품질의 윤도를 만든다고 소문이 자자해, 평안도함경도에 이르기까지 팔도에서 사람들이 찾아와서 사랑방에 **진을 치고** 윤도를 사갔다고 한다.	金钟台先生的伯父金正义先生手艺精湛，制作的罗盘因质量上乘而声名鹊起。人们纷纷从全国各地前来登门求购他制作的罗盘，有的甚至从遥远的平安道、咸镜道等地赶来，等着购买罗盘的人们甚至在他家里**安营扎寨**。
		서울에서 자동차로 두 시간 반 거리밖에 안 떨어져 있지만 자연환경이 잘 보존되어 두메산골의 기운을 느낄 수 있는 이곳에 **자리잡은 게** 십 년 전이다.	"这里距首尔只有不到两个半小时的车程，但是环境保护得很好。这里可以感觉到偏僻山村的自然气息。十年前，他就决定在这里**安营扎寨**。"
400	出神入化	색의 달인으로는 **거의 신의 경지에 이른** 그녀이지만 환상을 조작하는 데는 한층 뛰어나다.	她堪称色彩大师，技巧**出神入化**，但她在创造和展现幻想上更加卓绝。
		조선시대 회화의 새로운 경지를 개척한 그의 화풍에 대해 조선 중기 최고의 서화평론가였던 남태응(1687-1740)은 "앞 시대 사람의 자취를 뒤따라 밟은 것이 아니라 형식에 구속받지 않고 **자기 마음대로 법도를 초월해 나간** 신필(神筆)"로 높이 평가한 바 있다.	他的画风开创了朝鲜王朝时代绘画的新境界，朝鲜王朝中期最负盛名的书画评论家南泰鹰(1687~1740)曾予以高度评价，称之为：不沿袭前代画风，不拘泥于形式的**出神入化**之神笔。
401	出言不逊	장훈 선수도 난투극에 참가했는데 일부 관중들이 흥분한 나머지 장훈 선수더러 "조센진! 나가라!"라고 몇 번이나 **욕을 퍼부었다.**	当时张勋也参与了打斗，一些观众激动之余屡次对张勋**出言不逊**："朝鲜人滚出去。
402	川流不息	길 양쪽은 주택가이다가 지난 몇 년 새 온통 상가로 바뀐 채 끊임없이 지나는 차와 인파**로 북적인다**.	街的两旁原来是住宅区，这几年大都变成了商铺，拥挤的车流和人流在这里**川流不息**。
403	传宗接代	종손의 임무는 선조들의 위패를 받들어 제례를 받들고 **아들을 낳아 대를 잇는** 일이다.	宗孙的任务是供奉祖先牌位、主持祭礼，还有**传宗接代**。

NO	成语	韩语句子/不对应之词或词组	汉语句子/*汉语成语
404	**垂头丧气**	그러나 자신이 소유한 모든 것을 구태의연한 것으로 치부하는 그녀는, 한때는 영재인 줄 알았지만 지금은 **무기력한** 실업자 대열에 합류한, 강남 여자 이전에 한국 사회 어디서나 흔히 만날 수 있는 평범한 여성이다.	妈妈收到花之后，也是春风满面。两条干黄花鱼的鱼身呈黄褐色，令人垂涎欲滴。然而，她把自己拥有的所有东西看成是蹈常袭故的，过去自以为是英才，如今却是一个**垂头丧气**的失业者，是一个在韩国社会到处可以遇到的普通女人。
405	**垂涎欲滴**	그러나 자신이 소유한 모든 것을 구태의연한 것으로 **치부하는** 그녀는, 한때는 영재인 줄 알았지만 지금은 무기력한 실업자 대열에 합류한, 강남 여자 이전에 한국 사회 어디서나 흔히 만날 수 있는 평범한 여성이다.	妈妈收到花之后，也是春风满面。两条干黄花鱼的鱼身呈黄褐色，令人**垂涎欲滴**。然而，她把自己拥有的所有东西看成是蹈常袭故的，过去自以为是英才，如今却是一个垂头丧气的失业者，是一个在韩国社会到处可以遇到的普通女人。
406	春风满面	그러나 자신이 소유한 모든 것을 **구태의연한** 것으로 치부하는 그녀는, 한때는 영재인 줄 알았지만 지금은 **무기력한** 실업자 대열에 합류한, 강남 여자 이전에 한국 사회 어디서나 흔히 만날 수 있는 평범한 여성이다.	妈妈收到花之后，也是**春风满面**。两条干黄花鱼的鱼身呈黄褐色，令人垂涎欲滴。然而，她把自己拥有的所有东西看成是蹈常袭故的，过去自以为是英才，如今却是一个垂头丧气的失业者，是一个在韩国社会到处可以遇到的普通女人。
407	出人意外	**그러나** 작았다.	但眼前的延坪岛却是**出人意外**的小，
408	绰绰有余	승선교의 다리 폭은 약 3.6미터로 두 사람이 스쳐 **지나가기에 충분하다.**	升仙桥宽三点六米，两人并排走过**绰绰有余**。
409	出类拔萃	슈투트가르트발레단은 "존 크랭코 안무의 대표적인 작품에서 특별한 해석과 **뛰어난** 예술성으로 작품을 빛낸 강수진 씨에게 경의를 표한다"고 수상 이유를 밝혔다.	斯图加特芭蕾舞团授予其奖项的理由是："姜秀珍在约翰克兰科编舞的代表作中，以别具一格的诠释和**出类拔萃**的艺术性令作品大放华彩，谨致敬意。
410	此时此刻	이 책의 부제는 '서울, **지금** 여기 우리 삶의 풍경'이다.	该书的副标题为"首尔，我们**此时此刻**的生活风景"。
411	出口成章	그녀는 흔치 않게 **글도 잘 쓰는** 연주가이다.	她是一位少见的**出口成章**文笔优美的歌唱家。
412	聪明伶俐	아이의 자태가 훌륭하여 데려다 길렀는데 **총명하므로** 알지라 하고 금궤에서 나왔다 하여 성을 김씨라 했다.	因为男孩姿容拔萃，就把他带回家抚养。又见他**聪明伶俐**，就给它取名阏智。因为他从金柜里出来，就把金作为他的姓氏。
413	粗茶淡饭	**소박한 밥 한끼라도** 어떤 그릇에 담아 먹느냐에 따라 성찬이 될 수 있다.	即便是**粗茶淡饭**，由于使用的餐具不同，也会变成精馔盛宴。

NO	成语	韩语句子/不对应之词或词组	汉语句子/*汉语成语
414	不合时宜	그러나 이번 전시를 보면서 '비운'이라는 단어는 권진규를 평가하는 데 **더 이상 유용하지 않다**는 생각을 했다.	但是，看了这次展览后，以"不幸"来评价权镇圭恐怕**不合时宜**了。
415	错综复杂	이렇게 서로 다른 감정들이 **교차하면서** 무중력 상태의 캡슐 속에서, 인간이라는 존재는 반복되는 노래 가사처럼 평범한 일상으로부터의 일탈과 그 일탈이 주는 두려움 사이에서 언제나 흔들리는 화면처럼 불 안정하다.	这些**错综复杂**的感情交织，一起处于无重力状态的胶囊状空间之中。正如反复播放的歌词所唱，从日常平凡生活中逃逸，逃逸却带来了恐惧感，人类总在两者之间摇摆不定，像抖动的画面一样，充满了不安定感。
416	大慈大悲	조성한 지 오래지 않은 이 절은 암반을 깎은 터에 관음전(觀音殿)을 앉혔는데, 그 **자비로운** 관세음보살(觀世音菩薩)의 집 뒤편에 길게 누운 바위에는 용각류의 발자국들이 일곱 점 찍혀 있다.	寺院的历史并不久远，人们在平坦的岩面上修建了观音殿。在**大慈大悲**观世音菩萨寝宫背后的长条形岩石上，散落着七处龙脚类恐龙的脚印化石。
417	大打出手	내가 관람했던 장훈이 출장한 어느 야구시합에서 두 팀이 빈볼 시비로 **난투극을 벌였다**.	有一次，我观看一场有张勋出场的棒球比赛，比赛中两队因击中击球手头部的球产生纠纷并**大打出手**。
418	大刀阔斧	아르코는 전통적으로 스페인어권 현대미술을 미국과 유럽의 더 큰 시장에 소개하는 역할을 해왔는데, 루데스 페르난데스(Lourdes Fernandez)가 조직위원장을 맡으면서 **일대 혁신**을 꾀하고 있다.	马德里国际当代艺术博览会最早致力于把西班牙语文化圈的现代美术推向欧美市场，洛尔德斯费尔南德斯担任总监以来进行了**大刀阔斧**的改革。
419	大喊大叫	꿩이 찢기고, 사람덜은 **고함 지르고**, 매는 날아가고, 귀경이 그런 귀경이 없어." 돌아가신 전영태 선생이 오래 전에 들려주었던 이야기다.	野鸡吓得乱跑，人们**大喊大叫**，老鹰在天上飞，没有比这再热闹的了。
420	大惊小怪	사실 볼펜 돌리기는 입시 교육에서 해방되고자 하는 청소년들의 심리가 배어 있는 행동이기에 **별로 놀랄 일은** 아니었다.	其实，转笔这种行为映射出的是青少年们希望从应试教育中解放出来的心理，并不值得**大惊小怪**。
421	大器晚成	1970년 불혹의 나이(40세)로 **늦깎이 등단을 한** 그는 40년간 끊임없이 치유와 위로의 글쓰기를 계속해 왔다.	1970年，年届不惑的朴婉绪**大器晚成**，初登文坛，四十年来一直坚持创作疗伤文学。
422	按部就班	충분한 시간을 두고 **차분하게 계획하여 추진하기** 보다는 일단 판을 벌이고 보는 성급함, 일을 추진하면서 생기는 착오들은 그 때 그 때 민첩하게 수정하고 땜질하는 탁월한 임기응변에 휴대 전화는 (인터넷과 함께) 안성맞춤이다.	韩国人性子急，不愿游刃有余地**按部就班**，而是先下手为强，并能在推进过程中，随时敏捷地修正或补充出现的错误。这种随机应变的性格与手机(还包括互联网)堪称绝配。

NO	成语	韩语句子/不对应之词或词组	汉语句子/*汉语成语
423	大同小异	이전 무대의 김갑수(Kim Kap Soo 金甲洙)와 강신구(Gang Sin-gu) 그리고 새 무대에 오른 정보석(Jeong Bo Seok 鄭寶石)의 얼굴이 **겹쳐져서 보이는** 아쉬움 같은 게 있었다.	另外，还存在其他缺憾，如这次出演新剧的郑宝石和改编之前出演主人公的金甲洙、姜信求扮**相大同小异**等。
424	大言不惭	당시 한국 피겨 선수는 50명이 넘지 않았고 전용 빙상장마저 없었다.	考虑到如此薄弱的花样滑冰环境，更让人觉得她**大言不惭**。
425	大珠小珠落玉盘	예쁜 아이를 옥동자라고 하고 고운 소리를 **은쟁반에 옥구슬 구르는 소리**라고 하지요.	玉的声音舒畅而清扬，如**大珠小珠落玉盘**。
426	崇山峻岭	가족도 돌보지 않은 채 태백산맥 **준령**을 넘나들며 산에 살다시피 했다.	这二十多年中，他出入于太白山脉的**崇山峻岭**，几乎在山里生活，根本无法照顾家人。
427	当务之急	**가장 시급히 정비해야 할 것은** 일본 시장의 과대 평가를 지양하고, 눈앞의 돈벌이에만 급급하지 않아야 할 것이라고 보여진다.	在这种情况下，为使"韩流"成为一种持续不断的文化现象，**当务之急**就是要抑制对日本市场的过高评价，不要汲汲于眼前的金钱和经济利益。
428	蹈常袭故	"그러나 자신이 소유한 모든 것을 **구태의연한 것으로** 치부하는 그녀는, 한때는 영재인 줄 알았지만 지금은 무기력한 실업자 대열에 합류한, 강남 여자 이전에 한국 사회 어디서나 흔히 만날 수 있는 평범한 여성이다."	然而，她把自己拥有的所有东西看成是**蹈常袭故**的，过去自以为是英才，如今却是一个垂头丧气的失业者，是一个在韩国社会到处可以遇到的普通女人。
429	悲痛欲绝	스물한 살 셋째 아들이 다른 전선에서 전사했다는 소식을 들었을 때 쓴 그의 일기는 아비로서 **피 토하는 듯한** 심정을 고스란히 전한다.	当他得知年仅二十一岁的三儿子在其他战线战死的消息后，在日记中表达了作为一名父亲**悲痛欲绝**的心情。
430	波澜壮阔	곧 **파란만장한** 한국근대사를 궁궐건축을 통해 되짚었다고 할 수 있다.	可以说该书通过宫殿建筑的变迁史回顾了**波澜壮阔**的韩国近代史。
431	痴人说梦	어쩌면 **불가능할지도** 모른다.	也许这只是**痴人说梦**。
432	雕虫小技	기교를 부리지 않아도 기교가 넘치고, 힘과 기운이 넘치던" 스승의 경지를 흠모하며 그는 "**잔기술이나** 교만함으로는 아무 것도 이룰 수 없다"는 사실을 되뇌곤 한단다.	他十分钦佩师傅所达到的那种"不显弄技巧，却充满技巧，力量与气韵横溢"的境界。他反复告诫自己："凡以**雕虫小技**而自傲者将一事无成。
433	掉以轻心	그러나 한 필의 모시천이 완성되기까지 내내 **마음을 놓을** 수 없다고 한다.	不过，她又强调，在一匹夏布彻底完成之前，时时刻刻不敢**掉以轻心**。

NO	成语	韩语句子/不对应之词或词组	汉语句子/*汉语成语
434	别开生面	2008년 9월 10일 오후, 한국국제교류재단 문화센터에서는 **아주 특별한** 행사가 열렸다.	2008年9月10日下午，一场**别开生面**的活动在韩国国际交流财团文化中心举行，各国驻韩国外交官分别用各自的母语朗诵高银的诗作。
435	才华横溢	하지만 무엇보다 가장 중요한 것은 **재능 있는** 젊은이들이 영화에 많이 뛰어들고 있다는 점이죠.	但最重要的是，很多**才华横溢**的年轻人投身于电影。
436	不言自明	우리 앞에는 무한경쟁 체제에 뛰어 들어가 살아남느냐 아니면 대열에서 "이탈해"가 어디로 가야 할지 선택은 **너무도 자명하다**. 낙오자가 되느냐 하는 갈림길에 서 있을 뿐이다.	然而，"大韩民国号"走向何方已经是**不言自明**的事情。
437	病入膏肓	혹시 이병연이 **가망이 없자** 그에게 마지막으로 보여주기 위해 그랬을지도 모르겠다.	或许因为李秉渊已**病入膏肓**、回生无望，郑善专门作画请朋友作最后一观也未可知。
438	不期而遇	길 가다가 보는 물건에서 예술가와의 **조우를** 느끼기도 한다.	走在街上所看到的东西有时也让人有一种与艺术家**不期而遇**的感觉。
439	东山再起	2000년에 맞은 위기, 그리고 **재기**	2000年，危机中**东山再起**
440	安于现状	그의 전언처럼 "21세기 초반에 접어들면서 시각 구조물로서 책의 중요성이 부활하고 있는 것이 세계적인 추세"라면 북디자이너 정병규의 뒤를 잇는 후학들은 **현 상황에 안주해서는** 안 될 것이다.	若真如他所说的，"进入21世纪初以后，作为重要视觉元素的书籍正在复活，这是国际趋势，"那么继图书设计家郑丙圭之后的后学们就不能**安于现状**，
441	独步天下	서귀포시 안덕면 사계리 바닷가의 진미식당은 다금바리 요리에 관한 **한 독보적이다**.	位于西归浦市安德面沙溪里海滨的真味餐厅，在石斑鱼加工方面可谓**独步天下**。
442	不偏不倚	왜냐하면 그들만이 **어느 쪽에도 치우치지 않고** 객관적으로 바라보는 눈을 갖고 양쪽의 희생자들을 함께 위로할 수 있기 때문이다.	因为只有他们才能**不偏不倚**，客观地抚慰双方的牺牲者。
443	不拘小节	이 그릇은 인간의 인위적인 손길(touch)을 가능한 한 배제해 그릇을 구울 때 유약이 흘러내리면 흘러내리는 대로 놔두고, 옆이 터지면 그런대로 놓아 두어 **세부적인 데에 대해 관심이 없는** 한국 예술 정신을 극적으로 나타냈다.	这种粗碗把韩国匠人的艺术精神发挥到了极致，它**不拘小节**，最大限度地抵制人为干预，烤制过程中任由釉料流下，有破损也置之不理。
444	斑驳陆离	연록색 나뭇잎과 붉고 흰 꽃들이 흐드	无论是嫩绿的树叶和红白相间的花朵

NO	成语	韩语句子/不对应之词或词组	汉语句子/*汉语成语
		러지는 봄에서 시작하여 녹음이 짙은 여름, 단풍이 **울긋불긋 물드는** 가을, 그리고 앙상한 나뭇가지들이 서로 몸을 부비는 겨울마저도 여기에서는 모두 아름답다.	相映成趣的春天，绿茵苍翠欲滴的夏天，红叶**斑驳陆离**的秋天，还是光秃秃的树枝交错纵横的冬天，山上的景色总是十分优美。
445	顿开茅塞	프로이트가 말한 것처럼 '임시성의 원리'가 작용하여, 그 많은 시간을 지쳐서 **"별안간의 깨달음"**에 도달한다.	正如弗洛伊德所说的那样，'临时性原理'将发挥作用，经过一段漫长的时间，我们会'**顿开茅塞**'。
446	顿足捶胸	네가 진정 **가슴을 치고** 울어본 적이 있느냐.	你真正**顿足捶胸**地哭过吗？
447	不拘一格	20세기 후반에 모더니즘의 인터내셔널 스타일이 절충적이고 **다방면적인** 포스트모더니즘에 자리를 양보함으로써 상황이 바뀌었다.	20世纪后期，现代主义的国际风格逐渐衰落，**不拘一格**的后现代主义登场，情况出现转变。
448	惨无人道	전투가 끝난 뒤에도 연합군은 농민군의 잔당들과 연루자들을 끝까지 추적하여 **무참히** 도륙했다.	战斗结束后，联合军又对农民军的残部和相关人员进行彻底追剿，并实施了**惨无人道**的屠戮。
449	多多益善	예로부터 흙은 **다다무병**(多多無病)이라 해서 다양하게 섞어 써야 질이 좋다고 했어요.	自古便有制作瓮器使用泥土的种类'**多多益善**'的说法，意思是说在制作瓮器的时候应该混合使用多种泥土，这样做出来的瓮器质量才好。
450	惨不忍睹	그리고는 영화평론가와 기자도 극장에 와 돈을 내고 영화를 보라고 큰 소리 쳤으니, 당연히 많은 평론가와 기자들이 그의 영화를 돈 주고 보지 않았고 영화는 고작 1,000여 명의 관객을 동원하는 흥행 **참패**를 기록했다.	而且要求那些电影评论家和记者自己买票看电影。结果是可想而知的，大多数电影评论家和记者并没有自己买票看他的电影，电影仅售出一千五百张票，票房**惨不忍睹**。
451	鹅毛大雪	그러나 그가 거둔 해외 성과는 첫눈치고는 **함박눈**에 가까워 보인다.	不过，她在海外收获的累累硕果如果比做是初雪，那么这场初雪近乎**鹅毛大雪**了。
452	饱经风霜	**온갖 산전 수전 다 겪어** 휘어질 대로 휘어졌으나 기품 있는 오래된 팽나무처럼 풍성해진 그 여자들이 이제 할머니가 되었다.	尽管**饱经风霜**与压迫，济州岛的妇女们却像年久的朴树一般，更具气韵与风度。
453	败走麦城	이 감독은 방송 쪽에서 **잔뼈가 굵은**, 독립영화계의 신인이었다.	李导演虽在广播电视界**败走麦城**，但在独立电影界脱颖而出。
454	而立之年	김희진이 프랑스로 건너간 때는 2000년, 그녀의 나이 **서른**이 넘어서였다.	实际上，金希珍远赴法国是在2000年，当时她已过**而立之年**。

NO	成语	韩语句子/不对应之词或词组	汉语句子/*汉语成语
455	耳目一新	이런 작품들의 **새로운** 무대화에는 많은 의욕과 열정이 부어졌고 그 결과 연극제 사상 손꼽을 만큼 풍성한 관객의 관심을 얻어내 기획과 관객 동원에서 성공을 거뒀다고 볼 수 있다.	为把这些作品以令人**耳目一新**的形式重新搬上舞台，艺术家们倾注了极大的雄心和热情。其成果是本届戏剧节在策划及吸引观众方面获得巨大成功，观众人数在历届戏剧节中名列前茅。
456	不义之财	이 때문에 집을 나와 의적으로 활동하며 **탐관오리에게서 재산을** 빼앗아 가난한 이들에게 나누어준다.	"后来他愤而离家，成为义贼，专门打劫贪官污吏，把他们的**不义之财**分发给穷人，
457	残缺不全	역사가 흘러가듯 바닷물은 **무너진** 수중성 사이로 흐르고 있다.	就如历史流逝，海水一如既往地流过**残缺不全**的水中城。
458	翻来覆去	주위 사람들은 좋아하던 일도 직업이 되고 **반복하다 보면** 피곤하지 않느냐고 묻곤 한다.	周围的人问他，虽然从事着自己喜欢的职业，但是**翻来覆去**也不烦吗？
459	翻山越岭	옛날 정선에 처음 부임하는 군수들은 깊은 산지로 들어간다는 서러움과 **높고 험한 고갯길을 넘어야 하는** 고생으로 울면서 왔다고 한다.	传说，从前初次到旌善赴任的郡守都会因为深山路途的艰辛和**翻山越岭**的劳苦而流泪，
460	翻云覆雨	정치인 중에는 상대에게 비수를 꽂거나 상처 주는 말을 예사로 하다가 상황이 불리하면 **쉽게 말 바꾸기를 하여** 화를 입는 분들도 많지 않습니까.	政客们惯用辱枪舌剑伤害政敌，情况于己不利时又**翻云覆雨**，不少人因此惹祸上身。
461	不远千里	특히 소반을 구입하기 위해 비행기를 타고 서울 상계동 언덕배기에 있는 공방**까지 찾아왔던** 일본인들에게 감동을 받았다.	尤其是那些为求得小饭桌，**不远千里**乘坐飞机来到位于首尔上溪洞坡顶工房的日本人，让他十分感动。
462	不胫而走	여유가 있었고 키트리의 감정을 자유자재로 몸과 가슴으로 표현해냈다.	那天的演出结束后，对于金珠沅的赞美通过观众**不胫而走**，
463	称心如意	즉흥적인 접속이 가능한 정보 환경은 뭐든 빨리 빨리 해치우는 한국인들**의 심성에 잘 맞아떨어진다.**	即兴式沟通成为可能这种信息环境与凡事都想"快点快点"的韩国人来说，真是再**称心如意**不过了。
464	百看不厌	맑고 투명한 빛으로 시선을 사로잡는 옥은 **아무리 오래 쳐다보아도 싫증이 나지 않을** 뿐만 아니라, 마치 내면의 성숙에 큰 가치를 두는 선비처럼 깊은 덕을 지닌 듯 여겨졌던 것이다.	玉以其清亮透明的光彩吸引人的视线，让人**百看不厌**。它就像一个注重内心素养的儒生，给人以君子厚德之感。
465	泛滥成灾	그러나 사실 이러한 '한국적' 이미지는 더 이상 보기 싫은 정도로 **세상에 만연되어 있다.**	然而，事实上，这一类"韩国"形象已**泛滥成灾**，使人生厌。

NO	成语	韩语句子/不对应之词或词组	汉语句子/*汉语成语
466	不动声色	모든 정보를 **모른 척** 누설한 나.	我故意**不动声色**地泄露了一切情报;
467	陈规陋习	이를 무릅쓰고 바둑계의 **관행**에 일침을 가한 행동은 후대 바둑인이 분명 인정할 대목이다.	但是，他痛击围棋界**陈规陋习**的举动将得到后辈棋手的认可。
468	陈词滥调	지나친 감성의 비약이나 **진부하게** 전개되는 스토리도 그 중 하나다.	例如过度的情感穿越、**陈词滥调**的故事情节等，而巧合之中缺乏现实感也同属此列，
469	放荡不羁	지키고 추구해야 할 가치체계를 잃어버린 그들은 때로 부도덕한 선택을 하기도 하고 **방탕한** 행위를 보이기도 하지만 전쟁의 상처가 아물지 않아 고통을 겪는다.	他们失去了要坚持和追求的价值体系，有时做出不道德的选择，有时还做出**放荡不羁**的行为，但仍因战争的创伤尚未痊愈而经受痛苦
470	非此即彼	이런 **이분법**이 제겐 맞지 않았어요.	但这种**非此即彼**的两分法也并不适合我。
471	不伦不类	그래서 먹고 살기 위해 **그냥 그런** 만화들을 그렸다.	所以，为了挣钱糊口，我也将就画了一些**不伦不类**的漫画。
472	沸沸扬扬	물론 UCC에 재미와 엽기만 있는 것은 아니다.	这个作品瞬间被炒得**沸沸扬扬**，但几天后，就被披露其内容是虚假的。
473	不在话下	감기로 앓아 **눕는 벱이 없어**.	感冒发烧全都**不在话下**。
474	尘埃落定	결국 조선의 수도는 12세기 초 고려 시기에 개경 남쪽의 수도, 즉 남경(南京)으로 건설된 당대 제2의 도시 한양**으로 결정되었다**.	最终迁都问题**尘埃落定**，首都定于当时的第二大城市汉阳，汉阳是高丽王朝于12世纪初在开京南边建立的首都，即南京。
475	分门别类	2004년 1월 황지우 위원장을 비롯하여 24명의 전문가로 구성된 〈한국의 책 100 선정위원회〉는 문화관광부 선정 우수도서, 한국문학번역원 추천도서, 출판사 신청도서 3,500여 종의 도서를 대상으로 세 차례의 전체회의와 **각 분과별 세부검토를 거쳐** 3월 100종의 도서를 최종 확정하였다.	2004年1月，由黄芝雨委员长等二十四名专家组成的韩国百种图书评选委员会，以文化观光部选定的优秀图书、韩国文学翻译院推荐图书、出版社申请图书共三千五百多种图书为对象，经过三次全体会议和**分门别类**地精挑细选，于3月份最终确定了一百种图书。
476	变幻莫测	음력 2월(양력으로는 대략 2월말-3월중), 바다로 빙빙 둘러싸인 제주도 날씨는 안 그래도 센 비바람에 **변덕스런** 추위가 기승을 부린다.	农历二月(约在公历二月末至三月中旬)，四面环海的济州岛风雨交加，天气寒冷又**变幻莫测**。
477	分庭抗礼	LG전자는 GSM(유럽식 디지털) 휴대폰 개발이 다소 늦어지면서 고전을 했지	LG电子在GSM手机的开发方面起步较晚，始终深陷苦战，但自从第三代

NO	成语	韩语句子/不对应之词或词组	汉语句子/*汉语成语
		만 3세대 휴대폰 시장이 본격적으로 열리면서 삼성전자**에 버금가는 경쟁상대**로 부상했다.	手机市场正式打开以来，便成了有实力与三星电子**分庭抗礼**的竞争对手。
478	长途跋涉	비용이 많이 들지 않고, **멀리 가지 않고**도 즐길 수 있다.	因为它成本低廉，而且不需要**长途跋涉**。
479	奋起直追	프리스케이팅에서 **선전하며** 1위에 올라 종합 2위를 차지했다.	她**奋起直追**，在自由滑比赛中获得第一，最终总成绩名列亚军。
480	丰功伟绩	아마도 조선 왕조를 창업한 태조의 **업적**을 강조하고 신성한 인물로 표현하기 위하여 일부러 정면관을 사용했을 것이다.	这大概是为了强调朝鲜王朝创始人太祖的**丰功伟绩**，才特意从正面画像的缘故。
481	峰回路转	그런데 2011년 7월 **돌발 변수가 발생했다**.	然而到了2011年7月，却又**峰回路转**。
482	漫无边际	더 좋은 점은 어슬렁거리는 산책이 **무한하**면서도 한 발짝 떨어진 광화문도심으로 즉각 복귀가 가능하다는 것이다.	更好的一点是在这里既可以**漫无边际**地溜达散步，也可以即刻返回到市中心去，因为这里距离光化门市中心只有一步之遥。
483	风调雨顺	1층 탑신에는 이 탑을 세우는 목적을 "원나라 황실과 고려 왕실의 안녕을 기원하고 **바람과 비가 순조롭고** 국태민안과 불법(佛法)이 날로 널리 퍼져 나아가 모든 중생들이 깨달음을 이루기 바란다"는 내용이다.	在塔一层的塔身上记载着建造该塔的目的，大意是：祈愿元朝皇室和高丽王室安宁，希望**风调雨顺**，国泰民安，佛法日益广布，所有众生醒悟。
484	风光旖旎	여행을 많이 하는 그는 지중해를 비롯한 외국의 **아름다운** 해안을 여러 곳 가 보았지만 그럴 때마다 우리나라 남해안의 독특한 아름다움을 확인하게 된다면서 남해의 아름다움을 전 세계에 알리고 싶다고 말한다.	他游历丰富，看过许多**风光旖旎**的异国海岸，包括地中海。他说，每次在国外看海，都会重新发现祖国南海岸独具特色的美，他想让全世界了解南海的美丽。
485	风景如画	울창한 참나무 숲과 산책로 양쪽에 메타세콰이어, 전나무, 은행나무 등의 나무가 줄지어 늘어선 **풍경이 그림처럼 아름다운** 섬이다.	岛上有郁郁葱葱的橡树林、桧树、银杏、水杉等绿化树整整齐齐排列在小路两旁，**风景如画**，
486	风平浪静	진해 바다는 언제나 **조용한 모습을 하고 있다**.	这片海湾终年**风平浪静**，
487	风雨交加	음력 2월(양력으로는 대략 2월말-3월중), 바다로 빙빙 둘러싸인 제주도 날씨는 안 그래도 **센 비바람**에 변덕스런 추위가 기승을 부린다.	农历二月(约在公历二月末至三月中旬)，四面环海的济州岛**风雨交加**，天气寒冷又变幻莫测。

NO	成语	韩语句子/不对应之词或词组	汉语句子/*汉语成语
488	风雨同舟	경북 봉화군에 사는 팔순 노부부와 그들과 30년을 **함께 해온** 마흔 살짜리 소의 동행을 그렸다.	年逾八旬的老夫妇生活在庆尚北道奉化郡，四十岁的老牛和他们一起**风雨同舟**渡过了三十年。
489	风云人物	백남준이야 천하를 떠돈 **풍운아**로서 이름 높지만, 안은미 역시 미국과 독일에서 활동하면서 자신의 활동 반경을 넓혀왔다.	白南准是转战各国的**风云人物**，名声显赫；而安银美也通过在美国和德国的活动不断拓展了自己的活动空间。
490	风韵犹存	한국의 **전통미가 남아있는** 동네 가회동 길 끄트머리쯤에서 만날 수 있는 아주 현대적인 건물이 그곳이다.	在韩国传统**风韵犹存**的嘉会洞，你会见到一幢极具现代风格的建筑物矗立在路的尽头，这里就是综合文化空间。
491	半途而废	사람들은 그가 고된 불화 수업을 **견디지 못하고 얼마 되지 않아 뛰쳐나갈 거라**고 장담했다.	他们断定巴里忍受不了学习佛画的艰辛，过不了多久便会**半途而废**。
492	扶摇直上	한국의 비보이는 오늘도 세계 속으로 **수직 비상** 중이다.	今天，韩国的街舞男孩正在**扶摇直上**，奔向世界。
493	拂袖而去	**붙잡는 소매를 야속하게 뿌리치고 떠난** 〈대전 블루스〉의 그 사람이 가는 곳 목포는 호남선의 종착역이다.	《大田布鲁斯》中描写了一个人无情地**拂袖而去**，他去的地方是木浦，湖南线的终点站。
494	浮想联翩	아무것도 그려지지 않은 천지지만 가뭄이 들어 물이 마른 것인지, 아니면 물이 너무 깊어 그 속에서 괴물이라도 나올 것인지, **이런저런 생각을 하게 만든다.**	作品虽然对天池没有做任何直观的表现，观众却可以由此**浮想联翩**：是干旱导致湖水全部干涸了吗？抑或是湖水太深，会有怪物之类的东西浮出水面？……
495	变化莫测	이처럼 더 이상 줄일 수 없는 최소한의 간략한 필치와 난폭할 정도로 **변화가 심하고** 분방한 필세는 기교를 부릴 여유도 없이 눈 깜짝할 사이에 그려낸 것 같으면서도 형상과 작가의 뜻이 하나가되어 있어 더욱 깊은 감동을 준다.	这种疏简章略的笔法和**变化莫测**、桀骜不驯的画法看似未使用任何技巧瞬间完成，而形象却与作家的意志浑然一体，给人的感动更加深远。
496	不可逆转	부산 APEC은 자유무역체제야말로 **거스를 수 없는** 대세라는 사실을 다시 한 번 일깨워줬다는 점에서 시사하는 바가 크다.	釜山亚太经合组织峰会再一次提醒我们这样一个事实：自由贸易是**不可逆转**的大趋势，从这一点而言，此次会议给予了我们很大的启示。
497	不知所终	고려청자 운반선의 대부분은 조류에 쓸려가 **없어지고** 일부만 남아 있다.	大部分运输高丽青瓷的货船被潮流卷走，**不知所终**，只有一部分残留下来。
498	背道而驰	"이런 맥락에서 한국예술종합학교 이종호 교수는 "문화시설은 시민과 고립되지 않아야 한다"며 "그렇지 않을 경우 **본래 의도와는 달리** 도시 내 하나의	"顺应这一思路，韩国艺术综合学校李钟昊教授强调："文化设施不能孤立于市民"，"否则，恐怕就会与初衷**背道而驰**，只能沦为城市中的一个小岛"。"

NO	成语	韩语句子/不对应之词或词组	汉语句子/*汉语成语
		작은 섬으로 그칠 우려가 있다"고 강조하고 있다."	
499	不可同日而语	물론 당시에는 이런 천체 운동에 대한 관심은 **지금의 과학적 관심과는 조금 달라서**, 말하자면 '점성술적' 관심의 결과라 할 수는 있다.	当然，当时的这种对天体运动的关注和现在的科学观察**不可同日而语**，换言之，那时对天体运动的观测根源在于占星术。
500	朝夕相处	95년 에베레스트에서 만난 눈사태 사고 때 셰르파가 숨을 거두고, 마칼루(8,463m)에서도 **피붙이처럼 지내오던** 또 다른 셰르파를 잃었다.	1995年，在珠穆朗玛峰遭遇雪崩时，一个夏尔巴人丧生，在到达马卡鲁峰时(八千四百六十三米)，另一个**朝夕相处**的夏尔巴人又离开了人世。
501	朝思暮想	생명의 시간은 얼마 남지 않았는데, **오매불망**하던 핏줄을 만나볼 날은 아득하기만 하다.	生命的时间已所剩无几，而与**朝思暮想**的骨肉相见的日子却依然渺茫。
502	付诸东流	그와 그의 세대가 **쏟아 부었던 노력이 좌절한** 셈이다.	这意味着他和他们一代人所付出的努力全部**付诸东流**。
503	朝不保夕	다만 1960년대로부터 연극계에 새로운 바람을 불어넣은 대학극 출신들이 중심이 된 동인극회들이 있어 그나마 거의 **유일무이하다시피** 한 이 극장을 통해 한국연극이 명맥을 유지한 것은 참으로 역설적이다.	60年代起，以大学戏剧参与者为中心组成的"同人剧会"为话剧界带来了一缕新鲜的风。特别值得一提的是，他们一直坚持通过这个几近**朝不保夕**的剧场延续着韩国话剧的命脉。
504	富丽堂皇	전체 20권 가운데 1권이 결본이지만 약 100판의 웅장하면서도 **정밀한** 판화를 보여준다.	虽然总计二十卷当中有一卷残缺，但其中一百幅版画结构严密，**富丽堂皇**。
505	不可限量	이세돌은 1997년부터 도약하기 시작하여 이제까지 13개의 세계 대회 왕관을 썼으며 **앞으로가 더 밝은** 기대주이다.	从1997年开始，李世石迄今已获得了十三个世界棋赛冠军，前途更是**不可限量**。
506	妇孺皆知	"한국 **설화**의 주인공인 심청을 소재로 육지와 용궁을 넘나드는 설정을 통해 형이상학의 세계를 담을 장시 〈처녀〉, 그리고 동양과 서양의 사상과 이념, 관념을 한데 버무려 새로운 사유의 가능성을 모색하는 〈운명〉과 같은 또 다른 대작을 준비하고 있는 것이다."	"目前，他正着手进行《少女》、《命运》等长诗的创作。《少女》取材于韩国**妇孺皆知**的民间故事主人公沈清，背景在陆地与龙宫之间不断转换，形而上学的氛围较为浓厚；而《命运》则将东西方的不同思想、观念揉合在一起，探寻新思维的可能性。"
507	不折不扣	마을버스를 즐겨 탄다는 **영락없는** 북촌의 이웃 티로 씨는 여름이 오면 모기향이라도 피워 놓고 그 나무 침상에 누워 하늘의 별을 세고 있을 것 같다.	喜欢乘坐公共汽车的蒂罗先生是我们**不折不扣**的北村邻居。我猜想，每当夏季来临，他都会点燃蚊香，躺在木床上数天上的星星。

NO	成语	韩语句子/不对应之词或词组	汉语句子/*汉语成语
508	改朝换代	**왕조가 바뀌는 일**도 없이 그 긴 세월 동안 하나의 통일국가를 다스려 왔던 원동력에는 임금과 백성 사이에 맺어진 믿음의 관계가 있었던 거예요.	五百年来，朝鲜王朝没有**改朝换代**，始终保持统一，国王和百姓间的互相信任使之成为可能。
509	不可救药	그렇게 썩어 들기 시작하면 **대책이 없는 겁니다**.	如果椽子开始腐烂，那房子就**不可救药**了。
510	改名换姓	다시 수감되어 8년을 더 복역한 끝에 교도소 목사의 감화로 거듭날 것을 기약하고 **이름까지 바꾸고** 다른 가정에 입양된 자기 아이를 찾아가 기를 의지를 키우지만, 현실은 수감 이전과 달라지기는커녕 더욱 절망적이다.	八年服刑期满后，她因受教养所牧师的感化而发誓重新做人，甚至**改名换姓**。
511	不可磨灭	그 때문에 자아의 정체성이 형성되는 가장 민감한 시기에 그녀가 경험한 역사의 폭력은 그녀의 소설에서 한 개인의 **지울 수 없는** 영혼의 트라우마로 되풀이 재생된다.	因此，在自我形成的最敏感时期她所亲历的历史性暴力在她的小说里以**不可磨灭**的精神创伤不断地重现。
512	干脆利落	지휘봉을 든 그녀의 존재감은 그 누구보다도 거대하며, 그녀가 펼치는 **단호한** 손짓과 모션, 지시, 날카로운 표정, 절도 있는 바톤(지휘봉) 테크닉은 몇 십 명의 거대한 음악가 집단을 순식간에 장악한다.	手执指挥棒的她，表现出极强的存在感。**干脆利落**的手势、动作及示意，刚毅冷峻的表情，控制得当的指挥技巧，她在瞬间就掌控住了乐团每一个成员的注意力。
513	超凡脱俗	오페라 가수라면 누구나 그 무대에 서고 싶어하는 이탈리아 밀라노 라 스칼라 극장에서 푸치니의 〈라 보엠〉 무제타 역으로 무대를 휘저으면서 당당한 자태와 **가창력을 뽐내고 있는** 홍혜경의 모습이 담긴 오페라 공연 실황 DVD이다.	位于意大利米兰的斯卡拉歌剧院是每一位歌剧演员梦寐以求的舞台，而洪惠卿凭着普奇尼歌剧《波希米亚人》中的穆塞塔一角在这个舞台上挥洒自如，而歌剧演出实况DVD则盛载了她那气宇轩昂的姿态和**超凡脱俗**的唱功。
514	肝肠寸断	하루하루 아침에 눈을 뜨는 것이 **지옥인** 시체의 삶을 살아본 적이 있느냐.	你有没有体验过那种没有它便生死不得的**肝肠寸断**？
515	和睦相处	센터는 한국인과 외국인이 **함께 조화를 이루며** 서로의 삶을 풍요롭게 만드는 국제적 다문화 도시를 만들고자 하는 욕구를 반영한다.	中心的成立反映了韩国人建设一个和外国人一起**和睦相处**，丰富各自生活的国际性多元文化城市的愿望。
516	借酒浇愁	염서방과 부정을 저지른 자신의 첫 번째 아내를 돈을 받고 팔아넘긴 후, 떠나간 아내를 그리워하며 **술주정뱅이가 되어 눈물짓는** 김탁보, 그리고 장세 징	第一个老婆和姓廉的偷了情，他一气之下把老婆卖掉，但是老婆走后却思念旧情，泪流不止，为此**借酒浇愁**。那个卖盐的驿马婆为躲避税务员而逃

NO	成语	韩语句子/不对应之词或词组	汉语句子/*汉语成语
		수원에게 쫓겨 달아나보지만 결국은 붙잡혀 돈을 빼앗기며, 감추어 놓은 돈도 모두 술꾼 남편에게 빼앗기는 소금 장수 염말댁은 분명 비극적인 사람들이지만 이문구는 해학과 풍자로 그들의 삶에 웃음을 부여한다.	跑, 最终还是被抓住, 不仅交出税款, 而且连藏在家里的钱也被酒鬼丈夫拿走。这两个人物的命运显然是悲剧性的, 但是李文求用幽默与讽刺为他们的人生增添了笑料。
517	筋疲力尽	아니면 **오랜** 비행시간과 시차로 인한 **피로** 때문일 수도 있다.	又或许是因为长时间飞行和时差让我**精疲力尽**。
518	高风亮节	사찰 여행을 하며 알게 된 불교 철학은 깨달음의 길로 인도했고 서원 여행을 통해 만난 선비 문화는 **고고한 인간의 품격**을 가르쳐 줬다.	通过庙宇, 他开始接触佛教哲学, 从而走向彻悟; 通过书院, 他了解了韩国的文人文化, 从而感受到古代文人的**高风亮节**
519	金口玉言	'드러나지 않는 속'에 대한 완벽함을 주문하는 스승의 뜻을 제자는 **금과옥조**로 여겼다.	对于师傅"要注意看不到的里面"的教诲, 作为弟子的他将此奉为**金口玉言**。
520	欢聚一堂	또한 10월 초에는 제3회 서울노인영화제를 개최할 예정인데 노소를 불문하고 유망한 영화인들을 **한 데 모으는** 행사가 될 것이다.	今年10月初还将举行第三届首尔老人电影节, 届时, 老少著名电影人将**欢聚一堂**,
521	金石为开	**지성이면 감천이라**는 말처럼 혈육의 정과 애틋한 그리움이 사무치면 기적 같은 일도 일어나는 게 사실이구나 싶을 만큼, 6.25전쟁과 얽힌 감동적인 이야기들은 끝이 없으며, 6.25전쟁이 남긴 한국인의 마음의 상처는 필설로 형용하기 어렵다.	俗话说: "精诚所至, **金石为开**", 也许骨肉之情和对亲人深深的思念感动了上天, 就会发生奇迹般的事情。战争留在韩国人心里的创伤无法用语言来形容。
522	金银财宝	어린 시절에 읽은 동화 속에서는 방망이를 두들겨 **금은보화**를 쏟아내던 도깨비가 나온다.	在幼年读过的童话中, 曾有敲打着木棒敲出**金银财宝**的土人魔。
523	今非昔比	그러나 **지금은 다릅니다**.	不过, 现在已经**今非昔比**了。
524	津津有味	식사 시간은 조용했고, 이것은 TV를 보거나 신문을 읽거나 다른 곳에 정신을 빼앗겨서 그냥 우적우적 먹는 것 대신에, 진정으로 내가 무엇을 먹고 있는지 **신경쓰게 해** 주었다.	用斋的时候很静, 这比看着电视或者读着报心思用在别处, 嘴里只是一个劲儿地吞咽食物好, 你会吃得**津津有味**。
525	告老还乡	젊은 날 세상에 나아가 뜻을 널리 펼쳤던 그들은 **나이가 들면 낙향하여** 학문의 깊이를 더해 갔다.	他们在青壮年时期居官从政以施展自己的抱负, 而后**告老还乡**继续精研学问。

NO	成语	韩语句子/不对应之词或词组	汉语句子/*汉语成语
526	锦上添花	실연과 희곡 심사를 통해 8편의 공식 참가작품이 선정되어 연극상의 심사대상이 되는 한편, 18편의 자유참가작과 3편의 거리연극이 축제적 **분위기를 더하였다.**	戏剧奖的评选对象是通过实地演出和剧目评审，筛选出的八部正式参演作品，此外，还有十八部自由参演作品和三篇街头戏剧，为戏剧节的气氛**锦上添花**。
527	锦绣河山	이제 오래지 않아 저들의 유해는 끝내 햇빛을 보지 못한 채 썩어서 흙이 되고 거름이 되어 **조국강산**을 수놓을 아름다운 꽃들을 피워날지 모를 일이다.	也许，他们的遗骸终将难以见到天日，渐渐腐蚀，化为泥土，成为肥料，在祖国的**锦绣河山**上开出美丽的花朵。
528	尽如人意	여러모로 **불완전한** 복원이었다.	因此，从各个方面看，复原工程并不**尽如人意**。
529	尽心尽力	양반 가문의 침선기법을 고스란히 전수받은 그는 77세의 나이에 침선장으로 지정되었고, 이후 활발한 활동을 통해 후진 양성과 작품 발표**에 매진해 왔다.**	在名门大家族里郑贞婉完整地继承了两班家族的针线技法，练就了一手好手艺，并在她七十七岁高龄时，被指定为针线匠。她不顾年事已高仍参加各种活动，为培养下一代**尽心尽力**，同时也发表了不少作品。
530	晶莹剔透	햇살을 받아 **투명해진** 초록 잎사귀들을 보며 어린 시절로 돌아가고 있는 가을 나뭇잎을 떠올렸다.	看着阳光下那些**晶莹剔透**的绿叶，我想起秋天的霜叶，它们让我再一次回到童年。
531	供不应求	시간당 대여료가 2만원 안팎인 연습실은 직장인들 퇴근 시간대인 저녁 7시부터 밤 11시까지 **빈 곳을 찾기 어려울 만큼** 호황을 누리는 중이다.	这些练习室每小时的租金在两万韩元上下，每天下班时间以后都**供不应求**，晚上7点到11点之间很难找到空位。
532	惊弓之鸟	현실적인 위기가 사라진다고 하여 수십 년간 날마다 **위기를 느끼며 살았던** 사람의 사고와 행동이 쉽게 바뀌기는 어려웠으며, 비록 전쟁을 직접 경험하지 않은 세대도 커다란 마음의 상처를 입은 부모세대의 영향에서 완전히 자유롭지는 않았기 때문이다.	这是因为韩国人几十年来日日夜夜如**惊弓之鸟**一般生活在紧张和惊吓之中，现实世界的显性危机虽然消失，但他们的思想和行为却很难迅速发生转变。而且，战后出生的韩国人虽然没有亲身经历过战争，他们的父辈却遭受了战争的创伤，他们不可能完全不受父辈人的影响。
533	惊心动魄	현대사의 **도전과 응전으로 인하여** 여전히 한반도는 문화적 역동성으로 충만되어 있다.	韩国的现代史是**惊心动魄**的，历史的各种挑战使半岛经历了激烈的文化动荡。
534	精彩纷呈	나의 한국 여행은 지속될 것이며 이 여행이 결코 **지루하지 않으리라는** 걸 나는 확신한다.	我的韩国之旅仍在继续，相信前方的旅途依然会**精彩纷呈**。
535	精彩绝伦	하지만 스타는 **한 단계 업그레이드 된 듯**	获得贝努瓦舞蹈比赛大奖之后首次参

NO	成语	韩语句子/不对应之词或词组	汉语句子/*汉语成语
		보였다.	加国立芭蕾舞团的《唐吉诃德》演出时，她扮演的基特里亚一角是那样的**精彩绝伦**。
536	精雕细刻	만일 한국의 장인이 기술이 좋지 않은데 대충 하면 하치의 물건이 나오지만 높은 기술을 갖고 **대충 한다**면 일본이나 중국의 예술가들이 따라올 수 없는 작품을 만들어내기도 한다.	假如韩国匠人技术差而又粗制滥造，自然只能做出粗劣的东西。但是，如果他们技术精湛，即使制作过程中不足够**精雕细刻**，也能创造出令中日匠人望尘莫及的作品。
537	精疲力尽	아니면 오랜 비행시간과 시차로 인한 **피로** 때문일 수도 있다.	又或许是因为长时间飞行和时差让我**精疲力尽**。
538	精益求精	그런데 작가는 스스로 드로잉 작품들을 유화 작품을 위한 전단계로만 인식을 했었을까? 우선 드로잉 작품들에서 지우고 다시 그은 흔적이 있다고 하나 이는 그의 작품 제작 방법에서 이해할 때 **세심하고 꼼꼼한** 그의 제작 태도와 연관 지을 수 있다.	那么，作者本人是否认为素描是油画的底稿呢？首先，他的素描虽然留有擦去重画的痕迹，但这可以被看作他的一种创作方法，可以理解为他的**精益求精**的创作态度。
539	皆大欢喜	올리비에 피는 자신의 재능을 한껏 살려 우스꽝스럽고 익살맞은 노래들을 가득 넣어 작품을 완성함으로써 관객들을 꿈과 환상의 세계로 끌어들였으며, **즐거운 해피엔딩**으로 희망의 여운을 남겼다.	奥利维耶菲充分发挥自己的才能，编排了多个幽默诙谐的唱段，带领观众进入梦幻的世界，并以**皆大欢喜**的结局给人们留下了希望的余韵。
540	荷枪实弹	군데군데 헌병들이 **소총을 어깨에 메고** 검문을 했다.	不时有**荷枪实弹**的宪兵上来盘问我们。
541	接二连三	그러나 같은 해 12월 12일 전두환이 주도한 군사 쿠데타는 국민들의 이와 같은 민주화 열망에 찬물을 끼얹고, 당연히 전국 도처에서 전두환의 강제 집권 음모에 맞선 시위가 **잇따르게** 된다.	然而，同年12月12日，全斗焕发动了军事政变，破灭了国民对民主化的梦想，全国各地**接二连三**地发生了反对全斗焕非法篡权的游行示威事件。
542	归根结底	**궁극적으로**는 단순히 저작권 수출 증대뿐만 아니라 작가와 출판사가 해외 독자를 겨냥한 도서들을 기획하고 해외의 유명 출판사와 당당히 경쟁하기 위한 인프라 구축에 기여할 것이다.	**归根结底**，这一工程的目的不单纯在于扩大图书输出量，而是要借此打下基础帮助作者和出版社针对海外读者策划图书，在与海外知名出版社的竞争中立于不败之地。
543	刚正不阿	이 호서사림의 대표적인 인물들에 속하는 송시열(宋時烈)과 송준길(宋浚吉)을 대전 사람들은 특히 존경하며 선배들의 **강직한** 정신세계와 청렴하고 검소	大田人尤其景仰湖西士林中最具代表性的两位人物--宋时烈和宋浚吉，师法儒生们**刚正不阿**的精神以及清廉简朴的生活作风。

NO	成语	韩语句子/不对应之词或词组	汉语句子/*汉语成语
		한 생활 모습을 본받아왔다.	
544	刚柔相济	금속으로 만들어진 국새에 매듭이 달리면 **강인한 국새의 위엄에 아름다운 곡선의 유연한 멋이 더해지며** 완전한 국새의 차림을 갖추게 된다.	国玺用金属制成，饰以绳结，**刚柔相济**，更提升了国玺的品位，既展现国玺刚毅的一面，同时又显阴柔之美。佩以绳结后，才完成了国玺的装饰。
545	过犹不及	**지나친 것은 모자란 것보다 못한 법**, 절제의 지혜가 필요하다.	**过犹不及**，所以必须要懂得节制。
546	久别重逢	선후배가 **오랜만에 만난 것을** 계기로 남녀 한 쌍의 1991년을 시발로 해서 4년후, 다시 3년후, 다시 3년후, 그리고 그 6개월 후의 이야기를 각각 다른 남녀 배우들의 조합을 통해 역순으로 그려내고 있다.	作品以前辈和后辈的**久别重逢**为剧情，不同的男女演员分别进行组合，从1991年开始，按照四年前、三年前，再三年前，再六个月前的顺序逆向展开回忆。
547	久而久之	**결국** 1970년대 중반 이후 여성 만화의 공백기를 맞이하게 된다.	**久而久之**，上世纪70年代中期成了女性漫画的空白期。
548	浩然之气	다만, 가끔 공부의 열기가 뜨거워 식힐 필요를 느낄 때 그는 좋아하는 시와 글을 천천히 읊조리거나 붓을 들어 산수화를 그리며 호흡을 고르고 **호연지기를** 불러일으킨다.	只是学习热情过于高涨，感觉有降温必要的时候，他会放下工作，转而吟诵一下平素喜爱的诗文，或者挥毫画幅山水，借此调息养性，激发**浩然之气**。
549	局促不安	그래서 그의 근작은 장거리 여행 중 야간열차에 나란히 앉아 가게 된 낯선 동반자와의 **불편하면서도** 의지하지 않을 수 없는 동행 관계처럼 또 다른 의미와 재미를 던져준다.	她的近作描述了如同夜间在列车上并排坐着的两个长途旅行的陌生人之间的**局促不安**和不得不互相依靠的同行关系，给观众提供别样的意境和情趣。
550	恍然大悟	"뭐라고? 한 다스가 어떻다고?" 그러자 감독이 '네가 단방에 알아들을 수 없는 수준 높은 비유지' 하는 장난기 어린 표정을 지으며 "무슨 말이냐 하면." 했을 때 나는 **아차 싶었다.**	"什么?什么一打?"金基德得意地冲着我笑了笑。"这就是说……"当他慢悠悠地开口接着要解释时，我才**恍然大悟**，
551	举世闻名	소백산 인근에서는 **세계적으로 유명한** 한국의 산삼을 찾는 행운도 만났다고 한다.	他们也曾经在小白山附近幸运地采到**举世闻名**的韩国山参。
552	举世瞩目	50년 후 이 소년은 한국 최초로 복제소 영롱이를 탄생시키고, 세계 최초로 복제한 인간배아에서 줄기세포를 추출하는 데 성공해 **일약 스타** 과학자로 발돋움했다.	五十年后，这个少年培育了韩国第一头克隆牛"小玲珑"，并且在世界上首次从克隆人体胚胎成功地提取干细胞，一举成为**举世瞩目**的科学家。

NO	成语	韩语句子/不对应之词或词组	汉语句子/*汉语成语
553	聚集一堂	많은 연주자와 단체가 음악의 즐거움을 나누고자 **모였으니**, 그 대미를 장식하는 데 우정만큼 좋은 주제는 없을 것이다.	既然众多演奏家和团体为了分享音乐的乐趣而**聚集一堂**，那么以友情作结真是再合适不过了。
554	聚精会神	그곳에서 서점에 들렀는데 허리가 구부러진 노인들도 만화를 무척 **진지하고 꼼꼼하게** 살펴보고 있었고 많이들 사 갔다.	在那里，我进了一家书店，看到驼背的老人们都在**聚精会神**地翻看着漫画书，还买了不少回家。
555	挥金如土	'개도 돈을 물고 다니는 섬'이라는 말을 할 정도로 한때 이 섬을 **흥청망청하게** 만들었던 조기 이야기를 들려주는 곳이다.	馆内展示着黄花鱼极盛时期的故事，据说当时岛上的人**挥金如土**，民间甚至流传着"连狗嘴里都叼着钱"的说法。
556	卷土重来	한때 한류 붐이 주춤해 보여 일본에서 한류는 끝났다는 이야기도 나왔으나 이미 고정 팬을 획득한 한류는 **새로운 세력으로 성장을 거듭해왔고**, 요즘에는 그룹 동방신기나 소녀시대 등이 일본에서 다시 선풍을 일으키면서 일본의 젊은 팬들을 매료시켰다.	曾有一段时间韩流呈现退潮的假象，也有人认为日本的韩流已经结束了。然而，已经拥有固定粉丝的韩流又以新的势力**卷土重来**。近来，"东方神起"和"少女时代"等组合在日本再次掀起热潮，吸引了日本许多年轻的粉丝。
557	花团锦簇	설치와 비디오, 사진으로 선보인 '엔젤솔저'의 경우 **색색의 조화로 가득 찬** 화면 안에서 꽃무늬 군복을 입은 사람들이 총을 들고 아주 느리게 움직입니다.	比如说综合了装置、影像和照片的《天使战士》，在**花团锦簇**的画面上，有一些穿着花朵军装的人端着枪缓缓行进。
558	好事多磨	특히 많은 고려불화가 일본에 소장되어 있어, 한국에 빌려주면 다시 돌려받을 수 없을지도 모른다고 걱정하는 소장자들을 찾아가 끈질기게 설득하고 신뢰를 얻는 것이 가장 어려운 과정이었고 심지어 작품 운송을 코앞에 둔 시점까지 주저하거나 출품의사를 철회해 버리는 소장 기관도 있어 **애를 태웠다**.	尤其是很多高丽佛画均被日本收藏，日本收藏者担心借给韩国后无法收回，因此主办方登门拜访收藏者，耐心地说服对方，最终获得了信任，这一过程最为艰难。有的收藏机构甚至在即将运送参展作品之际又突然变卦或是收回参展决定，真可谓**好事多磨**。
559	功成名就	한국에서는 **성공한** 패션 디자이너였지만, 유럽 무대에 진출하는 일은 결코 쉽지 않았다.	禹英美在韩国早已是**功成名就**的时装设计师，但要进军欧洲市场，绝非易事。
560	匠心独运	이에 반해 한국의 풍수는 자연 그대로의 지형지세를 **개성 있게** 해석하고 강조하는 점에서 차이를 보인다.	与此相反，韩国的风水则**匠心独运**，依照原有的自然地型地貌来进行个性化解读和强调。
561	回味无穷	**특유의 깊고 진한 맛이** 한번 맛보면 계속 생각나는데, 〈제3의 물결〉을 쓴 미래	其特有的浓郁的味道让人**回味无穷**，这就是《第三次浪潮》的作者未来学

NO	成语	韩语句子/不对应之词或词组	汉语句子/*汉语成语
		학자 앨빈 토플러가 말한 이른바 '제3의 맛'이다.	家阿尔温托夫勒所说的"第三种味道"。
562	慷慨解囊	삼성전자와 문화재청, 학술진흥재단 등이 각 프로젝트마다 지원을 맡았는데, 종림스님과 그의 일을 좋아하는 주변사람들의 **성금도 큰 몫을 했다.**	三星电子公司、文物局、学术振兴财团等单位也分别对各个研究项目提供了资助。宗林法师和他周围热衷于这项事业的人也纷纷**慷慨解囊**,提供了大量资助。
563	光彩夺目	볼품없는 것들이 오히려 **빛이 났기에** 나는 소설에 매혹당했다.	看起来微不足道的东西反而更**光彩夺目**,所以我被小说迷住了。
564	关门大吉	그러다가 1975년에 **문을 닫고** 총무처로 반환되었다가 1976년 11월에 매각되었던 것이다.	1975年,明洞剧场**关门大吉**,归还总务处。1976年11月被出售。
565	可望而不可及	"작곡가로서 거듭되는 위촉곡을 완성해 내야 한다는 의무감으로 한시도 자유로울 수 없는 몸과 마음, 먼 고향을 **바라만 보고 가지 못하는 그리움**, 혼자 몸으로 9남매 자식을 뒷바라지하셨던 어머님께 효도하고 싶다는 실천하기 어려운 소원, 그 모두를 그는 오선지에 그려낼 따름이었다."	"作为作曲家,她需要不断完成委约作品,出于义务感,身心均无法自由。遥远的故乡**可望而不可及**,充满思念。母亲只身带大九个儿女,想尽孝但却无法实现夙愿。这所有的一切都""在了她的五线谱上。"
566	公诸于众	그래서 휴대전화 번호도 **아무에게나 스스럼없이 공개한다.**	因此手机号码也可以毫无保留地**公诸于众**。
567	空中楼阁	그렇게 공을 들여도 기와를 잘 잇지 않으면 **모래 위의 탑**이 되고 마는 것이다.	使用这么好的材料建筑的房屋,如果屋顶瓦铺不好也终将成为**空中楼阁**,不会长久。
568	讳莫如深	칼라프 왕자를 사랑하기에 그의 신분 **밝히기를 꺼려한** 류가 3막에서 자살하는 장면에서 홍혜경은 절연한 연기와 가창으로 청중들의 눈시울을 적시고 가슴을 철렁하게 만들었다.	柳儿对王子一往情深,对自己的身世**讳莫如深**,在第三幕柳儿自杀的场面中,洪惠卿以无以伦比的演技和唱腔演绎了柳儿的悲剧命运,令观众眼眶湿润,心旌如潮。
569	口若悬河	멀리에서 찾아온 타지 인들에게 '이렇다하게 내 놓을 것 없다.'고 겸손하게 말하는 이곳 사람들도 주왕산에 대한 이야기를 시작하면, 대부분 시간 가는 줄 모르고 **보따리를 풀어 놓기 일수이다.**	青松人十分谦虚,对远道而来的客人常说"没什么拿得出手的东西",然而一提到周王山,则往往会变得**口若悬河**、滔滔不绝。
570	扣人心弦	중국이 낳은 거장 장이머우 감독이 중국국립중앙발레단(The National Ballet Company of China)을 앞세운 총170명의 대규모 공연단을 이끌고 한국에 와	来自中国的艺术巨匠张艺谋导演带领着中国中央芭蕾舞团一百七十人的大型演出组来到韩国,将《大红灯笼高高挂》 这部**扣人心弦**的经典作品搬上

NO	成语	韩语句子/不对应之词或词组	汉语句子/*汉语成语
		서 제목만 들어도 **가슴이 설레는** 작품 〈홍등〉을 무대에 올렸다.	了舞台,
571	苦尽甘来	그렇다고 해서 '**불행 끝 행복 시작**'은 아니었다.	然而，接下来的情况却不是"苦尽甘来"。
572	苦思冥想	'왜 그래야 하는데?'가 제 **고민**이었습니다."	'为什么必须是这样?'这是我经常苦思冥想的问题。
573	固执己见	행동이 굼뜨고, 기억력이 쇠퇴했다는 것, 아내와의 관계에서 **자신을 고집스럽게 주장하는 것** 정도인데, 이 정도만으로는 그 자체로 어떤 문제성을 내포하고 있다고 보기 어렵다.	只是行动迟缓，记忆力减退，还有同老伴的关系上固执己见等，仅从这种症状上看不出小说反映的问题有多么严重。
574	快马加鞭	그렇지 않아도 압축 성장의 가공할 스피드 때문에 찬찬히 삶을 돌아보며 가꾸는 의미 공간이 비좁아졌는데, 모바일 통신이 확대되면서 업무 일상은 더욱 **가파르게 돌아간다**.	不仅如此，这种通过压缩增长而形成的速度，还挤压了悠闲的生活、情趣的空间。移动通信的扩张，令日常工作快马加鞭。
575	艰苦卓绝	그들이 형상화한 작중인물은 인간 존재의 유한성과 우연성에 절망하면서 정신의 지주를 찾고자 **처절한** 싸움을 벌인다.	他们所刻画的人物，面对存在的有限性和偶然性曾绝望过，也为了寻求精神支柱而进行艰苦卓绝的斗争。
576	艰苦奋斗	20대의 사회의식과 가치관을 조사한 이 신문에 따르면, 양극화와 무한경쟁, 취업난과 고용불안에 괴로워하는 한국의 20대에게 닥친 제1 명제는 생존(Survival)을 위한 스펙(Specification) 쌓기와 **힘겨운 투쟁**(Struggle)이다.	结果显示，韩国二十多岁的年轻一代正在为两极分化、残酷竞争、就业难和工作不稳定等社会问题而苦恼，他们面临的第一命题就是要为生存积累特殊经验和艰苦奋斗。
577	感同身受	이십대 작가가 그려 보이는 이 '기대'의 메시지는 **절실한 만큼** 또 애처롭기 짝이 없다.	二十多岁的年轻作家所发出的这一"期望"信息是让人感同身受的，却因此也让人感到悲哀，
578	岿然不动	모든 것이 절충과 유희의 포스트모던 속에서 녹아나는 것 같아도, 돌이켜 보면 삶의 근원적인 차원은 **요지부동**이라는 뜻이 아닌가.	是不是即使所有东西都在这个充满妥协和游戏的后现代主义中堕落，回过头来，生命的根源仍然岿然不动.
579	坚信不疑	다만, 그가 지금 **확신하는 것**은 한 30년 한 가지 일에 몰두하다 보면 언젠가 세상이 돌고 돌다가 자기의 좌표와 딱 맞아떨어지는 순간이 올 수 있다는 것이다.	不过，有一点他坚信不疑, 那就是: 三十年如一日埋头做一件事，总有一天会大展宏图。

NO	成语	韩语句子/不对应之词或词组	汉语句子/*汉语成语
580	坚韧不拔	그리고 그것이 한국전쟁의 회오리를 겪으며 **고되게 살아왔던** 어머니의 강인한 삶에 대한 회고와 결부되어 더욱 애잔한 마음의 파문을 이끌어낸다.	而这种态度与母亲**坚韧不拔**的一生经历相结合起来，让人不禁为之感动。母亲历经"六二五"战争的漩涡，一生艰辛，却终归还是挺过来了。
581	坚忍不拔	그러니 **잘 참고 견뎌내거라**."	所以，一定要**坚忍不拔**。
582	胡思乱想	**낙담해 있는** 내게 다시 나타난 안내인이 말해주었다.	正在我**胡思乱想**之时，导游进来通知我们去一枝庵喝茶，
583	豁达大度	그는 또 가족이 정치 이데올로기의 희생이 되었고, 자신 역시 군사독재시대의 검열에 걸려 체포되고 고생했지만, 과거에 대해 원한을 갖기보다는 지나간 것들의 아름다움에 대한 그리움에 젖었던 **그릇 큰** 작가였다.	虽然他的家人成了意识形态斗争的牺牲品，他本人也在军事独裁时期曾被逮捕过，但是，**豁达大度**的他没有对此怀恨在心，而是沉浸于对往日的美好的怀念当中。
584	价廉物美	유어면 세진방면으로는 주차장 인근에 토속 음식점이 있고, 창녕읍에서는 화왕산 입구 장마을과 대가(大家)식당의 쇠고기가 **값이 싸고 맛도 괜찮다**.	从游鱼乡去世津路上的停车场附近有一家土产餐馆。昌宁镇火旺山入口处有长村和大家餐馆，那里的牛肉**价廉物美**。
585	来之不易	21명의 심사위원이 2년마다 곳곳을 찾아 다니며 한 명을 찾아내 주는 상.	这个奖项**来之不易**，由二十一名评委两年一次四处寻访，才能找出一位。
586	高谈阔论	다른 나라 같으면 감히 통화할 수 없을 고속전철에서조차 태연하게 전화기를 꺼내 **큰 소리로 이야기 나눌 수 있기에**, 그만큼 휴대전화의 '가치'가 높아지는 것이다.	外国人一般不敢在地铁里打电话，而韩国人却在这里也能泰然处之地掏出话机，**高谈阔论**。于是，手机的"价值"也就更高了。
587	琅琅上口	〈서동요〉가 이러한 동요적 성격을 갖고 있기 때문에 신라 아이들이 **쉽게 따라 부를 수 있었던 것이다**.	由于《薯童谣》具有童谣的性质，所以新罗儿童能够**琅琅上口**。
588	狼狈不堪	돈을 빌려서 갚는 고난도, 생산을 시작해서 공장에 뛰어다니느라 미국의 고속도로를 타고 비좁은 렌트카에서 밤을 지새는 고생도, 초라한 전시 매장에서의 **창피함**도 없었겠죠.	欠债还钱，投产之后沿着美国高速公路奔波于工厂却在租来的狭窄车里过夜，在简陋的展示柜台前**狼狈不堪**，这些都不会有。
589	牢不可破	반복적인 일상과 허위에 길들여진 '나'가 그 **완강한 껍질에** 균열을 내어 삶의 심연을 들여다보는 일은 고통스럽고도 황홀하다.	"我"已习惯于反反复复和虚伪的日常生活，因此在那**牢不可破**的外壳上敲打出裂缝，通过裂缝窥视生活的虚空是痛苦的，同时又是令人眼花缭乱的。
590	功夫不负有心人	그리고 **마침내** 1992년 그가 만든 칠피 상자가 대한민국전승공예대전에서 문	终于**功夫不负有心人**，1992年他制作的漆皮箱子在大韩民国传承工艺大展

NO	成语	韩语句子/不对应之词或词组	汉语句子/*汉语成语
		화부장관상을 받기에 이른다.	上荣获了文化部长奖。
591	酣畅淋漓	범종을 치는 궁극적인 의미는 성덕대왕 신종에 새겨진 "그 소리가 용의 읊조림과 같아서 위로는 지극히 높은 하늘과 밑으로는 지옥세계에 이르기까지 **막힘이 없이** 메아리 쳐 보는 자는 기이함을 칭송하고, 듣는 자는 복을 받는다"라는 문구에서 찾아볼 수 있다.	敲钟的最深层涵义在圣德大王神钟上铭刻的文字中可以找到答案：那声音如同龙之鸣叫，向上能达天穹，向下能入地狱，那**酣畅淋漓**的奇妙回音让闻者称颂，使听者得福。
592	离乡背井	황: 제 부모님은 한국 전쟁 동안 북한을 탈출했으니 저도 남한에 정착한 **실향민**의 한 부분이라고 할 수 있겠죠.	黄：在"六二五"战争期间，我父母逃离北部，我也算是定居韩国的**离乡背井**人。
593	光芒四射	비단천의 짙은 바탕색에도 불구하고 정교한 화법으로 그려진, **휘황찬란한** 옷과 장식에 싸여진 대중적 보살의 숭고한 이미지를 감지할 수 있다.	尽管作品是在底色很深的丝帛上完成，但画法精妙，所描绘的菩萨穿戴着**光芒四射**的法衣及饰品，其形象让人感觉非常庄严神圣。
594	励精图治	다른 무용가들은 대부분 조기 유학이나 조기 해외 진출을 통해 명성을 획득했지만, 김희진은 30대 초반까지 한국 무대에서 **다양한 활동을 펼치며** 그 능력을 검증받았고 인지도를 차곡차곡 다져 내실을 쌓은 후 꿈을 향해 더 큰 걸음을 내디던 것이다.	其他舞蹈家绝大多数依靠幼年留学或早年出国闯天下而扬名，而金希珍直到三十岁出头一直在韩国国内舞台上**励精图治**，等到水平得到肯定、知名度逐日提高、技艺日臻成熟才朝向海外迈出关键一步。
595	横征暴敛	그러나 이 지방 수령이 백성들에게 **온갖 행패를 부려** 원성이 높자 1578년 새 수령으로 부임하여 구악의 일소에 힘썼다.	但是当时温阳郡守对百姓**横征暴敛**，最终因为民怨载道而离开，1578年，李之菡作为新郡守赴任。赴任伊始他便积极致力于扫除昔日的罪恶。
596	古往今来	**동서고금**을 막론하고 사람들은 온화한 기후와 쾌적한 공간에서 살기 위해 산수가 좋은 자리에 터를 잡아 살아가며, 사후에도 영면하기 위해 길지(吉地)를 찾아 많은 노력을 기울인다.	**古往今来**，不管在哪个国家，人们都喜欢生活在温暖、舒适的地方，喜欢在山清水秀的地方居住。为了死后永远安息，人们还努力寻找吉地安葬。
597	孤军奋战	그런 그에게 이번 전시는 **새로운 도전**이다.	本次在古根海姆的展览对**孤军奋战**的李禹焕来说是个新的挑战。
598	鸿篇巨制	1987년부터 1994년까지 그는 민중 해방과 민족 통일의 염원을 전체 7권 규모의 **웅장한 스케일에 담은** 서사시 〈백두산〉을 완성했다.	从1987年到1994年，高银完成了长达七卷的长篇叙事诗《白头山》的创作，他把对民众解放和民族统一的期盼融入这部**鸿篇巨制**。
599	厚颜无耻	세계는 명백하고 노골적으로 **뻔뻔스러워졌다.**	世界变得现实，变得明目张胆和**厚颜无耻**。

NO	成语	韩语句子/不对应之词或词组	汉语句子/*汉语成语
600	古色古香	오늘날의 종가는 아주 먼 윗대 할아버지들이 터잡은 곳에서 400년 500년 동안 집성촌(集成村)을 이루며 **고색창연한** 한옥에서 전통생활을 실천하고 있는 현장이다.	在今天的宗家，我们可以看到人们仍在**古色古香**的韩屋里过着传统的生活。
601	疾恶如仇	그는 **세상의 모든 불행과 악행에 대해 분노에 가득 차 있으며** 그래서 긴장을 멈추지 않는 사람이다.	他一向痛恨不幸，**疾恶如仇**，毫不松懈。
602	两全其美	산과 바다, 어느 한 곳의 매력도 포기하기 힘든 이들을 위한 **현명한 해답**이 있다.	对于这些面对山与海的魅力而无从取舍的人们，有一个去处可以**两全其美**。
603	两手空空	'재물은 타 털어버려 **빈손이 되어도** 마음 하나만 잘 간수하면 되지.'하고 되뇌며, 브라이언 베리는 오늘도 쭈그리고 앉아 붓을 잡고 극락으로의 여행을 떠난다.	千金散去，**两手空空**，又有何妨？我只求问心无愧。反复吟诵着这几句话，今天的布赖恩巴里依旧蹲坐在地上，手握画笔，继续着他通向极乐世界的旅程。
604	量体裁衣	그 후에는 누비옷을 **입을 사람의 몸에 맞춰 천을 자른다**.	抽线完毕后**量体裁衣**，
605	光宗耀祖	"재능 있는 아들의 출생을 기다렸고, 문중에서도 재능 있는 아이를 찾아 **문중을 빛낼** 국가 인재로 키우려 노력했다."	"期待宗家生出有才能的儿子。族人还会寻找有才能的孩子，努力把他培养成能够光**宗耀祖**的国家人才。"
606	寒意料峭	**차가운** 계절이 일찍 찾아오는 양구(楊口)는 박수근(1914-1965)의 작품을 닮아 있다.	**寒意料峭**的季节提早光临杨口，犹如朴寿根(1914-1965)的作品。
607	星罗棋布	상주해수욕장을 지나 시계 반대방향으로 **섬을 돌아가면** 아름다운 미조항과 물건마을을 잇는 물미해안도로에 닿는다.	那里有扇形沙滩，众多小岛**星罗棋布**般环绕在四周。经尚州海水浴场朝逆时针方向行驶，可以到达退江海岸公路。
608	星星点点	가파르고 숲이 울창한 산모퉁이를 끼고 돌면서 작은 마을들이 **점점이 이어진다**.	沿着地形陡峻而树木丛生的山脚走上一圈，便会不断遇到**星星点点**的村落。
609	信誓旦旦	목수가 되겠다고 **덤볐던** 많은 친구들이 다른 일을 시작했지만 스승의 자존심을 존경한 소년 심용식은 다른 길에 곁눈을 주지 않았다.	后来许多曾经**信誓旦旦**要成为木匠的朋友纷纷改行，沈龙植却一直坚持着并没有选择其他道路。
610	投机取巧	물자의 절대적 부족과 궁핍은 **새치기나 편법** 등을 조장하였다.	物资的绝对匮乏和生活的极度穷困大大助长了敷衍了事、**投机取巧**等风气的盛行。
611	兴高彩烈	봄이면 진달래를 꺾어 들고 **좋아하며**	春天，我会手捧着采来的杜鹃花兴高

NO	成语	韩语句子/不对应之词或词组	汉语句子/*汉语成语
		집으로 돌아왔다.	采烈地回到家。
612	谈天说地	"수업 중에 살짝 문자를 보낼 수 있고, 집에서도 자기 방에 앉아서 '완벽한 침묵' 속에서 친구들과 **무한정 대화를 나눌 수 있다.**"	上课时，可以悄悄地发一个短信；在家，一边足不出户地保持"完美的沉默"，一边与朋友们无拘无束地**谈天说地**。
613	形影不离	그 중에서 진경시의 대성자인 이병연과 진경산수화의 대성자인 정선은 정녕 **형영상수**(形影相隨형상과 그림자처럼 서로 따름)**하던** 쌍벽으로 몸만 둘이지 마음은 하나인 그런 사이였다.	其中，真景诗大家李秉渊和真景山水画大师郑善互相引为知己，关系极为亲密，几乎**形影不离**。
614	行色匆匆	마치 그 6번 출구를 벗어나면 지상 낙원이라도 있는 양 **들뜬 표정으로** 계단을 오르는 것이다.	仿佛走出了六号出口就会走进乐园一样，**行色匆匆**地爬上台阶。
615	行尸走肉	**"밑바닥까지 가라앉아 죽음밖에, 그 무서운 백지의 차원밖에 남지 않았음을** 절감해본 적이 있느냐."	你有没有每天早上一睁开眼睛就要过着地狱般**行尸走肉**的生活？
616	我行我素	그 속에서 젊은 세대는 그들 **나름**의 문화적 소통을 발견하는 것이다.	但在网络空间却没有如此严格的限制，在那里他们可以**我行我素**进行交流与沟通。
617	心术不正	"피부병, 위장병, 안질 등에 효험이 있다고 하며, **부정한** 사람이 이 약수를 마시려 하면 구렁이가 물밑에 도사리고 있는 것으로 보여 마실 수가 없다는 재미있는 이야기도 전해온다."	"据说治疗皮肤病、胃病和眼病相当灵验。关于画岩药水还有一个有趣的传说，说是**心术不正**之人喝不到这里的水，想喝的时候便会看到水下有一条巨蟒盘踞。"
618	心满意足	나는 사진기가 내게 가져온 이런 변화가 **마음에 들었다.**	我对照相机给我带来的这种变化感到**心满意足**。
619	心领神会	진리는 말로 설명할 수 없는 것이고 오직 삼매의 경지 속에서만 **얻을 수 있기** 때문이**다.**	这是因为真理是无法用语言讲明，只有达到三昧境界才能**心领神会**的。
620	心力交瘁	손님이 오면 상 펴놓고 점사도 봐야 하고, 하루하루 살아가는 것에 **너무 애를 태우고 기를 써서** 가슴속이 오그라드는 것 같았다.	客人来了，就要摆上桌子，算上一卦，一天一天这样生活，**心力交瘁**，就好像心被揪住了一样。
621	痛快淋漓	김기라(Ki-ra Kim)는 사회적 통념을 **통쾌하게** 까부순다.	金基罗**痛快淋漓**地打破了社会固有观念。
622	天崩地裂	어느날 한순간에 이곳에 **천재지변**이 일어났다.	忽然有一天，该地区发生了**天崩地裂**的巨变。

NO	成语	韩语句子/不对应之词或词组	汉语句子/*汉语成语
623	雄心壮志	한국이 해외 유명 뮤지컬의 라이선스 소비 시장에 그치지 않고 새로운 컨텐츠의 생산 기지가 될 수 있음을 보여주겠다는 공연기획자들의 **의지**가 엿보인다.	从中可以看出演出企划人员的**雄心壮志**：韩国不仅仅是国外著名音乐剧可靠的消费市场，也可以成为新剧目的生产基地。
624	心烦意乱	**마음을 조급하게 하는** 교통체증, 내 발을 밟고도 모른 척 지나가는 무심한 사람, 겁이 날 정도로 빠르게 변하는 서울의 모든 것.	令人心**烦意乱**的交通堵塞，踩到别人的脚却浑然不知的麻木之人，以骇人的速度变化着的首尔的一切……
625	问心无愧	'재물은 타 털어버려 빈손이 되어도 **마음 하나만 잘 간수하면 되지.**'하고 되뇌며, 브라이언 베리는 오늘도 쭈그리고 앉아 붓을 잡고 극락으로의 여행을 떠난다.	千金散去，两手空空，又有何妨？我只求**问心无愧**。反复吟诵着这几句话，今天的布赖恩巴里依旧蹲坐在地上，手握画笔，继续着他通向极乐世界的旅程。
626	心驰神往	평지에서 빠져나와 산기슭을 타고 구불구불 숲속으로 들어가는 하얀 길들은 언제나 보는 이의 **가슴을 설레게 만든다.**	山间小路顺着山势蜿蜒而上，划出一道道通往丛林深处的白色曲线，远远望去总是令人**心驰神往**。
627	无边无际	당항포에서 만을 떠나 남해 바다 쪽으로 빠져나가면 거기서 동서로 **끝없이** 해안이 이어진다.	从唐项浦海湾进入南海，东西两侧都是**无边无际**的海岸。
628	虚怀若谷	작곡가와 악보를 존중하고, 그를 통해 구현되는 음악을 소중히 여기다보면 지휘자는 **겸손한 존재**가 될 수 밖에 없기 때문이다.	指挥家必须**虚怀若谷**，因为惟有尊重作曲家和乐谱，才能在诠释过程中感知音乐的弥足珍贵。
629	虚无飘渺	너무 **뜬구름 잡는** 대답일까?	这算不算是一个**虚无飘渺**的回答
630	虚无缥缈	그러나 절박한 생계를 위해서건 미래의 **헛된 희망**을 위해서건 미군 앞에서 한없이 비굴해질 수밖에 없었던 당시의 한국인들에게 PX의 미제물건들은 선망의 대상이었던 것만큼이나 그들의 남루하고 비루한 처지를 일깨우는 강한 열등감의 대상이기도 했을 것이다.	然而，不管是为了眼前的生计，还是为了未来**虚无缥缈**的希冀，韩国人不得不在美军面前卑躬屈膝，当然对这时的韩国人而言，免税店里的美国货是羡慕和憧憬的对象，同时也是认识自己的衣衫褴褛和卑躬屈膝以及低人一等的对象。
631	无独有偶	**공교롭게도** 강운구의 사진이 부산 시민들과 만나는 동안, 두 개의 사진전이 더 열리고 있었다.	**无独有偶**，在姜运求的摄影作品与釜山市民面对面的时期，另外两场摄影展也在举办。
632	无可厚非	물론 노동이라는 말에서 사물에 생기를 불어넣고 거듭 일깨우는 생산적 창조의 이미지를 떠올린다 해서, 그 또한 관습적인 연상(聯想)이라 **탓할 필요는**	当然，劳动这个词让人联想到赋予事物以生机的建设性创造，这是一种习惯性联想，**无可厚非**，

NO	成语	韩语句子/不对应之词或词组	汉语句子/*汉语成语
		없다.	
633	无坚不摧	범람하는 이미지의 **강력한 힘** 앞에서 수공업적 이미지의 생산자로서 무력감을 느끼고, 자본과 경제가 지배하는 현실 속에서 미술의 역할에 대해 회의한다.	在图像四处泛滥、**无坚不摧**的力量面前，手工图像的制作者颇有一种无力感；身处资本和经济据于支配地位的现实之中，又对美术的作用产生了怀疑。
634	无家可归	지금은 북한 땅으로 변한 개성 부근에서 태어난 그는 한국 현대사를 관통한 비극의 역사를 **실향**의 한과 가족의 죽음이라는 개인적 체험으로 내면화해 사랑과 화해, 용서의 서사로 승화시켰다.	朴婉绪出生于朝鲜境内的开城附近，她的创作体验直接来源于本人的亲身经历，通过对**无家可归**之恨和与家人生离死别的描写表现出了整个韩国现代史的悲剧历史，并将之升华为爱、和解与宽恕的故事。
635	无济于事	아무리 용을 써**도 마찬가지였다.**	再怎么折腾也**无济于事**。
636	头破血流	하지만 그는 천만다행으로 한국에서 가장 우수한 교육기관인 초등학교만 다니고 부르주와의 자식들이 **박 터져라 싸우며** 들어갔던 대학을 다니지 않아 세상을 있는 그대로 보게 되었다.	幸亏只念到小学，没有读那些资产阶级的后代**头破血流**挤进去的大学，才使他拥有客观的判断力。
637	悬崖峭壁	잘 발달된 **해식애**를 좌우로 둔 만성리 해수욕장이 보인다.	接下来是万圣里海水浴场。浴场两边耸立着由于海水侵蚀而形成的**悬崖峭壁**。
638	闻所未闻	이는 **지금까지 알려졌던** 미륵사 창건의 주체가 무왕의 왕비였던 선화공주라는 **사실과 다른 내용인 것이다.**	对此此前人们**闻所未闻**。这一记载与迄今所知的弥勒寺创建主人武王之妃善花公主的事实迥然不同。
639	无名小卒	박지성의 성장 과정, 아무도 거들떠 보지 않던 **무명의 선수**가 맨체스터 유나이티드의 상시 전력 요원으로 성장하는 기막힌 반전 드라마, 이 매혹적인 성장사는 경제 성장과 민주화를 동시에 이룩한 한국의 현대사와도 오버랩된다.	朴智星从一名无人在意的**无名小卒**成长为一名曼联队的主力队员，这一过程就像是一部令人惊叹的逆转剧。朴智星迷人的成长史与同时实现经济增长和民主化的韩国现代史如出一辙。
640	闻名遐尔	예를 들어, 국제적인 **명성을 얻고** 있는 홀란드 건축가 렘 콜하스(Rem Koolhaas)는 뉴욕에 대해 토론하면서 즉흥적이고 "우연적인" 도시적 삶의 성격을 긍정적으로 평가했다.	例如，在国际上**闻名遐迩**的荷兰建筑师雷姆库尔哈斯在谈及纽约时，积极评价这座城市具有即兴、随意的特点。
641	雪上加霜	재개관 2년 동안에 극장장이 다섯 번이나 바뀌는 행정적 난맥상도 **부진을 부채질했다.**	重新开馆后两年内，剧场负责人走马灯似地换了五位，行政上的混乱对剧场来说更是雪上加霜。

NO	成语	韩语句子/不对应之词或词组	汉语句子/*汉语成语
642	无时无刻	**언제나** 새로운 소재를 찾아내려는 문화 창작자들은 자신이 활동하고 있는 분야에서 지금까지 다루어지지 않은 소재를 새 방식으로 요리해 낸다.	**无时无刻**不在探寻新型素材的文化创作者们在自己的领域将此前未曾涉及过的素材以崭新的方式进行诠释。
643	循规蹈矩	대충대충 일 처리를 해오던 바둑계의 **오랜 관행**을 깨자는 주장이었다.	他的本意是要破除围棋界由来已久**循规蹈矩**的旧制。
644	无所不能	**무엇이든 다 할 수 있을 것 같은** 느낌이죠.	有一种无所不能的感觉。
645	无所顾忌	그 또한 나이 지긋한 운전수는 낯익은 손님들과 이 지역에 계승되는 탈놀이인 고성오광대(固城五廣大)의 말뚝이[下人]처럼 걸쭉한 농담도 **예사롭게 주고받았다**.	"同样一把年纪的司机则用该地区传统假面戏""固城五广大""里下人的豪放语气，**无所顾忌**地和熟客们互开着玩笑。"
646	无私奉献	그렇게 확인된 엄마의 진면목이란 남편과 자식들에게 **한없이 헌신적인** 전형적인 어머니라는 외양, 그럼에도 누구의 아내거나 엄마이기 전의 독립적인 인격체로서의 내면을 지닌 복합적인 존재이다.	经过这样的过程确认的妈妈是一个表面上是对丈夫和子女**无私奉献**的典型的韩国妈妈形象，同时在内心里是一个具有独立人格的完整形象。
647	无所适从	살아가는 사람들의 내면에는 늘 이런 불편한 **진실** 또는 이율배반이 있고, 그로 인해 어느 누구의 것이라도 무겁지 않은 인생은 없다.	人们活在世上，内心总要承受这种让人不舒服的**无所适从**和截然对立，也正因为如此，没有人可以拥有无忧无虑的人生。
648	无所畏惧	그래서인지 그는 지금도 **무서울 것이 없으며** 개성도 몹시 강하다.	也许是成长环境所致，他**无所畏惧**，个性坚强。
649	训练有素	료헤이 콘도(Ryohei Kondo)가 이끄는 콘도스 무용단은 "전혀 단련되지 않은 신체, 강한 개성과 깊은 인생 경험을 가진 남성들"로 구성된 반면 홍혜전(Hong Hye-jeon)이 이끄는 무용단은 최고의 기량과 젊음을 자랑하는 **훈련된** 기교파들이다.	近藤良平率领的神鹰舞蹈团由"完全未经过正规训练的、个性鲜明突出的和极富人生经验的男性"组成。与之相反，由弘惠全率领的舞蹈团则由**训练有素**的技巧派组成，更以顶尖的技巧和飞扬的青春为傲。
650	压卷之作	이 가운데 일암관(一岩館) 소장의 〈제329 원상주존자〉는 뛰어난 형태감과 얼굴의 표현이 **압권이다**.	其中一岩馆收藏的《第三二九圆上周尊者》体现了杰出的形态感和面部表现手法，堪称**压卷之作**。
651	无懈可击	하지만 그가 그렇게 믿기까지 많은 관찰과 생각과 공부를 거친 것이어서, 거의 **틀림이 없다**.	但是，这种深信不疑，是他经过了许多观察、思考和学习之后才得到的，几乎**无懈可击**"。
652	水深火热	이 **아찔한** 국가적 운명의 기로에서 나	而将这个国家从**水深火热**之中拯救出

NO	成语	韩语句子/不对应之词或词组	汉语句子/*汉语成语
		라를 구한 이가 이순신이었다.	来的人就是李舜臣。
653	烟消云散	그런데 인터넷의 동영상은 이러한 불편함과 한계점을 **일순간에 날려버렸다.**	而互联网的视频作品在瞬间就让这些不便和限制烟消云散。
654	天方夜谭	예술이란 근본적으로 자기 스스로 해방되고, 그 결과 다른 사람에게도 그렇게 될 수 있도록 해주는 것이라고 믿는데 대학시절은 그게 **안 통하는** 시대였습니다.	我始终相信，艺术的本质就是自我解放，并且帮助其他人实现解放，但这在我的大学时代无异于天方夜谭。
655	无以复加	화려하지만 어느 하나 홀로 두드러짐이 없고 **복잡하기 이를 데 없으면서도** 원만한 아름다움을 품고 있는 단청, 그리고 세월이 흘러 빛이 바랠수록 그윽함이 살아나는 탱화.	眼前的壁画虽然华丽，却没有任何突兀之处；虽然复杂得无以复加，塑造出的却是圆满的美感。而那些帧画随着岁月的流逝褪却了昔日的光彩，然而意境却显得愈发幽远。
656	严阵以待	가마우지가 한가롭게 날아다니는 까마득한 절벽 상부, 거기에 대공포 진지가 **창문처럼 박혀 있는 것**이 보였다.	在灰黑色的绝壁顶部，既可以看到鸬鹚悠闲地飞来飞去，也可以看到严阵以待的高射炮阵地。
657	无忧无虑	살아가는 사람들의 내면에는 늘 이런 불편한 진실 또는 이율배반이 있고, 그로 인해 어느 누구의 것이라도 **무겁지 않은** 인생은 없다.	人们活在世上，内心总要承受这种让人不舒服的无所适从和截然对立，也正因为如此，没有人可以拥有无忧无虑的人生。
658	言传身教	그렇게 **몸으로 가르쳐주는** 조리장은 일부러 권위를 내세우지 않아도 존경 받아요.	如此言传身教，不需要刻意树立权威，也会受到尊敬。
659	奄奄一息	눈먼 아버지를 위해 인당수에 몸을 던졌던 심청이가 오늘의 세상, 그 **기막힌 불감증에 죽어가는** 사람들을 위해 용왕과 담판을 짓기 위해 다시 한 번 인당수에 빠진다는 이야기로 만들어진 이 작품은 그 동안 줄거리나 주인공의 성격, 시의에 맞는 대사삽입 등으로 많이 바뀐 모습이지만 종이상자나 공작취미가 보이는 너저분한 분위기의 무대는 기본적으로 동일하다.	故事梗概是当年为治好盲父双眼而跳入印塘水的沈清走进现代社会，为拯救因麻木而奄奄一息的现代人，她第二次跳入印塘水和龙王谈判。和早前的演出相比，新剧的主要情节、主人公性格有所改动，还插入一些针砭时弊的新台词。尽管如此，展现一片狼藉情形的舞台设计仍基本得到保留。
660	唾手可得	이처럼 **쉽게 구할 수 있는** 신선한 재료가 전주 비빔밥의 맛의 비결이다.	这些唾手可得的新鲜原料，构成了全州拌饭美味的秘诀。
661	天高地厚	이제 막 태극마크를 단 소녀가 콴을 넘겠다는 발언은 **무모하게만** 들렸다.	一位刚刚戴上太极国徽的少女居然声称要超越关颖珊，听上去颇不知天高地厚。

NO	成语	韩语句子/不对应之词或词组	汉语句子/*汉语成语
662	扬眉吐气	'천국의 눈물'로 **기지개 켜는** 한국 창작 뮤지컬	《天国的眼泪》让韩国原创音乐剧**扬眉吐气**
663	养精蓄锐	그는 **잠시 호전적 전투태세를 멈추고 쉬고 있다**.	他暂时收敛自己**养精蓄锐**。
664	天寒地冻	지난 겨울은 유난히 **추웠음**에도 불구하고 국립현대미술관 덕수궁미술관 별관에서 열린 '권진규'전(展)(2009년 12월 22일~2010년 3월 1일)에 무려 3만8천여 명의 관객이 다녀갔다.	刚刚过去的冬天格外寒冷, 然而, **天寒地冻**挡不住人们对艺术的热情。多达三万八千多人观看了在国立现代美术馆德寿宫美术馆分馆举行的权镇圭作品展(2009年12月22日至2010年3月1日)。
665	摇身一变	그의 손에서 마르고 거친 가죽은 견고하고 품격 높은 칠피 명품**으로 거듭나고 있다**.	在他的手里, 干硬、粗糙的皮子**摇身一变**成为结实、高品位的漆皮名品。
666	四通八达	가정, 동네, 직장, 학교 어디에서든 몸으로 함께 있는 사람들과 깊은 소통을 하기 어려운 사회, 생활의 유동성(mobility)이 급증하는 상황에서 모바일 미디어는 공간의 제약을 넘어 타인과 연락하는 회로를 **사방팔방**으로 활짝 열어주었다.	家庭、社区、职场、学校, 无论身在何处, 人们身处一地却难以进行深入的沟通。在生活流动性急速增加的情况下, 移动媒体**四通八达**, 超越了空间的制约, 豁然开通了与他人联络的渠道。
667	耀武扬威	격동의 19세기에는 조선의 문호 개방을 강요하는 제국의 함대들이 강화도 앞바다에서 **무력을 행사했다**.	到了风云变幻的19世纪, 帝国主义列强的舰队来到江华岛海面**耀武扬威**, 强迫朝鲜开放门户。
668	夜以继日	종이라면 작고 정밀한 그림을 보이지 않아 못 그리지만, 컴퓨터라면 확대해서 그리면 되니 문제없었다.	金童话向儿子学习如何使用电脑之后, 便开始**夜以继日**地利用电脑来进行创作。纸张的篇幅比较小, 眼睛无法看到精细的图案, 而电脑可以放大操作, 问题就迎刃而解了。
669	万般无奈	아버지가 돌아가신 후 가정 형편이 어려워지자 그녀의 어머니는 식구들을 이끌고 서울에 올라왔다.	父亲去世后, 家境每况愈下, 母亲**万般无奈**, 带领儿女辗转来到首尔。
670	一败涂地	당연히 **흥행이 안 됐고** 다음 작품의 제작비를 얻기가 어려워졌다.	票房自然**一败涂地**, 连下一部作品的资金也无法筹集。
671	一波三折	하지만 관객들이 모두 나가려던 시점에 **우여곡절 끝에** 굿을 시작해 작두를 타는 절정까지 무대가 이어지자 이방인들은 숨을 죽이고 김금화의 굿판에 몰입했고 뒤풀이 자리에서는 격정적으로 어울리며 대동의 감동을 연출하게 된다.	然而, 正在观众都要离开的时候, 经过**一波三折**的巫祭开始了, 当这些外国人看到金锦花走在铡刀刃上的高潮部分, 全场观众都屏声息气, 完全沉浸在金锦花的巫祭中。在余兴部分, 观众们充满激情地配合着, 金锦花导演了一场大同的感动。

NO	成语	韩语句子/不对应之词或词组	汉语句子/*汉语成语
672	一成不变	잡채가 소개된 한국의 채소요리 임에는 틀림없으나 시대에 따라서 그 맛이 **한결같이 이어져온 것**은 아니며 섞여진 채소종류, 조리방법도 조금씩은 변화되었다.	杂烩无疑是一道韩国菜肴，但随着时代的变迁，其味道并非**一成不变**。不仅如此，用于制作杂烩的蔬菜种类和烹饪方法也逐渐发生了变化。
673	脱口而出	급할 때 그의 **입에서 튀어나온** 말이 한국어라는 점과 옛 왕비의 침소를 대하는 극진한 마음가짐이 놀라웠다.	但此刻她**脱口而出**的竟然是韩国语而不是日语！还有她对王后寝宫的极端尊重与敬仰也令人惊叹。
674	一点一滴	특히 조선 시대의 일상적 풍속을 그린 화가 신윤복의 풍속화를 보며 **조금씩** 한국적 만화의 가능성을 찾아갔다.	朝鲜王朝时期的画家申润福以表现日常风俗见长。对此，他特意用心揣摩，**一点一滴**地找到了韩国式漫画的可能性。
675	一动不动	그런데 봉원사를 돌며 사찰의 단청을 보는 순간, 그는 가슴이 한없이 내려앉으며 온몸이 **꽁꽁 얼어붙는** 느낌을 받았다.	然而，在奉元寺中看到壁画的那个瞬间，他的心猛地一沉，全身**一动不动**地僵在了原地。
676	一技之长	자초지종을 들어보니 자수에 일가견이 있으셨던 어머니가 그에게 강인한 정신력과 **솜씨**를 물려주셨고, 단청을 하셨던 조부와 목수였던 부친은 그에게 예술적 안목을 유산으로 남겨주셨단다.	听他介绍，可能是在刺绣方面具有**一技之长**的母亲给了他顽强的精神和手艺，曾经是画工的祖父和做木匠的父亲留给了他艺术的眼光。
677	一举一动	김연아의 **말 한마디 행동 하나하나**가 화제가 된다.	金妍儿的每一句话、**一举一动**都会成为话题。
678	一览无遗	이 세미나실은 모임의 독립성을 보장하되, 밖에서도 이러한 회의 모습을 **바라보며** ‘함께’라는 의식을 공유할 수 있게 유리벽으로 되어 있다.	会议室使用玻璃隔断，这样既保证了研讨活动的独立性，又使会议情形**一览无遗**，体现了共享、共有的理念。
679	一年一度	이처럼 더욱 많은 사람들에게 생활 자기를 보급하고 싶어하는 마음에 한국의 생활문화 잡지 〈행복이 가득한 집〉과 함께 매달 독자의 찬장 안 그릇을 바꿔주는 ‘그릇 운동’을 펼치기도 했으며, **일년에 한 번씩** ‘만 원의 행복 전(만 원으로 살 수 있는 그릇 기획 전시)’을 선보이기도 한다.	如此这般，怀着向更多人普及生活陶瓷的心愿，她与韩国的生活文化杂志《幸福满屋》联手，每个月开展“餐具运动”，替读者们换一下橱柜里的餐具。还举办**一年一度**的“万元幸福展”（即用一万元韩币就能买到的餐具企划展）。
680	一拍即合	공간에 대한 이러한 이해가 극작과 연출을 겸했던 이윤택과의 **호흡을 고르게 하면서** 희곡과 무대가 거의 동시에 만들어지는 새로운 감회를 낳게도 한다.	由于辛仙姬对空间有着这般深刻的理解，于是跟剧作家兼导演李润泽合作时**一拍即合**，做到剧情与舞台同时展开，此事至今传为佳话。
681	万事如意	세배를 받는 어른들은 “복 많이 받아라”, “**만사형통해라**”와 같은 덕담을 해	接受岁拜的长辈则要说些诸如“新年快乐”、“**万事如意**”之类祝福的话语，

NO	成语	韩语句子/不对应之词或词组	汉语句子/*汉语成语
		주고 아이들에게 세뱃돈을 건네고 세찬을 대접한다.	给孩子们压岁钱，并且招待晚辈吃"岁餐"。
682	万寿无疆	대비의 **만수무강**과 왕실의 번창을 기원하는 뜻이 담겨 있다.	这种设计意在祈愿大妃的**万寿无疆**和王室的繁荣。
683	一窍不通	**무식한 소견으로** '예술가가 그렸나?' 생각게 한다.	对壁画**一窍不通**的我在想，"这是某位艺术家的作品吗？"。
684	一事无成	""기교를 부리지 않아도 기교가 넘치고, 힘과 기운이 넘치던" 스승의 경지를 흠모하며 그는 "잔기술이나 교만함으로는 **아무 것도 이룰 수 없다**"는 사실을 되뇌곤 한단다."	他十分钦佩师傅所达到的那种"不显弄技巧，却充满技巧，力量与气韵横溢"的境界。他反复告诫自己："凡以雕虫小技而自傲者将**一事无成**。
685	一手包办	"지금까지 한국의 극장용 애니메이션 작품은 애니메이션 전문 제작사가 **독자적으로** 기획, 제작, 홍보, 배급하는 방식으로 세상에 나왔다."	迄今为止，韩国推出的剧场版动画作品都是由动漫专业制作公司**一手包办**策划、制作、宣传、发行等链条的。
686	一丝不挂	"**벌거벗은 채로** 거꾸로 매달리기도 하고, 순결하다는 하얀 웨딩드레스를 입고 신문지로 뒤를 닦고, 임신한 모습으로 한복을 입고 방독면을 쓴 채 부채춤을 추었던 그는 갇혀 지내는 모든 이들의 자아를 자극했으며 해방에 눈을 뜨게 했다."	**一丝不挂**地倒吊起来，穿着洁白的婚纱却用报纸擦屁股，装扮成孕妇身着韩服，戴着防毒面罩跳扇子舞使所有人压抑的自我都受到了刺激，尝到了释放的舒畅。
687	天伦之乐	그러나, **온 가족이 모두 모여 시간을 함께 보낼 수 있는** 유일한 때가 여름밖에 없기 때문에 그 순간을 놓치고 싶지 않다며 고민하고 있었다.	然而，一方面，夏天是全家团聚的惟一时间，她不想失去享受**天伦之乐**的机会，另一方面她又不想错失这事业上的良机。于是陷入了苦恼之中。
688	一网打尽	그래서 지족해협에서 잡히는 죽방멸치는 최상품으로 친다.	渔民们并不把落网的鱼虾**一网打尽**，而是按需打捞，足量即止。
689	一往情深	칼라프 왕자를 **사랑하기에** 그의 신분 밝히기를 꺼려한 류가 3막에서 자살하는 장면에서 홍혜경은 절연한 연기와 가창으로 청중들의 눈시울을 적시고 가슴을 철렁하게 만들었다.	柳儿对王子**一往情深**，对自已的身世讳莫如深，在第三幕柳儿自杀的场面中，洪惠卿以无以伦比的演技和唱腔演绎了柳儿的悲剧命运，令观众眼眶湿润，心旌如潮。
690	一席之地	1990년대 중반 국립발레단에서 주역 무용수로 맹위를 떨치던 김지영과 김용걸 역시 유럽의 메이저 발레단**으로 진출했다**.	1990年代中期曾任国立芭蕾舞团首席演员的金志英和金容杰也在欧洲主要芭蕾舞团占据了**一席之地**。
691	拖泥带水	아마도 그와 같은 시간 간격의 객관적	或许本剧试图令观众客观地感受到每

NO	成语	韩语句子/不对应之词或词组	汉语句子/*汉语成语
		인 정황을 관객들로 하여금 느끼게 할 생각인 듯 비행기 조종사들 간의 대화, 가수 김광석의 죽음 등등이 뜬금없이 삽입되어 요령부득인 데다가 초등학교 3년생인 어린 소년이 소주를 마신다든지, 주인공이 극중 소도구인 감자탕 그릇과 소주병을 아무것도 없음을 보여주기 위해 뒤집어 보이는 등 **불필요하게 보이는 군더더기가 많다.**	个时段所带来的回忆，但是无由来突然插入的情节反令整剧结构松散，处理手法尚欠火候，主人公的表演也**拖泥带水**。
692	一泻千里	이러한 일본의 〈달마도〉에 비해 김명국의 작품은 옷주름 묘사에서 짙은 먹이 묻은 붓으로 **한순간에 거침없이 그어 내리고** 힘차게 꺾어 돌린 호쾌한 필치가 인상적이다.	与日本的《达摩图》相比，金明国的作品主要在衣服褶皱的描写上用饱蘸浓墨的画笔**一泻千里**，曲折顿挫的笔法刚劲挺拔，令人印象深刻。
693	一意孤行	그렇다고 그녀가 독불장군처럼 자신의 아이디어를 **고집한다**는 것은 아니다.	分析归分析，她从来不会**一意孤行**地坚持自己的想法。
694	一针一线	무엇보다 **한 땀 한 땀** 만든 이의 정성이 들어가 있어요.	最重要的是**一针一线**都凝聚着缝衣人的诚意。
695	一知半解	"**제대로 이해를 못하면서** 내가 밑줄을 그을 수 있었던 것은 어머니의 손길이 작용하고 있었던 때문이라고."	"'我'之所以在**一知半解**的情况下能够在一些句子下划线，是因为母亲的手在指导着'我'。
696	一蹴而就	"또, 이번 성과가 **하루아침에 우연히 이루어진** 게 아니라 1985년 등단 이후 20년이 넘도록 꾸준히 쌓아온 문학적 저력의 결과라는 점에서 더 의의가 크다."	再者，这些成果也不是偶然间**一蹴而就**的，而是她自1985年初步入文坛以来，在二十年间坚持不懈累积文学实力的结果。因此，个中蕴意更为深远。
697	酸甜苦辣	오미자는 **단맛, 신맛, 매운맛, 떫은맛, 쓴맛** 등 다섯 가지 맛이 난다고 하여 붙여진 이름이다.	具有**酸甜苦辣**涩五种味道的五味子可以为疲惫的身心增添活力，
698	依依不舍	그러나 얼굴을 반대 방향으로 돌려 **아쉬운 듯** 여인을 말없이 바라본다.	但是他的脸却转向相反的方向，**依依不舍**默默地看着女子。
699	衣不蔽体	착취당하며 **헐벗고** 굶주리는 피지배층의 모습은 숨겨지고, 웃음을 띠며 건강한 농민을 부각시켜 당시 사회를 이상적인 모습으로 미화시켰다.	这种风俗画把受剥削的食不果腹、**衣不蔽体**的被统治阶层的真实面貌隐藏起来，取而代之的是面带笑容、健康的农民形象，从而把当时的社会美化成理想的社会。
700	衣锦还乡	14년 만의 **금의환향**이었다.	可以说，十四年之后，他**衣锦还乡**了。
701	以礼相待	평양 관민들은 멀리서 온 낯선 방문객을 **예로써 대하였으나** 통상을 강요하며	平壤官民对陌生来客**以礼相待**，但舍门将军号强行要求通商，最后还傲慢

NO	成语	韩语句子/不对应之词或词组	汉语句子/*汉语成语
		마침내 총포까지 쏘아대는 그 오만에 분노하여 배를 공격하고 불태워버렸다.	地开了炮。愤怒的朝鲜人予以还击,烧毁了商船。
702	泰然处之	다른 나라 같으면 감히 통화할 수 없을 고속전철에서조차 **태연하게** 전화기를 꺼내 큰 소리로 이야기 나눌 수 있기에, 그만큼 휴대전화의 '가치'가 높아지는 것이다.	外国人一般不敢在地铁里打电话,而韩国人却在这里也能**泰然处之**地掏出话机,高谈阔论。于是,手机的"价值"也就更高了。
703	素昧平生	전쟁 과정에서 많은 한국인이 피난과 군 복무 등으로 처음으로 지역공동체를 벗어나게 되었고 전국에서 몰려온 **생면부지**의 사람들과 생존을 위한 투쟁을 벌이게 되었다.	战争期间,很多韩国人或者因为逃难或者因为参军而第一次冲破家乡这一地区共同体,和来自全国各地**素昧平生**的人一起为生存而奋斗。
704	亦步亦趋	『엄마를 부탁해』 속 엄마는 전통적이고 희생적인 모습 **그대로를 답습하**지 않는다.	《拜托妈妈》中的母亲并没有**亦步亦趋**地因袭那些带有传统和牺牲精神的形象,
705	意气风发	〈황토빛 이야기〉의 연재를 끝내고 기생들의 **파란만장한** 삶을 다룬 〈기생 이야기〉의 연재를 의욕적으로 시작했다.	《黄土色故事》的连载结束后,金童话又**意气风发**地投入到连载漫画《艺妓故事》的创作之中,着手描绘艺妓们迭宕起伏的生活。
706	亡羊补牢	한편 조선 정부는 **뒤늦게나마** 해군력을 키워보자는 취지에서 1893년 해군사관학교인 통제영학당을 이곳에 세웠다.	1893年,朝鲜政府在这里设立了统制营学堂,也就是海军士官学校,以**亡羊补牢**增强海军力量。
707	毅然决然	그렇지만 뮤지컬 무대는 그녀에게 맞지 않았고, **곧바로** 짐을 꾸려 프랑스로 훌쩍 떠났다.	然而,音乐剧舞台并不适合她,她背上行囊,**毅然决然**地奔赴巴黎。
708	义无反顾	취업을 위해 여러 나라를 물색하던 중 산악자전거를 즐기기에 최적의 조건을 갖춘 한국의 지형에 반해 **무작정** 한국으로 향했다.	为了就业,他考虑了好几个国家,但最终**义无反顾**地来到韩国,因为韩国的地形深深吸引了他,这里具备了享受这项运动的最佳条件。
709	相映成辉	이와 같은 금관의 의장은 황금과 녹색의 비취가 **대조를 이룬다**.	黄金和绿色的翡翠**相映成辉**,
710	异口同声	자신의 노래를 **한 목소리로** 따라 부르는 관객들을 보며 뮤지션들은 그들에게 마음을 내맡긴다.	看到观众们**异口同声**地唱着自己的歌,歌手们自然会对他们敞开心扉。
711	四分五裂	'입에서 솟아오르는 알 수 없는 피의 취기/ 그건 침묵해야 할 때 울부짖는 시/ 죽이는 사람과 우는 사람으로 시간과 세상을 나누는/ 이 느리고 끝날 줄	"从嘴里淌出的血腥/那是必须沉默时怒吼出的诗句/时间和空间在杀戮者和悲泣者之间分隔/这缓慢的不知何时才能终结的冲突啊/坍塌成**四分五**

NO	成语	韩语句子/不对应之词或词组	汉语句子/*汉语成语
		모르는 분열/ **부서진** 더미' 시 낭송회의 첫 문을 연 사람은 폴란드 시인 아그네슈카 주압스카-우메다 씨다.	裂的一堆"。诗歌朗诵会上首先发言的是波兰诗人阿格涅什卡茹瓦夫斯卡-乌梅达。
712	音容笑貌	막 타계한 선생님의 **얼굴**을 생각해서라도, 나의 정체성을 찾기 위해서라도, 이번에는 물러설 수 없었습니다.	也许是想起刚刚去世的导师的**音容笑貌**，也许是为了证实我本来的身份，这一次我绝不让步。
713	隐姓埋名	한국인의 일생과 함께하던 소반이 세월이 흘러가면서 **모습을 감추고 있다.**	曾经和韩国人日常生活息息相关的小饭桌，随着岁月的流逝，如今正在**隐姓埋名**。
714	徒劳无益	그러나 동시에 '나'는 다른 인물들과의 관계를 통해 그 욕망과 음모가 **허망한** 것임을 암시한다.	但是与此同时，"我"通过同别人的关系，暗示那些野心和阴谋都是**徒劳无益**的。
715	滔滔不绝	멀리에서 찾아온 타지인들에게 '이렇다 하게 내 놓을 것 없다.'고 겸손하게 말하는 이곳 사람들도 주왕산에 대한 이야기를 시작하면, **대부분 시간 가는 줄 모르고** 보따리를 풀어 놓기 일수이다.	青松人十分谦虚，对远道而来的客人常说"没什么拿得出手的东西"，然而一提到周王山，则往往会变得口若悬河、**滔滔不绝**。
716	应接不暇	2000년에 개관한 LG아트센터에서 피나 바우쉬(Pina Bausch), 마츠 에크(Mats Ek), 샤샤 발츠(Sasha Waltz), 벨기에의 로사스(ROSAS), 영국 디비에잇(DV8), 매튜 본(Matthew Bourne) 등을 초청하면서 갑자기 너무 많아진 공연을 **감당하기 어려울 정도**가 되었다.	2000年落成的LG艺术中心先后邀请了皮纳鲍施、马茨埃克、萨莎瓦尔茨、比利时罗萨丝舞蹈团、英国DV8剧团以及马修伯恩等，骤增的演出令人有**应接不暇**之感。
717	萎靡不振	문무왕은 수십 년에 걸친 전쟁 등 통일의 과정에서 **피폐해진** 백성들의 마음을 어루만져야 했고, 새로운 권위와 통치 체제를 정비해야 했다.	文武王需要安抚在数十年的战争和完成统一的过程中变得**萎靡不振**的民心，需要建立新的权威和统治体制。
718	望而生畏	즐겁게 놀러 가야 할 미술관이 큰 마음 먹고 찾아가야 할 **낯선** 공간으로 존재해 왔다.	按理说，到美术馆参观本该一路欢歌而去，而国立现代美术馆却是一个令人**望而生畏**的地方，不下狠心不敢动去一趟的念头。
719	迎刃而解	종이라면 작고 정밀한 그림을 보이지 않아 못 그리지만, 컴퓨터라면 확대해서 그리면 되니 **문제없었다.**	金童话向儿子学习如何使用电脑之后，便开始夜以继日地利用电脑来进行创作。纸张的篇幅比较小，眼睛无法看到精细的图案，而电脑可以放大操作，问题就**迎刃而解**了。
720	同流合污	넷째 부모와 형제를 잃은 어린이들은 어른들의 피난의 물결에 휩쓸려서 거	第四，失去父母和兄弟的孩子们与大人的避难队伍合流后流浪街头，为了

NO	成语	韩语句子/不对应之词或词组	汉语句子/*汉语成语
		리를 떠돌며 굶주림을 해결하고자 어른들의 어둡고 불결한 세계에 **물들기도 하지만** 성장을 멈추지 않는 모습을 보여준다(이호철, 송병수).	一口吃的, 他们还与黑暗而污浊的大人们**同流合污**, 但他们仍不停止成长(李浩哲、宋炳洙);
721	忘乎所以	우리는 흔히 연애의 감정으로 마음이 흥분되거나, **하는 일에 능률이 오르는 것**을 '바람이 나다'라고 한다.	我们由于坠入爱河, 或者工作特别投入而**忘乎所以**兴奋不已时, 经常会说"来风了"。
722	显山露水	그러나 이창호가 빛이 없는 명검이며 느릿한 움직임 속에 무한한 재능을 숨기고 있는 **존재라는 사실은 금방 드러났다.**	但是, 李昌镐是无光之剑, 他的缓慢蕴藏无限杀机。不久之后, 他的才能就**显山露水**了。
723	永无止境	전통 칠예를 넘어서는 **무한** 도전 - 칠예가 전용복	超越传统漆艺**永无止境**的挑战记漆艺家全龙福
724	闲情逸致	현대를 살아가는 사람들은 대개 목적지에 도달하기 위해 너무 서두르느라 잠시 쉬면서 주변을 돌아볼 **여유를 갖는** 경우가 드물지만, 한편으로는 속도를 늦추고 목적지 자체보다는 그 여정에 대해 생각하는 데에 더 많은 시간을 할애하려고 노력하는 사람들도 많다.	现代人常常因为急于到达目的地, 而失去了观赏沿途风景的**闲情逸致**。但另一方面, 也有不少人在努力放慢速度, 不局限于目的地本身, 而是花更多时间去回味自己走过的旅程。
725	忧心忡忡	불안한 미래를 **고민하던** 그는 '흔들리지 않고 피는 꽃이 어디 있으랴/그 어떤 아름다운 꽃들도/다 흔들리며 피었나니'라는 시에 정신이 버쩍 들어 열심히 생활하게 됐다고 알려왔다.	据说, 他曾对未来**忧心忡忡**。"花儿不摇曳, 怎么会盛开/再美的花儿/都是在摇曳中盛开"一语, 让他精神为之一振, 从此热情投入了生活。
726	席地而坐	**어디든 자리를 잡고 앉아** 그냥 음악에 귀 기울이면 된다.	随心所欲, **席地而坐**, 就可欣赏音乐。
727	犹豫不决	쓰개치마 사이로 살짝 드러난 얼굴을 남자 쪽을 향하여 고개를 살짝 숙인 채 **머뭇거리고 있다.**	在长头披中间隐隐露出女子的脸, 女子面朝男子的方向, 微微低着头, 好像有些**犹豫不决**。
728	推陈出新	2000년대는 삼성전자와 LG전자 등 국산 휴대폰이 세계 시장에 등장해 컬러 LCD, 카메라, 벨소리, 디자인 등에서 **제품을 차별화하며** 휴대폰의 트렌드를 주도했다.	进入21世纪, 三星电子和LG电子等公司出品的国产手机纷纷亮相全球市场, 并通过在液晶彩屏、拍照、铃声和设计等方面不断**推陈出新**, 主导了手机的流行趋势。
729	有板有眼	길과 집이 겹쳐져 있다가 길이 없어지고 집이 솟아오르는 무대는 이 작품의 이야기 방식과 이야기 주제를 더욱 선명하게 만들어줬고 새로 참여한 연기진의 **모습도 안정적이었다.**	"舞台上, 公路与房屋最初交叠在一起, 后来公路消失, 房屋升起。这种舞台设计更加鲜明地烘托出故事的叙事方式和主题, 新阵容的表演同样**有板有眼**。"

NO	成语	韩语句子/不对应之词或词组	汉语句子/*汉语成语
730	有朝一日	그것들이 서로 합쳐져서 완벽하게 되었으면 좋겠다.	真希望有朝一日图、文能够合璧。
731	为期不远	해외에서 이윤신의 그릇에 담긴 한식을 맛보는 일은 **멀지 않은 것 같다**.	在海外品尝用李仑信餐具盛装的食物，这一天似乎为期不远了。
732	有声有色	이런 APEC회의를 한국은 **멋지게** 치러냈다.	韩国将此次亚太经合组织峰会办得有声有色。
733	天灾人祸	술을 좋아하는 건달 김탁보와 그의 두 번째 아내 역말댁은 도덕적 붕괴와 삶의 어려움, 그리고 **천재지변**을 굳게 견디고 살아남은 사람들이다.	嗜酒如命的金浊甫和他的第二个老婆驿马婆是属于那种长期忍受道德崩溃、生活艰辛以及天灾人祸而生存下来的人。
734	先下手为强	충분한 시간을 두고 차분하게 계획하여 추진하기 보다는 **일단 판을 벌이고 보는 성급함**, 일을 추진하면서 생기는 착오들은 그 때 그 때 민첩하게 수정하고 땜질하는 탁월한 임기응변에 휴대전화는 (인터넷과 함께) 안성맞춤이다.	韩国人性子急，不愿游刃有余地按部就班，而是先下手为强，并能在推进过程中，随时敏捷地修正或补充出现的错误。这种随机应变的性格与手机(还包括互联网)堪称绝配。
735	为国捐躯	인조가 그의 **죽음**에 대해 듣고 크게 애통해하며 남이흥 장군을 위해 국장을 치를 것을 명했다.	仁祖得知他为国捐躯的消息后十分悲痛，下令为南以兴将军举行国葬。
736	有意无意	예술 구멍가게의 창문과 담벼락 그림에 눈을 **던지는 둥 마는 둥** 지나가는 동네사람에다 이 거리로 원정구경 나온 한 떼의 젊은이들이 뒤섞여 있다.	其中有些是附近的居民，他们路过这里时有意无意地将目光投向路边艺术小店的窗户和外墙上的绘画；也有一些远道而来到这里游览的年轻人。
737	有勇无谋	롯데 야구는 **너무 공격적이다 못해 무모하기까지 하다**.	乐天巨人的球风攻击性强，强得有些有勇无谋之嫌，
738	天真烂漫	그러나 최영림의 여성들은 무나카타의 신성(神性)보다는 **천진난만함**과 순수함이 더 강하다.	与之相比，崔荣林的女性形象则更为天真烂漫，朴素纯真。
739	死里逃生	마지막에 장대비와 토사가 집을 덮쳐 **겨우 살아난** 두 사람이 빚어내는 구수한 토속어의 익살도 따뜻한 휴머니즘을 느끼게 해준다.	小说末尾，暴雨和坍塌毁了他们的家，两人死里逃生后用方言土语说出来的幽默对话，也让人感受到一种人道主义的温暖。
740	语无伦次	"'나'의 이야기가 전부 사실이라면 이 작품은 '옆집 여자'와 남편의 공모에 의해 정신병자로 몰리는 한 주부의 억울한 사연이지만, 반대로 선량한 남편과 무고한 '옆집 여자'를 오해한 강박신경증 환자의 **두서 없는 헛소리**일 수도	小说里的"我"是健忘症患者，也就是"不可信的叙述者"，因此，读者始终感到一种困惑，"我"的话在多大程度上可以信任呢？如果"我"的话都是事实，作品讲的是"邻居女人"与丈夫合伙冤枉一个主妇的故事；相反，也可

NO	成语	韩语句子/不对应之词或词组	汉语句子/*汉语成语
		있는 것이다."	能是一个神经强迫症患者误会善良的丈夫和无辜的"邻居女人"的**语无伦次**的疯话。
741	通宵达旦	"대륙 간 시차 때문에 박지성의 경기는 한국 시간으로 깊은 밤이나 새벽에 중계되었는데, 그때 이후, 한국의 축구팬들은 까짓 잠이란 그저 다음 날 학교나 직장에서 틈틈이 자는 것이라고 맹신하면서 **밤새** 박지성을 응원하였다."	由于时差问题，朴智星的比赛通常都是在韩国时间夜里或者凌晨转播，从此，韩国的足球迷们开始**通宵达旦**为朴智星加油，而睡觉的事情只能放在第二天的学校或者工作单位去做了。
742	天真无邪	"연못에 산을 끌어들이고, **세상 모르는 천진한** 아이처럼 웃는 얼굴을 지붕에 올려놓은 옛 사람들의 감각에 감탄하는 사이 백양사의 하루가 저물어간다."	"古人把远山嵌入浅池，把孩子一样**天真无邪**的笑脸叠放在屋顶，这让人不得不赞叹他们的艺术灵感。不知不觉间，白羊寺的一天接近尾声。"
743	只字不提	그렇다면 왜 〈삼국사기〉(1145)는 첨성대에 대해 **침묵할까**?	那么，为什么《三国史记》(1145)中对瞻星台**只字不提**呢？
744	重任在肩	너희들이 **중요한 일을 하다** 보면 어쩔 수 없이 어려움을 겪어야 한다는 뜻이야.	你们**重任在肩**，也会不得已经历一些困难。
745	众望所归	동방의 아테네, 예루살렘과 같은 곳이기 때문에, 취푸는 황해 연안의 정신적 상징도시로 **합의할 수 있는** 유일한 도시다.	曲阜犹如东方的雅典或圣城耶路撒冷，是黄海沿岸惟一**众望所归**的精神象征性城市。
746	照本宣科	"청자는 이래야 한다, 백자는 이래야 한다…."	教授们**照本宣科**，青瓷必须是这样，白瓷必须是那样。
747	周而复始	다양한 생명체들이 태어나고 사라져가는 동안 미생물들이 **끊임없이** 동식물의 배설물을 분해해 고인 물이 썩지 않으면서 영양분이 풍부한 곳이 될 수 있었던 것이다.	这里的各种动植物生生死死，**周而复始**，微生物则不断分解它们的排泄物，使这里的蓄水不但不腐臭，而且成了营养丰富的水源。
748	自由自在	빽빽한 나무 아래에서 다람쥐와 토끼가 **제멋대로** 뛰어 논다.	松鼠和野兔在浓密的林间**自由自在**地奔腾跳跃。
749	纵横驰骋	방망이를 두들기는 도깨비처럼 **종횡무진** 전세계 사람들의 눈과 귀를 즐겁게 하는 대한민국타악의 일인자 김덕수.	金德洙是韩国打击乐的头号人物，他像敲打着木棒的土人魔一样**纵横驰骋**，令全世界的人赏心悦目。
750	自以为是	그러나 자신이 소유한 모든 것을 구태의연한 것으로 치부하는 그녀는, 한때는 **영재인 줄 알았지만** 지금은 무기력한 실업자 대열에 합류한, 강남 여자 이전에 한국 사회 어디서나 흔히 만날 수	然而，她把自己拥有的所有东西看成是蹈常袭故的，过去**自以为是**英才，如今却是一个垂头丧气的失业者，是一个在韩国社会到处可以遇到的普通女人。

NO	成语	韩语句子/不对应之词或词组	汉语句子/*汉语成语
		있는 평범한 여성이다.	
751	自言自语	거울 보며 **혼자 말하기도 하고** 가만히 서서 자신을 돌아보기도 하고.	有时对着镜子**自言自语**，有时只是站在镜子前看着自己。
752	真心诚意	의복과 침구의 꾸밈에 건강과 행복에 대한 염원을 싣는 한국인은 베갯모 자수에도 **지극한 정성**을 쏟았는데, 사용할 사람의 성별과 경우에 따라 소재를 달리했다.	韩国人在对服装和床上用品进行装饰时，会将自己对健康和幸福的祈愿之情寄托其中，枕头顶的刺绣就明显地表现出了他们**真心诚意**的祈愿。根据性别的不同，采用的素材也不同。
753	自相残杀	아다시피 6.25전쟁은 남북한으로 국경이 나뉜 **한국인들끼리의 내전**인 동시에 동서로 양분된 세계의 이데올로기 체제가 한반도에서 치열한 교전을 벌인 국제전이기도 했다.	众所周知，"六二五"战争既是分为南北两侧的同族人之间**自相残杀**的内战，同时又是分为东西两方的世界意识形态体制在朝鲜半岛激烈相争的国际战争，战争使美国真正成为韩国的盟国。
754	重蹈覆辙	인류가 당면한 상황이 21세기에는 우울하게 **반복되**지 않도록 하기 위해서는 인간과 자연에 대한 성찰이 필요하다.	21世纪摆在人类面前的是，要对人与自然进行反省，以避免**重蹈覆辙**。
755	掷地有声	삼류 지식인들처럼 수박의 껍질만 혀로 슬쩍 한 번 핥고는 "이것을 영어로 water melon이라고 하지" 하는 것이 아니라 수박을 박살내 "이것의 성분은 물이 95% 이상이다"라고 말할 수 있었다.	因此，当三流知识分子只舔舔西瓜皮就说"用英语讲，它叫watermelon"时，金基德却能砸开西瓜**掷地有声**地说"它的成分中百分之九十五是水分"。
756	指手画脚	그런데 스크린 골프장은 반바지를 입고 가도 아무도 **뭐라고** 하지 않는다.	现在去屏幕球场，再也不用因为穿短裤被**指手画脚**了。
757	指日可待	반구대 암각화는 유네스코 세계문화유산을 **꿈꾸고 있다**.	盘龟台岩画被列入联合国教科文组织的世界文化遗产名录**指日可待**。
758	争分夺秒	**틈만 나면** 숨어 있는 아름다운 한국의 산을 찾아 등산을 하고 전통의 향기가 어린 건축물을 찾아 여행을 떠나는 사람, 인터넷을 통해 세계인을 만나고 그들에게 한국을 알리는 사람, 로버트 콜러 씨에게 삶은 아름다운 여행일 터이다.	对**争分夺秒**走遍韩国青山和传统气息浓厚的亭台楼阁，并通过网络向全球宣传韩国的罗伯特凯勒来说，生活一定是一次次无比美好的旅行。
759	自给自足	나이지리아는 매년 100만 톤의 옥수수를 수입했는데 이 때문에 **자급자족**이 이뤄졌다.	"原来每年进口一百万吨玉米的尼日利亚因为他的研究成果实现了**自给自足**。
760	自成一家	그렇게 오옥진은 **일가를 이루었고**, 그의 작품들은 이 땅의 곳곳에 자리를 잡아갔다.	就这样，吴玉镇**自成一家**，他的作品遍及了这片土地的每个角落。

NO	成语	韩语句子/不对应之词或词组	汉语句子/*汉语成语
761	自暴自弃	그것은 예컨대 우아를 강요하는 어머니의 끔찍스런 집요함에 대한 증오와 수치감 때문에 충동적으로 **자기를 방기하고** 발작적 히스테리를 발산하며 자신의 내면을 "불지옥"으로 만들고야 말리라 다짐하는 「가을이 오면」의 여주인공 '로라'에게서 전형적으로 나타난다.	小说《秋天到来时》里的女主人公"罗拉"就是其中的代表人物。由于母亲执着地强迫她学会优雅，她又恨又感到羞耻，时不时地要歇斯底里地发作，**自暴自弃**地发誓要把自己的内心变成"火狱"。
762	子虚乌有	이게 결국 동물의 뼈하고 사람의 뼈를 절충시켜서, '사실은 **말이 안 되지만 말이 되는 것처럼 보이는 가상의 결과물**'을 만드는 거니까요.	最后在动物骨骼和人的骨骼之间进行了折衷，因为是在制作一种"实际上**子虚乌有**、看起来却栩栩如生的虚拟的东西"。
763	运用自如	모든 시설과 재료를 **내 것처럼 사용했어요.**	"对于所有的设施和材料，我都能够**运用自如**。
764	作恶多端	서울 남산골 사는 허정승의 일곱 아들이 영감도깨비들인데 막내가 **못된** '오소리 잡놈'으로 한라산을 맡아가지고 병과 풍랑 등을 일으키니 다른 형제들이 와서 그를 찾아 데리고 영영 떠나는 것이다.	说的是住在首尔南山沟的许政承七个儿子都是鬼，其中小儿子是个恶鬼，掌管汉拿山，**作恶多端**，其他兄长前来带走了他，永不复归。
765	远见卓识	특히 독창적 패브릭인 '모노천'은 고유명사로 사용될 만큼 세계적으로 그 **감각**을 인정 받고 있다.	作为由她设计的独特布料的名称，"MONO布"已经成为一个专有名词在广泛使用。她在布艺设计上的**远见卓识**正在获得全世界的肯定。
766	战战兢兢	제자들의 작품에 칭찬은커녕 추상같은 호령으로 혹평해서 **오금이 저리게 했던** 김재환 장인은 막내제자 김영희를 눈여겨보기 시작했고 어느 날부터인가 끊임없이 숙제를 냈다고 한다.	金在焕对其弟子要求极严，很少表扬弟子的作品，经常严如秋霜，弟子们也总是**战战兢兢**。有一天，金在焕对其关门弟子另眼相看，加大了他的作业量。
767	坐享其成	많은 노인들이 **편안히 앉아서** 세상이 돌아가는 것을 지켜보기만 하려고 하지 않는다.	许多老人都不甘于做**坐享其成**的旁观者。
768	醍醐灌顶	철학자 안병욱 선생은 〈지상에서 가장 아름다운 것〉이란 책에서 '인생이란 창조적 자기표현이다'라고 말씀하셨는데 그것이 내 **가슴을 두 방망이질 치**게 만들었지요.	哲学家安秉煜先生的《世上最美丽的》写道，"人生是自我创造和表现"。这句话如**醍醐灌顶**。
769	卓有成效	워커 씨의 이러한 시도는 **만족스런 결과를 가져왔다.**	**卓有成效**。
770	侃侃而谈	"산에 대해 아무 것도 모르는 사람들	因为他担心在对山一无所知的人面前

NO	成语	韩语句子/不对应之词或词组	汉语句子/*汉语成语
		앞에서 **괜히 폼잡고**, 또 엉뚱한 식으로 자신의 탐험을 꾸미게 되지 않을까 하는 염려도 생기고, 적잖은 대가가 주어지는 강연에 재미를 들이다 보면 편안한 생활에 안주하지 않을까 하는 두려움 때문이다."	对登山**侃侃而谈**有种故意显耀自己之嫌。还有他担心如果对付出不少代价的演讲产生了兴趣就会安于舒适的生活。
771	智勇双全	자아의식이 강하고 진취적이어서 남자 앞에서 몸을 사리고 부끄럼을 타기는커녕 주체적으로 남편을 선택하고, 뛰어난 순간 대처 능력, **용맹과 지혜로** 집단을 위기에서 구한다.	出于强烈的自我意识和进取精神，她们在男人面前非但不会羞怯退缩，反而会以主动的姿态选择伴侣。她们常常**智勇双全**，具有出色的瞬间反应能力，能在关键时刻化解群体危机
772	捉襟见肘	1944년에 초등학교를 졸업하였으나 **가정 형편이 어려워** 중학교에 진학하지 못했다.	在生活处处**捉襟见肘**的普通农家，惟一的教育机会只能留给长子。
773	秩序井然	2002년 월드컵(2002 FIFA World Cup)을 성공적으로 개최해 열정과 **질서가 조화된** 나라라는 이미지가 독일인들의 머릿속에 자리잡기 시작했지만, 한국에 대한 이미지가 그리 긍정적이지는 못하다.	虽然2002年世界杯的成功举办使德国人看到了一个热情奔放、**秩序井然**的国度，但总体上对韩国的印象还是消极的。
774	皓月当空	**청풍명월**이 아름다울 때는 친구들과 한 잔 술을 마시며 한담을 나누기도 한다.	在**皓月当空**、清风拂面的夜晚，他还会和几个朋友把盏闲谈。
775	锲而不舍	비보이그룹 에이블 리더인 한상민 씨는 "한국 비보이들은 리듬감이나 테크니컬한 고난이도의 춤에 뛰어나다"며 "월드컵 때 똘똘 뭉친 붉은악마처럼 **한번 시작하면 끝까지 포기하지 않는 정신력**이 좋은 성과를 거두는 것 같다"고 말했다.	Able组合的领队韩相敏说："韩国的街舞男孩擅长节奏感强和具有较强技术性的高难度动作。如同世界杯时的红魔，韩国的街舞男孩具有一种**锲而不舍**的精神，因此才会取得好的成绩"。
776	镇定自若	김연아는 평소에 팬들에게 '**대인배**'라고 불려왔다.	平时，金妍儿以**镇定自若**而著称，
777	招财进宝	떡을 길게 늘려 가래로 뽑는 것에는 재산이 쭉쭉 늘어나라는 축복의 의미를 담고 있고, 가래떡을 둥글게 써는 이유는 둥근 모양이 동전의 모양과 같아 그 해에 **재화가 충분히 공급되기를** 바라는 기원이 담겨 있다.	将年糕揉成长条蕴含着财运不断的祝福，将条糕揉成圆形是因为和硬币形状相同，祝愿当年能够**招财进宝**。
778	忐忑不安	오랜 기간 동안 옷을 짓는 일을 해왔지만 아직도 새 옷을 지을 때면 **두렵고 고**	虽然从事这一行业已经有多年了，可是每当缝制新衣时心里还是**忐忑不**

NO	成语	韩语句子/不对应之词或词组	汉语句子/*汉语成语
		통스러운 마음이 듭니다.	安。
779	脍炙人口	즉 **대중적으로 친숙한** 클래식 음악에 한국인의 정서가 깃든 깊은 호흡, 정중동, 절제미가 가미된 춤 동작을 접목시키는 데 주력한 것이다.	注重在保留**脍炙人口**的古典音乐旋律的同时，在舞蹈动作中融入深度呼吸、静中有动、节制美等体现韩国审美特点的元素。
780	针砭时弊	눈먼 아버지를 위해 인당수에 몸을 던졌던 심청이가 오늘의 세상, 그 기막힌 불감증에 죽어가는 사람들을 위해 용왕과 담판을 짓기 위해 다시 한 번 인당수에 빠진다는 이야기로 만들어진 이 작품은 그 동안 줄거리나 주인공의 성격, **시의에 맞는** 대사삽입 등으로 많이 바뀐 모습이지만 종이상자나 공작 취미가 보이는 너저분한 분위기의 무대는 기본적으로 동일하다.	故事梗概是当年为治好盲父双眼而跳入印塘水的沈清走进现代社会，为拯救因麻木而奄奄一息的现代人，她第二次跳入印塘水和龙王谈判。和早前的演出相比，新剧的主要情节、主人公性格有所改动，还插入一些**针砭时弊**的新台词。尽管如此，展现一片狼藉情形的舞台设计仍基本得到保留。
781	戛然而止	그리고 붉은 강물처럼 꿈틀거리며 흘러내리다 바다와 만나는 순간 그 눈물을 **뚝 그쳤으리**.	遇到海水时**嘎然而止**。
782	振奋人心	서구 사회에선 도저히 생각할 수 없는 사람 사이의 끈끈한 정, 가난하게 살아도 너와 나를 가리지 않는 따뜻한 마음, 처음엔 낯설었지만 시간이 지나며 좋아하게 된 음식들, **신명 나는** 농악 소리…….	西方社会中难以体验到的情感纽带，困苦当中仍不分你我的人间温情，最初虽不习惯却让人日久生情的饮食文化，**振奋人心**的农乐之声……
783	孑然一身	어쩌면 **가족을 북에 두고 온** 최영림에게 사상성과 사회성을 배제한 채 이상향을 표현한 이러한 그림은 일종의 도피처였을지도 모른다.	也许，对背井离乡、**孑然一身**的崔荣林来说，排除任何思想性与社会性，表现理想天堂的图画是一种对现实的逃避。
784	喋喋不休	그렇다면 한국의 사정은 어떨까? 요즘에야 한국 내에서 여성의 사회적 지위가 향상되는 현상이 뚜렷하게 관찰되지만, 불과 십수 년 전만 해도 한국 사회에서 여자 나이 서른이 넘으면 어르신들의 근심 어린 **잔소리를 듣기 일쑤였다**.	那么，韩国的情况怎样呢？虽然现在在韩国社会我们可以很容易见到女性地位提高的现象，但仅在十几年前，如果女孩的年龄超过了三十，父母就会担心女儿的终身大事而**喋喋不休**。
785	中流砥柱	이들 중에는 메이저 발레단의 주역으로 성장한 사람도 있고, 비록 컴퍼니의 규모는 작지만 주역 급 무용수로 컴퍼니를 **이끌어 가는 주인공**들도 있다.	其中，有些演员已经成为知名芭蕾舞团的首席演员，还有一些演员虽然所属舞蹈团规模不大，但他们作为首席演员在舞蹈团中起着**中流砥柱**的决定性作用。

NO	成语	韩语句子/不对应之词或词组	汉语句子/*汉语成语
786	转祸为福	한국인들은 위기를 기회로 만들 수 있다는 뜻의 사자성어 '**전화위복**'을 믿는다.	韩国人相信'**转祸为福**'的四字成语, 意思是把危机转变为机遇。
787	逍遥自在	김지성은 자연을 좋아하여 노장자의 **유유자적함**을 사모하였다.	金志成热爱自然, 向往老庄的**逍遥自在**,
788	潺潺流水	가시만 남은 나뭇잎을 들고 **흐르는 물**에 시를 쓴다.	我手里拈着一片仅剩轮廓的枯叶, 在**潺潺流水**上奋笔作诗。
789	再接再厉	2007년에는 제2회 구스타프 말러 국제 지휘 콩쿠르 2위에 입상하는 **기염을 토했다**.	2007年, 她**再接再厉**, 在第二届古斯塔夫马勒国际指挥比赛中荣获第二名。
790	泾渭分明	그리고 대목과 소목은 각각 전문영역으로 **철저하게 나뉘어 있다**.	大木匠和小木匠工作范围**泾渭分明**。
791	源源不断	제주도에서 키운 말들이 1276년부터 1백년 동안 **계속** 원(元)으로 차출됐다.	从1276年之后的一百多年间, 在济州岛饲养的马被**源源不断**地送往元朝。
792	满载而归	만선의 희망을 가지고 항구를 떠나는 배와 고기를 **가득 싣고 귀항하는** 배들이 분주하게 오가는 삼척항은 그래서 늘 활기에 차 있다.	因此, 三陟港总是充满了生气, 满怀期待出港和**满载而归**的渔船穿行如梭。
793	披星戴月	그는 미국에서 일할 때 매일 **별을 보며 출근해서 별을 보며 퇴근했다**고 한다.	他在美国每天上下班都**披星戴月**。
794	热气腾腾	여럿이 모여 앉아 **김이 모락모락 나는** 설렁탕에 밥을 말고 큼지막하게 썰어 놓은 붉은색 깍두기를 얹어 먹는다면, 자칫 나른해지기 쉬운 봄날도 건강하게 보낼 수 있을 것이다.	几个人坐在一起, 就着切成块的红红的萝卜泡菜, 吃上一碗**热气腾腾**的雪浓汤饭, 使人能够精神饱满地度过常感倦意的春天。
795	人迹罕至	이처럼 현재까지도 사람의 **손길이 미치지 못한** 지역이 많아 파괴되지 않은 자연환경이 청송군의 으뜸으로 꼽힌다.	这里有很多地方**人迹罕至**, 所以内院村的自然环境在青松郡也首屈一指。
796	人杰地灵	하회마을의 류씨들은 원래 안동부 풍산현에 살았었는데, 지금부터 600여 년 전인 고려 말에 류종혜(柳從惠)가 지금 하회마을이 있는 곳의 산수가 수려하고 **터가 좋아** 새로 집을 짓고 입향한 후 그의 후손들이 지금까지 대대로 살고 있다.	河回村的柳氏原居安东府丰山县。在距今约六百年前的高丽王朝末期, 柳从惠认为现今河回村的所在地山清水秀, **人杰地灵**, 便兴建新舍, 移居过来。此后, 柳氏后裔便在这里生根落户。
797	模棱两可	1970년, 열악한 노동 환경과 저임금에 착취당하던 노동자들의 삶을 위해 싸웠던 노동운동가 전태일의 분신 자결	"1970年, 为改善在恶劣劳动环境下遭受剥削的低报酬劳动者生活而斗争的劳工运动家全泰一自焚身亡。这一

NO	成语	韩语句子/不对应之词或词组	汉语句子/*汉语成语
		이 그의 문학관과 세계관에 근본적인 변화를 가져온 것은 확실하지만, 이 시에서 말하는 '새 세상'이 구체적으로 무엇을 뜻하는 것인지는 **아직 불분명한 상태다**.	事件使高银的文学观和世界观发生了根本性变化。但这首诗里的"新的世界""具体意味着什么，当时有些**模棱两可**。"
798	**忍俊不禁**	길 가던 이들은 '그것 참 똑똑한 장난이네'하는 표정을 지으며 **키득거린다**.	路上的行人**忍俊不禁**，脸上的表情似乎在说："这真是个巧妙的玩笑。
799	**忍辱负重**	페넌트 레이스에서 3위에 머물렀던 팀이 **절치부심**, 우승했으니 부산은 그야말로 뒤집혔다.	当时球队在常规赛中排名仅列第三，**忍辱负重**后一举夺冠，让釜山上下为之沸腾。
800	**忍无可忍**	아버지와 오빠들로 대변되는 억압적 남성문화에 억눌려 지내온 어머니는 치매로 반복적으로 집을 나가고, 그 모든 것들을 묵묵히 감내하고 있던 여주인공은 **끝내** 아버지와 오빠들을 향해 소리를 지른다.	患有老年痴呆症的母亲深受以父亲和几个哥哥为代表的男性文化压迫，经常离家出走；而女主人公则默默承受这一切，最后在**忍无可忍**的情况下，终于向父亲和哥哥们发出怒吼，表示自己的愤怒。
801	**灵机一动**	이어서 1950년의 한국전쟁 때는 해인사에 있던 빨치산을 폭격하도록 명령받았지만 한 공군대령의 **슬기로운 판단으로** 다른 곳에다 기관총 사격만 하여 위기를 넘겼다.	第二次危机出现在1950年"六·二五"战争时期，上级命令空军轰炸当时驻扎在海印寺的游击队，其中的一位空军大校**灵机一动**，只在其周围进行了扫射，经版安然无恙。
802	**任重而道远**	그러나 개발 논리에 의해 잃어버린 습지를 복원하고 위기에 처한 습지를 보존해나가기 위해서는 **앞으로도 갈 길이 멀다**.	要恢复因开发而失去的湿地，保护濒危湿地，可谓**任重而道远**。
803	**难以为继**	원래는 방송 다큐로 기획됐으나 제작 **중단의 위기에 놓였고**, 독립영화 프로듀서를 만나 마침내 극장용 영화로 탄생했다.	最初，他准备拍摄成电视纪录片，但制作过程曾**难以为继**，面临中断的危险。幸好遇见了独立电影制片人，最终完成了剧场电影。
804	**日日夜夜**	현실적인 위기가 사라진다고 하여 수십 년간 **날마다** 위기를 느끼며 살았던 사람의 사고와 행동이 쉽게 바뀌기는 어려웠으며, 비록 전쟁을 직접 경험하지 않은 세대도 커다란 마음의 상처를 입은 부모세대의 영향에서 완전히 자유롭지는 않았기 때문이다.	这是因为韩国人几十年来**日日夜夜**如惊弓之鸟一般生活在紧张和惊吓之中，现实世界的显性危机虽然消失，但他们的思想和行为却很难迅速发生转变。而且，战后出生的韩国人虽然没有亲身经历过战争，他们的父辈却遭受了战争的创伤，他们不可能完全不受父辈人的影响。
805	**融会贯通**	밀랍 만들기, 조각과 전각, 내화력과 결속력이 강한 오합토(五合土: 전국 명	要成为一名完美的国玺制作工匠，必须将制作国玺的各种秘密技术**融会贯**

NO	成语	韩语句子/不对应之词或词组	汉语句子/*汉语成语
		당에서 채취한 다섯 가지 흙) 밀랍제작, 손잡이 조각 및 글자체 전각, 거푸집 제작, 다섯 가지 금속으로 만든 모합금(母合金), 대왕가마의 신비한 구조, 구성성분이 다른 손잡이와 인문의 금(金) 접합과 같은 모든 과정에 숨겨진 비밀스런 기술을 꿰뚫고 있어야만 비로서 온전한 옥새전각장이 되는 것이다.	通, 如蜡模制作、雕刻和篆刻、使用强耐火和高粘合度高的五合土(从全国各风水宝地采掘的五种泥土)制作铸模、印钮雕刻及印文篆刻、用五种金属制作的母合金、官窑的神奇结构、构成成份迥异的印钮和黄金印文间的焊接, 等等。
806	落落大方	서양 가수들과 비교해봐도 뒤지지 않는 훤칠한 키와 시원시원한 말투 그리고 **당당함**으로 가득한 홍혜경의 모습은 세계를 무대로 씩씩하게 활약하는 한국 여성의 대표 주자다운 모습이었다.	她凭借着毫不逊于西方歌手的颀长身材、清脆利落的话语和**落落大方**的举止, 纵情驰骋在世界舞台上, 彰显出颇具代表性的韩国女性风采。
807	如法炮制	가령, 여성 사진가인 리즈 사르파티가 '미국 시리즈'에서 자치성에 위협받고 있던 10대 소녀들을 응시하던 방식은 2007년 한국에서 여고생과 젊은 여성을 대상으로 동일한 시선을 **유지한 채** 나타났다.	例如, 女摄影师利斯萨尔法蒂在 "美国系列" 中对自主性受到威胁的十几岁少女运用了凝视手法, 而在2007年的韩国, 她**如法炮制**, 将同一种视线投向了韩国高中女生和年轻女性们。
808	如虎添翼	오서와 윌슨 코치라는 날개를 단 그는 날개를 펴고 세계를 무대로 훨훨 날기 시작했다.	有了奥泽和威尔森的金妍儿**如虎添翼**, 她开始朝向世界的舞台展翅高飞。
809	如获至宝	관객들 중 몇몇이 바닥에 떨어진 대패밥을 주어 **보석을 보듯이** 하고 나무향을 맡는 모습이 그의 눈에 띄었다.	他看到有几个观众捡起掉在地上的刨花, **如获至宝**一般, 还放到鼻子底下闻木材的香气。
810	如日中天	이제 그는 고작 27세의 청년이므로 앞으로가 더 **밝은 기대주**이다.	目前, 他仍只是二十七岁的青年, 前景**如日中天**。
811	瓢泼大雨	내가 15년 전쯤에 여기 머물던 날은 마침 **폭우가 무섭게 쏟아졌다**.	我大约十五年前曾在这里留宿, 那一天下起了**瓢泼大雨**。
812	如鱼得水	그동안의 한국 여행을 통해 다양한 정보를 갖고 있는 데다 아프리카 여행 등을 통해 다양한 삶의 서랍을 간직하고 있는 그에게 잡지 일은 **썩 잘 어울린다**.	通过在韩国旅游获知的丰富信息加上非洲留学期间了解到的多种生活见闻使他做这项工作**如鱼得水**。
813	如愿以偿	신라시대 고승 원효대사가 보광사라는 절을 짓고 보광산이라 불렀는데, 조선왕조를 연 태조 이성계가 이 산에서 백일기도를 올린 뒤 임금이 되자 그 보답으로 온 산에 비단을 입힌다는 뜻으로 금산(錦山)이라고 이름을 바꿔주었다.	新罗(公元前57公元935)高僧元晓大师在这里修建了普光寺, 所以锦山以前叫普光山。后来, 开创朝鲜王朝基业的太祖李成桂在这里进行百日祷告后**如愿以偿**地登上王位。李成桂称王后感恩还愿, 立即将普光山改名锦山,

NO	成语	韩语句子/不对应之词或词组	汉语句子/*汉语成语
			意思是给山体全部披上锦缎。
814	入乡随俗	한반도는 달리 사막이 없는 곳이므로 나도 그것을 사막이라 부르는 **데 기꺼이 동의하기로 했다**.	鉴于朝鲜半岛上没有真正的沙漠，我也乐得**入乡随俗**，接受了沙漠这个称呼。
815	趋炎附势	사람들을 좋아하시고 세상의 앞날을 긍정하셨지만 결코 **세리에 밝**지 않으셨고 가난을 두려워하지 않으셨습니다.	授给弟子；他们善待别人，肯定社会的发展，却绝不会**趋炎附势**；他们更不怕贫困。
816	三纲五常	의는 인륜(人倫)이고 인륜은 **삼강오륜**이다.	义指伦理，即**三纲五常**。
817	满腔热忱	칠예아카데미를 통해 후진을 양성하는 데도 **열성을 쏟고 있다**.	为培养后续人才，他还**满腔热忱**地组建了漆艺学院。
818	三思而后行	나무 한 그루를 베거나 대패질을 **하기 전에 3번은 생각해야 합니다**.	伐、刨每一棵树，都应该**三思而后行**。
819	丧权辱国	**치욕**을 이기지 못한 대신이 자결하는가 하면, 지방의 유림들은 들불처럼 일어나 일본군과 싸움을 벌였다.	无法忍受**丧权辱国**的大臣们有的选择了自杀，地方的儒生们则像燎原的野火奋起反抗，与日本军展开了激烈的斗争。
820	杀气腾腾	보이지 않는 활과 화살통이 흔들리지 않게 팔뚝과 등을 헝겊으로 묶고 술병을 들고 춤출 때 격정과 **살벌한 분위기**가 함께 느껴졌다.	为了不让无形的弓和箭筒摇晃，用布条缠住前臂和后背，拿着酒瓶跳舞，尽现激情和**杀气腾腾**的气氛。
821	杀一儆百	그렇지 않아도 일종의 본보기로서의 **희생양**이 필요했던 신군부는 공수 특전단을 광주에 급파하고, 그렇게 시작된 것이 '518 광주 민주화 운동'이다.	当时，新军部正在寻找一个**杀一儆百**的机会，于是他们迅速将空运特战团派到光州，"五一八光州民主化运动"就这样爆发了。
822	莫逆之交	이 시기는 정선의 진경화법이 최고로 무르익은 때였는데 그가 **막역한 친구**의 마지막 공감을 얻기 위해 혼신의 힘을 기울여 그린 그림이었다면 어떻겠는가?	此时，郑善画技已臻化境，他对作品倾注全力会不会是为了获得**莫逆之交**的共鸣呢？
823	平安无事	그리고 **모두의 안전**과 풍어를 부탁하고 또 액을 거둬가 달라고 바라는 겁니다."고 영등굿 기예능 보유자 김윤수(金允洙) 무당은 말했다.	祈求全体村民**平安无事**、渔业丰收，并请求神灵带走一切厄运。
824	山穷水尽	**모퉁이를 돌 때마다 새로운 풍광이 나타나고** 모험심을 자극하는 도전들이 구석구석 숨어 있다.	更有许多地方给人"**山穷水尽**疑无路，柳暗花明又一村"的惊奇，处处隐藏着刺激人们冒险心理的挑战。

NO	成语	韩语句子/不对应之词或词组	汉语句子/*汉语成语
825	情有可原	그러나 광화문이 중심축에서 뒤틀리게 배치된 것은 당시로서는 **불가피한 상황이기도 했다**.	但是，把光化门的位置偏离景福宫中轴线，这在当时却是情有可原。
826	满目疮痍	봄볕이 읽어낸 그 백발노인의 마음사진은 온통 고통과 좌절, 인내와 그리움 등의 상처들로 **만신창이**가 되어있었다.	春晖读出的这位白发老人的心灵照片全部是苦痛与挫折、忍耐与思念的创伤，满目疮痍。
827	流水不腐	한국 속담에 '**고인 물은 썩는다**'는 말이 있다.	韩国有一句俗语，叫做"流水不腐"。
828	流芳百世	어떤 위대한 시인도 모든 시가 명작이 아니듯이, 범인들의 시 또한 **걸작이 될 수 있다**.	就好像并不是伟大诗人的所有诗作都流芳百世一样，普通人的诗也有可能成为杰作。
829	面目全非	일제는 1915년 흥례문 일대에서 조선물산공진회를 개최하면서 흥례문 주변을 **철거하거나 변형시켰다**.	1915年，日本殖民统治者在兴礼门一带举办"朝鲜物产共进会"，拆除了一些建筑，使兴礼门周围面目全非。
830	判若两人	그것은 자신의 기억 속에 각인된 부모의 이미지와는 **사뭇 다른 것**이기 때문이다.	因为这与自己记忆中父母的形象判若两人。
831	略知一二	왕의 관 가까이 15세 가량으로 추정하는 소녀의 뼈와 치아가 발견되어 당시의 순장제도를 **엿볼 수 있게 한다**.	在距离王的棺椁不远处，人们还发现了一些散骨和牙齿，据推测其主人约为十五岁左右的少女。这使我们能够对当时的殉葬制度略知一二。
832	平易近人	이번 전시는 **일반 대중들이 쉽게 접근할 수 있는** 친근한 주제로 관심을 끌며 저널리즘 사진으로만 인식되던 다큐멘터리 사진의 지형을 넓힌 의미 있는 전시로 기억될 것이다.	这次摄影展选取了平易近人的题材，吸引了观众的眼球，而且帮助人们摆脱了纪实摄影就是新闻摄影的固有观念，从而拓展了纪实摄影的影响范围。这场颇具深意的摄影展将会留在人们的记忆中。
833	上行下效	부를 탐하는 수장은 그 아랫사람들까지 물들여 하나같이 축재만을 일삼게 되며, 이는 곧 국민의 피를 빨아먹는 도적떼와 같은 존재다.	上行下效，贪图财富的首领也会影响到下面的人，如果官员都一心只想着敛财，这与榨取人民血汗的强盗没什么两样"。
834	名扬四海	1987년 카라얀은 도밍고, 빈 필하모닉 오케스트라와 함께 한 베르디의 오페라〈가면무도회〉에 조수미를 기용했고, 이는 음반을 통해 전 세계에 팔려나가며 조수미**를 알렸다**.	1987年，卡拉扬与普拉西多多明戈、维也纳爱乐管弦乐团一起在威尔第的歌剧《假面舞会》中启用了曹秀美。这次演出通过唱片销往全世界，曹秀美也随之名扬四海。
835	少不更事	큰아들 상훈에게서 바둑계의 사정을 들은 아버지는 9살 **철부지** 소년을 서울로 보내기로 결심한다.	父亲从大儿子相勋那里了解到围棋界的情况后，就决心把少不更事的九岁少年送到首尔。

NO	成语	韩语句子/不对应之词或词组	汉语句子/*汉语成语
836	少言寡语	"성시연(1976~)은 다소곳하고 **말이 없는**, 누구보다도 여성적인 성격의 소유자다."	成妍(1976~)平素温婉柔顺，**少言寡语**，具有极为典型的女性特点。
837	轻重缓急	문화부는 지자체와 협력하여 이들을 적극적으로 예술창작공간이나 시민문화공간 및 관광자원으로 활용하여 낙후된 도심 및 농촌지역의 지역경제를 활성화하고 살기 좋은 문화공동체를 만들겠다는 정책 목표를 세웠다.	因此文化部与地方自治团体携手合作，按照**轻重缓急**，引导地方积极将这些遗产改造为艺术创意空间、市民文化空间、观光资源，从而搞活城市和农村落后的地方经济，促进文化发展。
838	舍身取义	그들은 또 **생산을 위해 몸을 던지고** 자주적이고 독립적으로 거침없이 자신의 삶을 개척해 나간다.	有的为了生产活动**舍身取义**，还有的独立自主地开拓自己的人生。
839	茅塞顿开	**깨달음**은 또 한 번 변화를 가져왔다.	**茅塞顿开**再一次带来了变化。
840	你中有我	**나무와 바위가 얼키고 섥히며 살아가는** 집, 곶자왈이다.	两者**你中有我**，我中有你，造就了济州人的家园。
841	逆来顺受	그녀의 작품 속에 등장하는 여성들은 여성의 사회적 운명에 **수동적인** 여성도 아니지만 저항적인 여성도 아니다.	出现在她作品里的女性人物对女性的社会命运既不**逆来**顺受，也不进行反抗。
842	破釜沉舟	지는 건 참지 못했고 뭘 하든 **죽기 살기로 했다**.	她无法忍受失败，做任何事都抱着**破釜沉舟**的决心。
843	身体力行	조선의 유학이 **지향하는** 인간상은 선비이다.	儒士是朝鲜王朝时代倡导儒学**身体力行**的典范。
844	身无分文	'빈대떡신사'의 가사는 **돈 없는** 신사가 요릿집에 가서 술을 마시다가 매를 맞고 쫓겨나는 상황에 기생들이 "돈 없으면 집에 가서 빈대떡이나 부쳐 먹지"라고 비웃는 코믹한 장면을 묘사하여 대중의 공감대를 얻었다.	《绿豆煎饼绅士》的歌词中讲述了这样的场景：一位**身无分文**的绅士去饭馆喝酒，挨了打并被赶了出去，妓女们嘲笑他说："没有钱就应该回家吃绿豆煎饼"，这样的场景让大众找到了共鸣。
845	深不可测	그들은 예컨대 오래전 태어나고 자란 집에서, **한없이 깊고** 어두운 하늘을 응시하는 사진 한 귀퉁이의 정물에서, 눈 쌓인 겨울 숲의 쓸쓸한 적막 속에서, 낯선 이방인이 들려주는 호숫가 이야기에서, 단골 이발사의 응시 속에서, '나'를 본다.	他们或者在很久以前自己出生和成长的房间里，在一张照片一角凝视着**深不可测**的黑暗天空的静物上，或者在那冬天积雪覆盖的树林的凄凉和静寂之中，在一帮陌生人讲述的湖边故事里，或者在常去的理发店理发师的凝视当中发现"我"。
846	沁人心脾	봄이면 진달래 만발해 온 산이 붉어지고, 여름이면 계곡의 폭포와 맑은 물이 **마음까지 서늘하게 적신다**.	春天，金达莱染红山野；夏天，山间的瀑布和溪流**沁人心脾**；

NO	成语	韩语句子/不对应之词或词组	汉语句子/*汉语成语
847	迫不及待	독일 함부르크대학(Universität Hamburg) 한국학 교수와 유럽 한국학협회(AKSE) 회장을 역임한 베르너 삿세(Werner Sasse 1942~) 교수는 2006년 정년퇴임한 뒤 **며칠 지나지 않아** 언제나 그리워했던 '마음의 고향'으로 향했다.	维尔纳扎赛(1942~)教授曾担任德国汉堡大学韩国学教授和欧洲韩国学学会会长, 2006年退休后不久他就**迫不及待**地来到令他魂牵梦绕的心灵故乡韩国。
848	神出鬼没	그가 **동에 번쩍 서에 번쩍**, 동서양을 누비면서 장구를 치면 신명 소리가 나오고, 뜨거운 갈채가 쏟아진다.	他**神出鬼没**, 来往于东西方, 一敲打长鼓便会引发高潮, 赢得热烈的喝彩。
849	排忧解难	센터를 열게 된 중요한 이유는 외국인이 한국에서 생활하면서 갖게 되는 **어려움을 해소하는** 데에 도움을 주기 위해서였죠.	开办中心的重要原因之一就是为在韩国生活的外国人排忧解难。
850	神清气爽	사실 옷을 제대로 갖춰 입고 폭풍속을 걸으면 **상쾌하고 기운을 북돋아주는 것**을 느낄 수도 있기 때문이다.	因为这里的人大都觉得只要着装恰当, 走在风中会有一种**神清气爽**的感觉,
851	铺天盖地	관객이 어떤 영화에 호응할지 예측이 쉬워지면 비슷한 스타일의 영화들이 **쏟아져 나오고** 실험이나 도전은 사라진다.	如果很轻易就预测出观众的口味, 那么雷同的电影就会**铺天盖地**炮制出来, 最终会失去实验性和挑战性。
852	生离死别	지금은 북한 땅으로 변한 개성 부근에서 태어난 그는 한국 현대사를 관통한 비극의 역사를 **실향의 한과 가족의 죽음**이라는 개인적 체험으로 내면화해 사랑과 화해, 용서의 서사로 승화시켰다.	朴婉绪出生于朝鲜境内的开城附近, 她的创作体验直接来源于本人的亲身经历, 通过对无家可归之恨和与家人**生离死别**的描写表现出了整个韩国现代史的悲剧历史, 并将之升华为爱、和解与宽恕的故事。
853	碌碌无为	아들을 향촌에 두면 배운 것이 적고 편협한 **보잘것없는** 촌부(村夫)가 된다고 생각한 것이다.	因为他们认为, 把孩子放在农村没什么可学, 会成为见识短浅、**碌碌无为**的一介村夫。
854	盛极一时	이러한 포류수금문을 중국 요(遼)대의 고분 벽화에서 볼 수 있어 이 문양의 원류라고 보기도 하지만, 중국에서 문양으로 사용된 예는 거의 볼 수가 없고 오히려 고려에서 **크게 유행을 이룬 점이 주목된다.**	蒲柳水禽纹在中国辽代墓葬壁画中屡有发现, 因此一般认为辽代墓葬壁画是蒲柳水禽纹的源头。但有一点值得注意的是, 蒲柳水禽纹在中国极少被用做净瓶纹案, 反倒是在高丽, 这种纹案**盛极一时**。
855	名列前茅	이런 작품들의 새로운 무대화에는 많은 의욕과 열정이 부어졌고 그 결과 연극제 사상 손꼽을 만큼 풍성한 관객의 관심을 얻어내 기획과 관객 동원에서 **성공을 거뒀다고** 볼 수 있다.	为把这些作品以令人耳目一新的形式重新搬上舞台, 艺术家们倾注了极大的雄心和热情。其成果是本届戏剧节在策划及吸引观众方面获得巨大成功, 观众人数在历届戏剧节中**名列前茅**。

NO	成语	韩语句子/不对应之词或词组	汉语句子/*汉语成语
856	另当别论	작품 수가 많으니 돈 버는 사람도 많겠다는 생각을 할지 모르지만 **그건 또 별개의 문제다.**	也许有人会想，作品数量这么多，该有很多人赚到钱了吧，但是，卖座问题要**另当别论**。
857	朴实无华	소박한 시골 풍경 속에서 **묵묵히 자신의 삶을 일구어 가는** 농민, 어부와 같이 생생히 살아있는 삶의 주체들이 등장한다.	这里的主人公**朴实无华**，是那些在农村默默耕耘着的农民和渔夫。
858	论功行赏	새 왕은 국장이 끝나면 왕의 장례에 수고했던 관료들에게 **논공행상**을 하게 된다.	国葬结束后，新国王要对在已故国王的葬礼中付出辛劳的官员**论功行赏**。
859	慢条斯理	우리 선생님은 긴 말없이 **찬찬히** 알려주시는 분인데 맬 때 올이 부셔지거나 하면 무섭게 하셨슈.	别看老师平时话不多，给我说怎么做的时候老是**慢条斯理**的，一到上浆的时候，只要出点问题，比方说纱线断了啊什么的，可严了。
860	诗情画意	그러나 신경숙, 윤대녕 등 이른바 '내성소설'의 대표 작가들이 내면적 반성과 **시적 통찰**을 중시하는 낭만주의자의 속성을 강하게 드러낸다면, 외적 현실의 꼼꼼한 관찰과 철저한 기록을 중시한다는 점에서 이들은 자연주의자의 열망을 공유한다.	然而，申京淑、尹大宁等所谓"内省小说"的代表作家们注重的是内心的反省和**诗情画意**，表现出较强的浪漫主义特征，相比之下，她们更注重对外部世界的细心观察并把它详细地记录下来，表现出的是一种自然主义热情。
861	石破天惊	"**파격적** 변신은 성공이어서 연재를 마칠 때까지 인기 순위 1위를 놓치지 않았으며, 비평가와 언론을 통해 한국적 에로티시즘을 보여준 수작으로 호평받았다."	**石破天惊**的变化之后便是非同凡响的成功。直到连载结束时，这部作品仍然高居人气榜首位。评论家和舆论纷纷赞誉道，《黄土色故事》开创了韩国情色漫画的先河。
862	强身健体	대추는 음식의 재료로는 물론 한방에서도 흔히 쓰이는 재료로 이뇨, **강장**, 완화제(緩和劑)로 쓰인다.	枣既是食材，又是传统医学处方中的常用药材，具有利尿和**强身健体**的功效，还可以用作镇静剂。
863	念念有词	"동료 김진숙이 밤중에 전화해서 마음을 열라고 얘기하면 속으로 "넘어오지 말라고", "송곳니를 드러내며 으르렁거렸"고, 교통사고 이후 8년 동안 누워서만 지낸다는 여자를 보면서는 "일단정지. 끼어들지 말 것"이라는 "철도 건널목의 경고음"을 상기하며, 경주로 오라는 대니얼의 전화를 받으면서는 다시 그 경고음을 들으며 마음속으로 "금 넘어오지 마", "이건 반칙이야"라고 **응수한다.**"	半夜里，同事金真淑来电话劝她敞开心扉，她的心里却 "露出虎牙咆哮着说别过来"。看到因交通事故长达八年躺在床上的女孩，她想起 "停下。别过线" 的 "铁路道口的警告声"。接到丹尼尔请她到庆州的电话时，她又听到刚才的警告声，心里**念念有词**，"别越雷池"，"这是犯规"。
864	时隐时现	권여선의 소설은 이렇게 혼돈과 분열	如此，权汝宣的小说捕捉到充满浑沌

NO	成语	韩语句子/不对应之词或词组	汉语句子/*汉语成语
		로 가득한 인물들의 풍경을, 평온한 일상의 뒷면에 **보이게 보이지 않게** 웅크린 그 병리적 내면의 균열을 낱낱이 포착한다.	与分裂的人物风景, 在平静的日常生活背后**时隐时现**的内心病理龟裂。
865	门当户对	서울의 중심에서 아들을 교육하면 **비슷한** 또래를 사귀고 이들과 어울려 평생 지기가 될 것이며, 서울의 새로운 정보를 많이 얻을 수 있다고 생각했다.	把孩子送到首尔城里接受教育, 则可获取大量最新信息, 还可与**门当户对**的同辈孩子交往、相处并结为终身知己。
866	欠债还钱	**돈을 빌려서 갚는** 고난도, 생산을 시작해서 공장에 뛰어다니느라 미국의 고속도로를 타고 비좁은 렌트카에서 밤을 지새는 고생도, 초라한 전시 매장에서의 창피함도 없었겠죠.	**欠债还钱**, 投产之后沿着美国高速公路奔波于工厂却在租来的狭窄车里过夜, 在简陋的展示柜台前狼狈不堪, 这些都不会有。
867	流言蜚语	이러한 의문 때문인지 민간 사회에는 주산이 백악이 아니다, 경복궁 터가 불길하기 때문에 이러한 전쟁이 일어났다는 등의 풍수적 **유언비어**와 설화가 광범위하게 퍼졌다.	由于这种疑问, 在民间开始广泛流传有关风水的**流言蜚语**和各种传说, 大抵都是说什么白岳不是主山, 由于景福宫的地基不祥, 才会发生这场战争。
868	明目张胆	세계는 명백하고 **노골적으로** 뻔뻔스러워졌다.	世界变得现实, 变得**明目张胆**和厚颜无耻。
869	矢志不移	부드러운 외모와 함께 첫사랑을 위해선 **자신의 뜻을 굽히지 않는** 드라마속 캐릭터에 시청자들이 자신을 투영시키는 것 같다"고 말했다.	"她扮演的外貌温柔的剧中人物, 为初恋**矢志不移**, 观众将自己投射其中, 从而获得心理上的满足。
870	始料末及	**예측 못했던** 상황전개에 놀란 방송사 측에서는 당일의 방송시간을 다음날 새벽까지 연장했는가 하면, 끝내는 최초의 계획을 바꿔서 연속 프로그램으로 재편하여 장장 138일 동안이나 방송을 이어가야 했다.	广播电视台方面对这个**始料末及**的情况大吃一惊, 当天的节目播放时间一直延长至次日凌晨。最终广播电视台改变了最初的计划, 将该节目改编为系列节目, 并连续播放了长达一百三十八天。
871	始终不渝	"학생들이 과학에 대한 꿈을 키울 수 있도록, 일반인들이 과학을 정확히 이해할 수 있도록 이끌어주는 것도 과학자의 **임무**라는 게 그의 신념."	他认为培养学生热爱对科学的梦想, 引导普通人正确理解科学是科学家的义务所在, 这是他**始终不渝**的信念。
872	始终如一	김주원이 브노아 드 라 당스 최고 여성 무용수상의 영예를 안기까지는 발레에 대한 **한결 같은** 열정이 있었기에 가능했다.	金珠沅之所以能获得贝努瓦舞蹈比赛最佳女舞蹈演员奖的荣誉, 正是由于她对芭蕾舞**始终如一**的热情。
873	旗开得胜	그 가운데에 유독 〈마당을 나온 암탉〉	结果, 《鸡妈鸭仔》**旗开得胜**。

NO	成语	韩语句子/不对应之词或词组	汉语句子/*汉语成语
		의 **성공**이 도드라졌다.	
874	束之高阁	귀한 그릇일수록 모셔두는 것이 아니라 자주 꺼내서 사용해야 그 **가치가 더**해집니다.	"越是珍贵的器皿，越不能**束之高阁**，倒是要经常拿出来用一用，这样才会愈有价值。
875	柳暗花明	**모퉁이를 돌 때마다 새로운 풍광이 나타나고** 모험심을 자극하는 도전들이 구석구석 숨어 있다.	更有许多地方给人"山穷水尽疑无路，**柳暗花明又一村**"的惊奇，处处隐藏着刺激人们冒险心理的挑战。
876	事必躬亲	**일일이 끝까지 제작에 참여하였음에도** 전문가에 의한 시스템은 그의 작품이 지니는 한계로 작용하였던 것이다.	即便他在制作过程中是**事必躬亲**，但由专家组成的系统却导致了他作品的局限性。
877	势不两立	그러나 두 종교는 **대립만** 했던 것은 아니고 교류와 융합이 있었다.	然而，儒佛两家并非完全**势不两立**，儒士与僧人之间时有交流，保持着友好的关系。
878	势在必行	목판 인쇄에서 금속활자로 진보한 기술 때문에 각자(刻字)의 명맥이 끊어진 것은 어쩌면 **당연한** 일이었으리라.	从木版印刷到金属活字，由于技术的进步，刻字的生命走到了尽头，这也许是**势在必行**的事情。
879	目瞪口呆	어리둥절한 행인들과 긴급 사태(?)**에 놀란** 경비원들.	面对这突如其来的场面，行人**目瞪口呆**，到场的警察也不知所措。
880	名不虚传	능선들이 **그 이름** 닭의 발**처럼** 긴 발가락들을 사방으로 벋쳐서 멀리까지 흘러간다.	山形果然**名不虚传**，如鸡爪一般向四周伸开，蜿蜒至远方。
881	千山万水	마음이 통하며 학문의 즐거움을 함께 나누는 친구가 있는 곳이라면 **앞을 가로 막고 있는 산과 강도** 장애가 되지 않을 터이다.	只要志同道合，纵然**千山万水**也不会成为障碍。
882	视而不见	남들의 **눈엔 보이지 않던** 귀한 돌배나무가 왼쪽 눈만 성한 그의 눈엔 보배처럼 보였던 것이다.	别人曾经**视而不见**的山梨木在他仅左眼健全的眼睛里却被视为宝贝。
883	千家万户	밀가루 음식은 별식이었으나 1956년부터 미국산 잉여농산물이 도입되면서 자장면 등 분식이 **크게 증가하였다.**	此前，面食只是韩国人偶尔品尝的特殊食品。1956年，美国开始把过剩农产品倾销给韩国，炸酱面等面食从此走进**千家万户**。
884	灵丹妙药	또한 이러한 겸손은 그녀가 단원들을 통솔하고 설득하는 **최고의 묘약**으로 사용되기도 한다.	而且，这种谦逊成为她率领并说服乐团成员的**灵丹妙药**。
885	千疮百孔	고철 덩어리가 되어 잡초에 덮인 기차	废弃的火车和铁路早已成为一堆烂铁

NO	成语	韩语句子/不对应之词或词组	汉语句子/*汉语成语
		와 철로, 녹슨 탱크와 탄피들, **구멍 난** 철모, 전쟁 당시 매설된 지뢰 경고판, 부서져 교각만 남은 다리, 마을의 흔적, 학교터 등 전쟁의 잔해물들이 이루 헤아릴 수 없을 만큼 많았다.	被杂草覆盖；锈迹斑驳的坦克和弹壳、**千疮百孔**的钢盔、战争当时埋设的地雷警告牌、早已损毁只剩下桥墩的大桥、村庄的痕迹、学校的遗址等战争的残留物数不胜数。
886	千差万别	장어는 종류가 많고 이름도 **다양하다**.	鳗鲡种类繁多，名字也**千差万别**。
887	怒目圆睁	도깨비는 **정면을 향하여** 두 팔을 뻗고 입을 크게 벌려 이빨을 드러내고 풍만한 허리에는 꾸미개가 장식된 허리띠를 두르고 있다.	鬼面目狰狞，**怒目圆睁**，张着大嘴，露出獠牙；它膀大腰圆，双手撑腰，系着腰带，呈站立姿态。
888	名不副实	겉으로는 지역 시민들의 문화향수를 달래주기 위해 공연장을 건립한다지만 **부실한** 공연 프로그램도 적지 않다.	从表面上看，建立演出剧场是为了满足地方市民的文化需求，但是**名不副实**的演出节目却层出不穷。
889	目不暇接	볼거리 먹을거리도 **풍성**	美味、名胜**目不暇接**
890	手不释卷	부부가 항상 공부하는 모습을 보여줬기에 "공부하라"는 잔소리 한 번 안해도 자녀들이 자연스레 **책을 손에서 놓지 않더라는** 것이다.	虽然夫妇俩从没唠叨过一句"去学习！"，但孩子们时常看到他们学习的身影，自然也就**手不释卷**了。
891	其乐融融	의사, 교수, 작가, 도자기 장인 등 서로 다른 일을 하는 친구들은 모두 **마음이 통한다**.	他的朋友来自各行各业，医生、教授、作家、陶工艺人等等，大家心有灵犀，**其乐融融**。
892	手无寸铁	물론 거기에 동원된 사람들은 **힘없는** 제주 사람들로, 강제 노역의 산 증거들이다.	当然，这也是占领军对**手无寸铁**的济州人民进行奴役的铁证。
893	令人作呕	이따금 시장에 버터가 나오기도 했지만, 한 걸음에 달려가 사온 버터의 맛은 언제나 **역했다**.	偶尔市场上会有黄油卖，但一溜烟跑去买了，味道却总是**令人作呕**。
894	寿终正寝	그러나 이 건물은 1976년에 대한투자금융, 대한투자신탁에 매각되어 사무실로 용도가 변경되면서 극장으로서는 **명을 다하였다**.	1976年，大韩投资金融、大韩投资信托购入该建筑，将其改作办公室。从此，这一剧场**寿终正寝**。
895	受宠若惊	그렇다고 지금의 환대에 **감격하는** 것도 아니다.	而对于现在的厚爱也没有**受宠若惊**。
896	奇形怪状	**오묘하게** 생긴 돌 모양은 상상력을 불러일으킨다.	**奇形怪状**的岩石激发着人们的想像力。
897	门庭若市	전주 각지에 흩어져 있는 유명한 식당	散布在全州各地的餐饮名店凭借这些

NO	成语	韩语句子/不对应之词或词组	汉语句子/*汉语成语
		들은 몇 대에 걸쳐 개발해 온 특색 있는 음식으로 항상 **문전성시**를 이룬다.	历经几代人之手开发出来的特色美食, 几乎总是门**庭若市**。
898	修身齐家 治国平天下	흔히 많이 이야기하는 ‘**수신제가치국평천하**’라는 말 앞에 붙은 4가지 조목이 바로 ‘격물치지’와 ‘성의정심’이다.	我们经常说的 “**修身齐家治国平天下**” 前面还有四条目, 即 “格物致知” 和 “诚意正心”。
899	起死回生	식민지 지배의 뼈아픈 경험을 통해 교육의 중요성을 실감하고 있던 한국인들에게 전쟁은 근대적 교육이 그야말로 **생사를 가르는** 기회의 차이를 의미한다는 것을 느끼게 해주었다.	经历过残酷的殖民统治之后, 韩国人深刻体会到了教育的重要性。战争让韩国人领悟到惟有现代化教育才意味着**起死回生**的机会。

参考文献

曹大峰，中日对译语料库应用研究初探，日本学研究11，世界知识出版社，2002

崔秀真，面向中国高级韩语学习者的中韩翻译教育方案研究，韩中人文学研究，2008

陈博兴，杜利民，基于双语语料库的单个源语词汇和目标语多词单元的对齐，中文信息学报(1)，2003

陈孝燕、曾凡伟，初探汉语熟语的跨文化翻译，卫生职业教育，2007

陈伟·基于平行语料库的翻译研究述，探索与争鸣，2009(5)

常宝宝，柏晓静，北京大学汉英双语语料库标记规范，汉语言与计算学报2，2003

杜诗春，基于语料库的英语语言学语体分析，外语教学与研究出版社，2009

符淮青，汉语词汇学史，安徽教育出版社，1996

胡继琴，朝译汉定语翻译技巧，延边大学学报(哲社版)，1994(2)

韩东吾，朝汉翻译理论与技巧，延边大学出版社，1994

韩凌，任培红，基于语料库的翻译研究，钦州学院学报2010(4)

胡显耀，语料库翻译研究与翻译普遍性，上海科技翻译4，2004

胡显耀，用语料库研究翻译普遍性，解放军外国语学院学报28(3)，2005

胡开宝，语料库翻译学概论，上海交通大学出版社，2011

胡开宝、李翼，基于语料库的文学翻译研究，外语教学与研究出版社，2021

胡开宝，吴勇，陶庆，语料库与译学研究趋势与问题一语料库与译学研究国际学术研讨会综述，外国语，2007(5)

胡显耀，语料库文体统计学方法与应用，外语教学与研究出版社，2021

黄立波，语料库翻译学理论研究，外语教学与研究出版社，2021

贾玉新，跨文化交际学，上海外语教育出版社，1997

金日，中朝翻译基础，延边大学出版社，2005

金菊花，朝鲜后期汉译谚语集《耳谈续纂》语言对比研究，中央民族大学博士论文，2010

金菊花，朝鲜后期汉译谚语集《耳谈续纂》语言对比研究，辽宁民族出版社，2011

金菊花，从《耳谈续纂》韩汉谚翻译反观谚语翻译策略，韩中人文学研究 34辑，2011

金京燮，朝中·中朝俗语对应词典，黑龙江朝鲜民族出版社，2006

姜峰，语料库与学术英语研究，外语教学与研究出版社，2019

姜信道，韩中谚语惯用语词典，黑龙江朝鲜民族出版社，2005

柯飞，双语库：翻译研究新途径，外语与外语教学9，2002

柯飞，以语料观察翻译，外语与翻译4，2003

柯飞，翻译中的隐和显，外语教学与研究，2005(4)

李德超译，Sara Laviosa著，基于语料库的翻译教学跨文化理论框架，外语教学理论与实

"

践, 2011(01)

李德俊, 平行语料库与积极性汉英词典的研编, 上海译文出版社, 2008

刘康龙、穆雷, 语料库语言学与翻译研究, 中国翻译27(1), 2006

罗选民、董娜、黎士旺, 语料库语翻译研究—兼评Maeve Olohan的《翻译研究语料库入门》, 外语与外语教学12, 2005

柳英绿, 韩中翻译教程, 延边大学出版社, 2002

李宗江, 国际信息编译中的语言问题, 金盾出版社, 2001

李龙海, 李承梅, 汉韩翻译教程, 上海外语教育出版社, 2009

李龙海, 中韩翻译理论与技巧 韩国国学资料院, 2002

刘杰丽, 可译性及文学翻译中文化损失的补偿, 清华大学, 2004

梁茂成、李文中、许家金, 语料库应用教程, 外语教学与研究出版社, 2010

庞双子, 基于语料库的翻译和语言接触研究, 外语教学与研究出版社, 2022

秦洪武, 双语语料库的研制与应用, 外语教学与研究出版社, 2021

秦洪武、孔蕾, 语料库与双语对比研究, 外语教学与研究出版社, 2019

秦洪武、王克非, 基于语料库的翻译语言分析—以"so…that"的汉语对应结构为例, 现代外语27(1), 2004

沈仪琳, 韩文汉译使用技巧, 社会科学文献出版社, 2006

孙维张, 汉语熟语学, 吉林教育出版社, 1989

孙亚平、徐红, 跨文化交际中的文化空缺及其翻译策略, 俄罗斯语言文学与文化研究, 2022(3)

盛玉麒, 语言文字信息处理, 山东大学出版社, 2006

太平武, 汉朝翻译理论与技巧, 中央民族大学出版社, 1999

武占坤, 汉语熟语通论(修订版), 河北大学出版社, 2007

吴昂、黄立波, 双语语料库及其应用研究, 中国英语教育(电子)2, 2005

吴赟, 多维立体化的翻译教学研究—以美国电影为语境, 外语电化教学, 2011(01)

韦瑶瑜、雷蕾, 双语平行语料库辅助中国英语学习者翻译实践, 基础教育外语教学研究4, 2006

温端政, 谚语, 商务印书馆, 1985

温端政主编, 俗语研究与探索, 上海辞书出版社, 2005

温端政, 汉语语汇学, 商务印书馆, 2005

温朔彬, "试论俗语中的相似与规范", 载于《俗语研究与探索》(温端政), 上海辞书出版社, 2005

王家义, 《我的童年》两英文风格的语料库考察, 疯狂英语(教师版), 2009(1)

王勤, 汉语熟语论, 山东教育出版社, 2006

王克非, 基于语料的多重语言翻译研究, 载张后尘编, 来自首届中国外语教授沙龙的报告, 商务印书馆, 2002

王克非, 英汉/汉英语句对应的语料考察, 外语教学与研究6, 2003

王克非, 语言与翻译研究并重的双语平行语料库, 屠国元主编, 外语/翻译/文化(第三辑),
　　　　湖南科技出版社, 2003

王克非, 双语平行语料库在翻译教学上的用途, 外语电化教学6, 2004

王克非, 新型双语语料库的设计与构建, 中国翻译25(6), 2004

王克非等, 双语对应语料库翻译教学平台的应用初探, 外语电化教学, 2007.12

王玉英主编, 英汉国俗语义研究, 新疆大学出版社, 2006

王卫强, 从文学翻译看显化处理的种类, 疯狂英语(教师版), 2008(2)

汪立荣, 隐义显译与显义隐译及其认知解释, 外语教学与研究　2006(3)

许家金, 语料库与话语研究, 外语教学与研究出版社, 2019

谢应光, 语料库语言学与外语教学, 外语教学与研究3, 1996

谢天振, 译介学, 上海外语教育出版社, 1999

肖爽, 谈熟语、惯用语的日译--兼谈口译中的处理方法, 日语学习与研究, 2008

杨承淑, 口译教学的数位化与网络化, 长荣管理学院 "第六届口笔译教学研讨会",2002

原灵杰, 基于语料库的翻译研究综述, 科技信息, 2010(4)68

杨卿、刘雄友, 解读汉英互译中的文化空缺现象 , 现代语文(语言研究版), 2007(5)

张宝钧, 重新理解翻译等值, 四川外语学院学报, 2003(1)

张敏、朴光海、金宜希, 韩中翻译教程, 北京大学出版社, 2006

张光军, 韩国国情语料特点研究(上/下), 军事译文出版社, 2009

张辉、季锋, 对熟语语义结构解释模式的探讨, 外语与外语教学 . 2008

张辉, 熟语及其理解的认知语义学研究, 军事谊文出版社, 2003

张美芳, 利用语料库调查译者的文体, 解放军外国语学院学报3, 2002

张律, 胡东平, 国内基于语料库的翻译研究的发展, 嘉兴学院学报, 2011(3)

张尹炫, 韩中成语词典, 国际外国语评价院(韩), 2006

周荐, 汉语词汇研究史纲, 语文出版社, 1995

周荐、杨世铁, 汉语词汇研究百年史, 外语教学与研究出版社, 2006

Susan Hunston著, 冯志伟 导读, 应用语言学中的语料库, 世界图书出版公司 剑桥大学出
　　　　版社 联合出版, 2006

김지원. 번역 연구의 발전과 번역학의 현황. 번역학연구, 2000, 1.1:9-31.

김일, 중조번역기초, 연변대학출판사,2005; 157-170

문금현 . 국어의 관용표현 연구 . 서울:태학사. 1999 .

박영준, 최경봉, 관용어사전, 태학사, 1996

백수진. 동화 문체의 중한 번역. 번역학연구, 2005, 6.1

백수진. 중한 조응비교와 번역. 번역학연구, 2001, 2.1

박종한. 중한 번역에서 부딪치는 몇 가지 문제점. 중국언어연구, 1988, 6

박여성. 번역학의 인식론적 언어학적 정초. 번역학연구, 2000, 1.1
조인정. 영한 번역의 문제점: 수동태를 중심으로. 번역학연구, 2005 6.1
장현주. 중한 번역에서 번역투와 정보배열. 중국학연구, 2006, 37:346-364.
최정아. 병렬 말뭉치를 통한 한국어-영어의 번역 단어수 연구. 번역학연구, 2003, 4. 2
유명우. 한국의 번역과 번역학. 번역학연구, 2000, 1.
도희진. 중한 번역의 이데올로기 조정에 대한 소고. 번역학연구, 2008, 9.3

后　记

当前，人工智能技术的飞速发展引领全球产业变革，推动社会进入智能化、个性化的新时代，同时加剧国际竞争与合作，呈现以数据驱动和智能决策为核心的发展趋势。站在人工智能浪潮的潮头，回望2010年，恍若穿越两个截然不同的学术纪元。当年，我在山东大学做博士后时，每天泡在语言数据海洋，手动标注语料，常常忙到凌晨。那时绝对想不到，今天我的学生们用AI几分钟就能处理完我当年半年的工作量。但正是那段"笨功夫"，让我真正理解了语言数据科学的根基——就像种地，只有亲手摸过泥土，才知道什么时候该用机器翻土。往事如烟，计算机辅助手动标注百万级语料库的艰辛仍历历在目，如今生成式AI已能辅助完成海量语料处理，其处理速度和质量不可同日而语，语料库规模没有几千万都不好意思说自己是做语料库的了。乘时代之风，扬心中之帆，非通用语语料数据处理的工具和效果业已走上快速发展之路。十五年间，从"冷板凳"到"智能助手"的技术迭代，既印证着当年研究的前瞻价值，更凸显了语言数据科学持久的生命力。

特别感谢我的两位恩师：

在山东大学——这所见证我学术转型的百年学府，特别感恩盛玉麒教授的言传身教。先生当年手把手教我构建语料库的严谨范式，如今已成为训练AI语言模型的基础方法论。那些深夜批注的"麒按"手稿，正是现在智能批注系统的雏形，只是多了份手泽余温。先生"问题导向+数据驱动"的研究理念，在人工智能时代愈发彰显出跨时代的智慧。先生不仅学识渊博，对生活的态度更是积极进取，阳光乐观，他总能以宽厚的胸怀和智慧的幽默来化解生活中的不如意。先生常用简洁而幽默的语言提炼生活的智慧，我常感慨，若将先生的只言片语辑录成册，便是一篇篇充满哲理的生活散文。

特别致敬我的学术引路人太平武教授。二十年前您为我开启的语言认知研究视角，恰与当前神经语言学的AI解释性研究形成历史性对话。您教导的"低头做人，抬头治学"准则，在当下浮躁的时代和人机械协同中更显珍贵——毕竟，算法可以迭代，但人的善良、学术品格永不褪色。您总说"做学问先学做人"，这句话在我们团队里已经变成行动指南。这些年我带学生做中国政治术语媒体传播研究，在遇到情感偏差问题后，正是靠您教的"文化透视法"，硬是把冷冰冰的数据做出了人情味。恩师当年教我整理语料就像教木匠磨刨子，每个细节都透着匠人精神。现在带学生做数据处理时，我还在用他教的"数据三查法"：一查来源、二查逻辑、三查人性温度，这种较真劲儿，现在成了我们团队对抗AI"幻觉"的杀手锏，做有温度的研究——也是我们坚持的一个理念。

要感谢山东大学和上海外国语大学两个"娘家"：

感恩山东大学中文信息研究所这个学术共同体。当年我们手动标注语料时的协同工作法，如今已进化为云端协作的智能标注平台。那些挑灯夜战的时光，既是对学术初心的坚守，也为今天培养人机协作研究能力埋下了伏笔。

感谢所有助力这段学术苦旅的师长同仁。特别是老东家韩语系李成道教授，您当年分担教学任务助我专注研究的师者仁心，与当下"AI助教"辅助人类教师的教学革新，本质上都是技术与人性的交响。

致我的家人：十年前你们在书房外默默守候的身影，与如今家庭智能终端随时可见的在线陪伴，构成了穿越时空的温暖闭环。从纸质文献到云端数据，语言数据载体在变，但亲情始终是最可靠的情感语料库。感谢你们的支持与信任，助我成长，也更加坚定我继续前行。

本书不仅是一项语料库研究的成果，更是一种理论探索的尝试。它试图超越传统对比语言学与翻译研究的静态研究范式，转向动态的文化适应视角，探讨跨文化翻译的机制。在研究方法上，本书结合了对比研究、语料库语言学、认知语言学等定量数据和定性分析结合的多种手段，以确保研究结论的科学性与可靠性。在理论贡献上，本书试图弥合翻译学与跨文化交际研究之间的鸿沟，强调文化适应在跨文化翻译中的核心价值。在路径探索上，本书尝试回答如何避免归化翻译与异化翻译策略博弈间的"鸿沟"和"陷阱"，强调在尊重差异的前提下，通过认知的力量，整合语言、认知与资源，建构一种内生性的可持续发展模式。

因梦想而执着，因热爱而坚持。值此生成式AI重构学术生态的今天，重审当年基于传统语料库的研究，愈发坚信：语言数据科学既是技术演进的见证者，更是人文价值的守护者。那些在信息不对称中寻求文化通约的探索，恰似当下人机对话追求的真正"理解"——这或许就是语言研究的永恒命题。谨与大家共勉！

2025年 3月

金菊花

写于黄浦江畔语言科学与多语智能应用重点实验室